中国现当代课程问题史论丛书

国家社会科学基金教育学课题"中国现当代课程问题史论"(课题批准号CAA070213)研究成果

总主编　李剑萍

中国现当代体育课程问题史论

李富菊／著

山东人民出版社

全国百佳图书出版单位 一级出版社

图书在版编目(CIP)数据

中国现当代体育课程问题史论／李富菊著.—济
南:山东人民出版社,2014.3
(中国现当代课程问题史论丛书)
ISBN 978-7-209-08380-5

Ⅰ.①中… Ⅱ.①李… Ⅲ.①中小学—体育课—
研究—中国 Ⅳ.①G633.96

中国版本图书馆 CIP 数据核字(2014)第 112013 号

责任编辑：魏　艳

中国现当代体育课程问题史论

李富菊　著

山东出版传媒股份有限公司
山东人民出版社出版发行

社　址:济南市经九路胜利大街39号　邮　编:250001
网　址:http://www.sd-book.com.cn
发行部:(0531)82098027 82098028
新华书店经销
山东临沂新华印刷物流集团印装

规　格　16开(169mm ×239mm)
印　张　23.75
字　数　370千字
版　次　2014年3月第1版
印　次　2014年3月第1次
ISBN 978-7-209-08380-5
定　价　45.00元

如有质量问题,请与印刷单位联系调换。(0539)2925888

目　录

总论 中国现当代课程的基本问题

李剑萍 杨 旭

一、一体化:中国现代教育的一种新的解释框架

中国现代教育是指 19 世纪中后期以来乃至今后较长时期,中国在现代化、全球化浪潮中为塑造现代国家和现代人,通过学习西方教育、传统教育转型、外国在华教育中国化等路径,中外互动,在学校、教育制度、教育观念、课程教学等层面多元竞合,构建中国现代教育体系,在世界教育体系之林中复兴并做出独创贡献的持续过程。

我对中国现代教育发生发展的诠释框架,可以概括为"一体多线、三层双向、四期第五模式",亦可简称为"一体多线论"或"一二三四五多说"。

所谓"一体",一指外向一体化,即中国现代教育就是学习、引进、吸收先发国家教育思想、制度、理论与方法等的过程,就是扩大与加强双向多边国际教育交流与合作的过程,就是挽世界现代教育于中国、推中国教育于现代世界、中国教育与世界教育一体化、中国教育复兴并为世界教育做出崭新贡献的过程;二指内向一体化,即以现代学校制度为代表的现代教育制度逐步制度化和加强化,以书院、私塾为代表的传统教育体系逐步学校化与消融化,以教会学校为代表的外国教育体系逐步中国化和世俗化,共同建构中国现代教育体系的过程;三指纵向一体化,即从 1862 年中国人自己创办的第一所现代学校——京师同文馆诞生、1904 年中国第一个现代学制——"壬寅·癸卯"学制颁行以迄于今,中国现代教育是一个整体过程,中国现代教育的根本形态和趋势并未发生质变,并将在今后较长时期延续下去;四指横向一体化,即中国幅员广阔、人口和民族众多、经济社会发展极不平衡,各地各民族现代教育发生发展的起点、进程、速度、路径也有差异,但总体趋向相同,这点意义极为重大,也就是说,中国现代教育的形成与发展过程,实际也是中国作为现代民族国家重整与复兴的过程。

所谓"多线"，至少包括以现代学校制度为代表的现代教育制度逐步制度化和加强化，以书院、私塾为代表的传统教育体系逐步学校化与消融化，以教会学校为代表的外国教育体系逐步中国化和世俗化等。中国现代教育的发生发展存在多条线索，早为研究者所注意[①]，但以往较多看到、强调它们之间的对立与斗争，甚至认为其相互之间是势不两立、有此无彼的关系，现在需要在"一体化"观念下更多认识、理解其间的统一与相互博弈、相互影响、相互吸收。例如，20世纪20年代"收回教育权运动"后，教会学校陆续向中国政府完成注册立案，并日益世俗化，有的学校还在党化教育、三民主义教育中出现"党国化"的态势，被体制性地纳入中国现代教育体系。与此同时，教会学校又完成了身份的"合法化"确认，合法权益得到保护，生存空间和运作平台扩大，规模有所扩张，并通过人才培养、科学教育、国学研究、边地教育等给中国现代教育"主流"体制以压力和影响，双方在必要的张力中都有量的增长与质的提升。

所谓"三层"，就是指中国现代教育是在现代学校、教育制度、教育思想三个层面依次启动，多层互动，整体联动的。学校层面不仅指现代学校的产生，更包括课程、教学以及师生的日常观念与活动等的现代趋向；教育制度主要包括现代学制和现代教育行政体制的建立与调适；教育思想又包括先觉者和领导者的教育思想、教育家的教育思想与理论、一般社会公众的教育观念、官方教育思想即教育方针及其政策化。

所谓"双向"，即在1862～1927年中国教育早期现代化时期，中国现代教育是按照"学校—制度—思想"向度发展的，先后经历了洋务运动与维新运动时期现代学校的诞生、清末新政改革与预备立宪时期现代教育制度的建立、辛亥革命与新文化运动时期现代教育思想的形成三个阶段；此后，中国现代教育则是按照"思想—制度—学校"向度发展的，即教育方针与教育基本政策的调整，引发教育体制、教育制度改革，带动学校课程与教学改革，这表明，在很多情况下，中国现代教育发展的动力不是来自教育内部自身，也不是来自经济、社会变动的现实需求，充分体现了中国的政府主导、观念驱动型现代化、教育现代化的特征。

所谓"四期"，即指作为一个整体的中国现代教育的发生发展，大致可以

---

① 参见陈景磐著：《中国近代教育史》，人民教育出版社2004年版，第2～3页。

分为四个时期:从 1862 年京师同文馆设立至 1927 年南京国民政府成立前为第一阶段,即早期现代化时期;1927～1949 年南京国民政府时期为第二阶段,即多元发展时期,其中包括以党国化、制度化为特征的南京国民政府的教育建设与教育统治,以革命化、大众化为特征的中国共产党领导的革命根据地教育,以教育救国、杜威教育思想中国化、教育团体党派化为特征的陶行知、黄炎培、晏阳初和梁漱溟、陈鹤琴等民主主义教育家的教育改革与实验,此外还包括教会学校的中国化和世俗化,私塾教育的学校化和消融化;从 1949 年新中国成立到 1984 年为第三阶段,即转折与探索时期,在新的社会制度基础上和毛泽东思想指导下,艰难地探索了什么是社会主义教育以及如何建设社会主义教育两大问题;1985 年中共中央印发《关于教育体制改革的决定》和 1986 年颁布实施《义务教育法》以来为第四阶段,即新型现代化时期,开始在改革开放中和冷战结束、世界经济一体化的国际环境中,探索、建设与中国特色社会主义相适应的教育现代化事业。

所谓"第五模式",就是从世界范围来看,各国现代教育的发生发展大致可以分为五种模式:第一种是以西欧国家为代表的先发内生型教育现代化模式,第二种是以美国、日本为代表的学习先发国家而自我创新的教育现代化模式,第三种是以印度等亚非拉殖民地国家为代表的移植原宗主国体制的教育现代化模式,第四种是以部分中东国家为代表的在政教合一体制基础上发展起来的教育现代化模式,第五种就是以中国为代表在本土基础上学习外国而走自己特色道路的教育现代化模式。由此可见,世界上不同国家现代化的模式不是先发内生型、后发外源型两类的简单划分,而是有着不同模式,每一大模式又可细分为不同的小模式,它们的共同趋向是联系和影响日益密切而广泛,不同价值在于使得世界教育一体化不是单一化而是丰富多彩。也正是从这个意义来讲,一方面,中国现代教育是中国教育与世界教育一体化的历史的存在;另一方面,中国现代教育又是世界现代教育一体化中的独具代表性的一极,具有不可替代的价值,中国现代教育理应彰显光大此种价值,这是中国现代教育的全球价值和使命。

本书所研究的现当代教育,其主体是 1949 年新中国成立以来的教育,即通常所谓的当代教育,但其中更有深意,即当代教育是中国现代教育的一个阶段或发展时期,对于当代教育的认识必须置于中国现代教育的整体当中,本书的研究主体或重点在于当代教育,但必须以中国现代教育的总体框架来统摄,必要时还需将研究的上限推溯至民国乃至清末。

至于何为"问题",界定有殊。《汉语大词典》对"问题"的解释为:"① 需要回答或解释的题目;② 需要研究讨论并加以解决的矛盾、疑难;③ 关键、重要之点;④ 事故或意外。"循此可知,问题即指事物的矛盾,基本问题即指事物的重要矛盾。任何事物都蕴含着矛盾,并由其主要矛盾和矛盾的主要方面决定着自身性质和发展方向。中国现代教育虽受到朝代更替、断代研究等客观或人为因素的分割,却始终保持着一贯的基本特征;虽受到政治、经济、文化等外部条件的影响,却始终保持着自身的发展规律。中国教育现代化,就是中国现代教育内在的本质的对立统一关系在中国特定的现代化背景、模式中的逻辑演绎和价值抉择。研究中国现代教育的门径乃至捷径之一,便是从问题入手,概括、分析其矛盾运动及现代化走向,进行时代性思考,提供前瞻性建议。

中国现当代课程问题最普遍、最有代表性地存在于中小学教育当中。中小学教育一般是指对青少年和儿童实施的普通中等、初等教育,它是基础教育的主体部分,目的在于通过传授基本的普通文化知识,满足受教育者的基本学习需求,培养公民的基本素质,大多数国家将其作为普及教育或义务教育加以推行。[①] 中国和欧洲的小学教育各有自己悠久的传统。中国在西周时期已有小学、大学之分,欧洲则可追溯到古希腊的弦琴学校,虽经治乱兴衰,赓续不绝。西方现代意义的公立小学是从 19 世纪中后叶开始,随着义务教育的普及而蓬勃兴起的。中国的新式小学通常以 1878 年设立的上海正蒙书

---

① 与中小学教育最相关的概念是"初等教育"和"中等教育"。初等教育是对受教育者实施的初级阶段的教育,中等教育则是在初等教育基础上实施的更高层级的教育。从教育对象来看,可包括儿童、青少年和成人;从教学内容来看,可包括普通教育、职业技术教育和专业教育;从办学形式来看,又包括全日制教育和业余教育。而通常所谓的中小学教育,是指以适龄儿童和青少年为对象的、实施普通教育为主的全日制教育。面向成人的初、中等教育一般属于成人教育范畴,专门或主要实施职业技术教育者则属于职业技术教育范畴。新中国成立以后,中等教育除了普通中等教育和中等职业技术教育外,又构建起中等专业教育体制。但随着时代的发展和对专业人才要求的提高,专业教育逐步向高等教育领域提升,20 世纪末叶以来中等专业教育亦开始靠拢、纳入中等职业教育的范畴。

与中小学教育相关的另一概念是"基础教育"。基础教育亦称国民基础教育,是对国民实施基本的普通文化知识的教育,是培养公民基本素质的教育,也是为继续升学或就业培训奠定基础的教育。基础教育是一个动态范畴,随着社会发展和教育普及程度而提高。在 20 世纪 80 年代中期以前的我国,主要指小学教育或初等教育,此则指高中及其以下阶段各级普通教育,而且随着普通教育与职业教育、技术教育的融通,90 年代之后范围更有拓展。(参见《中国大百科全书·教育》,中国大百科全书出版社 1985 年版,"初等教育"条;《辞海》,上海辞书出版社 1999 年版,"基础教育"条;卓晴君等著《中小学教育史》,海南出版社 2000 年版,第 344 页;王铁军著:《教育现代化论纲》,江苏教育出版社 1998 年版,第 102 页。)

院小班、1896 年设立的沪南三等学堂和 1897 年所设南洋公学外院（后改称南洋公学附属小学）为嚆矢。但"欧洲与中国，中等教育之历史均较大学教育与小学教育之历史为短"①。在欧洲，或可寻源至雅典时期的修辞学校、文法学校，而现代意义的中学公认以 16 世纪文科中学的创设为标志。中国古代只有小学、大学，缺乏中学概念，故发育更晚，直至 1895 年天津中西学堂所设的二等学堂、1897 年南洋公学所设的中院出现，始有中等教育性质学段。总之，中国现代中小学教育制度是 20 世纪初"壬寅·癸卯"学制颁行后学习西方发展起来的。

中国现当代中小学课程的三大基本问题，就是基础性与预备性问题、升学预备与就业预备问题、全面发展与个性发展问题。这些问题，全面体现于中小学的课程政策、课程目的、课程标准和课程实施、课程评价等方面，而从本质来讲，它们更是中小学教育的基本问题在课程领域的反映。下文即分论之。

二、中小学课程的基础性与预备性问题

中小学教育是基础教育的主体部分，向受教育者提供起码的知识、能力和价值观念，培养公民的基本素质，本质特征就在于基础性。同时，它又是人生发展的基础、终身教育的组成，必须考虑学生的可持续成长，考虑受教育者的继续升学或就业问题，即为其未来发展做好准备，也就不可避免地带有了预备性。究竟着眼于现实还是未来、基本要求还是理想追求，便形成基础性与预备性的张力。

1. 清末民初正处新旧教育嬗替之际，传统科举制度中精英教育、应试预备等观念以教育价值形态渗透、作用于现代中小学教育，制约、压抑禁锢着其自身应有之基础性的觉醒。20 年间，这种觉醒于艰辛中潜行渐进，首先在小学尤其是初小阶段，从培养目标、修业年限到课程设置基本完成；而在中学，虽有进展，成效有限，并演变成激烈的文、实分科之争，追求基础性的同时异化为课程繁重、要求过死。

1902 年 8 月《钦定小学堂章程》规定："小学堂为初受普通教育之始，无论何项收入学生，除试验功课之外，尚有须合格者四事：一、志趣端正；二、资性聪明；三、家世清白；四、身体壮健。"入学后，如"资性太低，难期进益"或有

---

① 国联教育考察团著，国立编译馆译：《中国教育之改进》，国立编译馆 1932 年版，第 104 页。

"学期试验二次不及格"等情形,"随时剔退出学"。① 对小学生进行入学测验,对其家庭出身及德智体发展状况做出限制,并在教育教学过程中实行严格淘汰,这是非常典型的科举制中精英观念、选拔机制的惯性延伸,表明教育现代化起步之初,对基础教育所应有的全民性、基础性等特征尚懵懂无知,现代学校教育制度表壳下所笼罩的仍是传统教育价值观念。

时隔一年多,"癸卯"学制颁行,情况大有改进,规定"设初等小学堂,令凡国民七岁以上者入焉,以启其人生应有之知识,立其明伦理、爱国家之根基,并调护儿童身体,令其发育为宗旨,以识字之民日多为成效"。不仅初小没有入学考试,初小毕业升高小也一律免试。② 这是现代基础教育观念的觉醒,相对于"壬寅"学制是一种飞跃。但由于受中体西用思想的制约、传统教育学派的影响以及现代化初期急躁心理的驱动,中小学教育普遍存在修业年限太长、教学科目偏繁、上课时数过多的问题。针对这种情况,1909 年初,江苏教育总会呈请学部"节缩初等小学之年限,并变通其科目,以期强迫教育之渐可实行"③。5 月,学部奏准"初等小学为养成国民道德之初基,开智识谋生计之根本……必以易知易从为大端",削减历史、地理、格致三科,读经科内容缩减一半以上,并增设四年制、三年制两类小学简易科,以期教育易于普及。④ 次年,取消简易科,将初小修业年限统一为 4 年。⑤

---

① 陈元晖主编,璩鑫圭等编:《中国近代教育史资料汇编·学制演变》,上海教育出版社 1991 年版,第 277、278 页。
② 《奏定初等小学堂章程》(1904 年 1 月 13 日),见陈元晖主编,璩鑫圭等编:《中国近代教育史资料汇编·学制演变》,上海教育出版社 1991 年版,第 291、302 页。
③ 陈元晖主编,璩鑫圭等编:《中国近代教育史资料汇编·学制演变》,上海教育出版社 1991 年版,第 547 页。
④ [清]学部:《奏请变通初等小学堂章程折》(1909 年 5 月 15 日),见陈元晖主编,璩鑫圭等编:《中国近代教育史资料汇编·学制演变》,上海教育出版社 1991 年版,第 543~546 页。
⑤ [清]学部:《奏改订两等小学堂课程折》(1910 年 12 月 30 日),见陈元晖主编,璩鑫圭等编:《中国近代教育史资料汇编·学制演变》,上海教育出版社 1991 年版,第 551 页。

表 0-1　　　　1904 年中小学教学科目、修业年限和周课时数

学 级	初等小学堂	高等小学堂	中学堂
教学科目	修 身	修 身	修 身
	读经讲经	读经讲经	读经讲经
	中国文学	中国文学	中国文学
	算 术	算 术	算 学
	历 史	历 史	历 史
	地 理	地 理	地 理
	格 致	格 致	博 物
	体 操	体 操	体 操
		图 画	图 画
			外国语
			理化(第四、五年)
			法制及理财(第五年)
修业年限	5	4	5
每星期上课钟点	30	36	36

资料来源:《奏定初等小学堂章程》(1904 年 1 月 13 日)、《奏定高等小学堂章程》(1904 年 1 月 13 日)、《奏定中学堂章程》(1904 年 1 月 13 日),见《中国近代教育史资料汇编·学制演变》,第 291～328 页。

民国建立后,初小基本维持、发展了清末改革成果,继续向基础性微幅回调。修业年限仍为 4 年,一、二年级每周平均减少约 6 课时;修身、算术两科课时基本不变,体操由每周 3 钟点增至 4 课时;由于取消了清末每周 12 钟点的读经课,其所承担的部分语文教学功能转至国文课,使得国文课由原来的每周 4 钟点大增至 13 课时左右。[①] 同时,适应初小男女合校需要,为女生开设缝纫课;逐步增设手工、图画、唱歌等课程,并强调"小学手工科应加注

---

① 《奏定初等小学堂章程》(1904 年 1 月 13 日)、《普通教育暂行课程标准》(1912 年 1 月 19 日),见陈元晖主编,璩鑫圭等编:《中国近代教育史资料汇编·学制演变》,上海教育出版社 1991 年版,第 296～299、598 页。

重"①。这些改革,既维持了改朝换代中课程的稳定性、延续性,又改变了知识类学科过分单一的状况,完善了课程结构,更加适合学生的身心发展特点,容易激发学生的学习兴趣,利于促进学生的全面发展。

表 0-2　　　　民国初年初等小学教学科目、修业年限和周课时数

时　间	教学科目								修业年限	周课时数
1912年1月19日	修身	国文	算术	游戏体操	图画	手工	裁缝(女)	唱歌		4	21/24/27/27
1912年9月28日	修身	国文	算术	体操	图画	手工	缝纫(女)	唱歌		4	21/24/27/27
1912年12月	修身	国文	算术	体操	图画	手工	缝纫(女)	唱歌		4	22/26/男28、女29/男28、女29
1916年1月8日	修身	国文	算术	体操	图画	手工	缝纫(女)	唱歌	读经	4	22/26/男31、女32/男31、女32
1916年10月9日	修身	国文	算术	体操	图画	手工	缝纫(女)	唱歌		4	22/26/男29、女30/男29、女30

资料来源:《普通教育暂行课程标准》(1912 年 1 月 19 日)、《小学校令》(1912 年 9 月 28 日)、《教育部订定小学教则及课程表》(1912 年 12 月)、《教育部公布国民学校令施行细则》(1916 年 1 月 8 日)、《教育部修正国民学校令施行细则》(1916 年 10 月 9 日),见《中国近代教育史资料汇编·学制演变》,第 598~600、654、695、797、809 页。

1912 年 9 月,教育部公布《小学校令》和《中学校令》,规定"小学校教育以留意儿童身心之发育,培养国民道德之基础,并授以生活所必需之知识技能为宗旨","中学校以完足普通教育、造成健全国民为宗旨"。② 比较清末所谓"高等小学堂、普通中学堂,意在使入此学者,通晓四民皆应必知之要端,仕进

---

① (民国)教育部:《普通教育暂行课程办法》(1912 年 1 月 19 日),见陈元晖主编,璩鑫圭等编:《中国近代教育史资料汇编·学制演变》,上海教育出版社 1991 年版,第 597 页。

② 陈元晖主编,璩鑫圭等编:《中国近代教育史资料汇编·学制演变》,上海教育出版社 1991 年版,第 653、659 页。

者有进学之阶梯,改业者有谋生之智能"[1],升学、就业的预备功能有所弱化,基础性有所加强。"壬子·癸丑"学制对于高小和中学的改革,主要是将修业年限各缩减1年,周课时数平均减少约3节。至于教学科目和每科教学时数,除了取消读经,高中增设乐歌,国文、算术、体操三科各增加1课时左右,部分抵消了取消读经所减少的12课时和9课时以外,其余变化不大。因此有人提出:"自高小以及中等诸校,动辄十余门,每日上课多至六七时,自修不过三四时耳。如是而求其能忆且悟,非中上之资,盖难言也。"[2]1919年4月,教育部咨称,中学"现行科目不无繁重之嫌",各地可根据情形酌量增减教学科目,"并得增减部定各科目之时数",报经教育部批准后施行。[3]

表 0-3　　　　民国初年高等小学教学科目、修业年限和周课时数

时间	教学科目													修业年限	周课时数
1912年1月19日	修身	国文	算术	中华历史、地理	博物、理化	图画	手工	体操	裁缝(女)					4	男30、女29/男30、女29/男34、女31/男33、女31
1912年9月28日	修身	国文	算术	本国历史	理科	图画	手工	体操	缝纫(女)	地理	唱歌	农业(男)	英语	3	同上
1912年12月	修身	国文	算术	本国历史	理科	图画	手工	体操	缝纫(女)	地理	唱歌	农业(男)	英语	3	30/男30、女32/男30、女32

---

① 陈元晖主编,璩鑫圭等编:《中国近代教育史资料汇编·学制演变》,上海教育出版社1991年版,第489页。

② 高式愚:《论今日学校教育之缺点及其补救法》(1914年),见陈元晖主编,李桂林等编:《中国近代教育史资料汇编·普通教育》,上海教育出版社1995年版,第911~912页。

③ (民国)教育部:《咨交通部各省区中学校应斟酌地方情形酌量增减科目及时间文》(1919年4月25日),见陈元晖主编,璩鑫圭等编:《中国近代教育史资料汇编·学制演变》,上海教育出版社1991年版,第813页。

时间	教学科目														修业年限	周课时数
1916年1月8日	修身	国文	算术	本国历史	理科	图画	手工	体操	家事	地理	唱歌	农业	外国语	读经	3	男34、女32/男37、女36/男38、女36
1916年10月9日	修身	国文	算术	本国历史	理科	图画	手工	体操	家事	地理	唱歌	农业	外国语		3	男31、女29/男34、女33/男35、女33

资料来源:《普通教育暂行课程标准》(1912年1月19日)、《小学校令》(1912年9月28日)、《教育部订定小学教则及课程表》(1912年12月)、《教育部公布高等小学校令施行细则》(1916年1月8日)、《教育部修正高等小学校令施行细则》(1916年10月9日),见《中国近代教育史资料汇编·学制演变》,第598～600、654、696、804、807页。

表 0-4　民国初年中学教学科目、修业年限和周课时数

时间	教学科目														修业年限	周课时数
1912年1月19日	修身	国文	外国文	历史、地理	数学	博物	理化	法制、经济	家政(女)	裁缝(女)	图画	手工	音乐	体操	4	男34、女32/男34、女32/男35、女33/男37、女35
1912年12月2日	修身	国文	外国语	历史	数学	博物	物理	法制经济	家政(女)	缝纫(女)	图画	手工	乐歌	体操 地理 化学	4	男33、女32/男34、女33/男35、女34/男35、女34

续表

时 间	教学科目																修业年限	周课时数
1913 年 3 月 19 日	修身	国文	外国语	历史	数学	博物	物理化学	法制经济	家事园艺（女）	缝纫（女）	图画	手工	乐歌	体操	地理		4	男 33、女 32/男 34、女 33/男 35、女 34/男 35、女 34

资料来源:《普通教育暂行课程标准》(1912 年 1 月 19 日)、《教育部公布中学校令施行规则》(1912 年 12 月 2 日)、《教育部公布中学校课程标准》(1913 年 3 月 19 日),见《中国近代教育史资料汇编·学制演变》,第 598～600、669～673、718～720 页。

　　此时的基础性与预备性之争,还集中表现为中学的文、实(理)分科问题。1909 年 5 月,学部奏称:"小学堂之宗旨,在养其人伦之道德,启其普通之知识;不论其长成以后,或习文学,或习实业,皆须以小学立其基,此不能分也。"而中学"毕业之后,其不能升学之学生,于普通智识、道德当足应用;惟学生毕业有志升学者,其所志既有殊异,而所升之学堂亦有文科实科之不同",故建议中学"于一堂之内分设两科",分别侧重文科、实科(即理科。笔者注)课程。[①] 这种改革的优点在于可以更好地适应学生个性发展的需要,可能在一定程度上减轻了学生的学业负担,但同时也强化了中学的升学预备功能,当两科之间"主课"差异过大时,将不可避免地导致忽视"通习"课程,降低学生的转学灵活性。尤其在当时条件下,办文科者多,办实科者少,更将进一步妨碍基础教育的基础性。因此,1911 年 1 月,学部又奏称,"一经分类,后日之转学为难;骤语专精,普通之知识转略"[②],请求在保持教学科目不变的前提下,调整各科教学时数及标准,弥合文、实两科鸿沟,降低部分课程的难度,增加

---

　　① [清]学部:《奏变通中学堂课程分为文科、实科折》(1909 年 5 月 15 日),见陈元晖主编,璩鑫圭等编:《中国近代教育史资料汇编·学制演变》,上海教育出版社 1991 年版,第 552、554 页。
　　② [清]学部:《奏改订中学文、实两科课程折》(1911 年 1 月 26 日),见陈元晖主编,璩鑫圭等编:《中国近代教育史资料汇编·学制演变》,上海教育出版社 1991 年版,第 561 页。

学生的转学适应性以及中小学教育的基础性。民国建立伊始,便规定"中学校为普通教育,文、实不必分科"①。1915年,袁世凯基于双轨学制立场,设想中学"分为文科、实科二种,或分校,或一校兼备二科"②,教育界一些人士也从批评中学弊病的角度加以响应,由是重开新一轮文、实分科之争。为此,1916年11月,全国教育会联合会第二次年会做出决议案:"中学校本以完足普通教育为原则,而近来中学教程偏于预备教育性质","又有创文实分科者,是更甚其预备教育之意,与中等社会普通应用相去甚远"③。但一纸决议不能掩盖中学课程繁重、要求过死的事实,也难堵塞众人悠悠之口。此后数年"中学教育界乃盛传'文、实分科'之说",蔡元培等人也从人的全面发展的角度出发,阐述德国分科中学的历史,论证我国中学"决无恢复文、实分科之理"④。民初十年文、实分科之议虽未广泛实行,但充分暴露了当时中学教育基础性的异化问题——为了追求基础性,导致课程繁重、要求过死,反而损害其基础性,并最终开启了分科选科制的先声。

2. 1922年的"新学制",整体来说比较妥善地处理了基础性与预备性的关系。小学教育继承已有成果,基础性进一步加强;初中教育独出新意,基础性得到明确;高中教育希冀兼顾基础性与预备性,但因经验不足、条件限制,导致一定程度的忙乱。

全国教育会联合会议决"新学制"的同时,还组织新学制课程标准起草委员会,分请专家草拟各科课程纲要,汇集覆订后,经教育部通令试行。它将中、小学两个学段统筹规划,密切了高小与初小而不再是与中学的联系,易于小学普及,凸显、加强了其在学校系统中的基础地位。每周教学时数,初小一、二年级至少1080分钟,三、四年级至少1260分钟,高小至少1440分钟。⑤若按每节课45分钟折算,周课时数分别为24、28、32,基本同前。在课程设置上,初小增设社会、自然、公民、卫生,废止修身,更加贴近学生生活,符合学生

---

① (民国)教育部:《普通教育暂行办法》(1912年1月19日),见陈元晖主编,璩鑫圭等编:《中国近代教育史资料汇编·学制演变》,上海教育出版社1991年版,第597页。

② 袁世凯:《特定教育纲要》(1915年1月22日),见陈元晖主编,璩鑫圭等编:《中国近代教育史资料汇编·学制演变》,上海教育出版社1991年版,第749页。

③ 陈元晖主编,李桂林等编:《中国近代教育史资料汇编·普通教育》,上海教育出版社1991年版,第811页。

④ 蔡元培:《德国分科中学之说明》(1918年11月15日),见陈元晖主编,璩鑫圭等编:《中国近代教育史资料汇编·学制演变》,上海教育出版社1991年版,第811页。

⑤ 《第一次中国教育年鉴》丙编《教育概况》,开明书局1934年版,第422页。

兴趣,丰富、完善了课程结构;国文改为国语,推行语体文,在初小、高小阶段均占总课时的30％,纠正了过去两段之间课时悬殊的弊病;算术一科初小、高小均占总课时的10％,虽改变了以往两段间的过大起伏,但整体比例偏低,亦可谓该时小学课程之最大不足。

表 0-5　　　　　　　　1922 年"新学制"小学课程结构

学　科		国　　语			算术	社　　会				自然	园艺	工用艺术	形象艺术	音乐	体育
		语言	读文	作文	写字		卫生	公民	历史	地理						
百分比	初小	30				10	20				12		7	5	6	10
	高小	6	12	8	4		4	4	6	6	8	4				

资料来源:《第一次中国教育年鉴》丙编《教育概况》,第422页。

表 0-6　　民国初年初小、高小国文、算术两科课时占总课时的比例

时　间		国　文	算　术
1912 年 12 月	初　小	48％	21％
	高　小	29％	13％
1916 年 1 月 8 日	国民学校	45％	20％
	高　小	24％	11％
1916 年 10 月 9 日	国民学校	47％	21％

资料来源:《教育部订定小学教则及课程表》(1912 年 12 月)、《教育部公布国民学校令施行细则》(1916 年 1 月 8 日)、《教育部公布高等小学校令施行细则》(1916 年 1 月 8 日)、《教育部修正国民学校令施行细则》(1916 年 10 月 9 日)、《教育部修正高等小学校令施行细则》(1916 年 10 月 9 日),见《中国近代教育史资料汇编·学制演变》,第 695～696、797、804、809 页。

中学阶段既延长了年限,提高了程度,又首次进行初、高分段,增加了灵活性,兼顾基础性与预备性的双重需要,堪称新学制的精粹。比较而言,初中相对高中更加强调基础性,课程设置更加合理,匠心独运,心裁别出,首次真正完成了中学教育向基础性的回归。初中课程除了外国语一科所占比重过大,脱离当时社会实际,师资难以保证,学生负担沉重之外,其余教学科目设置和时间分配都比较合理。课程分为六大类,颇有综合课程的味道;必修、选修并设,必修为主,保证了学生基础知识的求取和基本能力的发展,而又具有一定灵活性,适应学生的个性需要。

表 0-7 1922 年"新学制"初中课程结构

学科	必修科目												选修他种科目(主要是职业科目)或补习必修科目
	社会科			言文科		算学科	自然科	艺术科			体育科		
	公民	历史	地理	国语	外国语			图画	手工	音乐	生理卫生	体育	
学分及比例	6 3.3%	8 4.4%	8 4.4%	32 17.8%	36 20%	30 16.7%	16 8.9%	12 6.7%			4 2.2%	12 6.7%	16 8.9%
	22 12.2%			68 37.8%							16 8.9%		
	164 91.1%												
	180 100%												

资料来源:《第一次中国教育年鉴》丙编《教育概况》,第 422 页;并参见吕达著:《中国近代课程史论》,人民教育出版社 1994 年版,第 302、310 页。

高中则采取美国综合中学制度,分为普通科和职业科,分别以升学和就业准备为主要目的。普通科再分两组,第一组注重文学及社会科学,类似以前的文科;第二组注重数学及自然科学,类似以前的实科或后来的理科。职业科又可分农、工、商、师范、家事等科。普通科课程由公共必修科目、分科专修科目和纯粹选修科目三部分构成。公共必修科目占总学分的 43%,两组科目相同,但教材、教法可有所区别;分科专修科目第一组占总学分的 20% 或更少,第二组占总学分的 37% 左右;纯粹选修科目两组均不超过总学分的 20%。新学制中的高中,一方面是中学教育的高级阶段,必须考虑中学教育应有的基础性;另一方面,它又不同于以往的中学,实际上容纳、消化了清末民初高等学堂、预备学校的升学准备功能和实业学堂、师范学校等的就业准备功能,不可避免地要承载起预备性职责。因此,它必须在基础性与预备性之间寻求一个均衡点,兼顾并蓄,两边取巧,而稍有不慎,就可能顾此失彼,两面受气。用今天的眼光打量,其课程设置必修课比例偏低,选修课比例过大,且两组之间分科专修科目迥异①,不仅会妨碍学生的转学灵活性,更将影响学生获得全面的基础知识和基本技能。但这绝不是问题关键所在。因为当时的高中教育绝难称基础教育,更是预备性的尤其是升学预备的教育。由此观之,这种设计未尝不有实事求是之处。它的最大贡献在于,首次明确提出,高中教育不是纯预备性的教育,不是高等学堂、预备学校的翻版,而要考虑其基础性。也正因为要处理基础性与预备性、升学与就业、文科升学与理科升学等多重矛盾,课程设置不得不极其庞杂,加之师资条件不具备,教学、管理难度大,横罹批评。

表 0-8　　　　1922 年"新学制"高中普通科第一组课程结构

公共必修科目	分科专修科目		纯粹选修科目
	必　修	选　修	
43%	至少 16%	21% 或更多	20% 或更少
	37% 左右		
必修至少 59%		选修 41% 左右	

资料来源:《中国近代课程史论》,第 311 页。其中,分科专修科目所占比例,据《第一次中国教育年鉴》丙编《教育概况》第 191 页核改。

表 0-9　　　　1922 年"新学制"高中普通科第二组课程结构

公共必修科目	分科专修科目		纯粹选修科目
	必　修	选　修	
43%	至少 22%	15% 或更多	20% 或更少
	37% 左右		
必修至少 65%		选修 35% 左右	

资料来源:《中国近代课程史论》,第 311 页。

---

①　第一组分科专修科目必修课程是:特设国文、心理学初步、伦理学初步、社会学之一种、自然科学或数学之一种;第二组分科专修科目必修课程是:三角、几何、代数、解析几何大意、用器画、物理、化学、生物。参见《第一次中国教育年鉴》丙编《教育概况》,开明书局 1934 年版,第 191 页。

3. 南京国民政府时期,课程改革的重点集中在中学尤其是高中阶段。而以 1935 年、1936 年为界,前后两个时期的改革趋向截然不同。前一时期重在解决新学制所带来的灵活有余而规范不足、过分适应学生需求而关注质量不够的问题,加强语、数、外等基础学科的教学,减少选修课,取消文理分科,通过加强基础性来增进中学尤其是高中的升学预备性。后一时期,无论战前还是抗战期间、战后,坚持从实际国情和战时需要出发,扭转前一时期的偏差,减少课时,降低难度,适当分组,以求适应学生的水平和需要,向基础性和预备性(包括升学预备和就业预备两个方面)双向回归。

1928 年 3 月,大学院公布《中学暂行条例》,规定"中学教育,应根据三民主义,继续小学之基本训练,增进学生之智识技能,为预备研究高深学术及从事各种职业以达适应社会生活之目的"①,确立了中学教育基础性与预备性并重的价值取向。次年 8 月,教育部公布《中学课程暂行标准》,初中基本取消选修科目,加强国文、算学教学;高中普通科不再分组,选修科目仅 19 学分,占总学分的 12%,较此前大大缩减。目的在于纠正新学制文、理分组中选修科目过多过滥,学生重文轻理、理科成绩低劣、基础知识和基本技能不足,进而导致高等教育专业失衡、生源质量下降的偏颇,以便与同期的高等教育科类调整政策相呼应。究其实质,是希望通过加强基础性来增进中学尤其是高中的升学预备性。

1931 年,国联教育考察团来华考察后建议:

> 中等学校之使命,即系在初等教育之上,再供给一种本身完全的教育,使受过此等教育者,即刻可以得一安身立命之所。由历史上观之,中等学校之第一目的系为大学造就投考生;即在今日,仍负有此种使命。但在此使命之外,中等学校对于不再受高等教育之中等阶级,已当给一种本身完全的教育。因此之故,中等教育最重要之点,即各中学不应仅使学生对于将来职业上需用之科目,得到一种混杂的知识;中等学校毕业生,必须已受到一种普通的教育,此种教育自成一整体,虽非应有尽有,必已包括无遗焉。②

这是试图将中学从大学的附庸地位解放出来,强化中学的独立价值,与

---

① 中央教育科学研究所编:《中国现代教育大事记》,教育科学出版社 1988 年版,第 151 页。
② 国联教育考察团著,国立编译馆译:《中国教育之改进》,国立编译馆 1932 年版,第 105 页。

袁世凯通过中学造就"社会之中坚人物"①的思路非常类似,均为西欧特别是德国传统文科中学教育观念的体现。这样,它虽然强调中学的独立价值,但由于将目标定位于培养中产阶级而非服务于一般民众,因此在弱化预备性之时并未回归基础性,而是自觉不自觉地下移大学的一部分功能,转而强调中学的发展性。受此影响,1932年11月,教育部颁布正式课程标准,取消综合中学制,恢复单科中学制,取消学分制,改为学时制,取消选修科目,大幅增加教学时数,尤其是增加国文、算学、英语等基础学科的课时,以求学生智能的高水平均衡发展。②

对于国联教育考察团立足欧洲传统,批评中国"新学制"模仿美国中学教育一事,具有留美背景的教育学者廖世承、李建勋等人都不以为然,给予反驳。③ 他们认为:"中学的目的,在养成社会有用的人才;中学的作用,在改进青年的生活,变更青年的行为。说得细些,中学的职能,至少有三点:(1)增进知识,(2)陶冶情感,(3)养成能力。"而"授课时间增加后,发生的效用是,(一)自修时间不敷,(二)运动时间缺乏,(三)妨碍课外作业,(四)降低各科程度",并且,"取消文理分科太不注意事实","取消学分制选科制太嫌呆板"。④ 1935年,平津各大学校长及教育专家联名呼吁教育部恢复文、理分科,减少授课时数,建议高中算学课程分组教学,规定高中算学课程最低标准,高中实行分科制或多轨制。⑤ 1936年,教育部公布修订中学课程标准,减少教学时数,减轻学生负担;高中从二年级起,分为甲、乙两组,甲组算学内容与原来相等,但增加课时以利学生掌握,乙组算学内容要求降低,课时也相应减少。⑥ 这是由发展性向基础性和预备性的同时回归。

抗战全面爆发后,1938年7月,教育部制订《战时各级教育实施方案》,规定"中学教育应为继续小学施行国民基础教育,以造就社会一般事业之中级中坚

---

① 袁世凯:《特定教育纲要》(1915年1月22日),见陈元晖主编,璩鑫圭等编:《中国近代教育史资料汇编·学制演变》,上海教育出版社1991年版,第749页。

② 《第二次中国教育年鉴》,商务印书馆1948年版,总第351~352页。

③ 参见李建勋:《对国联教育考察团报告之批评》(1933年5月),见许椿生等编:《李建勋教育论著选》,人民教育出版社1993年版,第157~173页。

④ 廖世承:《对于改革中学教育的一些意见》(1931年)、《为全国中学校请命》(1932年12月16~19日),见汤才伯主编:《廖世承教育论著选》,人民教育出版社1992年版,第254、267、270页。

⑤ 梅贻琦等:《修正中学算学课程标准建议书》(1935年)。转引自廖世承:《十年来之中国中等教育》(1935年),见《廖世承教育论著选》,人民教育出版社1992年版,第382页。

⑥ 《第二次中国教育年鉴》,商务印书馆1948年版,总第352~353页。

分子,及准备进修专门学术为二大目的"。"现行中小学教学科目与课程标准,曾经数次之修订,但仍觉过于繁重,学生不易负担,故应重行加以审订,酌量减少。"①进一步向基础性和预备性同时回归。1940年2月,教育部再次修正中学课程标准,减少教学时数②;初中不专以升学准备为目的,各年级均分甲、乙两组,以英语为分组标准,即英语改为选修,不准备升学的甲组学生可以免修;高中二年级起分组,分别侧重文、理科;出于抗战需要,加强本国史地教学。③ 1942年4月,教育部召开中学课程标准讨论会,决议"减少与实际生活需要不相适合及繁琐的教材","表现中学自身的功能,注重基础教育"。④

抗战胜利后,1947年12月,教育部召开中学课程标准修订会议,决定每学期的教学科目,初中由12~13科减至9~10科,高中由10~12科减至8~9科;每周教学时数,初、高中分别由31小时减至27~29、27~30小时;教学内容注意实际生活智能之培养,尽量删减艰深理论。⑤ 1948年12月,教育部公布修订中学课程标准,基本遵循上述精神,基础性得到更加充分的体现。⑥

表0-10 南京国民政府时期初中周课时数及国文、数学、外语课时比例

时　间		1929年	1932年	1936年	1940年	1948年
周均教学总时数		30	35.7	31	31	30
国　文	周均教学时数	6	6	5.7	5.3	5
	百分比	20%	17%	18%	17%	17%
数　学（算学）	周均教学时数	5	4.7	4.7	3.7	3
	百分比	17%	13%	15%	12%	10%
外　语（英语）	周均教学时数	3.3/5	5	4	选修	3.3
	百分比	11%/17%	14%	13%		11%

资料来源:《中学暂行课程标准》(1929年8月)、《中学正式课程标准》(1932年)、《修

---

① 中国第二历史档案馆编:《中华民国史档案资料汇编》第五辑第二编《教育(一)》,江苏古籍出版社1997年版,第22、29页。

② 虽然1936年规定初中每周31课时,高中每周29~30课时,但由于次年起增加图画、音乐课时,兼加强生产劳动、军训等,课时及学生负担有所增加,初、高中实际分别超过33、31课时。参见《第二次中国教育年鉴》,总第352~353页。

③ 《第二次中国教育年鉴》,商务印书馆1948年版,总第354~355页。

④ 中央教育科学研究所编:《中国现代教育大事记》,教育科学出版社1988年版,第490页。

⑤ 中央教育科学研究所编:《中国现代教育大事记》,教育科学出版社1988年版,第601页。

⑥ 中央教育科学研究所编:《中国现代教育大事记》,教育科学出版社1988年版,第622页;并参见吕达著:《中国近代课程史论》,人民教育出版社1994年版,第441~442页。

正中学课程标准》(1936 年)、《重新修订中学课程标准》(1940 年 2 月 1 日)、《修订中学课程标准》(1948 年)，见《第一次中国教育年鉴》丙编《教育概况》，第 190～192 页;《第二次中国教育年鉴》，总第 352～355 页。

表 0-11　南京国民政府时期高中周课时数及国文、数学、外语课时比例

时　间		1929 年	1932 年	1936 年	1940 年	1948 年
周均教学总时数		25	33.5	29.8	31	28
国　文	周均教学时数	4	5.3	5	4.3	5
	百分比	16%	16%	17%	14%	18%
数　学 (算学)	周均教学时数	3.2	3.7	5.3	4.7	4
	百分比	9%	11%	18%	15%	14%
外　语 (英语)	周均教学时数	4.3	5.3	5	5.3	6
	百分比	17%	16%	17%	17%	21%

资料来源:《中学暂行课程标准》(1929 年 8 月)、《中学正式课程标准》(1932 年)、《修正中学课程标准》(1936 年)、《重新修订中学课程标准》(1940 年 2 月 1 日)、《修订中学课程标准》(1948 年)，见《第一次中国教育年鉴》丙编《教育概况》，第 190～192 页;《第二次中国教育年鉴》，总第 352～355 页。

这一时期的小学课程,基本框架承袭"新学制"的成规而因时损益,整体改革趋势与中学几乎完全吻合。1929 年 8 月,教育部公布《小学课程暂行标准》,周均课时比"新学制"增加 70 分钟。1932 年 10 月,公布小学正式课程标准,周均课时及国语、算术课时所占比例又有较大幅度提高。鉴于此,及至 1936 年 7 月教育部公布的《修正小学课程标准》,总课时和算术课时减少许多,另因时局需要,国语课时及所占比例大量增加。① 在接下来的抗战时期,国语、算术二科的课时及所占比例基本维持了这种态势,变化不大,只是在 1942 年将"公民训练"改为"团体训练",课时翻一番,增至 120 分钟,充分体现了战时特点。② 抗战胜利后,1948 年 9 月,教育部公布《小学课程标准》,改革原则与中学相同,另规定小学一、二年级不开算术课。

---

① 《第二次中国教育年鉴》,商务印书馆 1948 年版,总第 208 页。
② 《第二次中国教育年鉴》,商务印书馆 1948 年版,总第 207～208 页。

表0-12　　南京国民政府时期小学周课时数及国文、算学课时比例

时　间		1929年	1932年	1936年	1942年	1948年
周均教学总时数(分钟)		1330	1395	1235	1315	1275
国　文	周均教学时数(分钟)	360	390	420	440	440
	百分比	27%	28%	34%	33%	35%
算　学	周均教学时数(分钟)	150	190	160	170	135
	百分比	11%	14%	13%	13%	11%

　　资料来源:《小学课程暂行标准》(1929年8月)、《小学课程标准》(1932年10月)、《修正小学课程标准》(1936年7月)、《小学课程修订标准》(1942年1月)、《小学课程二次修订标准》(1948年1月),见《第二次中国教育年鉴》,总第207~209页。

　　4. 革命根据地尤其是苏区和抗日民主根据地的中小学教育,面向儿童的普通教育一般仅限于小学阶段,中等教育(中学教育)主要属于干部教育、成人教育,普通中学教育直到解放战争时期才有所发展。它们是在战争环境中由中国共产党领导建立、发展起来的,始终特别强调为革命战争服务、为阶级斗争服务,要与生产劳动相结合、与社会实践相联系,是一种非常典型的为生产生活预备、为革命战争预备的实用性教育。到了解放战争后期,随着全面胜利的即将到来,中小学教育的基础性问题于是被提上议事日程。

　　在苏区,1934年2月,中华苏维埃共和国颁布《小学校制度暂行条例》,规定"小学教育是要训练参加苏维埃革命斗争的新后代,并在苏维埃革命斗争中训练将来共产主义的建设者";1933年10月,中华苏维埃共和国临时中央政府教育人民委员会颁布《小学课程教则大纲》,规定"要把小学教育与政治斗争相联系","与生产劳动相联系",[1]可见其鲜明的革命预备性质。在陕甘宁边区,1938年,教育厅公布《小学法》,规定边区小学教育的宗旨是"应依照国防教育方针及实施方法以发展儿童的身心,培养他们的民族意识及抗战建国所必需的基本知识技能"[2]。此时的小学教育仍坚持革命预备性质,但已经开始考虑其作为基础教育的基础性问题了。在1941年、1942年"旧型正规化"期间,教学内容"由抗日为主转而以科学为主,但这种科学也不讲边区人民迫切需要的科学知识,而讲很多火车轮船电气机等等"[3]。如果说这是加强

---

　　①　陈元晖主编:《老解放区教育简史》,教育科学出版社1981年版,第39页。
　　②　董纯才主编:《中国革命根据地教育史》第2卷,教育科学出版社1991年版,第329页。
　　③　陈元晖主编:《老解放区教育简史》,教育科学出版社1981年版,第107~108页。

基础,那它加强的是一种学术性的基础、发展性的基础,甚至是为升学做准备的基础。而当时革命根据地教育"与旧教育制度有一个本质上的区别,就是都不是预备性附属性,都不是为了升学,都有其独立的明确的实际生活实际工作上的目标。……应该把指导战争和生产所实际需要的知识来列为课程,来部分地或全部地代替那些为升学考试而存在、为所谓正规化而遗留的课程"①。可见,这种加强基础脱离了当时的教育条件与教育需要,因此受到批评,必须纠正。

解放战争初期,陕甘宁、东北、山东解放区曾酝酿过中学正规化问题,只是由于国内革命战争的迅速展开而未及实施,仍旧相当程度保持了短训班形式。不过与以往显著不同的是,此时明确提出,"解放区的中等教育是有双重任务,即既是干部教育又是预备教育(指升学预备。笔者注),但目前仍是以前者为主"②。既然承认它的升学预备性,当然也就承认其具有普通教育的性质。这是一个重要变化,标志着革命根据地中等教育的拓宽与发展,不再限于干部教育、成人教育的范畴。随着解放战争的节节胜利,1948 年 8 月,华北解放区召开中等教育会议,"明确规定中学教育是普通教育性质,其任务是为人民民主共和国培养具有中等文化水平及基本科学知识的人才,使学生毕业后,经过一定的专门训练,即能参加工作,或继续升学深造"③。9 月,东北召开第三次教育会议,再次明确中等教育是普通教育,中学中"文化课占百分之九十,政治课占百分之十"④。而在研究中等教育新型正规化的同时,也对小学教育正规化作了酝酿与讨论。1949 年 6 月,华北人民政府制定《小学教育暂行实施办法》,规定:"小学教育是新民主主义国家公民的基础教育,应以下列各项为施教目标:1. 培养儿童读写算的基本能力及普通的科学常识,以增进其对生活、社会与自然的认识。2. 注意卫生健康教育,培养儿童健康身体。3. 培养儿童爱护人民祖国的思想及爱好劳动、民主、守纪律的良好习

---

① 《根据地普通教育的改革问题》(1944 年 4 月 7 日),见教育科学研究所筹备处编:《老解放区教育资料选编》,人民教育出版社 1959 年版,第 14、15 页。

② 《东北日报》社论:《中等教育的改造问题》(1946 年 10 月 1 日),见中央教育科学研究所编:《老解放区教育资料》(三)《解放战争时期》,教育科学出版社 1991 年版,第 453 页。

③ 《华北中等教育会议决定改善中等教育制度》(1948 年 8 月),见中央教育科学研究所编:《老解放区教育资料》(三)《解放战争时期》,教育科学出版社 1991 年版,第 400 页。

④ 陈元晖主编:《老解放区教育简史》,教育科学出版社 1981 年版,第 163 页。

惯。"①至此,明确了中小学教育作为普通教育、基础教育的性质和地位,为新中国正规化的中小学教育奠定了基调。

5. 从新中国成立到"文革"结束的20余年,中小学教育沿着"加强基础—升学预备—革命预备"的圈子循环了两次。第一次循环是从新中国成立到"教育革命"的10年时间,50年代前期恢复秩序、加强基础、提高质量,几年后倾向了升学预备,然后再以革命预备式的教育纠正之。第二次循环是从60年代初期到"文革"的大约15年时间,"八字方针"实施后重新加强基础、提高质量,不久又倒向升学预备,最终在"文革"中代之以极左的所谓革命预备式教育,致使教育事业大起大落。

新中国成立以后,战争状态结束,社会趋于稳定,迅速建立起正规化的教育制度,中小学教育的基础性受到重视。1951年3月,时任教育部部长马叙伦在第一次全国中等教育会议上指出,普通中学是"在小学教育基础上给青少年以普通教育,使他们全面发展具备应有的各项基础知识,打下将来升学或参加各项建设工作的良好基础"②。8月,时任教育部副部长韦悫在第一次全国初等教育与师范教育会议上指出"小学应该实施智、德、体、美全面发展的教育","给儿童以全面的基础教育,使他们成为新民主主义社会热爱祖国与人民的积极的自觉的成员"③。1952年3月,教育部颁发试行《小学暂行规程(草案)》和《中学暂行规程(草案)》,周均课时数基本恢复到新中国成立前的水平,小学和初中的语文、数学两科的课时数及其在总课时中的比重都有大幅增加,只是高中外语的地位显著削弱。④

整个50年代前半期,由于国家建设全面铺开后急需大量人才,以及学习苏联经验中出现偏差等原因影响,教育事业发展中出现了高要求、高速度现象,中小学教育也在提高质量、加强基础的追求中,迅速滋长了升学预备性。"有些课程的教材分量比较重,教师又不能很好地领会新教材、正确地进行讲授,使得教学效果差。毕业学生的文化知识很多不合格。如1953年投考高等学校的高中毕业生,平均成绩不足40分的占46%,其中20多分以下的还

---

① 《东北日报》社论:《中等教育的改造问题》(1946年10月1日),见中央教育科学研究所编:《老解放区教育资料》(三)《解放战争时期》,教育科学出版社1991年版,第453页。

② 何东昌主编:《中华人民共和国重要教育文献》,海南出版社1998年版,第83页。

③ 何东昌主编:《中华人民共和国重要教育文献》,海南出版社1998年版,第110页。

④ 何东昌主编:《中华人民共和国重要教育文献》,海南出版社1998年版,第139~142、142~144页。

占 23％"①,而且,"宣传工作有缺点有片面性,过分地片面地强调升学、当专家"②。同时,教育部要求各地执行严格的留级制度,进一步强化了升学预备中的选拔淘汰机制。"有的儿童上学四五年甚至六七年仍在一个年级内未动。有的地方小学留级生竟达学生总数 30％,中学留级生有达学生总数17％的。"③为此,1953 年 11 月、1954 年 4 月,政务院接连发出《关于整顿和改进小学教育的指示》和《关于改进和发展中学教育的指示》,试图纠正这种局面。但是,由于缺乏经验,对教育质量标准的认识存在严重偏差,评价工具也不够科学,于是在提高质量的口号下,出现了作业加重、考试增多等问题,有的学校、教师"不顾现实条件,企图一下子把什么都做好"④。

这种情况到了 1955 年和 1956 年开始被觉察。1955 年 3 月,分管文教工作的国务院副总理陆定一在教育工作座谈会上,严厉批评了学生负担过重问题。⑤ 4 月,教育部要求各地必须认识到,"提高教育质量是一件长期细致复杂的工作,不是单纯采取一些行政措施就能解决的","必须注意纠正和防止学生负担过重的现象"。⑥ 7 月,又指示:"中小学学生负担过重,是几年来存在着的一个问题。1954 年秋季以后,在部分地区和部分学校,这个问题变得更严重。在提高教育质量的工作中指导思想有偏差的地方,负担特别重。……一般是大中城市的学校比小城市和农村的学校负担重,中学比小学重,高年级比低年级重。……目前学生负担过重,主要是课业负担过重。……教材不完善(内容过深、分量过重)、教师水平不高、学校领导不深入教学,这是几年来形成学生课业负担过重的基本原因。……1954 年秋季以来,发生了新的严重情况。主要问题是学生的课外作业繁重和考试多。"今后,教师和学校要"掌握教材分量和授课进度","减轻课外作业的过重负担"。⑦ 8 月,再通知要求,

---

①　林砺儒:《关于目前全国中学教育的基本情况与今后的方针任务》(1954 年 1 月 14 日),见何东昌主编:《中华人民共和国重要教育文献》,海南出版社 1998 年版,第 277 页。

②　习仲勋:《在全国中学教育会议上的讲话》(1954 年 1 月 27 日),见何东昌主编:《中华人民共和国重要教育文献》,海南出版社 1998 年版,第 286 页。

③　《教育部关于中学学生升、留级问题给甘肃省教育厅的复函》(1954 年 9 月 11 日),见何东昌主编:《中华人民共和国重要教育文献》,海南出版社 1998 年版,第 371 页。

④　《积极地稳步地提高教育质量是今后普通教育工作的中心》(1955 年 1 月《人民教育》社论),见何东昌主编:《中华人民共和国重要教育文献》,海南出版社 1998 年版,第 413、415 页。

⑤　何东昌主编:《中华人民共和国重要教育文献》,海南出版社 1998 年版,第 443～445 页。

⑥　《教育部关于中学教育工作汇报会的通报》(1955 年 4 月 9 日),见何东昌主编:《中华人民共和国重要教育文献》,海南出版社 1998 年版,第 448 页。

⑦　何东昌主编:《中华人民共和国重要教育文献》,海南出版社 1998 年版,第 76、477 页。

"假期作业，既不符合国家规定假期的目的，又不被大多数学生和教师所重视，还容易造成学生舞弊、教师不负责任的不良作风"，因此今后，四年级以下学生一般不布置假期作业。① 然而，这些措施、政策多为治标之举，最终未能真正解决问题，达到预期效果。今日观之，当时的种种迹象都表现出应试教育的典型特征，其原因除了教育指导思想、教学观念的偏歧，更是由于社会稳定、经济发展之后，公众的教育需求趋旺，升学愿望变强，而优质教育资源又不能满足公众的需求，激烈的升学竞争以及与之相应的繁重的应试准备教育和应试训练，就首先在大中城市、中学和高年级显现出来。应该说，激烈严酷的升学竞争是导致新中国成立以来中小学教育基础性薄弱、升学预备性强劲的历史性因素，而强化中小学教育的选拔淘汰功能，又对此起了推波助澜的作用。

1958 年开始的"教育革命"，动摇了升学预备性所赖以存在的制度化基础。但是中小学教育并没有回归基础性，而是又从升学预备性转变为革命预备性，这是对基础教育的真谛——基础性的更加严重的背离。为了纠正这种状况，1959 年 3 月，国务院对于学校的教学、劳动和生活安排做出规定："中、小学每年教学时间（包括复习、考试的时间），小学为 39 到 40 周，普通中学为 37 到 40 周。""中学生每周的劳动时间，高中学生一般规定为 8 小时，最多不超过 10 小时；初中学生一般规定为 6 小时，最多不超过 8 小时；小学生从 9 岁起，一般每周的劳动时间规定为 4 小时，最多不超过 6 小时。"②而根本纠正是到 1963 年 3 月《中学五十条》《小学四十条》颁行以后。中共中央指示，"提高中小学的教育质量，是一项具有战略意义的任务……小学阶段必须注重语文和算术的教学，中学阶段必须注重语文、数学和外国语的教学，这对提高中小学教学质量有决定性的意义，这些课程是学习和从事工作的基本工具。……原来停授的高中的平面解析几何和削减的一部分代数课程内容，必须逐步恢复。没有开设外国语课程的全日制初级中学，首先要准备条件逐步设立"③，并且，小学"应该严格执行升级、留级制度"④。

---

① 何东昌主编：《中华人民共和国重要教育文献》，海南出版社 1998 年版，第 507 页。

② 何东昌主编：《中华人民共和国重要教育文献》，海南出版社 1998 年版，第 904 页。

③ 《中共中央关于讨论试行全日制中小学工作条例草案和对当前中小学教育工作几个问题的指示》（1963 年 3 月 23 日），见何东昌主编：《中华人民共和国重要教育文献》，海南出版社 1998 年版，第 1150 页。

④ 《全日制小学暂行工作条例（草案）》（1963 年 3 月 23 日），见何东昌主编：《中华人民共和国重要教育文献》，海南出版社 1998 年版，第 1152 页。

"八字方针"实施之后,教育事业的各个领域都恢复并加强了正规化和制度化,中小学的课时总数、语文和数学的课时数及所占比重,均回涨甚至超过50年代前期的水平,尤其是中学外语教学得到前所未有的重视。可是,接踵而至的就是与50年代中期同样的弊病,即在提高质量的口号下,应试教育迅速滋长、蔓延,变本加厉,有过之而无不及。其主要表现是:

> 集中领导力量和骨干教师于毕业班,致使其他年级的教学工作大大地被削弱了;压缩教学进度,提前结束课程,致使学生所得知识不能很好地巩固与消化;任意停授一部分高考不考试的科目,削减某些课程的教学内容,或将某些必修课程改为选修课程,致使学生不能完全学到一般中学生应有的知识;频繁地举行考试、测验,致使学生为应付考试、测验而疲于奔命,损害了健康;故意提高评分标准,使不应留级的学生留级,擅自动员所谓成绩不好的毕业班学生退学或不参加升学考试,致使有些学生失去学习信心,引起思想混乱。有些教师引导学生"压题"。个别学校甚至发生泄露高考试题等舞弊现象。①

为此,1964年7月,教育部通知各地调整和精简中小学课程,"适当减少课程门类,能集中一年学完的就不学两年","适当减少每周上课总时数,使学生有较多的课外活动时间"。初中三年周课时数由1963年的33、34、34分别减至31、30、30。② 1965年1月又通知,因"内容有错误",停授初中世界历史和高中世界现代史。③

应该说,自1964年毛泽东春节座谈会谈话发表,至"文革"之前,是关于新中国教育的两种不同建设理念、模式的胶着时期。毛泽东并不承认"教育革命"的现实结果,依然钟情于依据革命根据地经验形成的,甚至早年求知道路所奠定的非正规化、非制度化教育理想,对1962年后教育整顿所呈现的秩序和制度,以及由此引发或可能导致的缺乏活力、官僚主义、等级制等,始终保持着警惕和不满,此时终于爆发了。而邓小平等人以一贯的高度务实精神,试图驾驭新中国的教育之舟驶入更加平稳的航道,对于前进中出现的颠簸,将用有效策略加以调整,却不会改弦易辙。教育部作为最高教育行政机

---

① 《教育部关于当前中学教学工作的几点意见》(1963年1月24日),见何东昌主编:《中华人民共和国重要教育文献》,海南出版社1998年版,第1145~1146页。

② 何东昌主编:《中华人民共和国重要教育文献》,海南出版社1998年版,第1295、1296页。

③ 何东昌主编:《中华人民共和国重要教育文献》,海南出版社1998年版,第1340页。

关，无论职责攸关还是出于自身利益的维护，对待毛泽东的批评"思想积极，步骤稳妥"，着手"逐步改革课程教材、教学方法和考试方法"，"切实改革和加强思想政治教育"，"适当安排好劳动，加强劳动教育"，即有限度地接受而远未达到毛泽东的预期。[①] 而在基层学校，或坚持升学预备式的应试教育、应试训练，或"强调了教学改革，强调了要克服学生负担过重的现象，有些学校又出现了教师不好好教、学生不好好学，或者课外活动过多、劳动过多、不认真读书的现象"[②]。从后来的历史发展来看，当时的教育领导人显然低估了毛泽东的不满程度，采取了被毛泽东视为应付的措施，以致毛泽东最终于1966年发动"文化大革命"以后，用比"教育革命"更加激烈的方式彻底消除了中小学教育的升学预备性，同时也毁坏了其基础性，使其成为极端的革命预备式教育。

表 0-13　　新中国成立后至"文革"前中学周课时数（小时）
及语文、数学、外语课时的比例

时 间		1950年	1952年	1956年	1957年	1958年	1963年
初中	每周教学时数	29～31	31～32	30～33	21～33	29～30	33～34
	每学年上课周数	40	36	34	34	34	33～35
	教学总时数	3600	3420	3232	2703	3026	3467
	语文 教学总时数	840	756	850	714	646	756
	语文 百分比	23.33	22.10	26.30	26.42	21.35	21.81
	数学 教学总时数	576	576	612	578	578	723
	数学 百分比	15.56	16.84	18.94	21.38	19.10	20.85
	外语 教学总时数	360	324	—	102	—	723
	外语 百分比	10.00	9.47	—	3.77	—	20.85
高中	每周教学时数	30	32	32～33	29	30～31	31～34
	每学年上课周数	40	36	34	34	32～34	33～35
	教学总时数	3600	3456	3315	2958	3068	3241/3352

---

① 刘季平：《在全日制中小学教学改革座谈会上的总结发言》(1965年4月29日)，见何东昌主编：《中华人民共和国重要教育文献》，海南出版社1998年版，第1349页。
② 文献出处同①，第1351页。

时　间			1950 年	1952 年	1956 年	1957 年	1958 年	1963 年
高中	语　文	教学总时数	640	648	510	510	495	688
		百分比	17.78	18.75	15.38	17.24	16.13	21.23
	数　学	教学总时数	600	612	612	612	594	653
		百分比	16.66	17.71	18.46	20.69	19.36	20.15
	外　语	教学总时数	480	432	408	408	434	585
		百分比	13.33	12.50	12.31	13.79	14.15	18.05

资料来源:《教育部关于颁发中学暂行教学计划(草案)及中等学校暂行校历(草案)的命令》(1950 年 8 月 1 日)、《中学暂行规程(草案)》(1952 年 3 月 18 日)、《教育部关于制发1956～1957 学年度中学授课时数表的通知》(1956 年 3 月 19 日)、《教育部关于 1957～1958 学年度中学教学计划的通知》(1957 年 6 月 8 日)、《教育部关于 1958～1959 学年度中学教学计划的通知》(1958 年 3 月 8 日)、《教育部关于实行全日制中小学新教学计划(草案)的通知》(1963 年 7 月 31 日),见《中华人民共和国重要教育文献》,第 45～51、139～142、586～588、764～766、805～808、1202～1205 页。

表 0-14　新中国成立后至"文革"前小学周课时数及语文、数学课时比例

时　间	每周教学时数	每学年上课周数	教学总时数	语　文		数　学	
				教学总时数	百分比	教学总时数	百分比
1952 年(五年制)	24～28	38	4978	2356	47.33	1216	24.43
1954 年	24～28	38	5928	2888	48.72	1520	25.64
1955 年	24～26	34	5032	2244	44.59	1224	24.32
1957 年	24～28	34	5236	2312	44.16	1224	23.38
1963 年	28～32	36	6620	3176	47.98	1649	24.91

资料来源:《小学暂行规程(草案)》(1952 年 3 月 18 日)、《教育部关于颁发小学"四二制"教学计划(修订草案)的通知》(1954 年 2 月 14 日)、《教育部公布 1957～1958 学年度小学教学计划》(1957 年 7 月 11 日)、《教育部关于实行全日制中小学新教学计划(草案)的通知》(1963 年 7 月 31 日),见《中华人民共和国重要教育文献》,第 142～144、290～291、774～775、1202～1205 页。

6. 从"文革"结束到世纪之交的 20 多年,中国教育重新走上现代化之路,中小学教育的发展经历了三个阶段,各阶段中基础性与预备性的关系呈现不同特点。20 世纪 70 年代末 80 年代初是第一阶段,全面恢复教育秩序,提高教学质量,但由于缺乏经验和形势所迫,在加强基础与向高等学校输送人才的双重任务中倾向升学预备,出现了严重的片面追求升学率现象。80 年代中期到 90 年代中期是第二阶段,颁布实施《义务教育法》,确立了中小学教育、义务教育的基础地位及其必然的基础性,虽积重难返,却为后来素质教育的推行奠定了基础。此后为第三阶段,随着全面实施素质教育,开始从提高全民族素质的高度来思考、解决中小学教育的基础性问题,并在 21 世纪初通过新课程改革的试验,在学校层面、教学层面开始落实。

20 世纪 70 年代末 80 年代初的中小学教育,面临着比 60 年代初期"教育革命"后更加严峻的形势,更加错综的局面,更加繁重的任务。它不仅要医治十年"文革"的严重创伤,全面恢复教育秩序,提高教学质量,并且必须肩负起高考恢复之后向高等学校输送优秀人才的任务。"教育革命"期间,高等教育与中小学教育同时得到"多快好省"式的增长,高等学校的数量、规模均有超常扩张,升学压力骤然缓解,中小学可以较少考虑升学预备问题;"文革"期间,普通高等教育则几乎完全取消,恢复高考引发了社会压抑许久的学习热情和升学热情,并与现代化建设重新起步后对专业人才的饥渴需求交织在一起,形成强大的社会价值导向和行为动力。在加强基础与向高等学校输送优秀人才的双重任务中,后者相对前者更是显性的、即时的、刚性的任务,因此中小学教育很快成为升学预备的基地,出现了严重的片面追求升学率的现象。由于缺乏经验和时势所迫,当时政府及其教育行政部门对中小学的升学预备倾向实际起了推波助澜的作用。1978 年 1 月,国务院批转教育部《关于办好一批重点中小学的试行方案的通知》,要求各地集中力量办好重点学校。① 据 1981 年统计,全国共有重点中学 4016 所,占全部中学的 3.8%,各地从中确定首批办好的重点中学合计为 696 所。② 同时,一些学校还在同年级分设快慢班,加剧了学生的两极分化和片面追求升学率的问题。1979 年出版的全国统编中小学教材,虽"反映了群众强国的愿望和把教育迅速搞上去的迫切要

---

① 何东昌主编:《中华人民共和国重要教育文献》,海南出版社 1998 年版,第 1591~1592 页。
② 卓晴君等著:《中小学教育史》,海南出版社 2000 年版,第 329 页。

求,但其教学要求比过去提高不少,有些内容有要求过高的地方"①。种种迹象表明,此时的中小学教育又转向了新形势下的升学预备,所谓加强基础再次出现异化。

　　1979 年 4 月,中共中央工作会议提出整个国民经济实行"调整、改革、整顿、提高"的方针,并指出教育工作在执行过程中存在着两极分化的可能,必须引起重视。1980 年 12 月,中共中央、国务院做出《关于普及小学教育若干问题的决定》,要求处理好小学教育中普及与提高的关系,即面向普及、回归基础的问题。② 此前,教育部召开全国重点中学工作会议,指出重点中学同样负有升学与就业的双重任务,并提出了纠正片面追求升学率的五条要求。③其后,有的地方一度有所淡化重点学校与非重点学校的区别,部分地取消了快慢班。1982 年 1 月,又通知强调,中小学教育是基础教育,必须面向全体学生,使学生得到全面发展,要处理好重点学校与非重点学校的关系。重申了纠正片面追求升学率的五条要求,规定今后重点小学一律就近入学,取消快慢班。④ 1983 年 7 月,召开全国普通教育工作会议,要求各地区、各学校"要从实际出发,区别要求,使不同文化程度的学生都有所得,逐步提高;要减轻学生的过重负担,使学生生动活泼地学习,发展智力和能力;教学内容应更好地适应劳动和升学的需要",并"适当调整教学计划和教学内容。我部对高中的数学、物理、化学、生物等学科,提出适当调整内容、降低要求的意见。实行两种教学要求:一种是基本要求……一种是较高要求","从 1984 年起,高考基本按基本教材命题"。⑤ 12 月,教育部制定《关于全日制普通中学全面贯彻党的教育方针、纠正片面追求升学率倾向的十项规定(试行)》,从办学指导思想、学校评估、课程计划执行、考试、教研等方面,确保"减轻学生过重的学习负担","保证学生的睡眠、休息和课外体育、文娱、科技活动时间","不要频繁地进行考试","考试题目不应超出教学大纲、教科书规定的要求"。⑥ 1985 年

① 卓晴君等著:《中小学教育史》,海南出版社 2000 年版,第 298 页。

② 何东昌主编:《中华人民共和国重要教育文献》,海南出版社 1998 年版,第 1877～1878 页。

③ 教育部:《关于分批分期办好重点中学的决定》(1980 年 10 月 14 日),见何东昌主编:《中华人民共和国重要教育文献》,海南出版社 1998 年版,第 1860～1861 页。

④ 中央教育科学研究所:《中华人民共和国教育大事记(1949～1982)》,教育科学出版社 1984 年版,第 1340 页。

⑤ 《教育部关于进一步提高普通中学教育质量的几点意见》(1983 年 8 月 10 日),见何东昌主编:《中华人民共和国重要教育文献》,海南出版社 1998 年版,第 2113～2114 页。

⑥ 何东昌主编:《中华人民共和国重要教育文献》,海南出版社 1998 年版,第 2148 页。

6月,国家教委通知调整初中数学、物理、化学、外语四科教学要求,使"调整后的教学要求降低了"①,但是,产生升学预备的社会基础没有改变,已经形成的片面追求升学率惯势不易改变,刚刚出台的纠偏措施也不会立见成效,特别是全社会尚未从根本的价值层面准确认识基础教育的基础性,中小学教育的片面追求升学率问题难以根本解决。

1986年颁布实施的《义务教育法》,是我国基础教育发展的重要里程碑,其意义之一便是,新中国成立以来首次以法律的形式确认了中小学教育首先是义务教育的基础地位及其必然的基础性,是对多年来探索基础教育本质特征的总结与升华。它明确规定,义务教育就是"使儿童、少年在品德、智力、体质等方面全面发展,为提高全民族的素质,培养有理想、有道德、有文化、有纪律的社会主义建设人才奠定基础"②。此后的近十年间,中小学教育在评价标准上逐渐由知识导向发展为能力导向,在教学改革上逐渐由内容的增减损益发展为教学计划的整体框架性解决,并以新的教学方法、教学模式的实验作为支撑。1988年9月,国家教委印发《义务教育全日制小学、初级中学教学计划(试行草案)》,1990年3月发出《现行普通高中教学计划的调整意见的通知》,1994年7月又印发《实行新工时制对全日制小学、初级中学课程(教学)计划进行调整的意见》和《实行新工时制对高中教学计划进行调整的意见》,原则就是"通过适当调整各类课程的课时,减少周课时总量",思想政治课和劳动技术课的课时基本不变,其他课程的课时均不同程度调减,以"利于进一步减轻学生过重的课业负担"。③ 这一时期,升学预备问题虽未得到根本解决,在某些地方甚至有加重之势,但这主要是积重难返、大势所趋,与其说是教育问题,不如讲是社会问题。当时的这些努力,为以后素质教育的实施做了必要的铺垫。

自20世纪90年代中期大规模实施素质教育以来,虽然在升学竞争、就业竞争、社会竞争依然存在甚至加剧的大背景中,应试教育、学生课业负担过重等现象并未消失,但开始真正从教育政策尤其是教育政策价值层面,考虑基础教育包括中小学教育的基础地位以及从提高全民族素质的高度来解决其所应有的基础性问题,成为新中国成立以后对这一问题把握最准确、处理

---

① 何东昌主编:《中华人民共和国重要教育文献》,海南出版社1998年版,第2294页。
② 何东昌主编:《中华人民共和国重要教育文献》,海南出版社1998年版,第2415页。
③ 何东昌主编:《中华人民共和国重要教育文献》,海南出版社1998年版,第3667~3671页。

最妥善的时期。到 21 世纪初,随着基础教育新课程的实施,这种政策理念开始在学校层面、教学层面落实。1993 年 2 月,中共中央、国务院在《中国教育改革和发展纲要》中提出:"中小学要由'应试教育'转向全面提高国民素质的轨道。"①这是在国家的教育基本政策中,首次明确了中小学教育、基础教育的使命在于提高全体国民的基本素质,从一个更新的视野、更高的立意诠释了基础教育的基础性问题,为"素质教育"从一种学术观点抬升为一种教育政策拉开了序幕。1996 年 5 月,时任国务院副总理李岚清进一步指出:"我们的教育,尤其是基础教育的根本任务是提高全民族的素质,要切实纠正'应试教育'的偏向。"②1997 年 9 月,国家教委召开全国中小学素质教育经验交流会,会后印发了《关于积极推进中小学实施素质教育的若干意见》。1999 年 1 月,国务院批转教育部《面向 21 世纪教育振兴行动计划》,规划"实施'跨世纪素质教育工程',整体推进素质教育,全面提高国民素质和民族创新能力"③。6 月,中共中央、国务院在《关于深化教育改革,全面推进素质教育的决定》中,更开宗明义指明:"实施素质教育,就是全面贯彻党的教育方针,以提高国民素质为根本宗旨,以培养学生的创新精神和实践能力为重点。"④这标志着素质教育已经成为中国跨世纪教育改革的主导理念与核心政策。2001 年 6 月,教育部印发的《基础教育课程改革纲要(试行)》以及随后陆续制定的各科课程标准,则标志着素质教育最终在课程领域开始落实,其指导思想便是"适应普及义务教育的要求,让绝大多数学生经过努力都能够达到,体现国家对公民素质的基本要求,着眼于培养学生终身学习的愿望和能力"⑤。当然,这场刚刚启动的改革还经受着教师素质、评价方式、社会认同等多方面的严峻考验,众望方殷,任重道远。

---

① 何东昌主编:《中华人民共和国重要教育文献》,海南出版社 1998 年版,第 3468 页。
② 何东昌主编:《中华人民共和国重要教育文献》,海南出版社 1998 年版,第 3984 页。
③ http://www.moe.edu.cn/wreports/zonghe。
④ http://www.moe.edu.cn/wenxian/21center_pian/。
⑤ http://www.moe.edu.cn/base/jckecheng/。

表 0-15   20 世纪 80 年代以后高中课时数及语文、数学、外语课时比例

时　　间		1981 年	1990 年	1994 年	2000 年
每周授课时数		高一 29，高二、高三文科 26、理科 29	高一 29，高二 27，高三 14	高一 28，高二 27，高三 14	34①
每学年上课周数		高一、高二 32，高三 28	高一、高二 34，高三 24	高一、高二 34，高三 24	高一、高二 35，高三 26
必修课总授课时数		文科 2488/理科 2648	2240②	2206③	2211④
语　文	总授课时数	文科 608/理科 400	392	375	384
	百分比	文科 24.43/理科 15.11	17.50	17.00	17.37
数　学	总授课时数	文科 340/理科 520	425	392	280⑤
	百分比	文科 13.67/理科 19.64	18.97	17.77	12.66
外　语	总授课时数	文科 460/理科 432	306	289	384
	百分比	文科 18.49/理科 16.25	13.66	13.10	17.37

　　资料来源：《教育部颁发全日制六年制重点中学教学计划试行草案的通知》(1981 年 4 月 17 日)、《国家教委印发〈现行普通高中教学计划的调整意见的通知〉》(1990 年 3 月 8 日)、《国家教委关于印发〈实行新工时制对高中教学计划进行调整的意见〉的通知》(1994

----

　　① 此数字为周活动总量，无法单独列示上课时数。
　　② 包括必修课"劳动技术"课时，每学年 4 周，共 432 课时。
　　③ 包括必修课"劳动技术"课时，每学年 4 周，共 12 周。
　　④ 不包括必修课"综合实践活动"课时，其中"研究性学习"共 288 课时，"劳动技术教育"、"社会实践"每学年各 1 周，"社区服务"一般利用校外时间安排。
　　⑤ 不包括选修课"数学"52～104 课时。

年 7 月 5 日),见《中华人民共和国重要教育文献》,第 1926～1928、2949～2951、5667～5671 页;教育部基础教育司:《全日制普通高级中学课程计划(试验修订稿)》,人民教育出版社 2000 年版,第 6 页。

表 0-16　20 世纪 80 年代以后初中课时数及语文、数学、外语课时比例

时　间	1981 年	1992 年 (六三制)	1994 年 (六三制)
每周授课时数	初一 30, 初二、初三 31	初一 32, 初二 33,初三 27	初一、初二 29, 初三 25
每学年上课周数	初一、初二 34, 初三 32	初一、初二 34, 初三 32	初一、初二 34, 初三 32
总授课时数	3066	3074①	2772②
语　文　总授课时数	600	568	534
语　文　百分比	19.57	18.48	19.26
数　学　总授课时数	566	500	468
数　学　百分比	18.46	16.27	16.88
外　语　总授课时数	500	272(Ⅰ)/ 400(Ⅱ)③	204(Ⅰ)/ 400(Ⅱ)
外　语　百分比	16.31	8.85(Ⅰ)/ 13.01(Ⅱ)	7.36(Ⅰ)/ 14.43(Ⅱ)

　　资料来源:《教育部颁发全日制六年制重点中学教学计划试行草案的通知》(1981 年 4 月 17 日)、《国家教委关于印发〈实行新工时制对全日制小学、初级中学课程(教学)计划进行调整的意见〉的通知》(1994 年 7 月 5 日),见《中华人民共和国重要教育文献》,第 1926～1928、5667～5671 页;国家教委:《九年义务教育全日制小学、初级中学课程计划(试行)》(1992 年 8 月 6 日),http://www.csjy.sz.jsinfo.net/jxyj/kcjh.htm。

---

① 包括"劳动技术"课时,每周 2 课时,3 年共 200 课时。
② 包括"劳动技术"课时,每周 2 课时,3 年共 200 课时;并表示外语课按水平Ⅰ开设的课时数。
③ 初中Ⅱ级水平的外语所需课时在地方安排课程中解决,一般按每周 4 课时安排。

表 0-17　　20 世纪 80 年代以后小学课时数及语文、数学课时比例

时　间		1981 年 （五年制）	1984 年 （城市六年制）	1992 年 （六三制）	2000 年 （六三制）
每周授课时数		24~27	23~26	23~25	21~25
每学年上课周数		36	34	34	34
总授课时数		4644	4964~5168	4964	4828
语　文	总授课时数	1872	1938	1734	1666
	百分比	40.30	39.00	34.93	34.50
数　学	总授课时数	1152	1156~1224	986	986
	百分比	24.80	23.30	19.86	20.42

资料来源:《教育部关于颁发全日制五年制小学教学计划(修订草案)的通知》(1981
年 3 月 13 日)、《教育部关于全日制六年制小学教学计划的安排意见》(1984 年 8 月 15
日)、《国家教委关于印发〈实行新工时制对全日制小学、初级中学课程(教学)计划进行调
整的意见〉的通知》(1994 年 7 月 5 日),见《中华人民共和国重要教育文献》,第 1915~
1916、2207~2209、3667~3671 页;国家教委:《九年义务教育全日制小学、初级中学课程
计划(试行)》(1992 年 8 月 6 日),http://www.csjy.sz.jsinfo.net/jxyj/kcjh.htm。

三、中小学课程的升学预备与就业预备问题

中小学生毕业以后,一部分将升入高一级学校继续学习文化知识、专业
知识或职业知识与技术技能,一部分将直接或经短期培训后踏上工作岗位,
即不外乎升学与就业两条路子。升学是培养专业人才、精英人才的必要途
径,就业是大多数毕业生的最终出路。在坚持、维护基础性的前提下,如何抉
择、协调升学预备与就业预备,就形成中小学教育的又一对矛盾关系,并集中
表现为普通中小学的职业技术类课程开设问题。

1. 清末民初,小学教育的基础性开始觉醒,中等教育则主要通过单科中
学制来分别完成升学预备和就业预备的任务,但普通中学也首次明确了必须
兼顾学生升学与就业的双重需要。

1902 年的"壬寅"学制,无论小学、中学都注重升学预备。小学情况,前
文已述。而据《钦定中学堂章程》规定,中学的目的在于"使诸生于高等小学
卒业后而加深其程度,增添其科目,俾肆力于普通学之高深者,为高等专门始
基","于中学堂之外,应多设稍详备之中等农、工商实业学堂,令高等小学卒
业生不愿治普通学者,得入此类学堂学习实业",另在"中学堂第三、第四年得

于本科设实业科,以教授欲就实业者,俾卒业后可入一切高等专门实业学堂"。① 这是希望通过普、职分流的单科中学制来分别完成升学预备和就业预备,普通中学的任务就是单一的升学预备,即使在高年级增设实业科,目的也不是考虑就业,而是为升入高等实业学堂即今日之高等职业教育做准备,同样是一种升学预备的教育。至于普通中学毕业后既不能接受普通高等教育、也不能接受高等职业教育者的潜在需求,则根本没有顾及。等到1904年"癸卯"学制颁行,不仅小学教育的基础性开始觉醒,中学的性质也大变。《奏定中学堂章程》规定,中学乃"施较深之普通教育,俾毕业后不仕者从事于各项实业,进取者升入各高等专门学堂均有根柢"②。这在中国现代教育中,首次明确了普通中学升学与就业的双重任务,为此后中学教育的培养目标确定了基调。

另外,随着工商业的发展,小学生的就业预备问题也引起关注。各省教育会联合会请求变更初等教育方法,认为"提倡实业为目前当务之急,而手工与实业之关系至为切要",建议"小学列手工为必修科"。③ 部分设于商埠的小学率先改革,如1905年创办的商务印书馆私立师范讲习所之附属小学(1906年更名尚公小学校),便标榜"以留意儿童身心之发育,培养国民道德之基础,并授以实用之知识技能为宗旨"④。民国建立后,小学"手工"正式由原来的随意科改为必修科。⑤

2. 1917年以后,由于职业教育思潮、运动的兴起与影响,中小学教育的就业预备功能受到空前关注,价值迅速抬升,最终在1922年"新学制"中取得了与升学预备功能同样的地位,中学教育由单科制发展为分科选科制乃至综合制。

第一次世界大战期间,民族工商业迅速发展、新文化运动狂飙突进、美国

---

① 陈元晖主编,璩鑫圭等编:《中国近代教育史资料汇编·学制演变》,上海教育出版社1991年版,第263、264页。

② 陈元晖主编,璩鑫圭等编:《中国近代教育史资料汇编·学制演变》,上海教育出版社1991年版,第317页。

③ 陈元晖主编,李桂林等编:《中国近代教育史资料汇编·普通教育》,上海教育出版社1995年版,第76页。

④ 《尚公小学校章程》(1915年12月),见陈元晖主编,李桂林等编:《中国近代教育史资料汇编·普通教育》,上海教育出版社1995年版,第614页。

⑤ (民国)教育部:《小学校教则及课程表》(1912年12月),见宋恩荣等主编:《中华民国教育法规选编(1912~1949)》,江苏教育出版社1990年版,第201~202页。

实用主义思潮开始被引进,使得清末以来的"尚实"教育宗旨、实利主义教育思想演进成为职业教育思潮。1917年,黄炎培发起成立中华职业教育社,他作为职业教育思潮的主帅,思想核心是要"沟通教育与职业",三大办法之一便为"改良普通教育,为适于职业之准备"①,职业教育始终贯穿于普通教育之中,在各学段相应进行职业陶冶、职业指导与职业训练。受此思潮鼓动,中小学教育的就业预备功能引起广泛关注,不少人士纷纷建议:"普通学校之儿童,亦当有一般之职业陶冶。职业陶冶者,不以将来之就职为直接目的,而以使儿童熟悉本地本国职业状况之真相,养成其爱好尊重职业之倾向为目的。"②"高等小学校之各教科,自当注重教育本来之目的,固不待言,而对于入学方向既定之高小学生,尤宜尽力授以生活上必须之知识,注意其将来生计,使各裕于职业所需相当之实力。""教师不必奖劝小学学生强入中学,以贻误其前途。"③甚至主张,"小学教科改进之法……本诸国民之生活现状,参诸世界之教育新潮,专以职业教育为前提"④。

很快,在新一轮学制改革浪潮中,这些认识从舆论宣传进入实践操作层面,中学教育由单科制发展为分科选科制乃至综合制。1917年3月,教育部接受上年全国教育会联合会的建议,称"近年中学校卒业之升学人数,远不及不升学之人数,则在完足普通教育之时,与不求升学之学生,酌授以裨益生计之知识技能","中学校自第三年起,得设第二部","加习农业或工业、商业"。⑤此为我国中学分科制之嚆矢。1919年,全国中学校长会议议决:"中学为人才教育之初步,来校学生,家率中资。办中学者之目的,当然以预备学生升学为原则,而预备从事职业为例外。"为了兼顾学生就业与升学的不同需要,建议文、实分科,文科中学、实科中学(即职业中学。笔者注)既可分设,也可合

① 黄炎培:《中华职业教育社宣言书》(1917年1月),见田正平等编:《黄炎培教育论著选》,人民教育出版社1993年版,第84、82页。

② 俞子夷:《江苏省立第一师范附属小学关于职业教育之过去未来》(1917年),见陈元晖主编,李桂林等编:《中国近代教育史资料汇编·普通教育》,上海教育出版社1995年版,第593页。

③ 天民:《小学校中之实业思想》(1917年),见陈元晖主编,李桂林等编:《中国近代教育史资料汇编·普通教育》,上海教育出版社1995年版,第782页。

④ 贾丰臻:《今后小学教科之商榷》(1917年),见陈元晖主编,李桂林等编:《中国近代教育史资料汇编·普通教育》,上海教育出版社1995年版,第783页。

⑤ 《教育部酌定中学增设第二部办法》(1917年3月12日),见陈元晖主编,李桂林等编:《中国近代教育史资料汇编·普通教育》,上海教育出版社1995年版,第796~797页。

设。① 1921 年 5 月，江苏省立第一中学重订学则，采用选科制，分文、理、商三科，自第三年起实行选择，以期学生升学与就业双方之便利。② 几乎同时，东南大学(南京高师)附属中学亦"以鉴别青年个性，考察社会需要，分别施以升学预备或职业辅导之知能为宗旨"，"初高二级，俱行分科选科制，设职业科与普通科"。③ 北京高师附中、南开中学中学部、中国公学中学部等纷纷效仿，在大城市竟成一时风气。到 1922 年，实行分科选科制的中学有 49 所，占当时 547 所中学总数的 9%。④

1922 年"新学制"更将中小学教育的就业预备功能体现得淋漓尽致，规定"小学课程得于较高年级，斟酌地方情形，增设职业准备之教育"；"初级中学施行普通教育，但得视地方需要，兼设各种职业科"；"高级中学分普通、农、工、商、师范、家事等科，但得酌量地方情形，单设一科，或兼设数科"。而且，"中等教育得用选科制"。⑤ 这在学校系统中，首次同时将中小学的就业预备功能与升学预备功能并驾齐驱地确定下来，并将高中由单科制改为综合制。当然，究竟实行什么样的分科选科制，不同人士却有不同认识。廖世承主张："无论初级中学高级中学，俱当采用分科选科制，设职业科与普通科。"⑥ 舒新城则认为："普通基本科学无论学生升学或谋职业，都是不可缺的。因此我主张中学校前三年让学生学习普通科学，后二年选习分科课程。"⑦ 至于小学，俞子夷提醒道："职业生活是小学教育目标里的一个，但是决不是小学教育目标的全部。""小学校决不是职业学校，小学校的职业生活决不是某种职业的技术或知识。……小学校里又要注重许多国民教育基本方面的经验和技能，决没有多少功夫来精习职业。即使有了余暇，学校也无力设备。若是只限一二门的职业施设，在青年便把学生硬铸成了一种型式，也不是共和国机会均等的

① 陈元晖主编，李桂林等编：《中国近代教育史资料汇编·普通教育》，上海教育出版社 1995 年版，第 815 页。

② 中央教育科学研究所编：《中国现代教育大事记》，教育科学出版社 1988 年版，第 38 页。

③ 《东南大学附中改组前之概况及新学制简案》，见陈元晖主编，李桂林等编：《中国近代教育史资料汇编·普通教育》，上海教育出版社 1995 年版，第 870 页。

④ 参见吕达著：《中国近代课程史论》，人民教育出版社 1994 年版，第 288～292 页。

⑤ 宋恩荣等主编：《中华民国教育法规选编(1912～1949)》，江苏教育出版社 1990 年版，第 43 页。

⑥ 廖世承：《关于新学制草案中等教育课程之研究》(1922 年)，见汤才伯主编：《廖世承教育论著选》，人民教育出版社 1992 年版，第 9 页。

⑦ 舒新城：《中学学制问题》(1922 年)，见陈元晖主编，璩鑫圭等编：《中国近代教育史资料汇编·学制演变》，上海教育出版社 1991 年版，第 961 页。

妥善办法。何况还有教员方面,普通师范毕业生不易教职业智能的联带问题。"①孟宪承亦主张:"初小系基本教育,无设职业科之理由。至高小方可设职业陶冶的选科。"②

3. 南京国民政府时期,伴随着中小学教育基础性与预备性关系的调整,升学预备与就业预备的关系也经历了变化,整体趋势是升学预备功能得到抬升和放大。前期的近十年时间,为了整顿教育秩序、提高教学质量,在所谓加强基础上迁就升学预备。特别是1932年改综合中学制为单科中学制以后,普通中学的升学预备功能一枝独秀,就业预备功能一蹶不振。后期,就业预备功能虽有复苏,但地位不稳、起伏不定,相对于升学预备始终处于劣势,亦可谓单科中学制下之必然状态。

1929年4月,国民政府公布《中华民国教育宗旨及其实施方针》,规定普通教育以"陶融儿童及青年'忠孝仁爱信义和平'之国民道德,并养成国民之生活技能,增进国民生产能力为主要目的"。1931年9月,国民党中央执行委员会通过的《三民主义教育实施原则》也规定,初等教育是"使儿童于三民主义教导下,具有适合于实际生产之初步的知能";中等教育"对于青年,应予以职业指导,并养成其所从事职业所必具之知能"。③从这些冠冕堂皇的政策文献来看,似乎袭承了"新学制"重视职业教育、关注就业预备的价值取向,但1929年8月教育部公布的《中学课程暂行标准》和《小学课程暂行标准》则反其道而行之,实是通过加强基础来迁就升学预备。初中总计180学分,"职业科目"必修5学分,第三年不选外国语者增选10学分,具体科目则由各校根据地方需要和学校设施酌情设置;高中总计150学分,废止文、理分组,选修科目18学分,具体科目、时间由各校自行安排,其中包括职业科目。④1931年国联教育考察团来华考察后,认为"新学制"中美国式的综合中学制"所需用之中学教师,必须在学理方面及实用方面均有高深之造就;就目前中国状况言,此种人才,极不易得。复次,美国自度亦极不经济,盖分科既极细微,其

---

① 俞子夷:《小学教育和职业教育的关系》(1926年5月),见董远骞主编:《俞子夷教育论著选》,人民教育出版社1991年版,第161、162页。

② 孟宪承:《小学教育问题》(1926年),见周谷平主编:《孟宪承教育论著选》,人民教育出版社1997年版,第113页。

③ 宋恩荣等主编:《中华民国教育法规选编(1912~1949)》,江苏教育出版社1990年版,第46、48、50页。

④ 《第二次中国教育年鉴》,商务印书馆1948年版,总第351页。

必然的结果,即学生不免分成无数小组也","主张宁减少中等学生之人数,而使淘汰后之少数人受良好之教育。至对于一般急欲在社会上谋得职业之人,则须为之多设职业学校"。建议今后"第一,除非教育部得有证明,知在某特别地方,确实需要一普通高级中学,此后不得再设仅有普通科之高级中学。第二,所有足以发展中等教育之人力与财力,应集中于增设注重实际课程之中学。第三,教育部应限令一切高级中学,于一定期间内,证明其对于兴办职业课程已有完善之设备,否则撤消其立案"。① 这是希冀用西欧式的严格的单科中学制来进行普、职分流,普通中学、职业中学分别承担升学预备与就业预备的任务。鉴于综合中学制实施中一定程度出现的秩序紊乱和质量降低,该建议被接受。1932 年 11 月,教育部公布小学、中学正式课程标准,普通中小学的升学预备倾向进一步加剧,初中取消选修职业科目,高中废止综合制,取消选修科目,因地方或教育实验之需拟设职业科目者,要将科目设置和设备状况呈教育部核准。② 众所周知,由于职业学校比普通学校所需办学经费更加庞大,师资更加难求,管理更加困难,加之中国惯有的重普教、轻职教的价值取向,此时职业学校的质量虽有提高,数量却锐减。黄炎培对此哀叹道:"至二十年(即1931 年。笔者注),而教育部发表职业学校,仅一百四十九所,并民国初年而不如远甚,乃至并前清光宣之间而亦复不如,可谓一落千丈矣。"③

为了挽救这种严峻局势,1931 年 4 月,教育部发出训令,称"普通学校向不注重职业教育……其害见于今日中学者尤为显著。原中学教育本为升学及就业之准备。……大多数中学毕业生,皆不能继续升学。只以职业学校稀少或办理成绩未见显著,故其学生一旦毕业之后,以无生产技能之训练,无由从事于各种职业,而又自视过高,不能如小学毕业生尚可择就一业",所以此后,"暂不添办高中普通科及初中",而"添办高初级农工科职业学校","县立中学应逐渐改组为职业学校或乡村师范学校","各普通中学应一律添设职业科目"。④ 5 月,国民会议第五次大会议决:"中小学教育,应体察当地之社会

---

① 国联教育考察团著,国立编译馆译:《中国教育之改进》,国立编译馆 1932 年版,第 102、124、115～116 页。

② 《第二次中国教育年鉴》,商务印书馆 1948 年版,总第 352 页。

③ 黄炎培:《三十五年来中国之职业教育》(1931 年 6 月),见田正平等编:《黄炎培教育论著选》,人民教育出版社 1993 年版,第 249 页。

④ 中国第二历史档案馆编:《中华民国史档案资料汇编》第五辑第一编《教育(一)》,江苏古籍出版社 1997 年版,第 410、411 页。

情况,一律以养成独立生活之技能,与增加生产之能力为中心,务使大多数不能升学之学生,皆有自立之能力。"①1933 年 7 月,教育部制定《各省市县教育行政机关暨中小学施行升学及就业指导办法大纲》,规定"小学自五年级起,初中高中自二年级起,均应实施升学及职业指导"②。1935 年 11 月,国民党第五次全国代表大会宣言亦称:"小学应以不能升学之贫民能切实致用为方针;中学应为升学与不升学两种学生同谋利益为前提。"③在这种背景下,中小学教育尤其是中学教育的就业预备功能逐渐复苏。1936 年,教育部公布的修正中学课程标准规定:初中三年级可开设 4 课时的职业课程,重新确立了职业科目的地位;高中自二年级起分组,三年级设置商业、会计、簿记、统计、应用文书、打字、农艺、园艺、合作社等简易职业科目,选修职业科目的学生可免去增习的课时。④ 抗战爆发后,1938 年 12 月,教育部颁发《国立中学增设职业科办法》,要求国立中学未设职业科或虽设而学生不多者,筹划设置或充实,"以培养学生有一技之长,足以参加社会生产工作,或独立经营"⑤。1940年,教育部公布重新修正中学课程标准,规定初中不专以升学为目的,各年级均实行分组选修,不准备升学的甲组学生在二、三年级选修职业科目两课时;高中三年级可酌设简易职业科目,选修者可免去增习的课时。⑥ 战后,黄炎培等人依然强烈呼吁:"(一)中学不应专以准备升大学为目标,中学的基本目标是在培养大量建设干部。升学准备与就业准备必须合一。(二)初级中学不必分科,但应注意基本生活知能的训练。(三)高级中学必须分科。(四)普通中学应该减少。"⑦1948 年的修订中学课程标准也沿袭了此前的精神,但国民党政权已经是大厦将倾,根本无暇关注于此,更不可能重开综合中学制。

4. 革命根据地的中小学教育是一种典型的以实用性为导向的教育,不

---

① 黄炎培:《三十五年来中国之职业教育》(1931 年 6 月),见田正平等编:《黄炎培教育论著选》,人民教育出版社 1993 年版,第 248 页。

② 中国第二历史档案馆编:《中华民国史档案资料汇编》第五辑第一编《教育(一)》,江苏古籍出版社 1997 年版,第 79 页。

③ 宋恩荣等主编:《中华民国教育法规选编(1912~1949)》,江苏教育出版社 1990 年版,第 63页。

④ 《第二次中国教育年鉴》,商务印书馆 1948 年版,总第 352~353 页。

⑤ 宋恩荣等主编:《中华民国教育法规选编(1912~1949)》,江苏教育出版社 1990 年版,第 359页。

⑥ 《第二次中国教育年鉴》,商务印书馆 1948 年版,总第 353~354 页。

⑦ 黄炎培等:《对于中国今后教育设施的意见》(1947 年 12 月),见田正平等编:《黄炎培教育论著选》,人民教育出版社 1993 年版,第393 页。

仅属于干部教育、成人教育的中等学校的毕业生,就是小学毕业生绝大多数也要直接参加生产劳动,或参加革命军政工作,继续升学者寥寥无几,其就业预备功能拥有不可置疑的绝对地位。

然而,实际工作中依然存在着升学预备与就业预备的矛盾。请看:

> 我们的小学和中学,究竟是为了训练什么一种人呢?只能训练四种人:一种是毕了业回家劳动的,所谓国民教育本来是为了这个目的的,但是现在的教育却是为了升学,因此再回家,在小学毕业已经不合算,中学毕业生更不合算,回了家也是闹蹩扭,不能做模范劳动者,简直不如不上学了;一种是做"公家人",做党政军民的各种工作,但是现在的教育也不是为了这,学与用脱了节,而且这个需要也有限制,超过一定的数量就要减少必要的劳动人口而增加不必要的财政负担;第三是升学,但是小学升中学本来是少数,就算都升了学,中学毕了业还再升到哪里去呢?根据地办旧式的大学是不要也不可能的,而现有的高级干部学校又是与中学不相衔接的;此外还有什么出路呢?剩下的出路,就是做游民,做二流子,这不是笑话,而是事实。[①]

为什么会这样呢?因为即便在战争状态下,教育仍是实现社会升迁的重要渠道,特别是对于一些根据地土生土长的中农或薄有家资的后生来讲,他们既无力像富家子弟那样负笈远游,到大中城市寻求正规的中、高等教育,又不像贫雇农出身的孩子那样具有阶级优势,不愿投身火热的革命熔炉。他们在传统惯性下将求学当做唯一出路,付出了机会成本,却发现社会现实与个体需要之间存在巨大落差,即使毕业也只能重复父辈的原状,迷惘彷徨,抱怨自己接受的教育,教育也在这种抱怨中陷入矛盾与尴尬。

5. 新中国成立以后到"文革"时期,升学预备与就业预备的关系嬗变经历了几个阶段:50年代中前期,承认中小学教育具有双重任务,而突出升学预备,有时将筛选分等提前到小学、初中阶段;"教育革命"期间,用革命预备取代升学预备教育,中小学的基础性、预备性两大目标受到严重影响;"八字方针"实施以后,发展初中阶段职业技术学校,用单科制初中分轨的方式进行小学后分流,却未能普遍实施,很快在加强基础、提高质量中倾向于升学预备;"文革"当中,则以极"左"的所谓革命预备式教育破坏了中小学教育的本

---

① 《根据地普通教育的改革问题》(1944年4月7日),见教育科学研究所筹备处编:《老解放区教育资料选编》,人民教育出版社1959年版,第13页。

质属性与基本功能。

新中国成立初期，就很快明确了中学乃至小学升学预备与就业预备的双重任务，规定中学应为学生"打下将来升学或参加各项建设工作的良好基础"①，甚至指出"今后在相当长的时期内，小学学生毕业后，主要是参加生产劳动，升学的还只能是一部分。因此，在学校平时教育中不应片面强调学生毕业后如何升学，而应强调毕业后如何从事劳动生产"②。随着社会主义改造初步完成，"一五"计划全面实施，迎来了新中国成立后经济建设与社会发展的第一次高潮。为了保证社会主义工业化对专业人才的需求，教育事业选择了优先发展高等教育的"高重心"战略，而为了保证高等学校的生源数量和质量，"中学教育的发展，是着重发展高级中学"③，小学教育作为国民基础教育或许不容忽视，初中教育的地位相对弱化。此时，高校招生数大于或约等于普通高中毕业生数，高中学生升学压力不大，即使不能升学也非常容易就业，高中学校可以几乎不必考虑就业预备问题；而高中虽是发展重点，却因建设周期较长，不能立即缓解初中学生的升学竞争，且为了保证高中优秀生源亦不能忽视升学预备；同时，初中发展相对滞后，又导致小学毕业生升学压力巨大。这样，从小学到初中到高中，就形成了一套升学预备体系和选拔淘汰机制，对学生的筛选分流由高考提前到中考乃至小学升初中考试，突出了升学预备，加重了学生负担。另一方面，中小学的职业教育科目完全取消，在课程与教学中没有考虑不能升学学生的就业需求，而是让学生一颗红心、两种准备。1953 年 12 月，《人民日报》发表社论，号召组织高小毕业生参加农业劳动；1954 年 4 月，共青团中央指示，积极引导、组织不能升学的高小和初中毕业生参加或准备参加生产劳动；5 月，中宣部印发《关于高小和初中毕业生从事生产劳动的宣传提纲》，中共中央批转教育部党组《关于解决高小和初中毕业生学习与从事生产劳动问题的请示报告》④。这样，一方面出台一系列政

---

① 马叙伦：《在第一次全国中等教育会议上的开幕词》（1951 年 3 月 19 日），见何东昌主编：《中华人民共和国重要教育文献》，海南出版社 1998 年版，第 83 页。

② 《政务院关于整顿与改进小学教育的指示》（1953 年 11 月 26 日），见何东昌主编：《中华人民共和国重要教育文献》，海南出版社 1998 年版，第 263 页。

③ 《政务院关于改进和发展中学教育的指示》（1954 年 4 月 8 日），见何东昌主编：《中华人民共和国重要教育文献》，海南出版社 1998 年版，第 305 页。

④ 何东昌主编：《中华人民共和国重要教育文献》，海南出版社 1998 年版，第 267～269、312～314、327～334 页。

策,提高教育质量,强化了升学预备,增加了学生学业负担;另一方面又"有些人片面地强调'劳动光荣,升学不光荣',甚至有的人提出'万般皆下品,惟有农业高'的错误口号,不恰当地批判'升学思想',号召青年团员和好学生带头不升学。……有些群众对子弟学习问题产生了不正确的认识。他们认为:'迟早都要参加生产劳动,迟参加不如早参加。……因而纷纷让子女退学。去年(指1954年。笔者注)一年内江苏省苏州专区初中学生退学人数有三百余人,小学竟突然减少五万多人。有的地区害怕毕业生多了不好处理,人为地制造留级"。[1] 于是,引起了思想混乱和学生分化。

后来,教育部认识到"中小学校必须进一步加强劳动教育,这是动员中小学毕业生从事生产劳动的根本办法。……除注意培养劳动观点和劳动习惯外,还应当注意进行综合技术教育,使学生从理论上和实践上懂得一些工农业生产的基本知识"[2]。这是新中国成立后首次提出在普通教育中实施职业技术教育问题,为职业教育科目的设置开启了先河。1956年5月,教育部规划从1956～1957学年度开始,在普通学校逐步实施基本生产技术教育。一是"改进中学物理、化学、生物、数学、制图和地理六科的教学,保证在系统地阐明科学基础知识的过程中使学生领会科学原理在现代生产中的应用并且获得有关实验、计算和测绘等技能"。二是在农村小学高年级开设一学年的"农业知识"课,每周1小时;"初级中学各年级增设教学工厂和实验园地的实习作业","高级中学各年级增设实习课,包括农事实习、机器学实习和电工实习",均为每周2小时。[3] 但是各地由于师资、设施等条件限制,这项工作仅是进行了有限的试点,并未普遍实施。[4] 尤其是升学形势很快发生了变化,1956年"普通教育方面最突出的一个问题,就是中学生不足……高中毕业生一直到1958年都不能满足高等学校招生所需要的数额;初中毕业生数预计为787073人,即使全部升学也不能完全满足高级中学和中等专业学校招生的需要。至于工农业各个生产部门今年需要的30万名初中毕业生,那就更不能解决了。1957年初中毕业生也只能勉强满足高中学校招生的需要,对工

---

① 《教育部党组关于初中和高小毕业生从事生产劳动的宣传教育工作报告》(1955年4月12日),见何东昌主编:《中华人民共和国重要教育文献》,海南出版社1998年版,第449～450页。

② 何东昌主编:《中华人民共和国重要教育文献》,海南出版社1998年版,第450页。

③ 何东昌主编:《中华人民共和国重要教育文献》,海南出版社1998年版,第629～630页。

④ 《教育部关于1956～1957学年度中、小学实施基本生产技术教育的通知》(1956年7月17日),见何东昌主编:《中华人民共和国重要教育文献》,海南出版社1998年版,第662～663页。

农业生产部门的需要仍然不能满足。……目前中小学学生大量退学休学的现象也是一个非常严重的问题。……主要是由于农业合作化以后，农民需要发展生产，迫切需要青年学生回乡参加生产劳动"①。既然升学无忧，就业不愁，又何必费时费力去搞就业预备教育呢？可仅隔半年多，形势急转，"不能升学的人数，比过去任何一年都多"，同时"由于各部门都在精简机构，部分事业也有收缩，今年就业的机会比较往年要少"。②因此1957年3月，教育部通知各地可酌情在初中三年级增设农业基础知识课，中宣部也通知加强中小学校毕业生的劳动生产教育，刘少奇亦号召中小学毕业生参加农业生产。③然而这些政策和措施难求根本解决问题。

以上倾向的彻底转变，是到了"教育革命"时期。"教育革命"打破了升学预备所赖以存在的制度化基础，各级教育的超常发展暂时缓解了升学压力，却以牺牲质量作为代价。它既不是升学预备也不是就业预备，而是革命预备式教育。这时，大力提倡教育与生产劳动相结合，大力加强中小学的生产劳动教育，初、高中各年级增设生产劳动课，每周2小时，小学、初中、高中学生每周的劳动时间一般分别为4、6、8小时。④但从1958年9月开始，几乎所有中学和相当部分小学停课，师生全部投入大炼钢铁和"三秋"劳动。师生们在热火朝天的生产劳动、政治运动中，难以专心于学业。这实际混淆了教育活动与生产劳动的界限，混淆了就业预备与停课劳动的区别，是"左"倾思想在教育领域的表现。

"八字方针"实施以后，1963年3月颁布的《中学五十条》《小学四十条》规定，中小学的任务都是"为社会主义建设事业培养劳动后备力量，为为高一级学校培养合格的新生"⑤。于是在加强基础、提高质量的同时，开始探索在巨大的升学压力与严峻的就业形势中，中小学处理升学预备与就业预备关系的新路子，为劳动人口向农村转移做好基础性工作。中共中央指示，"中小学校

---

① 张奚若：《目前国民教育方面的情况和问题》（1956年6月20日），见何东昌主编：《中华人民共和国重要教育文献》，海南出版社1998年版，第639、640页。

② 《教育部关于指导中小学毕业生正确对待升学和就业问题的通知》（1957年2月28日），见何东昌主编：《中华人民共和国重要教育文献》，海南出版社1998年版，第727页。

③ 何东昌主编：《中华人民共和国重要教育文献》，海南出版社1998年版，第729、736～741页。

④ 《中共中央转发教育部党组关于教育问题的几个建议》（1958年12月18日），见何东昌主编：《中华人民共和国重要教育文献》，海南出版社1998年版，第867页。

⑤ 何东昌主编：《中华人民共和国重要教育文献》，海南出版社1998年版，第1152、1155页。

学生除了极小部分将升入高等学校以外,一小部分将在城市就业,绝大部分将要在农村参加生产劳动",要教育师生"准备在需要的时候参加农业生产或者农村工作"。① 7 月,教育部印发中小学新教学计划,规定"小学六年级开设生产常识课,初中三年级开设生产知识课,高中三年级开设农业科学技术知识选修课。全日制小学和初中的生产常识课和生产知识课,一般应该讲授农业生产知识"②。与此同时,职业技术教育,特别是城市职业教育问题重新受到关注。针对前两年"全国 2700 多所中等专业学校,裁并了 1450 多所,占原有学校的 53%"的状况,1963 年 5 月,教育部与劳动部联合召开城市职业教育座谈会,"较为明确地认识了普通教育与职业教育并举是一个重要的方针",提出"对普通中学加强农业、工业技术教育,同时,按照过去的传统办学经验,继续发展中专和技术学校、职业学校"。并且认为,"目前我国的高级中学,实际上是高等学校的预科,属于高等教育而不是属于普及教育的范围",重点对初中,特别是农村初中进行调整,调整后的初中"适当减少一般文化课程","实际上是一种技术学校或职业学校,但是仍然保留普通初中的名义,学生毕业后主要是直接参加生产劳动"。③ 1964 年 1 月,中共中央、国务院转发《教育部关于中小学教育和职业教育七年(1964~1970)规划要点(初步草案)》,提出:"目前我国仅有城市职业学校学生 5 万多人,技工学校学生 8 万多人,农业中学学生 24 万多人。今后 7 年内,必须从积极试办入手,努力发展职业教育,争取到 1970 年,使城乡各种形式的职业学校在校生达到 530 万人。"④

这些政策措施突破了普通中学一支独大的格局,促进了初中阶段职业技术教育的发展,疏通了用单科制初中进行小学后分流的渠道,转变了中学阶段,尤其是初中阶段升学预备与就业预备关系的处理模式,最终确立了"Y"型学校系统,也开辟了后来中等教育结构调整的先路。但是,这种改革又是

---

① 《中共中央关于讨论试行全日制中小学工作条例草案和对当前中小学教育工作几个问题的指示》(1963 年 3 月 23 日),见何东昌主编:《中华人民共和国重要教育文献》,海南出版社 1998 年版,第 1150 页。

② 何东昌主编:《中华人民共和国重要教育文献》,海南出版社 1998 年版,第 1202 页。

③ 《中央宣传部关于征求对有关职业、技术教育问题的两个文件(草案)的意见的通知》(1963 年 7 月 10 日),见何东昌主编:《中华人民共和国重要教育文献》,海南出版社 1998 年版,第 1187、1188 页。

④ 何东昌主编:《中华人民共和国重要教育文献》,海南出版社 1998 年版,第 1240 页。

在城乡二元社会结构下和城市就业高度紧张的背景中展开的,主要目的是把城市剩余劳动力向农村转移,把农村劳动力稳定于土地,更加增强了"Y"型学制中分轨阶段的差异。而且,分轨以后的普通中学更可以专以升学为鹜,将职业技术课程当成可有可无的点缀,甚至可能视高中为高等学校的预科,合理化了其升学预备功能。

6."文革"结束以后,中小学教育在拨乱反正中恢复秩序、提高质量,并且迅速强化了升学预备功能。至于就业预备问题,则主要是通过中等教育结构改革,建立初中后分流的"Y"型学制来解决的。普通中小学虽逐步开设了劳动技术和职业技术教育课程,却落实不够、收效不大,从 20 世纪 80 年代的片面追求升学率到 90 年代的应试教育,升学预备势头不已。

新时期的中等教育结构改革始于 20 世纪 80 年代初期,80 年代中期之后趋于深化、巩固。近 20 年间探索发展,既确立了比较完备的中等职业技术教育体制,改变了长期以来普通中学占绝对优势的格局,为经济建设和社会发展培养了千千万万比较安心就业、初步具备生产技能的劳动大军,同时也导致强行分流、未能充分尊重学生选择权等深层问题,认可和强化了普通中学的升学预备功能。1986 年和 1987 年,国家教委相继启动农村教育综合改革和城市教育综合改革,以期加强地方政府对教育事业的领导和统筹,理顺办学体制,调整教育结构,改进教学内容和教学方法,建立起适应当地经济和社会发展的良性运行机制,主要措施仍是积极发展职业技术教育尤其是中等职业技术学校,在中小学普遍开设职业技术教育课程,实乃中等教育结构改革工作的区域性适应与深入化发展。[①] 这些改革增强了地方政府的教育责任,使其意识到教育事业是政府的事业而不是教育部门一家的事情;提高了公众对教育的关心度和重视度,调动了社会多方面的办学积极性。但由于我国正处于经济转轨和社会转型时期,经济发展、社会变迁带有强烈的非均衡性、突变性和复杂性,影响与制约教育事业发展的变数很多,使得教育改革的适应性、前瞻性和实效性受到影响。特别是农村教育综合改革一般还停留在让每位接受完义务教育的青年农民至少掌握一门致富技术、离土不离乡的层面,

---

① 参见国家教委:《全国农村教育综合改革实验区工作指导纲要(试行)(1990～2000 年)》(1990 年 7 月 9 日)、《国家教委关于进一步推进城市教育综合改革的若干意见》(1997 年 12 月 19 日),见何东昌主编:《中华人民共和国重要教育文献》,海南出版社 1998 年版,第 3003～3006、4315～4317 页。

没有从农业产业化、农村城镇化以及青壮年农民大批进城务工和生活、农村基层民主政权建设的背景和高度出发,认识与设计当代农村教育的新需求、新动向和新政策,当然也未能切实解决农村中小学的升学预备与就业预备的矛盾。

与此同时,普通中小学开始设置劳动技术课,酝酿设置职业技术课程。1978 年 1 月,教育部规定学工、学农、学军等"兼学"时间,每学年小学四、五年级 4 周,初中 6 周,高中 8 周,可以集中安排,也可以分散安排;中学开设"农基"课。① 1981 年 4 月,取消"农基"课,开设劳动技术课,每学年初中 2 周、高中 4 周,初中每天按 4 节、高中每天按 6 节计算,时间可以分散使用,也可以集中安排。② 1982 年 10 月又指出,普通中学"开设劳动技术教育课是全面贯彻党的教育方针、完成中学双重任务的需要","有些内容可以与职业技术教育结合进行"。③ 1983 年 5 月,中共中央、国务院通知要求,"农村普通高中也要进行教学改革,开设必要的职业技术课和劳动课","初中也要增设劳动技术课;或在三年级,分为普通科和职业科"。④ 这是"文革"后首次提出在普通中学开设职业技术课的问题,设想将劳动技术课拓展为职业技术课,将单科制中学发展为选科制中学。然而,这些政策措施或为了应对就业压力的无奈之举,或为了"逐步缩小以至将来消灭脑力劳动和体力劳动的差别"⑤,尚未完全突破 60 年代前期的认识藩篱。

80 年代中期以后,普通中小学的劳动技术和职业技术教育问题在课程政策层面得到进一步明确与重视。1987 年,国家教委先后印发中学劳动技术课和小学劳动课教学大纲,是新中国成立后该课程的第一个大纲。⑥ 它的

---

① 《教育部颁发全日制十年制中小学教学计划试行草案的通知》(1978 年 1 月 18 日),见何东昌主编:《中华人民共和国重要教育文献》,海南出版社 1998 年版,第 1593~1594 页。

② 《教育部颁发全日制六年制重点中学教学计划试行草案、全日制五年制中学教学计划试行草案的修订意见的通知》(1981 年 4 月 17 日),见何东昌主编:《中华人民共和国重要教育文献》,海南出版社 1998 年版,第 1927~1928 页。

③ 《教育部关于普通中学开设劳动技术教育课的试行意见》(1982 年 10 月 19 日),见何东昌主编:《中华人民共和国重要教育文献》,海南出版社 1998 年版,第 2045 页。

④ 《中共中央、国务院关于加强和改革农村学校教育若干问题的通知》(1983 年 5 月 6 日),见何东昌主编:《中华人民共和国重要教育文献》,海南出版社 1998 年版,第 2087 页。

⑤ 何东昌主编:《中华人民共和国重要教育文献》,海南出版社 1998 年版,第 1593、2045、2087 页。

⑥ 何东昌主编:《中华人民共和国重要教育文献》,海南出版社 1998 年版,第 2588~2589、2677~2678 页。

制定、实施不仅提供了可供遵循的教学指导性文件,更提高了其在课程体系中的地位。在高度集中的教育行政体制下,教学大纲与教学计划、教材同是国家管理教学活动的重要手段,"一纲一本",统得过死,固然不妥;倘若"无纲无本",地方、学校的课程开发能力又不足,则不免地位虚悬,实施无据。1988年9月,国家教委颁布第一个九年制义务教育教学计划和24个学科的教学大纲初审稿,制定原则之一就是"坚持教育与生产劳动相结合,切实加强劳动教育,适当进行职业技术教育"①。1990年3月又规定,普通高中各年级除开设劳动技术课外,高三年级的"职业技术选修课各学校都要积极创造条件开设"②。1994年7月,按照新工时制调整教学(课程)计划以后,多数课程的课时均有不同程度的减少,唯独小学到高中的劳动、劳动技术课的课时保持未变。③ 但是,它们在学校实践层面并未得到很好落实,片面追求升学率的倾向并未得到根本扭转,形成所谓"脱离经济和社会发展的实际需要,把基础教育办成单纯的升学教育,以升学为唯一目标而采取的违背教育方针、违反教育教学规律的错误做法"④。90年代更演化为应试教育,即"在我国教育实践中客观存在的偏离了受教育者和社会发展的根本需要,单纯为应付考试,争取高分数,片面追求升学率的一种倾向"⑤。

7. 20世纪90年代末期以来,随着高中阶段教育的逐步普及、优质高中资源的迅速扩张,初中后分流的学校体系渐趋消融,中小学教育在向基础性回归的同时,亦开始从新形势、新视角审视和处理就业预备问题。尤其是普通高中,几年间由"劳动技术教育""劳动与技术教育"课程模块发展成为专门的"技术"课程,进步不凡。

2000年1月,教育部印发的高中课程计划规定,普通高中的培养目标之一就是使毕业生"具有与社会生活相适应的职业意识、创业精神和一定的择业能力,形成一定的劳动技能和现代生活技能,能够对自己的生活和发展做

① 何东昌主编:《中华人民共和国重要教育文献》,海南出版社1998年版,第2800页。

② 《国家教委印行〈现行普通高中教学计划的调整意见〉的通知》(1990年3月8日),见何东昌主编:《中华人民共和国重要教育文献》,海南出版社1998年版,第2950、2951页。

③ 何东昌主编:《中华人民共和国重要教育文献》,海南出版社1998年版,第3668、3670页。

④ 《国家教委、全国人大教科文卫委员会印发〈抓住关键、综合治理——论克服片面追求升学率倾向〉一文的通知》(1988年7月5日),见何东昌主编:《中华人民共和国重要教育文献》,海南出版社1998年版,第2766、2767页。

⑤ 《国家教委关于当前积极推进中小学实施素质教育的若干意见》(1997年10月29日),见何东昌主编:《中华人民共和国重要教育文献》,海南出版社1998年版,第4289页。

出恰当的选择"。"劳动技术教育"作为"综合实践活动"必修课的一部分，每学年 1 周，"主要对学生进行劳动观念和一般劳动技术能力的教育，进行现代职业意识、职业技能的培养和就业选择的指导"。同时，"各地要根据本地实际，充分利用当地资源，积极创造条件开设职业技术类课程，可在地方和学校选修课中安排。学生可结合个人兴趣和需要选择修习"。① 2001 年 5 月，国务院召开全国基础教育工作会议，决定"普通高中要设置技术类课程"②。6 月，教育部印发《基础教育课程改革纲要(试行)》，进一步要求"从小学到高中设置综合实践活动并作为必修课"，"劳动与技术教育"作为主要内容之一。并且，农村中学将"试行通过'绿色证书'教育及其他技术培训获得'双证'的做法。城市普通中学也要逐步开设职业技术课程"。③ 同月，教育部、农业部发出《关于在农村普通初中试行"绿色证书"教育的指导意见》，要求农村地区"适当调整现行九年义务教育初中课程，在初中阶段的劳动技术课时和地方安排课时中安排'绿色证书'培训课程，使学生在初中阶段有 300 课时左右的教学时间"，"不试行'绿色证书'教育的地区，要切实加强职业技术教育"。④ 2003 年 3 月，教育部印发《普通高中课程方案(实验)》，首次将"技术"作为专门的必修科目设置。

四、中小学课程的全面发展与个性发展(统一要求与个性培养)问题

虽然各国的经济基础、政治体制、文化传统不同，但教育事业尤其是基础教育作为人类共同而永恒的追求，具有超越时空的普遍意义，现代中小学教育的一般性培养目标可以概括为："通过提供智育、德育、体育、美育和社会教育以及为适应社会生活做好准备所需要的条件，来促进个人全面而和谐的发展。"⑤也就是我国通常所谓的德智体美诸方面的全面发展。另一方面，由于中小学生年龄较小、社会化程度较低，最富天性，教育教学活动不能无视他们的兴趣和动机，必须关心他们的个性发展。虽然对于个性发展的理解不同，

---

① 教育部基础教育司：《全日制普通高级中学课程计划(试验修订稿)》，人民教育出版社 2000 年版，第 5、7~8 页。

② 《国务院关于基础教育改革与发展的决定》(2001 年 5 月 29 日)，http://www.edu.cn/20010907/3000665.shtml。

③ http://www.moe.edu.cn/base/jckecheng/。

④ http://www.moe.edu.cn/wreports/。

⑤ 国际教育大会：《改进中等教育的目标、结构、内容和方法》(1986 年)，见赵中建主译：《全球教育发展的历史轨迹——国际教育大会 60 年建议书》，教育科学出版社 1999 年版，第 458 页。

但一般认为,其包含适应个体天性发展与促进个别化发展两个相互联系的方面。中小学教育中全面发展与个性发展、统一要求与个性培养的矛盾,表现在教育方针、培养目标、学校制度、课程与教学等方方面面。

1. 中国的现代中小学教育发轫于内忧外患之际,视教育为救亡工具,以"国民"为培养目标,在中国传统教育价值观和德国、日本传来的赫尔巴特传统教育学派的双重影响下,强调国家利益、社会本位、统一要求和军国民教育,崇尚严格管理、纪律约束,从而确立了百余年来中国现代中小学教育的价值主线。

中国教育现代化是在天崩地坼的"数千年未有之大变局"中艰难起步的。19 世纪中后叶,为了抵御外侮、强兵富国,首先创办洋务学堂以培养急需的军事、翻译、技术人才。这些新式学堂基本属于中高等专业教育,这些新式人才主要属于新兴精英阶层。甲午战争尤其是八国联军侵华以后,教育救国思潮崛起一时,教育救国论者认为中国未来之胜算不在军事、经济而在教育,即在全体国民的觉醒和国民素质的提高。由是,教育的培养目标从"人才"主导转向"国民"主导,教育的发展重点开始从中高等专业教育转向普通基础教育,酿成全国性、全民性的兴学热潮。特别是清末立宪运动时期,更认为"现在预备立宪,非教育普及不足以养成国民之资格"[①]。可见,中国现代中小学教育的大规模兴起,是由教育救国观念、国民教育思潮直接催动的,是与国家思想、国家利益紧密联系的,从一开始就肩负着维护国家军事安全、政治安全的使命,而不是像西方那样建立在经过启蒙运动洗礼的人本主义基石之上。为了维护国家利益,必须强调统一意志。中国现代教育制度建立以后的第一个教育方针——清末"忠君、尊孔、尚公、尚武、尚实"的教育宗旨,就是要把学校培养的人的质量和规格,在政治上统一于"君"、文化上统一于"孔"、道德上统一于"公",尚武崇实以求国家富强,从德智体和职业养成等方面,构建起以"国民"为价值基础的全面发展教育的基本框架,强调教育应"培养国民之善性,扩充国民之知识,强壮国民之气体"[②]。

民国甫建,教育总长蔡元培就在思考:"民国教育与君主时代之教育其不

---

① 《学部咨行各省强迫教育章程》(1906~1907 年),见陈元晖主编,李桂林等编:《中国近代教育史资料汇编·普通教育》,上海教育出版社 1995 年版,第 36 页。

② 《奏定高等小学堂章程》(1904 年 1 月 13 日),见陈元晖主编,璩鑫圭等编:《中国近代教育史资料汇编·学制演变》,上海教育出版社 1991 年版,第 306 页。

同之点何在？君主时代之教育方针不从受教育者本体上着想……民国教育方针应从受教育者本体上着想……成人不敢自存成见，立于儿童之地位而体验之，以定教育之方法。"①然而，五色旗取代黄龙旗，并没有改变阽危的国际国内环境，也不会一下转变既有的教育观念，国家利益仍然岌岌可危，国民建设依旧任重道远。因此，1912年9月教育部公布的教育宗旨——"注重道德教育，以实利教育、军国民教育辅之，更以美感教育完成其道德"②，虽然在政治上打倒了皇帝老儿，在文化上否定了孔夫子的权威，并首次列入美育，丰富了全面发展教育的内涵，但所谓道德教育、实利教育、军国民教育，不过是尚公、尚实、尚武精神的因时发展而已。不久，又专门通令各校注重军国民教育，强调"处兹外患交迫，非大多数国民具尚武精神，决不足以争存而图强也"③。此时《小学校令》和《中学校令》规定的中小学培养目标，都是一种立足"国民"的统一要求与全面发展。及至"一战"爆发和洪宪时期教育复古运动抬头，无论出于国际竞争还是教育专制的需要，这种趋势更加强化，强调中学在于"养成生徒共同生活之习惯。……注意生徒之共同动作，善为引导，加以训练，使之常有人群社会之观念，与社会共同生活之必要，而于共同道德共同秩序尤为不可稍忽"④；国民学校乃"对于全体国民，为之修养其品性，发展其生活能力，以适应夫世界竞争之趋势者也"⑤。

这一时期的中小学课程几乎没有顾及学生的个性发展问题，只是简单地从男女差异出发略作区别，男生修习"农业"等科，女生修习"缝纫""家政"等科。多数学校对于学生纪律要求十分严格，有的学校制订了详密的讲堂规则、自修室规则、食堂规则、寝室规则、盥所规则、茶水规则、休息规则、会晤规则、阅报处规则、外出规则、图书器械所规则等，甚至要求学生上课时"两手不得置于桌上，且宜正襟危坐，两足不得伸出，并禁时露倦容"，比之古代官私学

---

① 我一：《临时教育会议日记》（1912年），见朱有瓛编：《中国近代学制史料》第三辑上册，华东师范大学出版社1992年版，第7页。

② 朱有瓛编：《中国近代学制史料》第三辑上册，华东师范大学出版社1992年版，第90～91页。

③ 朱有瓛编：《中国近代学制史料》第三辑上册，华东师范大学出版社1992年版，第91页。

④ 《教育总长汤化龙关于中学教育之谈片》（1914年9月28日），见中国第二历史档案馆编：《中华民国史档案资料汇编》第三辑《教育》，江苏古籍出版社1991年版，第290、291页。

⑤ 教育部：《拟订国民学校令呈请核定公布文》（1915年7月），见陈元晖主编，璩鑫圭等编：《中国近代教育史资料汇编·学制演变》，上海教育出版社1991年版，第771页。

有过之而无不及。[①] 这种严格的纪律约束,不能单纯视为必要的教学常规管理,也不能仅仅看做中国古代教育和西方传统教育学派弊端的影响,而是折射出一种"国民"取向的深层次教育意志。正如张伯苓1904年创办的南开学校所标明的那样,宗旨是"培育救国建国人才,以雪国耻,以图自强",校训揭橥"公能","培养学生爱国爱群之公德,与夫服务社会之能力。……惟'公',故能化私,化散,爱护团体,有为公牺牲之精神;惟'能',故能去愚,去弱,团结合作,有为公服务之能力"。[②]

2. 从新文化运动兴起到南京国民政府成立之前的这一时期,受国内启蒙思潮和美国进步主义教育哲学等影响,以自学辅导法、分组教学法、设计教学法、道尔顿制等个别化教学实验作为先导,中小学教育中的全面发展、统一要求大大减弱,从观念到实践,从政策层面到学校层面,从小学到中学,从教学方法、教学组织形式到学制、课程,个性发展、个性培养得到重视。

针对中小学教育过分的统一要求、严格约束,早在清末便有人指出:"小学校教育之要,当以学生为本位,为教员者无时不当筹思学生之在学校,如何则心志欢乐,如何则道德优美,如何则学业精进,事事必就小学生之心理以推究。"[③]民国以后,随着人文主义抬头、进步主义传入以及新文化运动兴起,民主与科学的呐喊唤醒了人性的灵光,自由主义的号角启迪了个性的复苏,在一部分人心目中,教育之鹄的由国家利益至上、社会本位至尊,转向关注学生的个性发展与个性培养,并导致教育理念、政策、方式方法等一系列变化。在教育复古与反复古的论战中,便有人借发挥教育总长汤化龙的教育方针之机称:"世界教育之新倾向,已近趋于生徒自动的方向……我国中学教育之其弊病之最大者,厥为教育者误认中学为养成人才教育之宗旨,而一味注入,不事开发……今欲救此弊害,则莫如励行实用主义、自动主义、自学辅导主义,而事事都使生徒自动。"[④]1917年创办、蔡元培曾任校长的北京孔德学校,"教育

---

① 《湖南明德学堂规则》(1903年),见陈元晖主编,李桂林等编:《中国近代教育史资料汇编·普通教育》,上海教育出版社1995年版,第371~375页。

② 张伯苓:《四十年南开学校之回顾》,见陈元晖主编,李桂林等编:《中国近代教育史资料汇编·普通教育》,上海教育出版社1995年版,第359、362页。

③ 庄俞:《教育琐谈》(1909年),见陈元晖主编,李桂林等编:《中国近代教育史资料汇编·普通教育》,上海教育出版社1995年版,第404页。

④ 潘文安:《对于汤总长中学教育方针之赘言》(1914年),见陈元晖主编,李桂林等编:《中国近代教育史资料汇编·普通教育》,上海教育出版社1995年版,第915页。

的宗旨,是为的养成学生独立及互助之精神,所以管理训练不取干涉主义"①。其后,更有人从儿童中心和活动课程的立场宣称:"从来之教授法皆置教授之中心于教室,设活动之本位于教师,今则当移教授中心于自习室,置活动本位于学生。"②1918年10月,全国教育会联合会第四届大会议决,学校教育应"注重发展个性,以养成健全之人格","注重美感教育、体育,以养成健全之个人";翌年10月,第五届大会又议决,建议教育部明令废止民初教育宗旨,宣布"养成健全人格,发展共和精神"的教育本义,"今后之教育应觉悟人应如何教,所谓儿童本位教育是也。施教育者,不应特定一种宗旨或主义,以束缚被教育者"。当然,几乎任何人都不可能无视彼时的国情而倒向完全的个体本位,他们在强调个性之时,没有忘记还要"注重公民训练,以养成平民政治之精神,为服务国家及社会之基础"。③

20世纪初,欧美国家受"新教育"思想和进步主义教育哲学的影响,出现了体现个别化教学的多种教学方法和教学组织形式,开展了不同规模的实验活动,影响一时,意义深远。大约从1913年和1914年开始,这些教学方法、教学组织形式相继涌入中国,并与反对当时国内"教授大都用注入式"④的弊端以及补苴、克服班级授课制和五段教授法的缺陷相联系,从小学到中学进行了较大范围的实验,竟成时代风气。最先开展的是"自学辅导法"实验,1914年前后兴起,1916年达到高潮,代表人物是俞子夷,主要实验学校有江苏省立第一师范附小、南京高师附小等,"教授采自学辅导主义,教材求合实用,切于生活必须之知识技能,除室内教授外,相机行室外或校外教授,以应合儿童之兴味与需要"⑤,"各科一以儿童自动为主,教师处于指导之地位"⑥。该法受儿童中心主义影响,突出教学中儿童自习、自动的价值,通过指定作

① 《〈少年世界〉记孔德学校》(1920年),见陈元晖主编,李桂林等编:《中国近代教育史资料汇编·普通教育》,上海教育出版社1995年版,第633页。

② 天民:《中学校亟须改革之点》(1918年),见陈元晖主编,李桂林等编:《中国近代教育史资料汇编·普通教育》,上海教育出版社1995年版,第924页。

③ 陈元晖主编,李桂林等编:《中国近代教育史资料汇编·普通教育》,上海教育出版社1995年版,第502、503页。

④ 黄炎培:《黄炎培考察教育日记》,商务印书馆1915年版,第158页。转引自熊明安等主编:《中国近现代教育实验史》,山东教育出版社2001年版,第75页。

⑤ 《南京高等师范附属小学概况》(1917年),见陈元晖主编,李桂林等编:《中国近代教育史资料汇编·普通教育》,上海教育出版社1995年版,第571页。

⑥ 《教育部视察浙江省立第十师范附属高等小学校、国民学校报告》,见陈元晖主编,李桂林等编:《中国近代教育史资料汇编·普通教育》,上海教育出版社1995年版,第603页。

业、指导学生自学、检查、总结等步骤,既发挥儿童的积极性与自主性,防止教师包办一切,又要求教师给予学生自学必要的指导,减少学生摸索的时间,实质是要谨慎地处理教学过程中教师主导与学生主体、班级授课与个别教学的矛盾。几乎与此同时进行的是"分团(组)教学法"实验,由朱元善、陈文钟等于 1914 年在尚公学校发端,余绪延至二三十年代。该教学法是把一个班的儿童根据智力、能力分为几个团组,教师按照不同团组的实际水平分别讲授,比自学辅导法以整个班级为指导单位是一种进步,但一般教师采用的教学程序仍为五段教授法。分团教学法流行未久,就融入设计教学法,一些实验学校亦往往将多种方法、形式相结合,如北京高师附小就"采自学辅导主义、兼用分团式","取活动主义,凡儿童动作行为,只于秩序上道德上无所妨害均听其自由活动"。① 如果说相对于班级授课制、五段教授法,自学辅导法和分团教学法是一种温和的改良,那么设计教学法与道尔顿制就是革命了。设计教学法于 1914 年起由俞子夷等在江苏一师附小、上海万竹小学、南京高师附小启动试行,1919 年正式开始实验,1921 年 10 月全国教育会联合会第七届大会议决"推行小学校设计教学法"②后进入高潮,1924 年以后衰微。此法将教学建立在儿童的兴趣和愿望之上,以儿童有目的的活动作为教学过程的核心或有效学习的依据,设计学习单元,组织教学活动,打破学科体系,废止班级授课,儿童在自己设计、自己负责实行的单元活动中获得知识和解决问题的能力,教师的任务仅是指导和帮助学生实行有目的的学习行为。当然,在 20年代前期最盛行的教育教学实验莫过于道尔顿制。它最早由舒新城于 1922年在上海吴淞公学试行,其后廖世承于 1923 年秋至 1924 年夏在东南大学附中实验③,并迅速形成高潮,1924 年下半年趋于衰退,1925 年其创始人美国的柏克赫斯特女士访华后有所复兴,1926 年以后锐减,至 20 年代末几近匿迹。道尔顿制作为与班级授课制相对立的个别化教学组织形式,突破了前三种实验主要集中在小学的局限,还曾在中学进行过较为规范、较大范围的实验,据不完全统计,1922～1930 年间,实验学校先后达百所左右。此外,20 年代末

---

① 《北京高等师范附属小学概况》(1918 年),见陈元晖主编,李桂林等编:《中国近代教育史资料汇编·普通教育》,上海教育出版社 1995 年版,第 554 页。

② 陈元晖主编,李桂林等编:《中国近代教育史资料汇编·普通教育》,上海教育出版社 1995 年版,第 504 页。

③ 俞子夷:《现代我国小学教学法演变之一斑》"注释"[15]、[16]、[17],见童远骞主编:《俞子夷教育论著选》,人民教育出版社 1991 年版,第 506 页。

30 年代初还曾进行过另一种个别化教学——文纳特卡制的小范围实验。当时所有这些实验、改革,温和也罢,激进亦好,都是希望解决班级授课制和五段教授法的过分整齐划一,以及教育普及过程所必然出现的程度分化问题,将教育价值的中心由教师、教材、课堂转向或分向学生及其兴趣、需要和动机,发挥学生在教学过程中的自主性与积极性,发展学生的个性与能力,大大丰富、深化了对于教育教学规律的认识,促进了传统教育与现代教育在中国的整合,推动了教学实验的科学化、本土化,增强了教师的职业化及教育科学的专业化水平。

教学方法、教学组织形式的实验又为学制、课程改革做了思想与实践上的准备。1922 年"新学制"制订的七大原则之一即为"谋个性之发展"①。1923 年的新学制课程标准纲要更是充分体现了这个原则,尤其是中学采用分科选科制和学科制、学分制,极大增强了课程和教学的弹性,能够更好地适应学生个性和智能的差异。此后,不少人又对整齐划一、选拔淘汰式的年级制提出改革建议,认为"从前办学的人不明白学生个性的差异,天天闹着要学生程度齐一。还想用严厉的甄别和留级的办法,把学生的程度弄得齐一。这种企图终究是做不通的"②,"私塾的教法,我们也说过它的优劣,不过这种编制方法确乎是很合个性差异的。新法输入了,学级教法替代私塾教法了,程度要划一了,升级有年限了,毕业有限制了,于是因材施教那句老套话也丢在九霄云外了"。主张对能力弱的学生,即便有课程不及格也允许升级,能力强者则可以不限年份,升级快些。"不过在小规模的学校里很难施行。所以我们主张暂时把学级制保存着,只要升级方法有伸缩,也不难把所谓新法的弊病除去大半。这是一种简易的救济法"③。终于,1924 年 10 月,全国教育会联合会第十届大会议决,"中等学校宜采用弹性升级考试方法以宏造就而励自动教育"④。

---

① 宋恩荣等主编:《中华民国教育法规选编(1912~1949)》,江苏教育出版社 1990 年版,第 42 页。

② 俞子夷:《初等教育的新趋势》(1924 年 7 月),见董远骞主编:《俞子夷教育论著选》,人民教育出版社 1991 年版,第 117、116 页。

③ 俞子夷:《小学教学法上的新旧冲突》(1923 年 9 月~12 月),见董远骞主编:《俞子夷教育论著选》,人民教育出版社 1991 年版,第 68、72~73 页。

④ 陈元晖主编,李桂林等编:《中国近代教育史资料汇编·普通教育》,上海教育出版社 1995 年版,第 828 页。

3. 南京国民政府成立以后乃至九一八事变、七七事变爆发直至解放战争时期,在空前的民族危机和激烈的阶级对抗中,在国民党的专制统治下,此前以自由主义为基调的多元思想格局骤然隐退,学界的反思进步主义教育哲学与官方的整顿教育秩序扭结在一起,30 年代前期德、意法西斯主义的传输、诉求更激活了休克已久的军国民教育。留德归国的朱家骅执掌教育部于战前,是国民政府推行专家行政过程中党化、政治化最彻底、最顺利的学者之一;国民党元老陈立夫则主教于战时,是民国任期最长的教育部部长。二人皆仰体蒋介石之意旨,厉行专制统一,抑制个性自由,奏定了南京国民政府时期 20 余年间教育政策的主旋律。

这一时期,教育上专制统一的最集中、最高级表现,莫过于制定、推行"党化教育"和三民主义教育宗旨及其实施方针。早在广东国民政府后期,为了宣传革命、发动群众、配合北伐,就曾提出并推行过党化教育。南京国民政府成立后,1927 年 7 月和 8 月,教育行政委员会先后撰拟、议决《国民政府教育方针草案》和《学校实施党化教育办法草案》,"就是在国民党的指导下,把教育变成革命化和民众化"①。于是在一些地方和学校中,用国民党党章取代学生守则,训练中学毕业生兼备宣传党义、组织党务之能力。党化教育把学校、教育纯粹当成政党政治的附庸工具,混同了教育与革命、普通学校与党校的区别,抹杀了教育的个体发展功能,扭曲了教育的本质,开启了一个非常恶劣的端兆。我们不能因为它曾在国内革命战争中起过一定的组织、发动作用便给予肯定,因为它后来沦为国民党一党专制的帮凶才大加鞭挞,而要认识到其在作俑之始,就是对教育真义的否定,只是在坏人用它来打好人之前,好人曾经用它来打过坏人罢了。正如原子弹的确加速了日本投降的进程,但无论如何不能否认,核武器在诞生之初就是作为人类的毁灭性灾难而出现的。

后来,为了避免对"党化"理解的歧义,1928 年 5 月,大学院第一次全国教育会议议决废止党化教育,代之以三民主义教育宗旨:"中华民国之教育,根据三民主义,以充实人民生活,扶植社会生存,发展国民生计,延续民族生命为目的,务期民族独立,民权普遍,民生发展,以促进世界大同。"第二年 3 月,国民党第三次全国代表大会第十一次会议讨论通过;4 月,国民政府通令颁

---

① 《教育杂志》第 19 卷第 8 号。

行。① 三民主义教育宗旨实际上是维护一个政党、一个主义的教育宗旨，与党化教育一脉相承，不过存其专制之实旨而易其偏激之外衣，包装得更加精致，更加冠冕堂皇，因而也更易堵塞自由主义者反对的口实，更具迷惑性与接受度。它经党、政最高机构通过法定程序制定、颁布，改变了以往采用的谕旨、教育部令、总统令等立法形式，极大增强了权威性和普适性，迅速、有效地填补了新文化运动以来民初教育宗旨形同虚设而新的宗旨久议未决所导致的政策真空，并且相继制定有关实施方针和法律法规，逐步构建起比较完备的教育法律法规体系，搭架起对教育实践的影响通道，保证了教育宗旨的调控力度。三民主义教育宗旨立意在"民"，彻底扭转了新文化运动以来由"人"着眼的倾向，复归专制统一之路向。正如当时的教育部次长马叙伦在其颁布之后所做的公开解说中总结的那样："鉴于过去的失败，应当极力纠正，将放任主义，一变而为严格主义，要取严格主义，教育宗旨里面所定的各项才可以做得到。"②当然，三民主义教育在推行中，对进步主义教育哲学采取的是为我所用的实用主义策略，试图将其纳入自己的框架之中，一面强调"根据本党主义，确定教育宗旨"，一面又要求"须以发展儿童本位教育为原则"；③一面强调"使儿童整个的身心融育于三民主义教育中"，一面又要求"应尊重个性，使之自由活动，而发挥其特长"。④ 这从 1932 年 10 月教育部公布的《小学课程标准总纲》中可以非常清晰地看到。⑤ 这不是一种可有可无的点缀，而是借鉴以往经验，以使三民主义教育推行起来更加有效，同时也体现了中国教育思维的进化，蕴含了自由主义教育家参与制定教育政策时所付出的努力。

随着教育专制时代的全面到来，在 1929 年 8 月的《中学课程暂行标准》中，初中取消选修科目，高中普通科不再分组，选修课比例大大降低，显而易见的统一要求倾向以最普遍、最常规的方式作用于每位学生。同时，中小学

---

① 宋恩荣等主编：《中华民国教育法规选编（1912～1949）》，江苏教育出版社 1990 年版，第 45 页。

② 《教育部次长马叙伦播讲教育宗旨稿》（1929 年 5 月），见中国第二历史档案馆编：《中华民国史档案资料汇编》第五辑第一编《教育（一）》，江苏古籍出版社 1997 年版，第 8 页。

③ 《国民党中央民众训练部订定的党治教育实施方案》（1928 年 10 月），见中国第二历史档案馆编：《中华民国史档案资料汇编》第五辑第一编《教育（二）》，江苏古籍出版社 1997 年版，第 1011 页。

④ 国民党中央执行委员会：《三民主义教育实施原则》（1931 年 9 月 8 日），见中国第二历史档案馆编：《中华民国史档案资料汇编》第五辑第一编《教育（二）》，江苏古籍出版社 1997 年版，第 1034 页。

⑤ 宋恩荣等主编：《中华民国教育法规选编（1912～1949）》，江苏教育出版社 1990 年版，第 237～242 页。

还开展了一系列体现专制主义的行动:对高中生进行军事训练,对初中生、小学生进行童子军训练,作为"约束青年身心,养成其纪律化团体化行动之不二法门"①;开设公民训练课,建立训育制度,标榜"养成团体生活,并应注重严密组织,竭力限制个人自由。对于服从互助等习惯,尤须注意养成。须求国家与民族之自由,放弃个人之自由;若在团体中求个人之自由,就是自私自利"②;整顿学风,严禁学潮,"有屡犯校规言行越轨者,宜分别惩戒。其有习气太深不堪栽成者,宜断然开除。若有狃于习气,违犯纪律,或企图作大规模之破坏行动者,则授权当地军警,严厉制止"③;加强对教师的控制与训练,"务使全国小学教员皆为三民主义之宣传员"④;严格教科书管理,实行统编教材制度,"小学教科书应一律限期由部自编,并禁止各书局自由编订"⑤;实行中学毕业会考,通过考试压力束缚学生身心;在赣、闽、皖、鄂、豫等共产党领导的工农武装割据或活动地区,厉行"特种教育",清除革命影响;等等。

针对这种以专制主义为背景的统一要求,不时也有教育家提出,"中学教育的宗旨在充分发展各个人潜在的能力,使他或她成为一个最快乐和最有用的人","中学教育的对象是千变万化的青年,所以一切措施不易有固定的方式","中学课程不应太整齐划一,应视学生的能力、兴趣、环境、未来的教育计划、职业计划而分化"。⑥ 在这些强烈的呼吁下,中小学课程也历有修订,不乏可圈可点之处,但是作为统一要求最高政策理念的三民主义教育宗旨却丝毫不曾动摇,30 年代以后几乎再没有人对教育宗旨提出质疑与商榷,它已经成为教育研究的禁区,教育的任何改革都必须在这个框架之内进行。

4. 在中国共产党领导的革命根据地,随着"建立自己的民族的、科学的、

① 教育部:《关于促进中等学校校务、培养学风实施方案》(1941 年 11 月 18 日),见中国第二历史档案馆编:《中华民国史档案资料汇编》第五辑第二编《教育(一)》,江苏古籍出版社 1997 年版,第583 页。

② (民国)教育部:《今后中小学训育上应特别注重之事项》(1932 年 6 月),见宋恩荣等主编:《中华民国教育法规选编(1912~1949)》,江苏教育出版社 1990 年版,第 222 页。

③ (民国)行政院:《整顿教育令》(1932 年 7 月),见宋恩荣等主编:《中华民国教育法规选编(1912~1949)》,江苏教育出版社 1990 年版,第 131 页。

④ 《蒋介石手谕教育部长陈立夫》(1942 年 6 月 10 日),见中国第二历史档案馆:《中华民国史档案资料汇编》第五辑第二编《教育(一)》,江苏古籍出版社 1997 年版,第 464、465~496 页。

⑤ 《蒋介石手谕教育部长陈立夫》(1942 年 5 月 26 日),见中国第二历史档案馆编:《中华民国史档案资料汇编》第五辑第二编《教育(一)》,江苏古籍出版社 1997 年版,第 458 页。

⑥ 廖世承:《中学教育改造的基本原则》(1948 年),见汤才伯主编:《廖世承教育论著选》,人民教育出版社 1992 年版,第 505、506 页。

人民大众的新文化和新教育"，形成了一种对内统一要求、对外个性解放，严格的统一要求与高度的个性解放相结合的教育体制与教育模式。正如"抗大"校风所标榜的那样："团结紧张，严肃活泼。"统一要求与个性解放、团结与紧张、严肃与活泼诸种范畴对立统一。

持续的、严酷的军事斗争和阶级斗争，决定了革命根据地必须实行战时集权体制，坚持党对教育事业的一元化绝对领导，一切服从于革命尤其是革命战争的需要，无论干部教育、群众教育还是儿童教育，目的就是要培养千千万万的革命领导者、参加者与后备军，必须将所有教育对象以及教育这些对象的形式、方法等统一到这个崇高理想及现实目标上来，不容丝毫质疑、动摇和折扣，这是保证教育事业服务于革命事业并争取革命胜利的稳固磐石。同时，革命又是一个阶级推翻另一个阶级的暴力行动，是受压迫阶级以弱势资源夺取统治阶级优势资源与霸权地位的残酷斗争，是一种文化、思想、哲学剥蚀另一种文化、思想、哲学的激烈进程，是一场政治解放、经济解放和文化解放运动。因此，革命根据地教育始终把解放群众和干部的思想放在极其重要的地位，一贯反对国民党的党化教育与正统思想，反对帝国主义的文教侵略，反对封建复古教育，以共产主义精神教育广大群众。[①] 早在 1933 年 4 月，中华苏维埃共和国中央教育人民委员部在第一号训令中就明确指示："苏区当前文化教育的任务，是要用教育与学习的方法，启发群众的阶级觉悟，提高群众的文化水平与政治水平，打破旧社会思想习惯的传统，以深入思想斗争，使之能更有力地动员起来，加入战争，深入阶级斗争和参加苏维埃各方面的建设。"[②]要求小学教育"要充分发展儿童自动的能力和创造性"[③]，"以教育与学习的方式，启发群众的阶级觉悟"[④]。在抗日民主根据地，又提出"文化教育政策，应以提高和普及人民大众的抗日的知识技能和民族自尊心为中心"[⑤]，"小

---

① 参见董纯才等主编：《中国革命根据地教育史》第三卷，教育科学出版社 1993 年版，第 386～391 页。

② 中央教育科学研究所编：《老解放区教育资料》（一）《土地革命时期》，教育科学出版社 1981 年版，第 29 页。

③ 中华苏维埃共和国中央教育人民委员部：《小学课程教则大纲》（1934 年 4 月），见中央教育科学研究所编：《老解放区教育资料》（一）《土地革命时期》，教育科学出版社 1981 年版，第 317 页。

④ 少共湘赣省委等：《关于儿童入校与消灭文盲运动的指示》（1934 年 1 月 14 日），见中央教育科学研究所编：《老解放区教育资料》（一）《土地革命时期》，教育科学出版社 1981 年版，第 338 页。

⑤ 毛泽东：《论政策》（1940 年 12 月 25 日），见《毛泽东选集》第二卷，人民出版社 1991 年版，第 768 页。

学教育应依新民主主义教育方针,以促进儿童的民族觉悟,养成儿童的民主作风,启发儿童的科学思想,发展儿童的审美观念,提高儿童的劳动兴趣,锻炼儿童的健壮体格,增进儿童生活所必要的知识,培养儿童为大众服务的精神"①。这是中国共产党人最早关于德智体美劳诸育全面发展的完整而逻辑的表述,是此后全面发展的教育方针的雏形。到了解放战争时期,更是大规模地开展以时势政策为中心的政治思想教育,"向广大群众解释战争的性质及其目的","改造学生思想",反对"盲目正统观念"②,即从思想层面推翻蒋介石、国民党的法统地位与正统形象。这在有着悠久帝王传统的中国,无疑又是一次思想解放。而为了提高受教育者的觉悟,解放受教育者的思想,革命根据地的办学体制坚持走群众路线,教学组织形式一贯灵活多样,课程设置强调与革命战争及生产实际相结合,教学方法提倡启发式,师生关系采取兵教兵、官教官、官教兵的互动形式,除了党的领导和教育目的、培养目标的绝对统一之外,其余都富含多元与权变精神。

5. 新中国成立了,革命根据地教育完成了自己的历史使命,从为破坏、解放服务变成为建设、巩固服务,工作重点、组织形式等都踵续浩浩荡荡的胜利大军挺进城市,在学习苏联教育经验的热潮中迅速走向正规化,建立起完备的制度化体系。随着管理范围的扩大、教育对象的增多,统一要求必然加强,并得到体制的保障与强化。

新中国成立之初,零星战争尚在延续,武装敌对势力还未肃清,人民政府为了巩固自己的统治,几乎像历史上所有新生政权一样,经历了清洗旧朝污泥浊水的过程,采取了镇压反革命等一系列严厉政策。受此影响,"部分地区发生了严重的偏向和缺点。如湖南省部分中等学校搬用农村斗争的方式,斗争教员,斗争学生"③。在教育教学中,往往脱离实际,任意拔高,"有的学校,强调形式上的集体,把学生编成小组,生活、学习、游戏都要在一起,什么都要经过大家的讨论"。这既是对集体主义的曲解和唐突,实际上也是战时作风

---

① 陕甘宁边区教育厅:《小学教育实施纲要》(1941 年 2 月),见董纯才等主编:《中国革命根据地教育史》第二卷,教育科学出版社 1991 年版,第 329 页。

② 《陕甘宁边区战时教育方案》(1946 年 12 月 10 日)、《东北行政委员会关于教育工作的指示》(1947 年 9 月 13 日),见中央教育科学研究所编:《老解放区教育资料》(三)《解放战争时期》,教育科学出版社 1991 年版,第 4、154～155 页。

③ 《教育部关于加强学校政治思想教育的领导的指示》(1950 年 10 月 13 日),见何东昌主编:《中华人民共和国重要教育文献》,海南出版社 1998 年版,第 63 页。

在和平环境的搬用。20 余年惯于金戈铁马入梦来的生活,要想摆脱,无论思维还是行为,总需一个过程。为了纠正这种偏向,当时曾有人提出"在共同事业和共同生活中的个性与革命的集体主义是一致的"①命题,无疑闪烁着思想的火花。可惜,由于主客观条件的制约,未能进行深入的理论与实践的探索,更没有形成政策决策。

1951 年以后,全国形势趋于稳定,各项事业渐上轨道,中小学生的个性发展出现了一个春天。时任教育部部长马叙伦提出:"普通中学的宗旨和教育目标,必须符合全面发展的原则,使青年一代在智育、德育、体育、美育各方面获得全面发展,成为新民主主义社会自觉的积极的成员。"②今天来看,此种表述比起 1957 年 2 月毛泽东在扩大的国务会议上所作《关于正确处理人民内部矛盾的问题》的讲话中提出的"我们的教育方针,应该使受教育者在德育、智育、体育几方面都得到发展,成为有社会主义觉悟的有文化的劳动者"的著名论断,至少在三方面可以有所补充和启发:一是明确地将美育作为全面发展教育的组成部分;二是特别突出了学生的自觉与积极发展;三是以社会"成员"为导向的培养目标较之"劳动者"更为兼容。在这种背景下,教育部指示废止对学生的体罚和变相体罚③,"学生违犯校纪时,应着重说服教育,非必要时不给予批评、警告","如果事情与全校风纪无甚关系,对其他学生又无教育意义时,则一般的以个别进行为宜"。④ 1953 年 6 月,毛泽东在接见青年团第二次全国代表大会主席团成员时,针对当时学校中政治活动过多、对于学生束缚过死的问题,也以他那天纵英才、挥洒不羁的性情指出:"青年团的工作要照顾青年的特点","要为青少年设想","青年人就是要多玩一点,要多娱乐一点,要蹦蹦跳跳"。⑤ 1952 年 2 月和 5 月,教育部相继公布的小学生、中学生守则,重在"培养学生对祖国、对人民领袖的热爱和献身于祖国社会主义建设事业的志向","准备为祖国为人民服务","加强共产主义的道德教育,

---

① 冯文彬:《培养教育新的一代》(1950 年 4 月 27 日),见何东昌主编:《中华人民共和国重要教育文献》,海南出版社 1998 年版,第 13 页。

② 马叙伦:《在第一次全国中等教育会议上的闭幕词》(1951 年 3 月 31 日),见何东昌主编:《中华人民共和国重要教育文献》,海南出版社 1998 年版,第 87~88 页。

③ 《教育部关于废止对学生体罚的指示》(1952 年 2 月 14 日),见何东昌主编:《中华人民共和国重要教育文献》,海南出版社 1998 年版,第 138 页。

④ 《教育部关于中学纪律处分问题的解释给中南教育部的复函》(1952 年 2 月 13 日),见何东昌主编:《中华人民共和国重要教育文献》,海南出版社 1998 年版,第 194 页。

⑤ 何东昌主编:《中华人民共和国重要教育文献》,海南出版社 1998 年版,第 216、217 页。

其中特别是爱国主义教育、集体主义教育和劳动教育"①,同时,也在当时认识水平下较好地照顾了学生的身心发展特点和教育教学的序列性、实效性,要求守则的"实施必须建筑在学生的自觉性和积极性的基础上",不能"强迫学生盲目地照做,把天真活泼、生气蓬勃的儿童训练成为呆呆板板的小老人"。②

1955年所谓"胡风反革命集团"事件发生以后,全国开展了肃清暗藏的反革命分子("肃反")运动。"在1955年内,根据毛泽东同志的倡议,党中央曾经对于党内的右倾保守思想,进行了一系列的斗争。这一系列的斗争的最重要的结果,就是肃清反革命分子运动在机关内在社会上都有步骤地彻底展开。""肃清暗藏在知识界中的反革命分子的工作,在过去一年中已经取得巨大的成绩。"③1955年9月,决策高层曾对当时青年学生的思想政治状况做出基本估计,对之后的工作重点进行了部署:

> 敌对阶级及反革命分子和我们争夺青年的斗争,无论城市或农村都是十分剧烈的。同时,青年队伍本身也是复杂的,有各种不同阶级出身的青年,有相当一部分知识分子曾受过国民党的教育,并有反革命分子和阶级敌对分子,阶级斗争在青年中间也必然会得到尖锐的反映。因此,对青年的共产主义道德教育必须紧密结合当前的阶级斗争来进行,必须注意以阶级斗争的活人活事来教育青年,逐步培养青年具有工人阶级的立场和思想,成为对敌人无限憎恨、对劳动人民和共产党无限忠诚和热爱的战士。④

1956年是宽松与建设的一年,国际紧张局势有所缓和,国内绝大部分地区完成了对生产资料私有制的社会主义改造,经济、文化等各项事业的建设全面提上日程。1月,中共中央召开关于知识分子问题的会议,周恩来在报告中指出,"党目前在知识分子问题上的根本任务"是"最充分地动员和发挥

---

① 《教育部关于实施〈中学生守则〉的指示》(1955年5月13日),见何东昌主编:《中华人民共和国重要教育文献》,海南出版社1998年版,第462、463页。

② 《教育部关于实施〈小学生守则〉的指示》(1955年2月19日),见何东昌主编:《中华人民共和国重要教育文献》,海南出版社1998年版,第461页。

③ 周恩来:《关于知识分子问题的报告》(1956年1月14日),见《中国教育年鉴(1949～1981)》,中国大百科全书出版社1984年版,第24、31页。

④ 《中共中央批转青年团中央书记处〈关于开展培养青年共产主义道德、抵制资产阶级思想侵蚀的工作的总结报告〉给各地党委的指示》(1955年9月16日),见何东昌主编:《中华人民共和国重要教育文献》,海南出版社1998年版,第518页。

现有的知识分子的力量"。① 同月,他在第二届全国政协第二次会议上又敏锐地提出"人类面临着一个新的工业革命的前夕",号召全国人民首先是知识分子"向现代科学大进军"。② 3月,国务院成立科学规划委员会,开始制订1956～1967年全国自然科学和社会科学12年长期规划。4月,毛泽东在中共中央政治局扩大会议上作《论十大关系》的讲话。5月,又在最高国务会议上提出"双百"方针(在艺术问题上的"百花齐放"和在学术问题上的"百家争鸣")。9月,中国共产党第八次全国代表大会公告:国内主要矛盾已经不再是工人阶级和资产阶级的矛盾,而是人民对于经济文化迅速发展的需要同当前经济文化不能满足人民需要的状况之间的矛盾;全国人民的主要任务是集中力量发展社会主义生产力,实现国家工业化,逐步满足人民日益增长的物质和文化需要。虽然还有阶级斗争,还要加强人民民主专政,但其根本任务已经是在新的生产关系下面保护和发展生产力。这一切似乎表明,急风暴雨式的斗争时代已经结束,全面的和平建设即将铺开,有限度的"弛"的政策开始取代以前过分的"张"的政策,宽松的政治局面曙光初现。正是在这种形势下,1956年8月至次年上半年,教育界和教育媒体开展了关于全面发展教育问题的讨论。教育部、高教部多次组织召开谈论会,《教师报》邀请北京10所中等学校负责人进行座谈,《人民教育》开辟专栏研讨,在肯定贯彻全面发展教育方针取得成绩的同时,也指出了将"全面发展"误解为"平均发展"、因要求"平均发展"与片面强调集体而妨害学生个性发展等存在的问题,讨论的中心是应否把"因材施教"加入"全面发展"的教育方针中去。③ 与此相应,"自1956年秋季开学以来,各地中学在思想政治教育工作中注意了纠正对学生限制过多和强求一律的缺点,也注意了培养和发展学生的兴趣和爱好"。但也出现新的偏差:"有些学校和教师不敢对学生进行必要的教育,不敢对他们提出应有的严格要求;有些学校的各种课外活动缺乏领导,陷入自流;部分学生不遵守学校的纪律,忽视集体;有些学校不重视对学生进行经常的时事政策教育,许多学生对当前国内国外的许多大事不够关心。"为此,翌年1月,教育部通知加强中学思想政治教育,要求学校"在克服简单粗暴、限制过多、强

---

① 何东昌主编:《中华人民共和国重要教育文献》,海南出版社1998年版,第554页。
② 何东昌主编:《中华人民共和国重要教育文献》,海南出版社1998年版,第566页。
③ 中央教育科学研究所:《中华人民共和国教育大事记(1949～1982)》,教育科学出版社1984年版,第355～356页。

求一律等缺点的同时,应纠正和防止放松思想政治教育、极端民主、片面强调个性、忽视集体、忽视纪律等倾向"①。1957 年 3 月,毛泽东在和 7 个省市的教育厅局长座谈中小学教育问题时,也提出全国统一的教学计划和教材是否合适以及应当增加一些地方乡土教材的意见和建议。② 然而,1957 年 6 月开始的全国反右派斗争使这些做法中断。

6. 从反右派运动直至"文革"结束,由于一波劲于一波的政治运动,教育的主要功能就是为无产阶级专政服务。而为了实现这种目标,学校和教师必须用国家统一制定的教学计划、教学大纲和统编专营的教材来教育学生,中小学生的个性培养基本被忽视,选修课、个别教学、弹性学制、多样教材之类也都不复存在。

"教育革命"当中,一方面号召"必须破除不相信少年儿童,认为少年儿童年龄小,什么也办不了,轻视少年儿童的主动性和创造才能的错误观点"③,"应当在教师与学生之间建立民主的平等的关系","把'全面发展'与'因材施教'结合起来";另一方面,强调"必须进行马克思列宁主义的政治教育和思想教育,培养教师和学生的工人阶级的阶级观点(同资产阶级进行斗争),群众观点和集体观点(同个人主义观点进行斗争)"④。在"兴无(无产阶级)灭资(资产阶级)""拔白旗、插红旗"的过程中,"滥用批判、斗争","对于那些被称为'白旗'和'辩论分子'的学生,有的学校还采取了一些'管制'的办法,比如不准参加民兵组织、科学研究活动,罚他们扫厕所、倒痰盂,以至不准吃菜等。对剥削阶级出身的学生,有些学校采取了歧视态度,如限制他们参加某些政治活动,一律不准当团、队干部等。有的还提出'依靠工农子弟,团结改造非工农子弟'的错误口号。个别学校甚至还发生过捆打学生的违法乱纪事件。这些做法在学生中造成了不良的影响。相当数量的学生表现拘谨和沉闷,不愿敞开思想,不敢讲真心话,怕说错了话,挨批判"⑤。等到"八字方针"实施,

① 何东昌主编:《中华人民共和国重要教育文献》,海南出版社 1998 年版,第 719 页。
② 中央教育科学研究所:《中华人民共和国教育大事记 1949~1982》,教育科学出版社 1984 年版,第 384~385 页。
③ 《共青团三届三中全会关于改进少年先锋队工作开展共产主义少年儿童运动的决议》(1958 年 6 月 28 日),见何东昌主编:《中华人民共和国重要教育文献》,海南出版社 1998 年版,第 843 页。
④ 《中共中央、国务院关于教育工作的指示》(1958 年 9 月 19 日),见何东昌主编:《中华人民共和国重要教育文献》,海南出版社 1998 年版,第 859 页。
⑤ 《中共中央批转共青团中央关于对学生进行思想政治教育中几个问题的报告》(1959 年 6 月 17 日),见何东昌主编:《中华人民共和国重要教育文献》,海南出版社 1998 年版,第 909、910 页。

《小学四十条》《中学五十条》颁行，恢复了正常的教育教学秩序，一定程度扭转了前一时期的偏向，提出"对学生的学习应该有统一的要求，也要承认差别"，"要注意学生年龄、性格的差别，针对不同的对象，提出适当的教育要求，采取不同的教育方法"，"学生个人的正当爱好，凡是不影响自己的学习和健康的，不妨碍别人的学习、工作和休息的，不要加以限制和干涉"。[①] 但在当时的时代背景下，还难以去真正培养和发展学生的个性。

及至"文革"，更把"教育革命"期间那些未及实施和已经实施而遭失败的错误做法，推至极致。

7. 20 世纪最后 20 年，随着教育体制的改革、义务教育的普及和素质教育的实施，中小学生的个性发展、个性培养问题日益受到重视，并在观念、课程、评价等领域取得前所未有的成效。20 世纪 90 年代中期以前，主要从教学计划、教学大纲、教材和教学方法等具体方面进行探索，其后则以培养学生的实践能力和创新精神为重点，以基础教育课程改革为平台全面推进。

进入新时期，中小学教育逐渐从因材施教、照顾学生差异的角度考虑学生的个性发展问题，并在课程领域进行了探索。1983 年 7 月，教育部召开全国普通教育工作会议，随后印发《关于进一步提高普通中学教育质量的几点意见》，提出："改革中学教学工作，要从实际出发，区别要求，使不同文化程度的学生都有所得。"[②]1985 年 5 月，中共中央《关于教育体制改革的决定》也指出，我国的中小学"在教育思想、教育内容、教育方法上，从小注意培养学生独立生活和思考的能力不够"，必须加以改革。[③] 其后，涌现出"成功教育""愉快教育""和谐教育"等一批典型经验，共同趋向是要突破以往单一的评价标准，促进每位学生的共同发展。具体到课程计划，1981 年 4 月，教育部颁发《全日制六年制重点中学教学计划试行草案》，规定"为了适应学生的爱好和需要，发展他们的特长，更好地打好基础，高中二、三年级设选修课"，分单课性选修和分科性选修两种形式，由各地选择安排，单课性选修每周 4 课时，占高中阶段总课时的 9%。[④] 1988 年 9 月，国家教委印发《义务教育全日制小学、初级

① 《全日制小学暂行工作条例（草案）》（1963 年 3 月 23 日），见何东昌主编：《中华人民共和国重要教育文献》，海南出版社 1998 年版，第 1152、1153 页。
② 何东昌主编：《中华人民共和国重要教育文献》，海南出版社 1998 年版，第 2113～2114 页。
③ 何东昌主编：《中华人民共和国重要教育文献》，海南出版社 1998 年版，第 2286 页。
④ 何东昌主编：《中华人民共和国重要教育文献》，海南出版社 1998 年版，第 1927、1928 页。

中学教学计划(试行草案)》,制定原则之一即"统一性和灵活性相结合","注意因材施教,注意学生的志趣、特长",首次在初中设置选修课,占到上课总时数的 4.1%。[①] 1990 年 3 月,又对普通高中教学计划提出调整意见,要求"适当减少必修课的课时,适当增加文科、理科、外语、艺术、体育和职业技术教育方面的选修课",各年级选修课每周分别为 3、4、16 课时,并首次提出国家、地方、学校三级课程管理的思路。[②] 关于教学大纲,1983 年 11 月,教育部规定高中数学、物理、化学三科分设基本要求和较高要求的两种教学大纲,学校自行选择,外语和生物两科也实行两种教学要求[③];1987 年 2 月,颁布经修订的中小学 18 个学科教学大纲,各科留出 10%左右或更多的时间,供各地编写乡土教材和适合智力发展较快学生的选修教材。[④] 同时,教材也由"一纲一本"向"一纲多本"发展,打破了各学科全国一个大纲、一本教材的局面,在统一基本要求的前提下实行教材多样化的方针,允许在教学内容的选择和体系上形成不同风格。到 1993 年秋季,可供小学和初中起始年级选用的全套教材有 5套半、单科教材有 75 种,共达 2500 余册,并且 1987～1990 年间各地还编写了 2000 多种乡土教材。[⑤] 此外,在基层教师的经验积累和努力探索的基础上,由于教育理论界和教育行政部门的推波助澜,各种新的教学方法竞芳吐艳,风靡一时,譬如"读读、议议、讲讲、练练"教学法,"注音识字、提前读写"小学语文教学,"尝试指导、效果回授"数学教学法,张思中外语教学法等,都具有全国性的影响。[⑥]

但是此时,学生的个性发展、个性培养问题仅是初露端倪,在推进过程中受到教育内外部因素的钳制。来自内部的最主要钳制因素就是片面追求升学率:"许多学校只着眼于为高等学校输送学生,忽视为整个社会输送优良的劳动后备力量;只顾应付高考,把注意力集中到有可能升学的一部分学生身上,忽视对全体学生进行基础知识的教学和基本技能的训练。"因此教育部号召,"中小学教育要面向全体学生","要坚持'三好'的原则",即坚持教育教学

---

① 何东昌主编:《中华人民共和国重要教育文献》,海南出版社 1998 年版,第 2800 页。

② 何东昌主编:《中华人民共和国重要教育文献》,海南出版社 1998 年版,第 2950、2951 页。

③ 何东昌主编:《中华人民共和国重要教育文献》,海南出版社 1998 年版,第 2140 页。

④ 何东昌主编:《中华人民共和国重要教育文献》,海南出版社 1998 年版,第 2580 页。

⑤ 参见卓晴君等著:《中小学教育史》,海南出版社 2000 年版,第 398～399 页。

⑥ 卓晴君等著:《中小学教育史》,海南出版社 2000 年版,第 401～405 页。

的全体性和全面性原则。① 所谓面向"全体"便非面向"部分",所谓坚持"三好"便非坚持"一好",其目的就是要改变片面追求升学率所导致的将升学作为评价学生、教师、学校的绝对甚至唯一标准的状况,用相对全面的多元的价值取代过于片面的狭隘的价值。但是,且不讲其在实施中由于风气所趋,举步维艰,即便那时所要坚持与提倡的"三好"标准②,今日看来又何尝不有价值绝对主义的意味?

90 年代中后期以来,尤其是以 1999 年第三次全国教育工作会议和 2001 年全国基础教育工作会议为标志,高扬起培养学生"实践能力和创新精神"③的旗帜,开始从观念、课程、教学、评价等方面全方位推进教育个性化与学生的个性发展和个性培养,逐步切实"改变课程管理过于集中的状况,实行国家、地方、学校三级课程管理,增强课程对地方、学校及学生的适应性";初中"努力创造条件开设选修课程",高中"为使学生在普遍达到基本要求的前提下实现有个性的发展,课程标准应有不同水平的要求,在开设必修课的同时,设置丰富多样的选修课程";教学过程"注重培养学生的独立性和自主性,引导学生质疑、调查、探究,在实践中学习,促进学生在教师指导下主动地、富有个性地学习。教师应尊重学生的人格,关注个体差异,满足不同学生的学习需要",并且要"建立促进学生全面发展的评价体系。评价不仅要关注学生的学业成绩,而且要发现和发展学生多方面的潜能,了解学生发展中的需求,帮助学生认识自我,建立自信";等等。④ 这不仅在新世纪的开局之年勾勒出一幅崭新的课程改革蓝图,更是教育界的一次重要理性自觉,并且已经首途起步。

五、对于现当代中小学课程问题的进一步思考

1. 中小学教育的根本使命在于提高国民素质。

很长时期以来,我国的中小学教育对于基础性与预备性的关系抉择,主要倾向于预备性尤其是升学预备,往往是强调基础性而预备性不容动摇,强调就

---

① 蒋南翔:《中小学教育要面向全体学生》(1979 年 5 月 5 日),见何东昌主编:《中华人民共和国重要教育文献》,海南出版社 1998 年版,第 1689、1690 页。

② 参见教育部、共青团中央:《关于在中学生中评选三好学生的试行办法》(1982 年 5 月 5 日),见何东昌主编:《中华人民共和国重要教育文献》,海南出版社 1998 年版,第 2015 页。

③ 中共中央、国务院:《关于深化教育改革,全面推进素质教育的决定》(1999 年 6 月 13 日),见 http://www.moe.edu.cn/wenxian/21center_pian/。

④ 教育部:《基础教育课程改革纲要(试行)》(2001 年 6 月 8 日),http://www.moe.edu.cn/base/jckecheng/。

业预备而升学预备毫发无损。小学重在普及,或许多少还有点基础性的影子,而到了中学阶段则明目张胆,无所隐讳,历来重高中、轻初中、重重点初中、轻一般初中,重毕业班、轻非毕业班。其现实的动因还是国家建设急需大量专门人才,优质高等教育资源短缺又形成巨大升学压力,中小学在人才价值观念与教育供求规律的双重引导下,无可避免地汲汲以升学预备为务。

当然也不能忽视另外一个事实,就是现代中小学教育诞生以来,包括新中国成立之后的中小学教育,为了纠正升学预备的偏向,曾多次努力地回归与加强基础性。但是,这种努力通常又陷入重学术、高难度的境地,走向基础性的反面,甚至异化为升学预备。此亦中国现代中小学教育的一条重要教训。因此,究竟何为基础性,基础性体现在哪些方面,如何界定和衡量基础性,是回归与加强基础性所必须厘清的首要问题。可以肯定,中小学教育的基础性既是永恒的又是历史的范畴,既包括了那些人之所以为人的一以贯之的知识、能力和价值观念,又体现着与时俱进的个体发展、群体发展、教育发展和社会发展水平。

回归与加强基础性固非重学术、高难度的同义词,却也绝不等于课程和教学的简单、简略及简化。有人曾将课程和教学的难与易、统一与灵活、分科与综合诸种矛盾之间的消长隆替称为"钟摆"现象,仿佛将其仅仅视为上好发条以后的匀速定律运动,未免有机械唯物主义之嫌。他们只是看到了矛盾运动的肤浅表面,没有掌握引发矛盾运动的极其复杂的内外因交互作用,也没有洞察看似简单重复背后的无限丰富性,即每次重复都是相对于前次的否定,相似的现象隐藏着不同的动因。"二战"结束至 20 世纪 50 年代,各国的中小学教育大多致力于医治战争创伤,恢复正常秩序,应付入学人口高峰,保证基本教学质量,促进教育机会均等;60～70 年代,新技术革命突飞猛进,两大阵营严重对峙,冷战竞争加剧,中小学的高质量、学术性受到空前重视;80年代以后,铁幕松动,人本主义抬头,又开始兼顾教育效益、质量与教育平等、个性。可见,中小学课程与教学改革不是简单的难易循环、繁简反复,每一次都是否定之否定基础上的更高追求,越是竞争激烈,越是呼唤优质教育。当今综合国力竞争愈益严酷,中国面临的挑战更加严峻,改革"繁、难、偏、旧"的中小学课程时,陈旧者固宜更新,偏怪者固宜正本,但是否应当一概以简易取代繁难,则不可不深思熟虑,或者说,简易是对繁难的一种更高水平的概括与结构化。

中小学教育教学必须妥善处理适应性与发展性的关系,适应学习者的遗传基础和身心发展现状及规律,并尽可能地促进其最大限度地和谐发展。适应性是发展性的基础,发展性又可以扩大原有的适应性,形成更高的适应性和新的发展性的基础。任何教育教学活动都必须兼顾学生的当前发展与未来发展,乃至终身发展,但不能以所谓的未来发展而忽视、压抑、替代学生的当前发展,否则将是一种残缺的甚至残酷的发展,也不可能真正实现终身的可持续发展。遗憾的是,长期以来,在实践中,我们往往为了强调教育的社会发展不惜牺牲个体发展,为了未来发展宁肯剥夺学生当前的幸福体验和愉悦情感。至于视未来发展为"升学"发展,就更加等而下之,不值一论。

中小学教育作为基础教育的主体,根本使命在于提高国民素质,即"在长期历史发展过程中所形成的和积淀的、一个国家大多数国民所共有的、较为稳定的各种特性与能力的总和,其核心和关键是国民自身具有的主体性与创造力"①。这一点在义务教育领域已经基本达成共识,但对高中阶段教育尚存在分歧与模糊。有人认为:"普通高中仍然是基础教育,仍然是以提高公民素质为目标而进行的不定向、非专门的基础品德和基础科学文化知识的教育。"②这无疑是一种进步了的正确认识。那么,职业高中又如何呢?可以预见,随着教育发展、社会进步以及人自身发展的需求,今后在普及高中阶段教育的过程中,必将出现结构的综合化与课程的整合化,加强科学、技术与社会之间的联系贯通。所谓"普教职教化、职教普教化"的说法虽不准确,却直白地描述了一种可能或已经出现的趋势。

2. 加强基础性是解决升学与就业矛盾、实现普职整合的必由之路。

中国的中小学教育始终存在一个绝大的矛盾:一方面,升学需求非常旺盛,普通教育十分发达,职业教育极其薄弱,普通学校无论从自身功能还是社会需求出发,都必须履行并强化升学预备,否则将丧失生存的民意基础;另一方面,高端优质教育资源持续短缺,大部分毕业生不仅不能升入大学,甚至不能升入高中,必须面对就业的现实,这又冲击、非难着普通学校的升学预备行为,迫其不得不肩负起就业预备的职责。正是在这种两难境地当中,学生情愿或不情愿地忍受着升学压力,学业负担沉重,职业准备不足,一旦升学无望、就业无门,美好年华便付诸东流,在失败的生活中走向人生的失败。

---

①　郭文安等著:《国民素质建构与基础教育改革》,人民教育出版社 1997 年版,第 7~8 页。

②　柳斌:《关于普通高中教学计划的调整》(1991 年 1 月 15 日),见柳斌:《关于基础教育的思考》,上海教育出版社 1992 年版,第 336 页。

如何解决这个问题呢？历史经验证明,通过人为手段强行进行普、职分流,注定是要失败的。因为强行分流以后,普、职之间疆划森严,不仅大大减少了学生的选择机会,降低了学校对社会发展及人才需求的适应能力,更使得普通学校可以有恃无恐地致力于升学预备,完全无视或仅少许点缀一丝职业教育,职业学校则在社会歧视当中,遭受着生源质量差、办学水平低、培养模式落后、毕业生就业困难的命运。应该承认,按照中国的经济、社会发展水平和人力资源需求结构,今后相当长时期内还需要相当数量的职业学校与技术学校。① 然而,它应该是由政策引导与财政扶植下的、以教育消费者需求为导向的发展,一地一县重点建设好数所或一所优质学校,而不是用行政命令搞所谓"四六开"式的、遍地开花样的低水平数量型增长,那些以应用技术为主的短期培训完全可以发挥社会力量的办学热情与优势,政府尽量予以扶持、资助。

新中国成立以来,对待劳动教育、技术教育曾经有过两种偏颇:一是为了建立正规化、制度化的教育体制,培养专业人才,克服根据地教育的游击习气,以致矫枉过正,看不到其富含的灵活性、劳动技术教育以及密切联系社会实践的传统。二是不懂得、不重视课程的价值,以传统的农业经济为基础和浓重的战争色彩为背景,将劳动、技术教育视为学生未来的谋生手段或者群众运动、政治运动的形式和手段之一。而且,在经济、社会不发达以及城乡二元结构下,所谓就业往往就是回乡务农,甚至为了缓解就业压力动员城市青年也到农村,于是中小学有技术教育而无职业教育,更无职业指导。严格的计划经济体制和户籍管理、劳动人事制度,几乎不允许自由择业,也根本无需职业教育,仅有的技术教育也重在传授简单的农业生产技术。

今后的中小学教育,必须跳出以前的价值藩篱,改革过去的实施模式,真正从人的全面发展、持续发展来加强劳动教育、技术教育、职业教育包括职业指导,而不是单纯依靠增加职业科目的办法来解决学生就业问题。小学教育是基础教育之基础,应主要从德育的角度开展劳动教育,从全面发展的角度

---

① 20世纪末,我国高中阶段的职业技术教育主要包括职业高中、劳动技术学校、农业中学和中等专业学校等形式。而随着社会发展,主要传授家庭式农业(包括林业、牧业等)耕作技术的、立足于青壮年农民离土不离乡的、独立设置的农业学校,已经不能适应农业产业化、农村小城镇建设、农村人口向城市大规模流动以及加入 WTO 以后对农业的挑战与调整之需要,必将面临改革与重组,更多地利用现代信息技术进行职业技术培训,传递现代农业技术、信息与文化。严格来讲,中等专业学校以培养中等专业人才为目标,不属于职业技术教育,并随着专业人才规格要求的提高,将主要由高等学校来担负专业人才的培养任务,中等专业学校基本完成自己的历史使命,趋于萎缩直至消失。

进行职业熏陶;中学教育是基础教育的高端,可以通过分科选科制、综合中学制甚至普职分流的形式,进行一定的技术培训和职业定向,但不能背离基础教育的本义,多数学校还应通过课程的综合性、活动性与选择性,提高学生的劳动素质、技术素质、职业理解能力以及最终的全面发展水平;从业能力的培养更多还是高等教育包括高等职业技术教育的事情。

另外,充分认识并正视中国升学考试文化极其悠久的传统和发达的现实,转换一味否定、彻底改造的思路,善加引导和利用,变文化压力为文化动力,化消极因素为积极因素,增加优质高中教育资源,加强基础教育的基础性,包括"加强职业技术教育自身的基础教育"①,努力提供可供选择的多样化的课程,而不是实行原来美国式的分科选科制的综合中学。同时,继续积极发展高等教育,包括高等职业技术教育,缩减中小学教育的就业预备功能,延迟中小学生的职业定向时间,将基础教育尤其是高中教育从升学预备与就业预备的矛盾中解脱出来,真正一心一意地回归基础性,提升学生的职业抉择力,体验人生成功感,满怀信心地参与未来国际范围的职业竞争与人力资源配置。

3. 教育个性化的时代已经渐露端倪。

中国现代化的特殊背景和路向,决定了教育个性化始终不足。中小学教育也是在御侮图强、变法立宪的激情涌动中崛起的,没有像西方那样经历"理性的批判时代"来奠定国民教育理论与实践的思想基础,没有出现"以人为核心的理性学说"来催生"启蒙时代国民教育理论的'启蒙性质'"②。综观近百余年,除了新文化运动至南京国民政府成立之前的十几年时间个性发展在启蒙思潮中得到宽容与尊重之外,其余时期的价值主流基本都是统一要求,以"国民""人民"为本位的人的全面发展一直是教育的最高理想追求。但随着经济成分、所有制结构的多样化,文化观念的多元化,经济全球化和世界一体化,教育个性化的时代必将或已经不以人的意志为转移地到来。

从学生方面来看,推进教育个性化的群体力量,不是吾侪或者我们的前辈,而是20世纪80年代以后出生的所谓新生代。"人生不满百,常怀千岁忧。"许多师长视他们为责任感淡漠、理想丧失、令人担忧的一代,我却寄予深情厚望。他们多是独生子女,未渥手足亲情,也少宗族观念之羁绊;他们不谙或者不屑谙于世故人情,惯于网上冲浪而最先体验数字化生存;他们崇拜自

---

① 梁忠义等主编:《七国职业技术教育》,吉林教育出版社1990年版,《序》第3页。
② 参见朱旭东:《欧美国民教育理论探源》,北京师范大学出版社1997年版,第309～314页。

己树立的偶像又常换常新,否定绝对权威;他们与其说是叛逆的一代,不如说是向现存文化、生活方式全面挑战的一代。那些自以为世故、智慧的长辈看来,他们还没有经风雨见世面,幼稚偏执,却不知一切旧的东西包括旧的教育制度、观念、模式已经在这一代面前潜消暗蚀,未来中国的命运注定是掌握在他们手中的。年长者总爱絮烦、操心,这是天性。但是多虑了。"后生可畏,焉知来者之不如今!"20 世纪 60 年代的美国,也曾有被长辈斥为"垮掉的一代",可后来的历史证明,这一代几乎在各个方面都比自己的长辈做得更好,美国没有衰落。当然,中国的新生代生逢更加严峻的文化冲突,历史决定了他们终是过渡的一代、痛苦的一代,总是面临抉择的一代,中国文化的全面维新仍寄托于他们的后代。

从国际范围来看,学校的管理体制、办学模式、组织形式不再是集权化、一般化、共同化,而是向着个性化、多样化的趋势发展。在一些西方国家,为了改变权力过分集中所可能导致的官僚主义,"校本管理"(school-based management)应运而生,政府将更多的权力放给学校,对校内事务较少硬性统一规定,使学校在课程、教学和教材等方面拥有更大自主权;学校的开放性、民主性不断增强,各种社会团体日益广泛地参与学校管理,管理活动愈益以其所在的社区和当地文化为背景而展开;逐渐强调学生的择校权利,以选择促进竞争,以竞争提高办学质量与效益;教学内容、教学手段日趋现代化,教学组织形式更加丰富、灵活,小组教学、不分年级制流行;从主要评价学生的学业成绩、知识水平进入全面评价学生的整体发展水平和可持续发展能力,形成性评价、发展性评价和学生自我评价的地位凸显。今后中国的中小学教育,也将由规范化办学迈向特色化办学。三级课程管理体制建立以后,学校的课程采择权力增加,校本课程开发责任加大,学校的特色化更在于课程的校本化。

值得注意的是,爱国主义、集体主义是中国德育的优良传统,她的发生发育具有独特的历史传统与鲜明的时代烙印,必须以理性精神加以继承与发扬。爱国主义不是狭隘的民族主义、闭关锁国的代称,集体主义也不是专制主义、扼杀个性的同义词,教育的个性化应从尊重个体的生命价值进而弘扬主体意识开始。

第一章　体育课程概念问题

21世纪初,我国正式启动新一轮基础教育课程改革,作为这次课程改革的一个成果——学科课程标准也相继颁布。其中与体育相关的有:《全日制义务教育(1～6年级)体育课程标准(实验稿)》和《全日制普通高级中学体育与健康(7～12年级)课程标准(实验稿)》。由此我们可以看出,这门课程义务教育1～6年级叫"体育",普通高级中学7～12年级叫"体育与健康"。作为学校的一门课程,不同的学段却有不同的名称,作为学校课程名称的"体育与健康"却包括两个名称,中间加一个"与"字相连接。不管怎样看都显得有些不同寻常。新课标颁布以来,体育理论界对体育和"体育与健康"这一个概念从历史学、命名学、词汇学、哲学等多学科进行探讨,加强了我们对"体育与健康"这一概念的理解。

康德说:"一切知识都需要一个概念,哪怕这个概念是很不完备或者很不清楚的。但是这个概念,从形式上看,永远是个普遍的、起规则作用的东西。"[①]体育作为体育课程与教学领域的核心概念,对它的看法关乎对体育课程与教学的性质和功能的理解。本章梳理了体育概念和体育课程概念的历史演化,并对这种演变进行了学理阐释。

我国的现代体育概念是舶来品,它的引入首先是进入学校领域,然后才进入社会领域。这就是说,我国的现代体育最早开始于学校,后来进入社会。随着社会的发展,体育逐渐分成了学校体育、竞技体育和社会体育。

体育概念随着体育事业的发展不时有新的变化,即使名称没有变化,其内涵和外延也不停地变化。学校体育概念的发展与变化虽然并不是跟随整个体育的概念的变化而变化,但总是不断地经受着整个体育概念变化的

---

① 北京大学哲学系外国哲学史教研室编译:《西方哲学原著选读(下卷)》,北京:商务印书馆1982年版,第196页。

影响。

我国学校教育中的体育概念最早是从日本引进来的,它的名称经历了引进"体操",从"体操"到"体育",从"体育"更名"体育与健康"三次更迭过程。

梳理体育概念名称的更迭,对加深对体育概念的理解会有所助益。

第一节 "体操"概念引入

我国古代并没有发展出类似于今天体育的事物。有人说,古代六艺教学的射、御便是体育。但多少年来,从未在古代文化中发现古代学校普遍设有射圃、弓箭库、马厩和车库,不知射、御教学如何实施。至于各种身体动作技术、技巧的表演,则属于百戏、戏乐。唯有导引是一种健身运动,相当于今日的医疗体育。我国真正意义上的体育始于近代,从引进西方的体操名称开始。

我国的体育史和相关的教科书中,一般把《奏定学堂章程》(1904 年)规定学堂"体操"科看成是中国近代体育课程正式开端的标志。但《奏定学堂章程》把"体操"列入课程体系,不论从思想认识上,还是实际操作上,都有一个积累的过程,这就是教会学校、洋务学堂及资产阶级维新派思想影响下的新式学校对体育课程的探索与实践。

鸦片战争之前,西方传教士已来到中国进行传教并开办教会学校,这些教会组织多在沿海地区,数量及规模均较小,对我国影响不大。经过两次鸦片战争,在不平等条约的庇护下,教会学校有了较大的发展。关于教会学校体育课程设置,据有关资料记载,美国北长老会传教士狄考文(Calvin W. Mateer)于 1864 年创办的山东登州文会馆,其课程体系中设有"体操"一科,这可以从邹立文、李秉义和李青山等 3 人 1876 年所获的毕业文凭中得到证实①。"这是所见材料中最早设立体育课程的学校。"②

教会学校开设的课程大同小异,大多没有开设体育课程,有的虽然教学科目列有"体操",但并无学时安排,但这些教会学校课外体育活动开展的却

---

① 王神荫:《齐鲁大学校史简介》,载全国政协:《文史资料选辑》,北京:文史资料出版社 1983 版,第 130 页。

② 王华倬:《中国近现代体育课程史论》,北京:高等教育出版社 2004 年版,第 35 页。

相当普遍。1884 年基督教会在江苏镇江设立女校,该校《校规》规定:"本校上课从八时开始,十一时半午食,午后上课从一时到四时结束。在休息时间中可使用已备好的器具各自游戏。学生不得私自出校门。"①1895 年,美国长老会在山东烟台开办的汇文书院,每日上午有一次课间活动,称为"放小学",常作"抢球"游戏②。下午有一次课外活动,多作"夺旗"(亦名跑趟)游戏。许多学校成立了运动队,如北京的汇文书院 1895 年就有棒球队,1901 年有足球队;上海的圣约翰大学 1890 年举行运动会,1901 年成立足球队;山东烟台汇文书院等教会学校,1898 年开始举行以各种游戏性赛跑项目为主的具有田径运动雏形的运动会,1903 年后,增加了一些正规田径项目③。

两次鸦片战争后,为了求富求强,抵御外患,防范内忧,维护自身统治,清朝发起了洋务运动,在教育领域出现了洋务教育,先后创立了二十多所洋务学堂。虽然洋务学堂与普通学校不尽相同,但却是近代中国人自己办的最早的新型学校。在课程设置上,洋务学堂除开设科学技术课程之外还开设"体操"。洋务学堂课程中的"体操"与我们现在所谓的体操是有很大区别的。如《清续文献通考》中是这样记叙水师学堂课程的:"学生入学,教以英国语言,翻译文汉……推步、测量、驾驶诸学。虑其或失文弱,授之枪,俾习步代,树之桅,俾习升降,以升降娴其技艺,即以练其筋力"④,这就是练习爬桅杆,以锻炼体力。北洋水师学堂的体操课教材以兵式体操为主,也包括普通体操和田径运动项目,是综合性教材⑤。主要有"击剑、刺棍、木棒拳击、哑铃、算术竞走、三足竞走、羹匙托物竞走、跳远、跳高、足球、爬桅、平台、木马、单杠、双杠及爬山等。一般由 30 人左右组成一个班上课"⑥。因此,洋务派兴办的学堂中所谓的"体操"课程虽名为体操,其实已经呈现出近代体育课程的萌芽。虽然其设立的出发点主要是增强军事力量,但对近代体育课程的形成起到积极的促进作用。

19 世纪 70 年代以后,特别是 1894 年中日甲午战争以后,随着外国侵略的日益加深,中国面临的危机日趋严重。许多先进的中国人抱着"救亡

---

① 中国体育史学会:《中国近代体育史》,北京:北京体育学院出版社 1989 版,第 63 页。
② 秦晋:《30 年来烟台体育的演变》,《山东体育史料》,1983 年(3)。
③ 苏竞存:《中国近代学校体育史》,北京:人民教育出版社 1994 年版,第 35 页。
④ 苏竞存:《中国近代学校体育史》,北京:人民教育出版社 1994 年版,第 31~33 页。
⑤ 苏竞存:《中国近代学校体育史》,北京:人民教育出版社 1994 年版,第 31~33 页。
⑥ 杨玉厚:《中国课程变革研究》,西安:陕西人民教育出版社 1993 年版,第 202 页。

图存"的目的纷纷向西方国家寻求真理,逐渐形成了一种改良主义思潮。早在洋务运动时期就出现了早期维新人士开办的学校。1878 年张焕纶在上海开办正蒙书院(后改名为梅溪学堂),其课程体系中即包括军事训练和体育的内容。"康有为是中国近代最早从资产阶级全面教育意义上认识体育的。"①他认为各级教育都要注重学生德、智、体、美各方面的发展。1891 年康有为在广州长兴里开办"万木草堂",特别重视兵式体操。"万木草堂基本上是按照德智体 3 方面设置课程,其中'枪'(兵操)、'体操'、'游历'为教学内容"②。

在"百日维新"中,资产阶级改良派的教育思想得到部分实施,加之民族危机的日益加深,改革旧的教育制度已经成为一种不可阻挡的历史潮流。1901 年清政府下令将全国的书院改为学堂,由此形成了我国近代普通学校的雏形。各种学堂进行了课程改革,其中体育学科列入正式课程,主要内容是德、日的兵式体操、普通体操及一些运动性游戏。

1904 年清政府颁布《奏定学堂章程》,规定各级学堂均开设"体操科",并且要求公立"各学堂一律练习兵式体操,以肆兵武。"1912 年 9 月颁布的壬子学制也明确规定,"高等小学校以体操课,尤宜注重"。强烈的强国强种的军国主义思想如同一支强心剂,极其迅速地推动着"体操"的发展,但是同时也给"体操"带上了沉重的镣铐,使得西方体育在中国出现的那一刻起已经失去了"强筋骨、增知识、调感情、强意志"的本来面目,为"体操"退出学校体育课程埋下了伏笔。

我国的体操概念引进于日本,而日本同中国一样,古代也无"体操"一词。日本最先引进的叫 TAIKU,是教育领域身体培育的内容,大约在 1775 年到 1780 年间传入,以后又译作"练体法"、"体术"、"体学"和"体操",1873 年之后统称"体操"。据现有资料看③,"体操"(gymnastics)一词最早出现于古希腊。古希腊的"体操"与今天的"体育"概念十分相近,体操一词泛指一切健身运动或健身术,即一切健身运动的总称,有力的见证就是古代奥运会比赛均叫体操比赛。

---

① 王华倬:《中国近现代体育课程史论》,北京:高等教育出版社 2004 年版,第 40 页。
② 王华倬:《中国近现代体育课程史论》,北京:高等教育出版社 2004 年版,第 41 页。
③ 王景连、赵崇珍:《浅议体育概念的历史演变》,《安徽大学学报(哲学社会科学版)》1995 年第 6 期。

始生之物，其形必丑。我国"体操引入"阶段中，"体操"教学存在着许多问题①，主要表现在：第一，体操理论研究匮乏。体操概念下的体育理论研究显得苍白无力，很难见到专门的著述。20世纪初出现了少数的对体操概念的体育理论研究，但这些屈指可数的论述基本上是以翻译、介绍国外的体育为主，结构简单，内容浅显，没有产生什么社会影响，也不可能从理论高度来解释"体操"运动，更谈不上影响其发展。第二，体操教员专业素质较低。作为文化形态的"体操"，其传播与发展必须要借助于教育。然而洋务运动兵式体操基本上是由英、德、美、日、法等国教官来教练兵勇，以军队为中心，缺乏文化内涵，更谈不上专门的体育学校。到1903年前，还没有一所学校专门培训"体操"人才，尽管当时有少数具有一定专门体育知识的留学生充当"体操"教员，但中下级军官和士兵充任学校"体操"教员的现象比比皆是。这些军人直接影响了"体操"学科的教育教学质量，影响了"体操"活动的开展和学生健康的增进，极大地影响了"体操"的社会形象。第三，体操教学内容和手段单一。结果是，"教者发令，学者强应，身顺而心违，精神受无量之苦，精神苦而身亦苦矣。盖一体操之终，未有不貌瘁神伤者也"②。

总之，在体操概念引入阶段，"体操"的含义与"体育"的含义有些相近，就实际操作来说，兵式体操占主导地位。但是，在当时社会政治的作用下，在"救亡图存"的民族主义氛围中，少有人来认真思考"体操"的价值内涵，研究其到底是什么。当"体操"一旦无法实现其强国强种的强烈军国民主义的政治目的时，必然会黯然失色。同时，鼓吹军国民主义的德国在一战中的失败促使人们对"体操"提出质疑，就连曾经极力推崇军国民主义的蔡元培在《欧洲教育问题》中也不得不承认："军国民教育之能容于之日，可概见矣"。1919年第一次全国教育联合会更明确地否定了军国民体育："近鉴世界大势，军国民主义已不合潮流，故对学校体育自应加以改进"。"体操"无论在理论上还是在实践中都只是一具空壳，没有形成系统的理论和操作系统，更无法以一种社会文化形式得以广泛传播和发展，其被"体育"这一概念替代已经成为一种历史的必然。

---

① 宋旭、曹春宇：《"体操"与"体育"演变因缘新探》，《沈阳体育学院学报》2005年第4期。
② 二十八画生（毛泽东）：《体育之研究》，国家体委体育文史工作委员会、全国体总文史资料编审委员会编：《中国近代体育文选》，北京：人民体育出版社1992年版，第34页。

第二节　"体育"概念引入及发展

中文的"体育"一词,系日本明治维新时期,在大量引进西方文化的过程中,借汉字译造西方语而成的日文词汇。在我国近代"西学东渐"的热潮中,该词被直接搬来成为汉语词汇并使用到今。

据考证,我国的"体育"概念最早"是 1897 年底,由康有为和上海南洋公学的几个师范生,首先使它见诸文字的"[①]。

中国是一个体育后发展国家,我国的体育概念从"体操"概念引入至今,一直走的是一条吸收、消化、发展的路线。因此要深刻地理解我国体育概念演变的历史和规律,就必须了解国际体育概念发展的历史。

一、国际"体育"概念演化线索

古代希腊是近代欧洲体育之发源地。古埃及是世界最早建立的奴隶社会国家,但古代体育内容最丰富、最发达的却是古希腊。荷马史诗中就有葬礼、宴会竞技的记载。在古希腊的文献中,常见到的体育术语有体操(gymnastics)、竞技、赛会、竞技者、运动员(athletes)训练、尚武教育等。古希腊的"体操"与今天的"体育"概念十分相近,泛指一切健身运动或健康术,即一切健身运动的总称。有力的证据是古代奥运会比赛均叫体操比赛。无论是第一届古奥运会中的 192 米赛跑,还是以后增加的角力、五项、拳击、赛马、赛车、泮洛拉斯等,都不属现代体操的范畴。古希腊著名的哲学家柏拉图把 gymnastics 一词广义地理解为"身体训练理论和方法的体系"。古希腊的体操也是当时教育的组成部分。公元前 4 世纪,亚里士多德认为"体操通常都借以培养勇敢的品德",体操"有助健康并能增进战斗力量"。

古希腊的体育基本术语数千年变化不大,这是因为古希腊被古罗马灭亡和统治后,又经历了漫长的中世纪的黑暗时期。在这一漫长的历史时期,不论是希腊还是其他国家的体育,都远远落后于古希腊,整个欧洲封建社会的体育文化和体育实践,都呈反科学的畸形状态。中世纪晚期,即 14、15 世纪意大利的文艺复兴运动,16 世纪德国和瑞士发生的宗教改革运动,以及 18 世

[①]　张天白:《"体育"一词引入考》,《体育文化导刊》1988 年第 6 期。

纪法国的启蒙运动,不仅把扭曲了的体育文化重新扶正,而且在实践上又使古希腊体育重放光彩,也为近代体育的产生和现代奥运会的复兴奠定了基础。

18 世纪中叶以后,资本主义生产关系在西欧一些国家纷纷确立,近代体育也就随着近代教育制度的兴起、建立而发展起来,"体育"一词应运而生。

欧洲的德国是较早开展近代体育的国家,有德国体育之父之称的 F. L. 杨(F. L. Jahn 1778~1852),不仅对体操发展做出历史性贡献,而且还对体育术语进行过整理。据现有资料得知,狭义的体育一词(Physical Education)最先出现在法国,1762 年出版的卢梭的《爱弥儿》一书中已经出现了"身体教育"这一用语。德国学校体育的先驱——古茨姆斯(1759~1839)在 1793 年出版的《青年的体操》一书中,使用了身体的教育和属于教育的身体练习等概念。19 世纪以后,狭义的体育一词出现在教育和体育著作中,如 1838 年法国体育家阿莫罗什出版的《体育概论,体育与道德》,英国社会学家斯宾思 1854 年发表的以《体育》为题的论文,英国体育家麦克拉人 1867 年出版的《体育的体系》一书等。体育,即狭义体育一词产生和应用的原因,主要是教育的发展,有远见卓识的社会学家和教育家都主张从德智体三方面进行教育,这就是体育长期被看作是教育的组成部分的来由。今天在我国各级各类学校里进行的体育,即狭义的体育,或称学校体育,也是由此而来的。

18 世纪末到 19 世纪初,正当欧洲大陆普遍推行德国、瑞典体操时,英国的户外运动 sport 发展兴盛起来。这时期的体育、体操、sport 是联合使用和混用的,有时将其混用,有时又把它们作为在概念上有区别的名词使用。

现在所称广义的体育 Physical Culture,比狭义体育一词出现要晚,它是在德国、瑞士体操和英国的户外运动蓬勃并行、竞相发展的情况下而产生的。在德语中,它是养生保健的概念,在法语中,它被解释为"锻炼身体的规律"。进入 20 世纪后,这个词在各民族语言中仍有不同的含意。1927 年后的苏联把该词作为广义的概念使用,1945 年后东欧国家也接受了这一概念。当前世界多数国家都倾向将其作为广义体育来理解,但如何给这一概念下一个确切的定义,则是众说纷纭,一时难以统一。

体育概念在不同国家的不同历史时期,都有着大同小异的定义,尤其国外学者,每个人都可以用自己的定义去发表文章和著作,不强求统一,更不强求规范化的上位总概念。当体育不再局限于学校教育一部分的时候,近代职业化竞技运动爆炸性发展，以及所谓"职业化"的涵义，将体育这个概念搅得更模糊不清。美国体育理论界不久前给体育下了这样一个定义："体育是人类运动的艺术和科学"，得到了相对一致肯定。

其实，美国体育概念也经历了一个发展和变化过程。1960年至1963年，体育概念还保持着传统的内涵，认为体育是通过身体进行教育。1964年至1970年，有人对上述概念提出批评，同时扩大了它的外延，将除生产以外的人体活动都归入体育。1971年到1976年，体育概念爆炸，人们要求把"身体运动的科学和技术"统称体育。我国高等学校里常用的"体育系"或"体育部"三个字，一般翻译成 Department of Physical Education 来表示，然而，当今的美国人是用健康、体育和娱乐来表达 Department of Health Physical Education and Recreation 的。

由此我们可以看出，体育这个概念在古希腊叫"体操"，是学校教育的组成部分。后经漫长的中世纪黑暗、文艺复兴、16世纪德国和瑞士的宗教改革运动、18世纪法国的启蒙运动，为近代体育的产生和奥林匹克的复兴奠定了基础，体育概念的演化大体上经历了"体育"（学校教育的一部分，Physical Education）、多种概念混用（体育、体操、sport 联合或混合使用）和体育文化时期（Physical Culture）。体育概念逐渐从学校教育的一部分拓展为"人类运动的艺术和科学"。

二、"体育"一词引进

"体育"概念引进以前，汉语里是没有"体育"一词的，因此，考证清楚"体育"一词在何时由何人从何处引入，对我国理解"体育"这一个概念有着重要的意义。关于"体育"一词最早由谁引入，韩丹和张天白进行了考证，两个人的观点既有一致性，又有所差异。

张天白认为"体育"一词是1897年底由康有为和上海南洋公学的几个师范生首先使它见诸文字的。在《"体育"一词引入考》①一文中，张天白对"体育"一词的引入过程进行了认真考证。他认为，"梁启超、康广仁等在1897年10月到11月间（光绪廿三年九、十月间），集股在上海设立了'大同译书局'。并制订了'以东文为主，而辅以西文；以政学为先，而次以艺学'的翻译方针。为了使国人了解日本近年来所出版的译著和著作的书籍名目，'以待天下之

---

① 张天白：《"体育"一词引入考》，《体育文化导刊》1988年第6期。

译者',由康有为收集并编纂了《日本书目志》一书,共八册一十四卷。在第五册'教育门'(卷十)中,列有日本毛利仙太郎、神保涛次郎合著的《体育学》的书目的。"①"该书没有注明出版的年月,但在《时务报》第四十五册(光绪廿三年十月廿一日出刊,1897 年 11 月 13 日)上,刊载了梁启超《读日本书目志书后》一文。由此可以推断该书是大同译书局设立之初,在 1897 年 11 月上中旬左右出版的。从而使中文字中,第一次出现了'体育'这一词汇。"②

"几乎如此同时,在上海南洋公学(交通大学前身)为外院学生自编的《蒙学读本》中,也出了'体育'一词。1897 年 4 月,南洋公学首批招收了 40 名具有一定学历的学生,成立了师院。当年秋天,仿照日本师范学院附设小学的形式,又招收了 120 名学童入学,成立'外院',进行启蒙教育。因无教材和师资,遂以师范院学生轮流授课;并由陈懋治、杜嗣程、沈叔逵等几个师范生编纂《蒙学读本》三编,作为教材。三编各附有本编辑大意。在其中第二编的编辑大意中有:……泰西之学,其旨万端,而以德育、智育、体育为三大纲。德育者,修身之事也;智育者,致知格物之事也;体育者,卫生之事也;蒙养之道,于斯为备。是编故事六十课,属德育者三十,属智者十五,属体育者十五。该编约在 1897 年年底编毕。编者在这里虽然只是简单、含混地把'体育'解释为'卫生之事',但却开创了我国近代史上,首次就体育一词附以文字解释的先河。并且,也是我国近代把'德育'、'智育'、'体育'这三个词,作为一个完整的教育口号,首次付诸文字的形式。"③

韩丹认为"体育"一词最早由南洋公学陈懋治等几个师范生引进。在《论我国早期的三个体育定义》一文中,韩丹认为,1896 年,南洋公学(交通大学前身)创办,1897 年 4 月成立师范学院。秋,依照日本师范学院附设小学的形式,开设了师院附小,招收 120 名学生。因无现成课本,即由师院学生陈懋治、杜嗣程、沈叔逵三人编写《蒙学读本》,在第二编的"编辑大意"中有:"泰西之学,其旨万端,而以德育、智育、体育为三大纲。德育者,修身之事也;智育者,致知格物之事也;体育者,卫生之事也;蒙养之道,于斯为备。是编故事六十课,属德育者三十,属智育者十五,属体育者十五。"④这是我

---

① 张天白:《"体育"一词引入考》,《体育文化导刊》1988 年第 6 期。
② 张天白:《"体育"一词引入考》,《体育文化导刊》1988 年第 6 期。
③ 张天白:《"体育"一词引入考》,《体育文化导刊》1988 年第 6 期。
④ 韩丹:《论我国早期的三个体育定义》,《体育文传导刊》1993 年第 1 期。

国第一次出现的"体育"一词。同年11月的《时务报》,刊有梁启超介绍日本书目的文章,中有《体育学》一册(毛利仙太郎、神保涛次郎著),也出现了"体育"一词。

从以上陈述我们可以看出,张天白认为到底是康有为先编了《日本书目志》用了"体育学"一词,还是陈懋治等人先用了"体育"一词,从已有资料看没有办法确定,因此就判定"体育"一词是由康有为与南洋公学几个师范生首先使用。张天白利用已有资料,并经过适当的推论,无论是从史料学还是从逻辑学的视角看都是合理的。韩丹写作《论我国早期的三个体育定义》的目的是从早期的三个体育看看"体育"引进初期我国对"体育"概念的理解,而并不是对"体育"一词进行词源学考证。两者相比较,似乎张天白的观点更为合理。其实,"'体育'一词是由康有为与南洋公学几个师范生首先使用"这种说法是一个折中的结果。从真实的历史看,到底康有为先用了"体育"一词,还是陈懋治等人先用"体育"一词,总会有定论。但要得出定论,还需要史料的进一步挖掘。

三、我国早期三个"体育"定义

我国早期的体育概念的研究意识并不强,从逻辑学的角度对体育进行严格界定的研究阙如。韩丹在《论我国早期的三个体育定义》一文对此进行了梳理和研究。①

(一)我国第一个"体育"定义

陈懋治等人所编的《蒙学读本》中是不是第一次使用"体育"一词尚待考证,但其给体育所下定义"体育者,卫生之事也"为我国第一个体育定义是确凿无疑的。这个定义十分简单、粗糙,但它标示了体育的根本属性:第一,体育属于教育三大纲之一,是教育的有机组成部分,体育的上位概念和归属是教育,这一点直到1957年毛泽东为我国确定的教育方针"应该使受教育者在德育、智育、体育几个方面都得到发展,成为有社会主义觉悟的有文化的劳动者",都是十分明确的。第二,体育所教授的内容,即体育的内涵是卫生,是维护健康。我国历来将卫生同养生混用,大体上是一个意思,就是养护自己的生命,使之健康地生长发育。体育所教的内容即有关身体养护的知识和技术。所以,我国在许多场合是把体育卫生或卫生体育合称的。

---

① 韩丹:《论我国早期的三个体育定义》,《体育文化导刊》1993年第1期。

（二）蔡元培的体育定义

我国第二个给体育下定义的重量级人物是蔡元培,他在 1915 年向万国教育会议起草的文件《一九〇〇年以来教育之进步》中指出:"体育者,循生理上自然发达之趋势,而以有规则之人工补助之,使不致有所偏倚。又恐体操之使人拘苦也,乃采取种种游戏之方法,以无违于体育之本义为准。"又说:"惟求各以本身为标准,使不致过惰而不及其格,过激而转损其躯,此体育之本义也。"①蔡元培的这个界定显然并不完全符合逻辑学的规范,但基本上也道出了体育概念的外延与内涵。第一,蔡元培很明确地把体育置于教育之中,把体育作为教育的一部分。第二,蔡元培指明,体育的目的在于使人体能依照生理发展的自然趋势而生长发育,为使不致偏倚而以人工的后天加以补助,这就是体育的本义。第三,蔡元培指明了体育的手段,即"以有规则之人工补助之",但这"有规则的人工"涵盖面太广,可以理解为人工的后天活动,意思是包括体操以及各种游戏等方法。

蔡元培的体育思想不止源于日本,主要源于欧洲。他写《一九〇〇年以来教育之进步》时还在法国,他对西方体育的利弊有自己的独立思考。他认为体育的本义就是在教学中教给学生以"康强身体之道",也就是增强体质的知识和方法,以助学生身体的健康发展,不致偏倚,因此对学校的竞技、奖励很不赞成。他认为奖励、竞胜等法其害有三:"一曰生理上之害。……一涉竞胜则人人以好胜之故,而为过激之运动,所伤实多。且各种游戏,各有裨补于生理上一部分之特长,故以体育之本义衡之,当循环演习,而不宜有所偏重。一涉竞胜,则人不能不择其可以制胜之技,而专门演习,则生理上一部分偏于发展,而其他部分不能与之适应,失体育之本义矣。""二曰教科体育与智育、德育必各保其平衡。……今于体育方面,特采奖励、竞胜之法,则生徒必缘此而于体育一方面为倍蓰之练习,而知、德各科,不免有所偏废矣。""三曰心理上之害。……未竞之先,有希冀之心。既竞以后,胜者,于己为骄矜,于人为蔑视;负者,于己为愧恧,于人为忮忌。是皆心理上之恶德也。"蔡元培坚决反对运动竞技之混入体育,也不认为运动竞技、竞胜活动属于体育之范围。他说:"故吾以为体育必须排除琴[奖]励及竞胜等种种助长之法,而一以生理学为标准。"②蔡元培否定竞技体育的思想与我国今天高校体育主张真义体育者

---

① 高平叔编:《蔡元培全集(第二卷)》,北京:中华书局 1984 年版,第 412 页。
② 高平叔编:《蔡元培全集(第二卷)》,北京:中华书局 1984 年版,第 412~413 页。

的观点相同,这的确是一个必须解决的理论课题。

于此可见,蔡元培的定义较前已有发展,而其主旨则一以贯之,即体育为教育的三纲之一,体育的目的在于保障人体康强和自然发育,体育教学就是教生徒以"有规则的人工"各种知识和方法,但绝不认为竞技运动为体育方法。在蔡元培这里,体育与卫生仍没有明显的区别。

(三)毛泽东的体育定义

1917年,毛泽东以二十八画生的笔名,发表于《新青年》四月号的《体育之研究》,从不同侧面给出了体育的定义。第一,"体育者,养生之道也。"[1]第二,"体育者,人类自养自生之道,使身体平均发达,而有规则次序之可言者也。"[2]第三,"动之属于人类而有规则之可言者,曰体育。"[3]第四,"体育非他,养乎吾生,乐乎吾心而已。"[4]

毛泽东的体育定义比较近于科学,其主要特点有:

第一,仍然坚持体育为教育的三纲之一,"体育一道,配德育与智育","三育并重"而"体育于吾人实占第一之位置。"这同蔡元培的"修己之道不一,而以康强其身为第一义","修己以体育为本"的思想是一致的,都阐明了体育在教育中的重要位置。

第二,进而言明体育的目的乃在求身体之平均发达,既求身体各器官、系统之均衡发达,亦求心理、精神之均衡发达,体育之效,不仅于强筋骨,而且增知识,调感情,强意志,养身养心并作,达到身心皆适,即真正科学的人类养生之道。

第三,毛泽东把人体的有规则的运动定为体育的根本手段,真正把握了体育的本质特征,使体育同卫生从本质上区别开来。我国的第一个体育定义,把体育等同于卫生,体育之实即卫生之事,两者并无相异。蔡元培也认为体育与卫生差别不大,只把运动作为教育五手段之一,尚未认识到运动在人

---

① 国家体委体育工作文史委员会、全国体总文史资料编审委员会编:《中国近代体育文选》,北京:人民体育出版社1992年版,第32页。

② 国家体委体育工作文史委员会、全国体总文史资料编审委员会编:《中国近代体育文选》,北京:人民体育出版社1992年版,第32页。

③ 国家体委体育工作文史委员会、全国体总文史资料编审委员会编:《中国近代体育文选》,北京:人民体育出版社1992年版,第34页。

④ 国家体委体育工作文史委员会、全国体总文史资料编审委员会编:《中国近代体育文选》,北京:人民体育出版社1992年版,第36页。

的生命发展中的重大作用,未能把体育与运动从本质上联系起来。

毛泽东虽然仍强调体育属于养生之道,但已把体育同卫生从本质上区别开来,使体育成为养生之道中一个有自己特质的正道。如果说卫生是指增进健康,预防疾病,改善和创造合乎生理要求的生产环境和生活条件等一系列综合措施,是一个较大的社会系统工程,那么,体育则指依靠有规则的人体自我运动,通过有规则的运动负荷刺激,导致和激发身体功能的强化或优化,促成人体功能的全面发达。蔡元培笼统地讲"有规则的人工",毛泽东则确定为有规则的运动,即"动之属于人类有规则可言者"。这有规则的运动即是体育的根本手段,只有通过这个根本手段方能达成体育之根本目的,这种有特色的手段与目的的结合,规定了体育社会活动的特点,使体育同卫生明显地区分出来。

通过以上三个定义的嬗变,可以看出我国近现代体育发展初期对体育本质的基本看法:第一,体育是教育的三大纲之一,这是社会的共识。第二,体育的功能是养生或卫生,而在蔡元培和毛泽东的定义里有了更明白的界定,如使身体发育"不致有所偏倚"和"使身体平均发达"等。第三,体育逐渐从卫生分离出来,到毛泽东则认为"有规则的运动"是体育的根本手段,还没有认为竞技是体育的手段。第四,体育的英语原文为 physical education,而不是 sport。

从以上三个定义我们可以看出,我国对体育本质的认识是一个逐渐引进的过程,也是一个逐渐西化的过程。

第三节 "体育"概念超越

作为学校的身体教育的"体育"一词传入我国后其意义在不断发生着演变。中华人民共和国建立之前经历了《蒙学读本》的"体育者,卫生之事也"到毛泽东的体育乃"有规则的运动"的认识变化。有的研究者认为,中华人民共和国成立以来,体育一词的涵义经历了二次变化。第一次变化时,超出了学校身体教育范畴;第二次变化时,超出了身体教育的范畴。①

---

① 崔颖波:《中日两国身体文化领域的上位概念变迁——兼论将体育一词译作 Sport(s)并不是"偷换概念"》,《体育与科学》2007 年第 5 期。

一、"体育"一词含义超出学校身体教育范畴

1949 年 10 月 26 日,中华全国体育总会筹备公议在京召开,中央人民政府副主席朱德在讲话中指出:"过去的体育,是和广大人民群众脱离的。现在我们的体育事业,一定要为人民服务,要为国防和国民健康的利益服务,不但是学生,而且工人、农民、市民、军队、机关和团体都要搞体育。……希望大家在人民政府领导下,努力发展体育事业,把我们的国民都锻炼成为身体健康、精神愉快的人。这才能更好地从事生产学习的工作,才能担当起繁重的新中国建设的任务。"[①]朱德的这段讲话为理解当时体育一词的含义,提供了依据。当时体育一词的含义已经超出了学校身体教育的范畴,体育这个术语已经是我国身体文化领域的上位概念了。之后又相继出台了一系列体育政策和文件,也都把"体育"作为我国身体文化的上位概念来运用。对从朱德的讲话到后来的一系列文件中体育一词的含义进行分析可以看出,这一时段体育所强调的对象是"广大人民群众",其目的是把广大人民群众"锻炼成身体健康,精神愉快的人"。如果从后来出现的"普及"与"提高"这一对术语来审视,当时的体育概念仅有"普及"的含义。体育一词的含义虽然超出了学校身体教育的范畴,但并没有超出身体教育范畴。

二、体育一词含义超出身体教育范畴

体育一词的含义超出了身体教育的范畴是在 20 世纪 50 年代中期。1956 年 1 月,国家体育运动委员会在《关于 1955 年体育工作总结和 1956 年工作任务的报告》中提出了体育工作的方针:"采取加速开展群众性体育运动,在广泛的群众运动基础上,努力提高运动技术的方针,争取二三年内,在若干项目上分别接近或赶上国际水平。"[②]这是我国体育主管部门在体育工作方针中,首次将"提高"与"普及"并列提出。

同年 8 月,国务院总理周恩来在中国共产党第八次全国代表大会上所做的《关于发展国民经济的第二个五年计划的建议》的报告中指出:"我们应该在广大群众中进一步开展体育运动,有效地增强人民的体质,并且提高我国

[①] 人民体育出版社编辑:《中华人民共和国体育运动文件汇编(第一辑)》,北京:人民体育出版社 1955 年版,第 8 页。

[②] 人民体育出版社编辑:《中华人民共和国体育运动文件汇编(第二辑)》。北京:人民体育出版社 1957 年版,第 12～13 页。

体育运动的水平。"①

1959 年 4 月,周恩来在第二届全国人民代表大会上所作的《政府工作报告》中又指出:"在体育工作中,应当贯彻执行普及和提高相结合的方针,广泛开展群众性的体育运动,逐步提高我国的体育水平。"②这一系列的文件和讲话中,体育一词有了"普及"与"提高"的双层含义。

我国当时在思想文化领域高度统一,可以说是有令必行。只要是中央有明确规定的东西,思想界的讨论则只能是对文件的解析。因此,文件和讲话中体现出的体育的"普及"与"提高"的双层含义,也就是当时"体育"一词的实际含义。

第四节 "体育"概念研究深化

改革开放之后,我们打开国门,各种体育理论被引进到国内,扩大了体育理论工作者的视野;同时,随着我国逐渐由计划经济到社会主义市场经济的过渡,体育体系也经历着不断变化。对体育的理解,对体育概念认识也随着我国体育事业的发展而不断地深入,围绕一些热点问题进行了激烈地辩论,出现百家争鸣的局面。

这一阶段的体育概念研究,就总体来说可以分为三个阶段,所研究的中心问题是体育总概念的界定。就学校"体育"课程来说,为了保持学校体育教育的本质,提出了"真义体育"概念。

一、改革开放以来体育概念研究三个阶段

改革开放以来,我国对体育概念进行了三次大讨论,大体可以分为三个阶段。③

第一阶段,20 世纪 70 年代后期到 20 世纪 80 年代初,确立了体育是教育的组成部分。

这一时期的对体育的典型定义主要有两种。

---

① 社论:《贯彻开展群众性体育运动的方针》,《新体育》1956 年第 3 期。

② 伍绍祖主编:《中华人民共和国体育史》,北京:中国书店 1999 年版,第 39 页。

③ 董杰:《对近 25 年来中外体育概念研究的比较》,《体育与科学》2001 年第 2 期。本部分参考该论文的线索进行梳理,对此表示感谢。

第一种："体育是一种寓教育于运动中的社会现象，是通过运动促进人的全面发展并丰富人们文化生活的一种社会现象。"①此定义将体育作为一种社会现象，是教育的组成部分，确立、提高了体育的社会地位，它最大的贡献在于肯定了人的价值。

第二种："体育是身体教育或体质教育的简称，指的是教育者向受教育者传授增强体质的知识技能和运用这些知识技能实际锻炼身体的过程。"（林笑峰）②这一定义把体育只当作体质教育，应该说是不全面的，但它把体育教学与运动训练分开，为体育教学在学校中争得了一席之地，对于"文革"后恢复学校体育在教育中的地位起到了积极作用，有利于学校体育面向全体学生，并增强学生的体质。

概括起来说，此阶段对体育概念的研究主要有以下特点：第一，体育是教育的组成部分，确立、提高了体育在学校中的地位。第二，从教育学和生物学视角研究体育概念。第三，将体育分为广义体育（体育运动）、狭义体育（学校体育）。

这一阶段的研究存在的不足主要有：第一，体育概念研究中对人的重视不够。第二，整体的研究上还缺少心理学和社会学视角。这与这两门学科在当时中国的发展水平是相当的。心理学和社会学视角的缺失使得研究存在一定的局限性。

第二阶段，20 世纪 80 年代中后期，确立了体育是文化的组成部分。

这一阶段典型的定义也有两种。

第一种，1986 年版《中国大百科全书·体育》的定义：

在中国，体育的广义含义与体育运动相同。它包括身体教育（即狭义的体育）、竞技运动、身体锻炼三个方面。

身体教育与德育、智育、美育相配合，成为整个教育的组成部分。它是有目的、有组织、有计划地促进身体全面发展、增强体质、传授锻炼身体的知识和技能，培养高尚的道德品质和坚强的意志的一个教育过程；

竞技运动是指为了最大限度地发展和不断提高个人、集体在体格、体能、心理及运动能力等方面的潜力，以取得优异运动成绩而进行的科学、系统的训练和竞赛。

---

① 胡晓风：《关于体育科学体系的若干问题——在成都体院一次学术报告会上的发言》，《成都体院学报》1980 年第 1 期。

② 董杰：《对近 25 年来中外体育概念研究的比较》，《体育与科学》2001 年第 2 期。

身体锻炼是指以健身、医疗卫生、娱乐休息为目的的身体活动。

第二种,《体育概论》的定义:

体育(广义的,亦称体育运动)是指以身体练习为基本手段,以增强人的体质,促进人的全面发展,丰富社会文化生活和促进精神文明为目的的一种有意识、有组织的社会活动。它是社会总文化的一部分,其发展受一定的社会的政治和经济的制约,也为一定社会的政治和经济服务。①

从以上定义中,我们可以看出以下几个特点:第一,在中国大体育概念已经确立,包括体育(狭义的)、竞技运动、身体锻炼和身体娱乐。第二,体育概念的内涵扩大了。第三,把体育作为文化的组成部分,进一步提高了对体育的认识水平,及体育在社会中的地位。第四,在体育概念的研究中非常可喜地是重视了体育的主体——人的问题。虽然还有学者在强调体育的阶级性问题,但那只是秋后蝉鸣。第五,学者们对体育概念的研究不像第一阶段那样急于给体育下一个定义,而是翻译了许多国外的研究成果加以借鉴,并且在研究中注意到了体育与 sport,体育与运动等方面的区别,研究较第一阶段有明显的进步。

第三阶段,20 世纪 90 年代初期以来,确立了人的发展与社会发展在体育中具有高度的统一性。

这一段比较有代表性的定义也有两种。

第一种,《体育概论》的定义:

体育(广义的,亦称体育运动)是指以身体练习为基本手段,以增强人的体质,促进人的全面发展,丰富社会文化生活和促进精神文明为目的的一种有意识、有组织的社会活动。它是社会总文化的一部分,其发展受一定社会的政治和经济的制约,也为一定社会的政治和经济服务。

体育(狭义的,即身体教育)是一个发展身体、增强体质,传授锻炼身体的知识、技能、技术,培养道德和意志品质的教育过程。它是教育的组成部分,是培养全面发展的人的一个重要方面。②

这一体育定义相当全面,突出特点是:第一,既肯定了人的个体发展,又肯定了社会对人发展的社会需求,二者具有高度的统一性。第二,注重人健康的生物观、心理观和社会观的统一。第三,这个定义是以日本、美国、前苏

---

① 曹湘君编著:《体育概论(试用教材)》,北京:北京体育学院出版社 1985 年版,第 27 页。
② 曹湘君著:《体育概论》,北京:北京体育大学出版社 1995 年版,第 29～30 页。

联等学者在体育的"育人机制"的基础上定义的。第四,将体育分为狭义和广义进行定义,学校体育成为一个相对独立的概念。

第二种定义:

学校体育就是在叫做学校(包括幼儿园及其他形式的教学机构)的社会组织里,由体育教师按照教学计划,依照教材按课时规定对所有学生进行的体育知识和技能的培育活动。

社会体育是指学校体育之外所有社会成员以增进健康为主要目的的体育活动,这是一个多因素、多层次的复杂结构的社会事项。

竞技体育是指为培养优秀运动人才,创造优异成绩而进行的系统的、科学的训练和竞赛,其根本任务是为国争光。[①]

这个定义的特点是把我国的体育分为三个部分,然后分别定义。但对体育概念的定义不够科学,有用被定义概念解释定义概念的情况,逻辑不甚严密。

总之,这个阶段中国对体育概念研究的特点是:第一,体育概念的内涵继续扩大。1995年通过的《中华人民共和国体育法》将体育分为社会体育、学校体育和竞技体育。1997年有的学者将体育划分为学校体育、群众体育、竞技体育、娱乐体育、休闲体育、康复体育等部分[②]。2000年又有学者按参加体育的群体和活动区域范围,将我国的群众体育事业划分为学校体育、职工体育、农民体育、社区体育、民族体育、老年人体育和残疾人体育等[③]。第二,对体育各个部分的研究有加强的趋势,并注重各部分的关系。第三,对体育的主体——人的认识更进一步。

二、"体育"总概念之争

改革开放以来,随着对体育本质研究的深入,学者们对"体育"这一概念能不能涵盖当代体育的所有内容的认识产生分歧,进而产生体育总概念之争。改革开放以来我国的体育总概念之争可以概括为两派,即坚持派和分解派。

(一)坚持派主要观点

坚持派认为对身体文化领域需要一个总概念来进行标识。坚持派的观点也有细微的差别:一种认为需要一个体育总概念,并且应该把体育(Tiyu)

---

① 韩丹:《论中国体育:一分为三》,《体育与科学》1999年第2期。

② 卢元镇:《21世纪对体育社会科学的挑战与期望》,《体育科研》1997年第4期。

③ 卢元镇:《世纪之交体育运动的回顾与展望》,《体育科学》2000年第3期。

这一概念推向世界①；另一种观点同意我国存在体育的上位概念"体育"，同意在词语上用"体育"，但内涵已经变成 Sport(s)②。质言之，这种细微的差别就是在翻译成英文时是用 Tiyu 还是用 Sport(s)上。

1. 体育需要一个总概念。

认为体育概念具有整体性，体育应该有一个总的概念或大概念，主要理由有：

（1）从体育各形态的共性看。不管体育的社会形态或结构如何，它们各自的特性都寓于共性之中。这个共性就是它的总概念。这一点也是分类学的最基本常识。关于体育的共性，从社会学的角度讲，任何体育都是社会文化现象；从生理学角度讲，任何一种体育都离不开身体活动；从体育的功能角度讲，体育的本质功能就是教育、健身和娱乐，无论是学校体育、社会体育还是高水平竞技体育都包含这 3 个因素。

（2）从现代体育的发展过程看。体育（主要是指竞技体育）经历了从社会走进学校，又从学校走向社会的过程。这样就把体育的两个最基本的特性结合起来，也就从作为社会文化的竞技体育引进学校，列入教育课程，再从学校把体育推向社会，进一步发展社会文化。这个过程体现了体育的文化特质和教育特质，也体现出了文化、体育与教育相结合的特性。它们之间是相互依存不可分割的整体。

（3）从语言的约定俗成观看。从唯物主义的实践观来看，实践是认识的来源和基础。身体教育、身体娱乐和竞技运动三大组成部分不是机械地拼合在一起的，而是互相渗透交织而成的一个有机整体。各种体育用词，如体育总局、体育新闻、体育用品、体育系科等无一不包含着体育的总概念和体育的整体观。没有什么理由要标新立异，应该遵循约定俗成的体育总概念。

（4）从体育概念的本土化看。虽然体育已经成为一个国际化的现象，必然有一个国际的统一标准问题，或者说与国际接轨的问题，但我们

---

① 此观点的代表人物是熊斗寅先生，《体育与科学》2004 年第 2 期上发表的《"体育"概念的整体性与本土化思考——兼与韩丹同志商榷》论证这一观点。

② 此观点的代表人物是崔颖波先生，《体育与科学》2005 年第 3 期发表的《スポーツ为什么能成为日本体育的总概念——兼论怎样理解 Sport(s)概念》和《体育与科学》2007 年第 5 期发表的《中日两国身体文化领域的上位概念变迁——兼论将体育一词译作 Sport(s)并不是"偷换概念"》两篇文章论证了这一观点。

依然要有自己的认识，本土的认识，决不能永远跟在别人的后面学舌。理由是我们中华民族有几千年的文明史，其中包括中国古代和现代的体育发展史。现代体育早已扎根中国，它已经是中国人文化生活的一个部分。现代体育既是世界的也是中国的，我们建立起的体育概念既是中国的也是世界的。

2. "体育"概念应该推向世界。

该观点[①]认为"体育"这一个词最能表达体育的总概念，应该把"体育"(Tiyu)推向世界。主要理由有：

（1）体育（Tiyu）只有两个音节，而过去所用的 Physical Education and Sports，或 Physical Culture，甚至用 Sport 作为总概念都没有 Tiyu 简洁，用体育（Tiyu）作为体育文化的总概念更符合现代语言的发展趋势。

（2）体育一词历史悠久，相传在汉代（公元前 206 年～公元 220 年）已经开始使用，当时欧洲的罗马帝国才刚刚建立，基督教才诞生。有人考证说近代"体育"一词是日本传进来的，可日本文化包括日本的文字都是唐代高僧鉴真和尚 7 次东渡传去的。

（3）中国是东方文化的代表，汉字是东方文化的象征，世界的一体化绝非是西方文化占绝对优势，随着中国的发展，中国的国际地位逐渐提高，中国体育也处于世界的领先地位，作为汉字的体育符号也应该为世界所接受。

（4）改用 Tiyu 作为体育的总概念，可尽量避免多年来的关于体育概念的争论，重新认识体育。

3. 作为体育文化上位概念的"体育"之内涵已经变成 Sport(s)。

该观点[②]认为我国存在着体育的上位概念"体育"，同意在词语上用"体育"，但其内涵已经变成 Sport(s)。

从逻辑上分析，一个国家的身体文化领域的上位概念的变迁不外乎三种形式：第一种形式表现在术语的更替上，即启用新的术语作上位概念；第二种

---

① 熊斗寅：《"体育"概念的整体性与本土化思考——兼与韩丹同志商榷》，《体育与科学》2004 年第 2 期。

② 崔颖波：《中日两国身体文化领域的上位概念变迁——兼论将体育一词译作 Sport(s)并不是"偷换概念"》，《体育与科学》2007 年第 5 期。

形式表现在术语内容的变化上,即作上位概念的术语不变,但其内容发生了变化;第三种形式是前两种形式的混合。

体育这个术语当它传入我国时是指身体的教育,是作为学校的一门课程,作为教育的一部分的。作为身体教育的体育一词传入我国后,其含义在后来发生过二次变化:第一次变化时,超出了学校的身体教育的范畴;第二次变化时,超出了身体教育的范畴。1995年通过的《中华人民共和国体育法》将我国的体育划分为:群众体育、学校体育和竞技体育。中共十六届三中全会又把体育划入文化事业的范围,我国的体育体系正经历着一场巨变。

但从各种文献中,"体育"这一概念仍然是用来标识身体文化领域的总概念,因此应该继续用"体育"来作为我国身体文化领域的总概念。但是由于其内涵已经变成了 Sport(s),因此翻译成英文时应该用 Sport(s)一词。

(二)分解派观点

该观点认为[①]我国传统体育的体系已经解体,反映传统体育的总体育概念的大一统理论体系也应当与时俱进,分解为不同的观念或理论体系,才能更切合时代的客观需要。

新中国成立后,适应计划经济及其社会体制的需要,建立了一个由国家统一管理的大一统体育体系,它形成了一套理论、观念、法规、组织、运行机制和管理体制。它把人们社会生活中的健身、竞技、娱乐、游艺等等人的身体活动,仅仅根据它们之间非生产性的共同特性,便捏合在一起组成一个社会组织系统,名之曰"体育运动"。规定其根本任务是"发展体育运动,增强人民体质"。1952年,在政务院设立了中央人民政府体育运动委员会,以后改为国务院管辖的中华人民共和国体育运动委员会(简称国家体委),它由高教、教育、卫生、文化、民委、青联以及体育界的代表组成,是一个真正群众性的体育体系。它的活动主要有两大项:一是群众体育,包括学校、厂矿企业、机关事业、农村、军队,以及青年、妇女、民族等等人群的体育活动;二是运动训练,就是专业运动队所谓的提高的部分;以后增加了"国防体育",就是普及军事知识,为解放军陆海空各技术兵种培养社会后备人才的活动。形成三大块结构的大体育体系。由于这些因素之间缺少本质的必然联系,只是在一定条件下的临时集合,一旦条件变化,这个体系的结构也必然随之变化。这种变化在

---

① 韩丹:《谈我国体育体系的根本性转变》,《体育与科学》2005年第1期。

我国体育史上共发生过两次，现在正面临着第三次大变化。

第一次大的变化是在"文革"前后。由于军事训练的发展，不需要再搞社会性的军事技术培训，取消了体育结构中的"国防体育"；同时把群众体育分为学校体育和社会体育，把运动训练改为竞技体育，形成新的三大块。取消了"大体委"的委员制，改成了专业体育代表组成的专业性体委。

第二次体育体系的大变革发生在 20 世纪末和 21 世纪初，经由党中央和政府关于教育改革的多次决定，把三大块中的学校体育这一块，从体育体系中彻底分解出来，划归教育事业领域。① 这样，我们传统体育体系的结构就发生了巨大变化，只剩下了社会体育和竞技体育两大部分，而其中又是以竞技体育为主体或主导。体育组织的建设也主要依竞技体育的发展而定。这个体系的主导功能应当是提高水平，为国争光；而国家却要求它承担起增强 12 亿人民体质的重大任务，从它的结构和功能来看，显然是有问题的，在深化体制改革的新的历史条件下，自然要求进行一次根本性的大变革或转折。

"分解派观点"持有者根据他们自己对中共十六届三中全会决定的理解，认为体育行政部门现实的任务安排是"一含有三"，即群众体育、竞技体育和体育产业。这"一含有三"的总任务要落在"增强全民体质"上。要实现这一任务就必须要改变旧的观念，其中最重要的就是要改变以"体育总概念"为指导的理论观念体系。

以"体育总概念"理论体系为指导的体育体系正面临着分解，变成各自不同的社会活动，具有不同的社会形态，担负或承载着不同的社会功能，它们不再需要一个"体育总概念"去笼束了。世界大多数国家都倾向于各自表述。例如美国，就没有"体育总概念"，而是分为不同的学科。② 大体有 3 类。一类

---

① 毕世明在《没有根据的设想——评说〈谈我国体育体系的根本性大变革〉》《体育与科学》2004 年第 3 期）一文中说：我注意到《谈》文不认为学校体育是我国体育体系的一部分，说在上个世纪末和本世纪初，学校体育早就从体育体系中彻底分解出来，划归教育事业领域。其实这是误解，我国的学校体育，不论过去和现在都是主要归教育部门管辖，体育部门负有指导、配合和督促的责任。体育和教育部门在已往的改革中并未在这个问题上有过重大的举措。现在还在施行的《中华人民共和国体育法》专设学校体育一章也证明了这一点。

② 毕世明在《没有根据的设想——评说〈谈我国体育体系的根本性大变革〉》《体育与科学》2004 年第 3 期）一文中说：为了支持体育体系的根本性大变革，《谈》文否定体育的总概念（即广义的体育）。我认为体育的总概念是在实践中诞生、发展的，广大人民群众都认可；现在世界上越来越多的国家都有了反映体育总概念的词汇。只认可狭义的体育、否定体育总概念，才是真正的旧观念，应当改变。

叫做 Physical Education。意译就是身体教育，简称体育；二类叫做 Sport。
这是一项独立活动的社会事业与产业的组合体。它是由多运动项目的训练
和比赛组成的一个大体系，叫做现代运动体系。它独自成为一项社会服务产
业，就是向社会提供竞技观赏娱乐服务的产业。三类叫做休闲、娱乐（Leis-
ure,Recreation）。这是一种由不同投资主体投资建设出不同结构和功能的
场馆设施，供大众进行健身、健美、娱乐、消遣、游戏等等活动，获得身心愉悦，
增强生命活力的社会性活动。在这里不再划分那是体育，那是文化，也就是
无所谓"群众体育"或"社会体育"。

由此得出结论，这是三项不同组织、不同形态、不同功能的社会事项或活
动，既不能用"体育"（Physical Education）概括，也不能用 Sport 概括，也就不
再有体育的总概念。

三、"真义体育"概念与"大体育"概念之争

关于真义体育这一概念是如何提出的，最早出现于什么文献很难判定。
据作者所见资料，这个名称大约开始使用于 20 世纪 80 年代。

与真义体育观相对应的是大体育观。真义体育观、大体育观是伴随中国
体育界思想解放、观念更新，而形成的两大学术思想流派。上个世纪 80 年代
中期，使用真义体育一词的学者认为，长期以来对体育的认识以及体育一词
的使用上存在着混乱现象，提出真义体育意在指反映体育之本义的体育
（Physical Education），而与非真义体育相区别。

所谓真义体育，即完善人类身体之教育的体育，或简单地说就是增强体
质的教育。关于这一思想流派的形成可追溯到 1978 年一些学者提出"体质
教育"的观点，其后体育概念问题的讨论，使这一思想观点更趋明确、具体，提
出了真义体育概念。真义体育观已基本形成相应体系并在国内产生相当大
的影响。

在 20 世纪 80 年代初体育概念讨论中，有相当部分学者认为体育一词
"已不是原来意义上的单单作为教育范畴狭义的体育了，而是扩大了的，包含
竞技运动、身体锻炼等等在内的一个总的大概念了"[①]。通常，将这种广义、狭
义体育之说称为大体育观。尽管持大体育观的学者在某些问题上的看法，尚
未完全达到一致，但其基本思想是相同或相近的。这些思想观点在一些权威

---

① 《体育科学学会理论专题学术讨论会综述》，《体育科学》1982 年第 4 期。

性教材中得以体现,并被官方所采纳。

（一）真义体育观基本特征①

真义体育观是一套完整的理论体系,概括起来主要有以下特征。

第一,以"体"为本位、为逻辑起点。

真义体育思想的本原,可追溯到卢梭培养爱弥儿的体育之说。真义体育观的逻辑起点在于,体育是教育的一个组成部分,只有从教育的本质入手,才能更准确地理解体育。认为体育同德育、智育的"种差"是"体"字,在于增强人的体质,完善人类的身体,这是区别于其他一切教育活动的最显著、最稳定的特征。认为只要正视了"体"字,就可以抓住体育的真义,若是离开了这一基本点,就会曲解体育的真义,若是忽视了增强体质这一根本,它的一切内容、手段、形式、方法都要失去体育的本质联系。在真义体育观所构筑的思想体系中,始终以此作为大前提,而对体育的属性、功能、目标、内容方法等诸多问题进行演绎判断,在其所作的事实判断和价值判断中,都坚持、贯穿这一主线。

第二,对体育与身体文化（Physical Culture）、身体娱乐（Physical Recreation）、竞技（Sport）作严格区分。

真义体育观的思想核心在很大程度上体现在对名词概念的界定与区分上。对体育与身体文化、身体娱乐、竞技的区别,真义体育认为竞技属身体娱乐的一部分,体育则属教育的一部分;竞技、身体娱乐也有以教育形式出现的,所形成的竞技教育、身体娱乐教育也是教育的一部分;在此过程所取得的成果则是身体（运动）文化,相应地,在身体文化中有体育文化、竞技文化、身体娱乐文化之分。这些区分的目的在于严格界定各自的范围,突出体育与其他方面的区别,尤其是竞技与体育的区别。

真义体育观认为,竞技属于娱乐的范畴,而不属于体育范畴。尽管它具有巨大的身体教育价值,尽管有些竞技的运动可以用来作为体育的手段,也仅是价值和手段而已。

竞技不是体育,不能用体育这个词去标记竞技、娱乐,是真义体育观的基本思想。主张体育与竞技应各按其自身的规律发展。

第三,体育本质属性、功能和目的（目标）的单一性。

---

① 关于真义体育观与大体育观的基本特征及分歧的论述,本书主要参考了陈融发表在《西安体育学院学报》1999年第4期上的《试析真义体育观、大体育观的特征与分歧》一文。在此表示感谢。

真义体育观认为确定体育的概念,探讨其真义,应以本质属性和它与其他事物不相同的特殊性为依据,而不是以它的功能为依据。因为"功能是本质属性作用的展示,在不同条件下可以发展,可以变化,本质属性则是内涵的固有的"①。真义体育观非常重视区分本质与非本质,并以任何事物的本质都是单一的为依据,提出体育的本质属性是增强体质的教育。在承认体育具有多种功能的同时,反对笼统地说"体育多功能",强调增强体质是体育的本质功能,认为体质作为体育范畴是永恒的。增进健康、增强体质作为体育功能是稳定可靠的,不论现在还是将来都是体育的本质功能,是一切功能得以产生的根基,不能离开本质功能去谈体育的非本质功能,否则,体育就名存实亡了。

由于体育的本质属性是增强体质的教育,并认为目的又是由事物的本质属性决定,离开事物本质属性的目的不是这个事物的目的,因而体育的目的也是单一的,它就是增强体质。

第四,强调对人体的生物学改造,坚持生物学评价标准。

以体育就是增强体质的教育来反思历史,真义体育观认为,我国长期以来存在着"以增强体质之名去搞运动铸型教育之实","以体育之名行娱乐之实","用竞技教育代替了体育",主导思想"多是把身体发展的事当作副产品处理"。② 突破运动铸型教育的桎梏,增强体质离不开生物学观点,这是体育得以存在的先决条件。持真义体育观的学者,普遍讲求增强体质的实效性,推崇负荷量,试图建立以"价值阈"为指标的一整套操作原理、方法,来保证增强体质的良好效果,并将是否注意讲究"负荷量"提高到科学体育思想方法的分水岭的高度来认识。

(二)大体育观基本特征

大体育观相对真义体育观,其理论体系相对芜杂一些,概括起来主要表现为以下的特征。

1. 立足发展观,构建教育和文化两个参照系。

大体育观承认从古到今,体育都是一种教育手段。同时又强调事物是在不断变化发展的,人类对体育的认识也是一个发展和演变的过程。今天,应以体育发展中的新经验、新内容丰富原有的认识。20 世纪,特别是二次世界

---

① 张友龙:《论体育的真义和真义体育》,《体育学通讯》1988 年第 4 期。
② 林笑峰:《自然体育和现代体育科学化》,《体育方法学文集》,长春:东北师范大学,1984 年。

大战后,随着社会经济发展,参与体育活动日益成为人们日常生活的重要内容,闲暇体育、终身体育逐渐成为社会潮流,致使体育突破了教育的范围,成为人类积极、健康文明的生活方式,提高生活质量的手段。而传统的研究方式一直以教育为参照系,已经很难概括日益增多的体育事实,"过去把体育单纯看成教育内容之一和增强人民体质手段,已不能反映现代社会对体育的需要了"①。因此,还应把体育放在文化范畴下来认识。

2. 体育与竞技运动(Sport)不可截然分开。

大体育观通过历史追溯,发现体育与竞技运动的内容"从来都是很难区分开的,有关'体育'和'竞技运动'的名词概念都是后来人们所加以标记的"②。竞技运动发展到今天,有初级和高级两个层次。初级竞技运动有的是为了提高运动成绩,有的是为了满足心理需求,而有的是为了增强体质。通过竞技运动能达到身心健康的目的,起着教育人、培养人、增强体质的作用。竞技运动极易引起兴趣,启发和调动人的积极性,历史上"兵操"式体育之所以最终衰落,而一些竞技性项目内容受到欢迎,也证明了竞技运动不可能与增强体质的身体教育截然分开,更何况客观上存在有"广义的体育"这一事实,竞技运动的内容正是"广义的体育"不可分割的一部分。大体育观认为,用竞技运动代替体育是错误的,但排斥竞技运动同样也是错误的。"只要'运动是体育的手段'这个论点没有发生变化,竞技运动这个科学形态要完全独立于我们所讨论的这个总概念之外,那是不可能的"③。

3. 以整体观考察体育系统结构。

在突破就教育论体育的研究范式的同时,大体育观认为随着体育的发展,其内容也依据不同的需求,分化为不同的具体表现形式与类型,各自的目的、发展方式也存在着很大的区别,但这种区别仍是同一事物内部的分工,并没有发展到发生质变的程度。在这一认识前提下,对体育的内部构成,有人主张是由身体教育、竞技运动、身体锻炼和身体娱乐构成;有人主张分为学校体育、竞技体育、群众体育;还有人分为群众体育和竞技体育等等。尽管分类不同,但都强调体育的整体性和各部分之间的联系,并从各种角度研究它的内部关系及与外部的关系。

---

① 熊斗寅:《观念的转变是根本的转变》,《体育与科学》1987年第1期。
② 谷世权:《试论"体育"和"竞技运动"》,《体育科学》1983年第3期。
③ 胡晓风:《以马克思主义为指导进一步提高对体育的认识》,《体育科学》1982年第4期。

大体育观认为广义体育之所以成立,正是由于构成的子系统之间的互相联系和共同点使之形成一个统一体。各个子系统又是作为体育的不同的表现形式而存在的,都主要从某个侧面来反映体育的本质、特征和功能,但却达不到反映整体功效的层次。单一的健身论、技能论、休闲论或竞技论都远远不能独自来说明体育的全部内涵。任何一种把体育内涵人为地分割开来,甚至对立起来的看法是不符合现代体育整体观念的。

4. 体育具有多功能、多目的。

生物、心理、社会三维体育观是"大体育观"的实质和主要内容。大体育观认为现代体育已从增强体质的单一功能衍化为多功能,具有健身、娱乐、教育、文化传递、促进个体社会化、政治、经济等多方面的功能。对于体育具有多功能性的理解,多数学者认为并非简单的功能罗列或堆砌。功能间的关系,有学者从系统性来理解,把体育功能看成是一个具有层次结构的系统,"从横向分析,可以分成生理、心理、社会三大功能。体育的本质功能是体育的最基本、最核心、最一般的功能。大体可以概括成'强身、健心、乐群'三个要素"[1]。还有学者用本质功能和非本质功能来划分。本质功能包括教育功能、健身功能和娱乐功能三方面;所谓非本质功能,是一种人为的,不是体育所固有的,以政治、经济、文化等功能为主。[2]

按大体育观的思路,功能提示是认识体育的枢纽:由功能可进一步深化认识本质属性;功能是确定目的的依据,体现了客观现实的可能性。体育的本质属性是"有意识地用自身的身体运动,来增进健康、增强体质,促进人的身心发展的活动",突出了体育的强身健体这一特征。从这一基本认识出发,大体育观根据体育多功能性特征,以及随社会发展而出现对体育需求多样性出发,得出体育多目的性的结论。

(三)真义体育观与大体育观主要分歧剖析

从以上的陈述可以看出,真义体育观与大体育观在体育的性质、功能和目的上存在着分歧。如果从哲学的角度,从更高层面的概念来看待这种分歧,其分歧实质上是事实认识和价值认识的分歧,即"是什么"和"应该怎么样"上的分歧。

真义体育观与大体育观的主要分歧出现在论域和价值取向两个方面。

---

① 柯犁:《体育的功能和体育的改革方向》,《体育论坛》1989 年第 3 期。
② 孙葆丽:《研究体育概念要用发展的眼光》,《体育文史》1996 年第 4 期。

1. 论域的差异。

论域即研究范围。真义体育观坚守体育是教育的组成部分,认为大、小体育是人为臆造的,大体育观把体育排除于教育之外,凌驾于教育之上,否认体育在人的全面发展教育中的地位,阉割真义体育区别于其他教育的特殊性。而大体育观则把论域扩大至文化,认为真义体育观是在"努力剔除随着体育发展已包括了的新内容,去追求体育的'真义'即'原始的意义',目的是将体育的概念缩小到'增强体质的教育'"[1]。从双方的这种辩驳中,明显看出论域的不同。由于论域的不同,思维过程选择的参照系也不一样。所谓思维参照系,也就是思维指向问题,即我们在思维过程中,以什么为参照物来衡量思维对象或对思维对象进行价值判断。参照系的确立是进行正确思维的必要条件,没有参照系,就无法进行思维。现代相对论研究成果业已证明,事物的特性是相对于参照系而存在的,以不同的参照系为认识背景,往往会得出不同的结论。因此,我们有必要细究论域。

真义体育观以教育为参照系,提出以"体"为本位,其论域如果从同德育、智育相并列的体育角度看,体育所表述的确实是以"体"为对象,由身体的素质以及人体基本活动能力所组成。"体"的发展过程,主要是人的自然素质、生理上的成长成熟过程。因此,从教育的构成因素分析,体育指教育过程对人的生理结构与功能的发展施加影响。

但必须指出,这种解释是建立在对教育的分解的基础上的。所谓分解,按逻辑学定义,是把一个具体事物分成许多部分,而作为分解的部分不必有由其组成的事物的整体的特有的属性。概言之,分解是把整体肢解为它的组成部分。例如,把"树"分为树根、树干、树叶等几个部分,其中任何一个部分都不具有树的特有属性,因此不能说树根就是树。在教育实践中,正如"不可能单独实施'纯粹'的智育"一样,也不可能有"纯粹"的体育,只是为研究、认识的需要,有必要、也有可能在思想上把他从整个教育中分离出来,独立地加以探讨。所以,"分解"意义上的体育,所要表述、解决的是所有教育活动中的育体,不仅指通过运动来育体,还包括卫生、营养乃至优生优育等等。显然,真义体育观的论域未达到如此广的外延。

相对的另一种论域是建立在对教育的划分的基础上。所谓划分,是把一

---

[1] 孙葆丽:《研究体育概念要用发展的眼光》,《体育文史》1996 年第 4 期。

个属概念分为若干个种概念的逻辑方法,或把一类事物分为若干个小类的逻辑方法。划分不同于分解,划是属与种的关系,划分出来的各个子项(类)都具有母项(属)的特有属性。例如,把"树"分为松树、柳树、柏树等,不管松树或柳树都具有"树"的特有属性。作为教育子项的体育,它同教育的关系是从属关系,具有教育的特有属性,换言之,它不仅是育体,还包括育德、育智等。当然,这种教育子项有其自身的特殊性,其特殊性在很大程度上是由教育内容引发的。

众所周知,教育本身没有内容,教育内容来自教育之外的"母系",或科学、文化领域,或生活、道德领域,将其浩繁内容,根据教育需要加以选择,合理组织,使之适合教育对象身心发展水平,就构成教育的内容。这也是教育同科学、文化密切联系的重要原因之一。教育传递科学文化,且发展丰富了科学文化,而科学文化自身的发展又影响教育的内容。以此推论,作为教育子类的体育之外也存在着这样一个"母系",不研究、不认识"母系",如何把它转化为教育内容呢? 由此可见,认识范围扩大到文化现象,不仅反映了现实的发展,而且在逻辑上也是讲得通的。

2. 价值取向的差异。

无论是真义体育观,还是大体育观都承认体育具有多种功能,但在如何进一步认识、选择或舍取这些功能上,却有很大的差异。大体育观强调功能互补、协调,最大限度地发挥体育的多功能。对此,真义体育观认为是"把本质功能湮没在细枝末节中,其结果是只看现象,不看本质;只看体育的各功能的外表上的规律性联系,而忽视、割裂体育内在的本质的功能,必将导致唯心主义的多元论"[①]。因此,真义体育观抨击多功能、多目标具有极大的危害性,用娱乐取代体育,使真正的体育"异化",有名无实。大体育观则批评对方是"单纯生物学观点"等等。诸如此类的分歧都属价值认识上的分歧,其核心是如何认识价值一元性与价值多元性的关系。

价值之所以具有多元性,就在于同一客体具有满足主体需要的客观可能性(实即功能)是多层次多方面的,另一方面主体的需要也是多层次多方面的。因而不同主体对同一价值客体有不同的价值反应和不同的判断是很正常的。理解价值又是一元性的,关键在于客体属性与主体需要之间的多元性

---

① 周济光:《论体育的本质功能与多功能》,《体育论坛》1998 年第 2 期。

关系必须统一在一个根本性的标准之中。如果没有这样一个标准,价值判断就会处于混乱状态,价值选择就成为一种随心所欲的主观臆断。由此可见,主体尺度的多样性产生了价值判断的多元化;价值与真理的统一,表明价值又是一元性的。现实的价值选择中,应该在价值一元性下承认价值多元性存在的现实性及合理性,而价值多元性的存在又必须以价值一元性为指向和统摄,而不是去寻求那种抽象的、绝对和非此即彼的确定性。

体育价值选择中如何体现一元性与多元性的关系?真义体育观自始至终、旗帜鲜明地以增强体质为最高标准。这一价值标准的确立对扭转用竞技运动取代体育的倾向,摆正竞技体育与群众体育的关系,唤起人们对提高全民体质重要性的认识,无疑起到重要的作用。但从一个确定性的理想出发,力图把某种选择确定为至真、至善、至美,而将另一种选择与其完全对立,比如,增强体质与提高运动水平,二者必居其一,无法回避,无法调和;再如,尽管承认竞技运动有多方面的价值,包括"有巨大的身体教育价值",但在价值取向的选择中,还是属于拒斥的一极,这样难免使人产生疑问:相对的两个方面,如果属于相互依存的关系,那么,单向选取了彼方之后,会不会因为失去此方,而使彼方的价值受损,甚至不复存在?从历史上看,正如真义体育观所批判的,曾出现过价值选择囿于提高运动技术水平,或者说是运动铸型教育的现象,当这种价值选择弊端显露时,与之对立的另一端价值选择(增强体质),又成为一种新的确定性,这是否意味一种方法上的简单化?另一方面,大体育观运动系统思维方式考察和认识体育,突破了"生物—维线性"的桎梏,强调体育的多目标,使体育思想发展进入了一个新阶段,但是,我们也必须承认,尚存在体育价值和目标泛化、"全能化"的无序现象,迫切需要进行价值整合。由此可见,如何正确处理体育价值的一元性与多元性的关系,不仅是真义体育观、大体育观自身思想体系完善必须解决的问题,也是今后体育基本理论研究面临的重大课题。

四、"体育"概念研究方法论探讨

体育概念的定义争论不休,结果还是莫衷一是,这就必然使理论工作者反思原因。这种反思会使人们自然想到体育概念的研究方法可能出了问题,从而深入到体育概念之争的背后去讨论体育概念的研究方法。

(一)形式逻辑视野下的体育概念研究

要研究体育概念,给体育概念下一个定义,必然要运用逻辑分析的方法。

我国对体育概念的研究,既运用了形式逻辑,也运用了辩证逻辑。

体育概念研究中运用最广泛的逻辑工具是形式逻辑。从已有文献看,阐述最清楚的是葛国政的《体育概念的逻辑学求是》一文[①]。

1. 形式逻辑关于概念定义的逻辑规则。

形式逻辑关于给概念下定义的方法就是"种差＋属"的方法。我国大部分的体育概念都是运用"种差＋属"这一方法定义的。体育概念研究中所牵涉的形式逻辑规则主要有以下几个方面。

(1) 关于定义的一般方法。

定义一般由被定义项(指被揭示其内涵的那个概念)、定义项(指用以揭示被定义项的内涵的概念)和定义联项(指用来联合被定义项和定义项的词)组成。要理解这一方法必须弄清上位概念(属概念)和下位概念(种概念)。上位概念是指具有从属关系的两个概念中外延较大的概念,反映事物的本质;下位概念与之相对,指具有从属关系的两个概念中外延较小的概念。下定义最基本的方法是:属概念加种差。即先找出被定义的项的"邻近属概念",然后找出被定义项与其他同级概念之间的差别——"种差"(种差反映事物的本质属性),最后把"邻近属概念"与"种差"加在一起组成定义。

(2) 定义的规则。

定义必须是对称的,即定义项的外延与被定义项的外延完全相同;定义项不得直接或间接地包含被定义项;定义一般用肯定的语句形式或肯定的概念;定义必须清楚确切,不使用比喻句。

(3) 划分的原则。

划分是揭示事物外延的逻辑方法,是按一定标准把概念所反映的对象分成若干小类。在逻辑学中的划分是按照严格的标准进行的,其基本规则有:第一,划分必须相对称,即划分后所得子项外延之和等于被划分的母项的外延。第二,同一划分的依据必须同一。第三,划分后的子项必须相互排斥。第四,划分应按照属种层次进行,即划分后的子项必须是被划分概念的最相邻的种概念。

用形式逻辑的定义法,追求词语意义精确性,因而被称作"科学定义法",为社会各领域、各学科广泛应用。我国大部分体育定义所采用的方法都是采

---

① 葛国政:《体育概念的逻辑学求是》,《科教文汇》2008 年 11 月(中旬刊)。

用形式逻辑"种差＋属"的定义法。

运用形式逻辑"种差＋属"的定义法,首先要找到所定义概念的属概念,然后找出种差。

2. 关于体育概念"属"的观点。

运用形式逻辑对体育概念进行定义,所选择的最邻近的属反映的是指所定义概念的本质,因此最邻近属的选择影响着对概念的定位,非常重要。新时期体育的定义中对其最临近属的选择大致有以下几种情况。

(1) 体育的邻近概念是身体运动和社会活动。

例如1986年高等教育出版社出版的《体育理论》给体育所下的定义为:体育(广义)是指以身体练习为基本手段,为增强体质,提高运动技术水平,进行思想品德教育,丰富社会文化生活而进行的有意识的身体运动和社会活动。

这一概念所运用的定义方法就是形式逻辑的"种差＋属"的方法,其"属"为"身体运动和社会活动"。

(2) 体育的邻近概念是一种社会文化现象或教育过程。

例如1995年高等教育出版社出版的鲍冠文主编的《体育概论》中对体育定义如下:体育是以身体活动为媒介,以谋求个体身心健康、全面发展为目的,并以培养完善的社会公民为终极目标的一种社会文化现象或教育过程。

此概念将体育的本质确定为一种社会文化现象或教育现象。这种认识是我国对体育定位的主流。联合国教科文组织也把体育运动作为教育与文化的一个基本方面。因此,将体育的上位概念看做是社会文化或教育活动是与国际相接轨。我国著名体育学者杨文轩教授也认为体育要从教育和文化两个范畴来认识。

(3) 体育的邻近概念是一种社会活动。

例如2000年人民体育出版社出版的《体育概论》是这样描述体育的:体育(广义,亦称体育运动)是指以身体练习为基本手段,以增强体质,促进人的全面发展,丰富社会文化生活和促进精神文明为目的的一种有意识、有组织的社会活动。

此定义把体育作为一种社会活动,但社会活动是一个很宽泛的概念,政治、经济、法律、文化、艺术、教育、卫生、医疗及保健等活动都属社会活动的范畴,因而以"一种社会活动"作为体育的属概念不能很好地反映体育的本质。

3. 新时期对体育概念"种差"的研究。

形式逻辑认为,"种差"是被定义概念所反映的这类事物与同属概念下其他种概念所反映事物之间相区别的特有本质属性。要研究体育概念的种差,就必须先确定体育的属概念,但从以上分析看,我国关于体育概念的属概念其实并没有形成统一认识。我们经过深入研究发现,虽然关于"属"的分类存在着明显的差别,但关于"种差"的描述却大同小异,很难进行系统的分类。这里只介绍葛国政把"社会活动"作为体育属概念的种差研究。

葛国政把体育概念定义为:"体育是指人们根据生活和社会发展的需要,遵循人体发展规律和认识事物的一般规律,以身体练习和自然力因素影响为主要手段,达到人的全面发展,提高运动成绩水平,丰富文化,娱乐生活为目的的一种社会活动。"①

葛国政对体育的定义是基于对体育本质属性即"种差"的如下认识。第一,体育在本质上是社会实践。体育的起源是以人类的出现为前提,以人类体质的完善和心理的发展为条件,以人类社会的发展为基础,并与人类生产劳动和生活实践密切相关的。实践作为人类特有的活动方式,决定了体育作为一种生活方式的独特性。第二,体育的发展是随着人类社会的发展而不断发展的。原始社会的身体活动,其根本目的是为了生存,严格地说这些活动不能称其为体育,只能称为生活和劳动。随着奴隶制的产生,教育(包括体育)作为一种独立现象,从生产劳动和社会生活的其他领域分离出来,其教育性、阶级性、竞技性和娱乐性逐渐显露出来。随着社会的进步,体育的国际化、社会化、科学化,其内涵不断扩大,功能不断多样。第三,人是体育的主体,也是体育的目的。任何体育活动,都是主体人的活动,是改造自然和改造自身的现实活动,既包括"自然人化"也包括"人化自然"的过程。人的本质和价值的实现,人的个性和自由全面的发展,是制定和评价体育发展状况的最高目标。

(二)辩证逻辑视野下的体育概念研究

1. 辩证逻辑关于概念的基本观点。

形式逻辑与辩证逻辑是两种不同的逻辑,它们关于概念研究的基本观点是有区别的。主要表现在:第一,形式逻辑从思维形式结构的角度研究概念,侧重于概念的内涵与外延这两个逻辑特征,并从量的方面探讨概念内涵与外

---

① 葛国政:《体育概念的逻辑学求是》,《科教文汇》2008 年 11 月(中旬刊)。

延的反变关系;辩证逻辑则从认识的内容来研究概念,把概念看做是认识的结果,是认识发展到一定阶段的产物。第二,形式逻辑是从相对稳定的角度研究概念,认为概念是既成的,相对稳定的;而辩证逻辑则研究概念的辩证运动,也就是研究概念形成、变化和发展的规律性。第三,形式逻辑把概念看成一种抽象同一的东西加以研究,反映的只是事物的抽象普遍性;辩证逻辑把概念作为具体的东西来加以研究,它反映事物的具体普遍性。

辩证逻辑认为,概念是反映事物的本质和内部联系的思维形式,概念的本性就在于永远地运动着和发展着。这种运动和发展,体现在如下两个大的方面:第一,概念个体的运动变化,即每一单个概念的内涵和外延是不断变化和发展的。第二,概念总体的运动变化,即从整个人类认识的发展来看,新的概念层出不穷,旧的概念不断被扬弃,新旧概念的代谢运动永无止境。总之,辩证逻辑的概念观的主要特征是结合认识的内容研究概念的运动、发展,研究概念内部的对立统一与矛盾转化。

2. 体育概念属于"历史概念类集"。

辩证逻辑视野的概念是永远运动和发展着的。根据这一特点,姜健和孟凡强引进了"历史概念类集"这一概念。[①]

"历史概念类集"这一概念是由我国学者何新于 1980 年提出。[②] 何新认为"历史概念类集"具有与普通的概念系统十分不同的逻辑性质。"历史概念类集"的基本含义为:某一概念类集 A,其中的每一子概念均分别对应于某一客体 A 的历史发展进程,而且彼此之间具有递进有序的时序关系,则可称集合 A 为描述客体 A 的历史概念类集。

属于"历史概念类集"的概念系统具有如下特征:第一,这种概念系统中的每一个概念,都与一定的时空坐标相关联,例如"中国"这一概念系统中的唐朝是指公元 618~907 年。第二,通过在系统中一系列概念的有序过渡,这种概念系统描述了某事物的发展进程。第三,这种系统中的每一个概念都对应于事物的特定历史阶段。

通过对我国体育发展演变的历史梳理,姜健、孟凡强认为体育概念属于"历史概念类集"范畴,因而体育概念具有以下的逻辑学特征:第一,体育概念是一个与时空坐标相对应的、有序的概念体系。第二,这一概念体系中的每

---

① 姜健、孟凡强:《体育概念的辩证逻辑属性》,《体育文化导刊》2007 年第 1 期。

② 何新:《论历史概念集》,《学术月刊》1980 年第 11 期。

一个概念均对应某一特定的历史阶段。第三,体育实践的发展是导致体育概念变迁的根源,概念的运动和发展与实践的发展变化一样是渐进式的、有序的而非突变的。

3."历史概念类集"概念引入的意义。

辩证逻辑视角下的概念是运动着和发展着的。关于这一原理,在辩证唯物主义和历史唯物主义哺育下的我国体育理论界是注意到了的,并在体育概念的研究中有所体现的。如徐箐指出:"概念只是客观事物的本质在人的意识中的反映……它伴随着社会经济、文化的发展而不断扩展自己的内涵与发展自身的内容"[1]。王景连和赵崇珍指出:中外体育的概念都不仅仅局限于增强体质,要阐发当代体育概念的新发展和新特点以确定体育概念。[2]　熊斗寅指出:"对于体育概念不能是静态的,应该是动态的、发展的,这才符合体育的发展规律"[3]。易剑东指出:"体育是一个发展的概念,在不同的历史时期,人们对体育的认识是不同的、体育的内涵也不大一样"[4]。孙葆丽指出:"任何一个概念都有它产生、发展和不断演变的历史。……因此,研究体育概念应站在更高的层次上,用发展的眼光"[5]。

"历史概念类集"概念的引入,强化了我们对体育这一概念运动和变化属性的认识,其具体意义表现为:第一,使形式逻辑的体育概念研究有了方法论基础。"历史概念类集"的引入,引导我们正视体育的发展变化,通过探讨体育在时空中的变化来把握体育概念的内涵。使我们认识到体育概念的内涵和外延处在不断地发展、变化之中,变化和发展了的体育概念的内涵和外延是随着体育这一客观事物的变化、发展而变化、发展的,体育概念内涵的不断丰富是人们对客观事实认识的必然结果,从而使形式逻辑的体育概念研究站到了更广阔的历史时空中,为形式逻辑的体育概念研究提供了方法论基础。第二,有利于把握体育概念的阶段性特征。通过描绘不同时期体育概念之间的有序过渡,能使我们更加清楚地认识体育的发展进程,从而看清楚体育概念的阶段性特征。

---

① 徐箐:《论体育概念的演变过程》,《辽宁体育科技》2005 年第 3 期。

② 王景连、赵崇珍:《浅议体育概念的历史演变》,《安徽大学学报(哲学社会科学版)》1995 年第 6 期。

③ 熊斗寅:《什么是体育》,《体育文史》1996 年第 5 期。

④ 易剑东:《体育概念和体育功能论》,《体育文化导刊》2004 年第 1 期。

⑤ 孙葆丽:《研究体育概念要用发展的眼光》,《体育文史》1996 年第 4 期。

（三）现代与后现代视野下的体育概念研究

研究虽然采用了多种研究方法，但关于体育概念的争论仍然没有停止，甚至有越辩越不明的趋势，这就逼迫理论工作者寻找新的方法。后现代主义语言哲学的引入就是寻找新方法的结果。

从 2003 年开始，海南师范学院张庭华等人先后发表了《游戏：一种后哲学的阐释——维特根斯坦〈哲学研究〉中的游戏思想评介》[①]、《再论体育界的语言问题——后现代主义的语言哲学阐释（上）》[②]、《再论体育界的语言问题——后现代主义的语言哲学阐释（下）》[③]、《再论"体育"的概念问题——"自然语言逻辑"的哲学阐释》[④]等一系列文章，介绍了后现代语言哲学，对体育理论界的语言问题进行剖析与批判，主张用后现代语言哲学解决体育概念的纷争问题。

张庭华等的系列文章引起了争论。李寿荣、林笑峰[⑤]、毕世明[⑥]和胥英明等[⑦]发表文章，对以后现代主义语言哲学进行体育概念的探讨进行了分析和批判。

1. 体育概念研究中后现代语言哲学的引入。

维特根斯坦是 20 世纪西方最著名的三大哲学家之一。在其《哲学研究》一书中提出了"语言游戏说"。张庭华等人在《游戏：一种后哲学的阐释——维特根斯坦〈哲学研究〉中的游戏思想评介》介绍了维氏的"语言游戏说"。张庭华等人认为，"在我们今天看来，的确是与众不同的结论，也完全可以说是对传统游戏理论的否定。然而，这也正是维特根斯坦游戏理论的鲜明、创见之处，这也正是后哲学精神的充分体现。它为我们理解事物提供了一种全新的思考方法和研究视角。它对于我们进行'体育人文社会学'理论中的一些

---

① 张庭华等：《游戏：一种后哲学的阐释——维特根斯坦〈哲学研究〉中的游戏思想评介》，《体育文化导刊》2003 年第 6 期。

② 张庭华等：《再论体育界的语言问题——后现代主义的语言哲学阐释（上）》，《体育文化导刊》2004 年第 2 期。

③ 张庭华等：《再论体育界的语言问题——后现代主义的语言哲学阐释（下）》，《体育文化导刊》2004 年第 3 期。

④ 张庭华等：《再论"体育"的概念问题——"自然语言逻辑"的哲学阐释》，《体育文化导刊》2004 年第 11 期。

⑤ 李寿荣、林笑峰：《思维滥觞及体育、竞技在科教文中的地位》，《体育学刊》2005 年第 1 期。

⑥ 毕世明：《本质·否本质·体育——关于后现代主义哲学一个主要论点的评说》，《北京体育大学学报》2006 年第 5 期。

⑦ 胥英明等：《论后现代语言学的转向与体育界的语言问题——兼评〈再论体育界的语言问题——后现代主义的语言哲学阐释（上）〉》，《体育文化导刊》2006 年第 6 期。

重大问题的探讨,将具有十分重要的参考价值和借鉴价值"①。

在《再论体育界的语言问题——后现代主义的语言哲学阐释(上、下)》中,张庭华等人介绍了现代主义语言学和后现代主义语言学,认为后现代主义的语言哲学是体育人文社会理论研究的重要基础。研究后现代主义语言学可以避免理想语言哲学的局限性,为体育界的语言问题提供一种全新的视角和阐释。

现代主义的语言哲学,即理想语言哲学,核心思想是对语言进行逻辑分析,制造出一套严密的、能够精确表达思想的、成为描述世界精确图像的理想的语言描述系统。理想语言哲学对 20 世纪的西方哲学发展具有重要的影响作用。它所提倡的逻辑分析方法和追求语言精确意义的精神,广泛地渗透到社会各领域、各学科之中。我国体育界的学者在研究问题和分析问题时也受到它的影响,并往往作为最有效的理论和视角。

后现代语言哲学的核心思想是批判、否定和超越理想语言哲学,认为语义不具有精确性、语义随语境和语用关系而流动,语义只是存在、附属于语言的实际环境与实际用法之中。后现代语言哲学强调"语用学"。语用学关注语言的使用方式,重视语言同生活的关联,主张语词的意义在于它被使用的方式。

"理想语言哲学所追求的语言精确性,在后现代主义的语言哲学看来,这是根本无法实现的。因为万事万物本身所具有的只是差异性、相似性,根本就不具有如理想语言哲学所认为的同一性的本质特征或属性,我们也根本不能为事物下一个精确的、能够反映事物共同本质特征或属性的定义。如果一味追求语言的精确性,必然限制人类思想的无限发展。就人类语言而言,也就缺少了色彩斑斓的情趣了。只有把语言和环境结合起来,通过心灵的思辨,才能够生动、确切地把客观事物印象在思维之中。因此,体育界的学者们试图循理想语言哲学,建立精确的体育语言描述系统,这根本无助于解决体育界的语言问题。后现代主义的语言哲学的基本立场和主张赋予我们看待问题的全新视角和启示,为我们重新阐释体育界的语言问题提供了一种全新的立论基础。"②

在《再论"体育"的概念问题——"自然语言逻辑"的哲学阐释》一文中,张

① 张庭华等:《游戏:一种后哲学的阐释——维特根斯坦〈哲学研究〉中的游戏思想评介》,《体育文化导刊》2003 年第 6 期。

② 张庭华等:《再论体育界的语言问题——后现代主义的语言哲学阐释(下)》,《体育文化导刊》2004 年第 3 期。

庭华等人对体育概念研究的方法论提出明确的观点。

首先,"自然语言逻辑"是进行体育概念研究的最佳方法论。他们认为我国的体育概念研究方法主要有两种,一是形式逻辑,二是形象思维。形式逻辑的定义法是指"种差+属"的定义法,即被定义概念=种差+邻近的属概念。形象思维法是指通过对现象世界中的具体事物进行具体分析,从中抽取出事物的一个本质特性,将其概括、综合,进而揭示出事物的整体本质、整体概念。

张庭华等人认为,历经十几年的讨论和争鸣,无论形式逻辑,还是形象思维,都不能提供理想答案,都始终存在着解决问题的局限性。他们提出用"自然语言逻辑"方法论进行体育概念研究。

其次,"体育"一词适合用于指称体育界的诸事物。这可以用维特根斯坦的"家族相似性"和克里普克的"历史因果"命名理论来解释。

维特根斯坦认为西方哲学自发轫以降,人们就有一个根深蒂固的习惯,就是对普遍同一性的追求,即从乱中求同,从变中求恒,从多中求一。这种理想化的思维方式是一种病态,需要诊治。因为事物本身就是乱、变、多的,根本不存在什么同一性、本质性的东西,相似性才是事物的本真状态。这种相似性不是指共同的相似,而是指这一方面或那一方面的不完全相似。维特根斯坦用"家族相似"来标识这种相似性。用体育来标识体育界的诸多事物是因为这些事物具有家族相似性。

解决了可以用一个词来标识体育界的诸事物之后,就会有另一个问题,即,为什么要用"体育"而不是什么其他的名称来标识体育界的诸事物。克里普克的"历史因果"命名理论[①]可以对此进行解释。体育之所以被广泛使用正是在"历史因果链条"的传递作用下,顺其自然地使用"体育"一词。

运用日常语言逻辑所得的体育概念所具有的特点是:

第一,体育概念根本不存在什么绝对的、精确的意义标准,它的意义取决

---

① "历史因果命名理论"是克里普克提出的命名理论。克里普克采取了描述的方式来阐发他的理论。例如丘吉尔之所以被命名为"丘吉尔",不是因其本人具有种种特性,而是由于他出生后被他父母取了这个名称,从此以后,其他人就用这个名称去称呼他。这样就建立起一条长期的"历史因果链条"。"丘吉尔"这个名称就沿着这个链条一环一环地传递下去。站在这个链条另一端的任何人,都可以用"丘吉尔"这个名称去称呼丘吉尔,而不必管丘吉尔的种种特性。

于语境。例如,"《中共中央国务院关于进一步加强和改进新时期体育工作的意见》(2002.7.22)的文件中,多处提到'体育',在加强高水平运动队建设,培养……新一代体育队伍一句中,'体育'指的是'竞技体育';人均体育消费和经常参加体育活动的'人数'一句中,'体育'指的是'健身体育';'各类学校要培养学生德、智、体全面发展,提高体育教学质量'一句中,'体育'指的是'学校体育'。"[①]一个文件中的体育有三个意思,但却很容易在语境中区别开来。正是因为语境的重要作用,所以体育概念的意义与词源无关,我国一些学者经常采用的借助于词源来考证"体育"概念意义的方法是没有效果的。也是因为语境的作用,所以我国一些体育学者借助词典来考证体育概念也无助于解决问题。

第二,体育概念是一个无穷的意义生成过程,是以往各种意义的集合。体育的意义是不断生成的,并且,伴随这个过程的推演和继续还会增加。过去的体育意义不仅在历史上是合理的,在今天也会继续存在,试图以一种意义去否定其他意义的存在,是一种低级和肤浅的认识。体育并没有什么精确的概念。它的概念只能是以往各种意义的集合,这个集合永远无法固定,在将来,它一定还会有新的意义产生,集合的内容还会增加,体育的概念也还会发生变化。

第三,Sport(s)就是"体育"。判断此一名称是否是彼一名称,主要以指称事物是否相同为依据。就某人而言,有人叫他"老张",也有人叫他"小张",但无论叫什么,我们都知道"老张"就是"小张"。这只不过是一个人有两个不同的名称而已。名称只不过是对象的标签或记号,可以任意选择、约定俗成。人们可以用不同的名称指称相同对象。但只要两个不同名称指称事物相同,那么,此一名称必是彼一名称。从世界范围看,Sport(s)意义已经发生了巨大变化。在日常使用中,在不同语境中,人们已经赋予其多种不同的意义,像"体育"一词一样,也具有"多义性",所指称的相当体育界中的诸多事物。Sport(s)就是体育。用Sport(s)标记体育是当今世界范围内的普遍现象,为了更好地促进国际间的交流与沟通,那么Sport(s)就应该作为可替代"体育"的外文语言,作为我们的翻译语言。现在各种媒体广泛使用Sport(s),《中华人民共和国体育法》的英译本,把社会体育译为 Social Sports,把学校体育译

---

① 张庭华等:《再论"体育"的概念问题——"自然语言逻辑"的哲学阐释》,《体育文化导刊》2004年第11期。

为 School Sports,把竞技体育译为 Competitive Sports,其实就是这个道理。

总之,这批青年学者认为,运用传统的形式逻辑"种差＋属"的定义法和形象思维法没法很好地解决"体育"的概念问题。要很好解决体育概念的定义问题,必须实行从现代语言哲学到后现代语言哲学的转换,即从理想语言哲学向日常语言哲学的转向。"自然语言逻辑"是体育概念研究的最佳方法论,"体育"一词适合用来指称体育界的诸事物,体育这一概念并没精确的含义,它的意义由语境决定。Sport(s)与体育指称的是一个对象,可以作为对外翻译时的外文词汇。

2. 理论界对后现代语言哲学方法的质疑。

张庭华等人通过对后现代语言学的介绍,提出要放弃"形式逻辑"与"形象思维"下定义方法,用"自然语言逻辑"研究体育概念的观点。这从某种意义上说是体育概念研究方法的更新,说得直接一些就是对此前体育概念研究的否定,因此,遭到反驳就理所当然。

《思维滥觞及体育、竞技在科教文中的地位》[①]、《本质·否本质·体育——关于后现代主义哲学一个主要论点的评说》[②]、《论后现代语言学的转向与体育界的语言问题——兼评〈再论体育界的语言问题——后现代主义的语言哲学阐释(上)〉》[③]、《说"家庭相似"、体育语言和体育概念》[④]等一系列文章相继发表,对"自然语言逻辑"派的观点进行了质疑。

(1)"家族相似性概念"纠偏。

"家族相似性概念"是维特根斯坦使用过的一个非常重要的词语,必须把它放到后现代语言哲学转向的大背景下才能较为准确地理解它。"后现代语言学的转向其实就是要在形而上学的层面对现代的语言观进行解构,甚至是颠覆。它或者是否认现代哲学所秉承的语言能真实再现外部世界的语言观,或者是把语言视为一种先在,从而使语言的再现功能变成了对事物的规定功能。后现代语言哲学阐释认可一种'互文性',尊重不同读者根据自身的理解对同一文本的不同解读。但是后现代主义并不否认对语言的理解必须结合

---

① 李寿荣、林笑峰:《思维滥觞及体育、竞技在科教文中的地位》,《体育学刊》2005 年第 1 期。

② 毕世明:《本质·否本质·体育——关于后现代主义哲学一个主要论点的评说》,《北京体育大学学报》2006 年第 5 期。

③ 胥英明、杨文怀、金会民:《论后现代语言学的转向与体育界的语言问题——兼评〈再论体育界的语言问题——后现代主义的语言哲学阐释〉(上)》,《体育文化导刊》2006 年第 6 期。

④ 韩丹:《说"家庭相似"、体育语言和体育概念》,《体育与科学》2007 年第 4 期。

具体的语境"①。

关于"家族相似性概念",韩丹认为:第一,在日常语言中确实存在一些词语所有构成因素并没有可以叫做"共同性"或"共性特征"的东西,但这种现象并不多,"家庭相似"的方法只适用于日常语言中的少数现象,没有普遍性,在众多语言学著作中很少被人提起,维特根斯坦自己也只使用一次,绝不是什么"命名原则"。第二,"家族相似"并不是一个严格的科学概念。其他语言学著作都没有把它当做一种命名原则或定义法。第三,"家族相似"并不能作为维特根斯坦反本质主义的一个佐证。

(2) 反驳了体育语言"不具有精确性"的观点。

韩丹认为张庭华等人在"两个基本问题上划不清界限:一是分不清自然语言同专门语言的界限,二是分不清体育专业语言同体育日常语言的界限,因而犯了药不对症的错误"②。

韩丹认为所谓日常语言就是一个语言共同体在日常活动中,为了沟通和交流而进行言说活动而使用的语言。在日常的言语行为中,说者为要使听者很好地理解自己的意图,常常使用语音变化、身势手势、面部表情以及各种夸张、形象的语言表达式,以加强语言效果;而这类言语行为都是在具体的语境中进行的,大都是一种浅层次的现象性交流。日常言语行为有自己的特性,即形象生动性、多意性、模糊性和情境性。

人类的活动可分为日常活动和专门活动,与这相对就形成日常语言和专门语言,两者具有很大的区别。第一,日常语言是使用同一语言的共同体的人们,在长期的言说活动中,经过自然融合、淘汰和选择而形成的语言;专门语言则是由从事某个专业活动的人们,按照一定的规则自己编创形成的语言。前者是自然语言,后者是人工语言。第二,日常语言的语言共同体通常是一个民族或国家,成员多而情况复杂;而专业语言则只是某个专业活动领域的人们所使用的语言,范围有一定限度。第三,日常语言是人们在浅层次的言说活动中,即普遍性的日常活动和社会交往中使用的语言,不需要特别的精确性;而专门语言则是深层次的专业性的,要求严格的精确性。第四,日常语言使用的人多、情况复杂,很难进行有规范的改造;而专门语言则是有相

---

① 胥英明、杨文怀、金会民:《论后现代语言学的转向与体育界的语言问题——兼评〈再论体育界的语言问题——后现代主义的语言哲学阐释〉(上)》,《体育文化导刊》2006 年第 6 期。

② 韩丹:《说"家庭相似"、体育语言和体育概念》,《体育与科学》2007 年第 4 期。

当行业组织的专业人员使用,很容易通过组织程序进行改变,可以按照专业发展的需要,进行完善性的改造。第五,日常语言的言说行为中,说者可以根据听者的心态、性格、接受能力,以及说话的时间地点,使用各种表达方式;而专门语言的使用者则要按照统一的概念体系、工作规范使用专门语言。

体育语言是一种专门语言。所谓"体育界",指的是人们社会活动的一个专门领域。在我国通常包括:体育、运动竞技和身体娱乐三个专业领域,每个专业领域都有自己的专门语言,而这些专门语言具有非常强的精确性。作为日常语言中所用的语言,即体育日常语言,它具有的随意性、现象性、不准确性、无定义性、无规范性等特征,用之研究体育专业语言是很难有成效的。

韩丹从区分日常语言和专门语言的视角反驳了张庭华等人关于体育语言"不具有精确性"的观点,胥英明等人[①]则是从语言的"社会性"论证了作为日常语言的体育语言同样具有精确性。

胥英明等人认为要使语言交流得以顺利进行,语言必须保持相对的精确性、准确性,因为我们必须承认语言的能指与所指之间存在差异,语言不可能与实在完全对应,但也必须承认语言交流中需要语言的相对准确,这是由作为一种约定俗成的社会实践形式的语言的"社会性"所决定的。

总之,这场由张庭华等人引起的关于体育界语言问题的讨论,围绕着体育界语言问题进行了现代主义与后现代主义的争论,经过多次的反复最后又回到起点。虽然最终也没能解决关于体育概念之争的问题,却加深了我们对这一问题的认识。

其一,进一步明确了体育语言可以分为日常语言和专业语言。广大的一般群众、非学术的体育媒体所使用的大多是体育日常语言,由于"语境"的作用,也会达到一种交际和交流的效果。体育专业语言则是专门从事体育学术和体育实践的人员所使用的语言,这种专门语言需要精确性和规范性。

其二,后现代主义不适合作为体育概念研究的方法论。后现代主义本身是一个庞杂的思想混合体,它根本不能称作体系,谈不上系统性,因此它不适合作为一种方法论,把其视为一种观念、一种视角、一种思维方式则更为合适。

---

① 胥英明等:《论后现代语言学的转向与体育界的语言问题——兼评〈再论体育界的语言问题——后现代主义的语言哲学阐释(上)〉》,《体育文化导刊》2006年第6期。

其三,由于家族相似性概念和历史因果命名理论的引入,使我们进一步理解了为什么我国的体育体系已经发生了根本性的改变,但仍然可以用"体育"一词来标识身体文化这一领域,使我们进一步理解了为什么"体育"一词的英文翻译单词应该是 sport(s)。

第五节 "体育与健康"课程名称质疑与反思

回顾中国学校体育史,我国学校体育课程的名称经历了三次变化。1904年清政府颁布的《奏定学堂章程》是中国近代教育史上第一个由政府公布并在全国实施的学制,也是第一次把"体操"列为学校开设的课程之一。1923年北洋政府颁布了《新学制课程标准纲要》后,"体操"名称改成为"体育","体操科"改为"体育课"。之后,学校的体育课程经历过多次改革,教学体系也进行多次转变,但"体育"这一名称始终没变,直到2001年中华人民共和国教育部制订、国务院颁布的《全日制义务教育 普通高级中学:体育(1～6年级)·体育与健康(7～12年级)课程标准(实验稿)》,把"体育课改为体育与健康课"①,我国基础教育阶段体育课程名称发生了改变。

新课标是以政府的名义颁发的,具有法律的强制性,但体育学术界对"体育与健康"这一课程名称的合理性却提出了质疑。主要的观点有以下几种。

一、"体育"作为课程名称否定论

吴耘等人认为"体育"作为课程名称具有不合理性。② 他们认为教育分为德育、智育和体育三大部分。学校教育中,智育(知的教育)由语文课、数学课、历史课、地理课等课程构成;德育(情感教育)由音乐课、品德课、美术课等课程构成;而体育(身体教育),在人们的观念中,则一般只有"体育"课来完成。

在学校教育中,各门课程的命名是以该课程教材所属的文化素材名称为一般原则命名的。比如语文课、数学课、音乐课等课程名称都是依据被选择的文化媒体命名的。而"体育课"中,作为媒体的"体操、武术"等等,如果按照

---

① 于涛、魏丕勇:《体育与健康关系认识中的四个误区》,《成都体育学院学报》2008年第3期。

② 吴耘、安娣、王建华:《论"体育"作为学科名称的不合理性及对策》,《体育文化导刊》2006年第3期,第49～51页。

其他学科的命名方式,则应该称之为体操课、武术课,而我国的实际情况并非如此。这样,就出现了两个体育。一个是作为"三育"之一的体育,一个是作为学科名称的体育,两者名称相同而范畴基础却是完全不同。

另外体育作为教育"三育"中的一育,是在预先设定的某种目的和条件下,作用者(教师)和被作用者(学生)以及媒体(运动、教材等)之间构成的一种关系形态,因此,三育的体育是一种关系概念。而作为体育媒介的各种运动,如武术、体操及各种球类等等则是实体的存在,因而是实体概念。因此应该以实体概念的知识素材名称为课程名称,"体育"作为课程名称是不合理的。

这派观点根据他们自己对体育概念的认识,建议改变体育的课程名称并相应地实行学生自主选课制度。具体操作方法为:

小学教育阶段,改"体育课"为"运动与健康课"。结合小学生们的生理和心理特征,以全面锻炼学生身体素质为主要的任务和目标,以自然的走、跑、跳、投、攀登、爬越、悬垂、滚翻、平衡为主要内容,发展学生的身体素质和动作感觉、知觉,培养学生的协调性和对运动的兴趣;同时,要遵循健身性和文化性一致的原则,使学生逐步了解体育锻炼对身心健康的益处,使其会游戏、会锻炼身体,为终身进行身体锻炼奠定良好的基础。

中学教育阶段,改"体育课"为"运动项目课程",即以运动项目的名称为体育课程名称,相应的,各中学根据自己的体育场地条件和师资力量,借鉴高等教育中的体育公选课制度,在中学开设体操、球类(篮球、排球、足球、网球、乒乓球和羽毛球各自单设班开课)、武术、游泳等课,使学生自主选课。

吴耘等人从教育目的与课程的区分、关系概念与实体概念区分、不同年龄阶段体育课程内容的特点等方面对"体育"作为课程名称的合理性进行了质疑,我们可以称其为"'体育'课程名称否定论"。

"体育"课程名称否定论的观点具有一定的合理性。它对体育两层含义的区分,使我们看到了体育教育目的与体育教材的区别,它所拟定的具体操作方案符合学生的身心发展规律和体育素养的培养规律。但他们对此观点的论述也存在着不周全之处。

他们认为学校的智育(知的教育)由语文课、数学课、历史课、地理课等课程构成,德育(情感教育)由音乐课、品德课、美术课等课程构成,而体育(身体教育①），在人们的观念中，则一般只由"体育"课完成，由此得出中小学的课程名称都依据被选择的文化媒体来命名的，而唯独体育不是的结论。其实作者并不了解中小学其他课程的构成情况。任何一门课程都不是从单一学科里选取教学内容的，任何课程都是在根据教育目的确立了课程价值取向之后从相关的学科选取教学内容来构建课程的。以语文为例，其实在中国根本就没有一个语文学科，"语文"作为课程名称也是在 1949 年才开始使用的。目前的语文课程也不是传统的选文加练习的构成方式，它也像体育课分"体操"、"球类"一样分出了许多的科目，如《史记》研究"、"文学课"等，但没有人提出语文课程要改名的观点。数学就更明显了，大家都知道初中里几何和代数是分别设课，专职教师担任，但没有说几何不是数学课，数学就要改名字。中小学里的所有课程都与体育一样，并不是由一个实体学科作为支撑，支撑他们的实体学科往往有多个。课程与学科既有联系也是有本质区别的。

我们现行的中小学体育课程的设置是合理的也是可行的，按"体育"课程名称否定论的观点进行课程重新设置也是有道理的，但最后采用哪一种设置方案关键要看教育决策者的态度。教育决策并不只看学理对不对，更主要根据实际情况看合理不合理，有没有可操作性，能不能产生最好的效果。试想一下，如按"体育"课程名称否定论的观点进行课程重新设置，"语文课"可以分出文学课、语言课、写作课等等，数学可以分出算术、几何、数学、微积分等等，加在一起基础教育的十几年学生要上一百多门课甚至几百门课，这不但与通才教育理念背道而驰，就是中学排课、师资选择也会成为问题，整个基础教育阶段的课程体系将会变得非常复杂，甚至产生混乱，这是与我国的教育体制不相吻合的。

二、"体育与健康"作为课程名称质疑论

我国于 20 世纪与 21 世纪之交正式启动了新一轮基础教育课改革，作为此次课程改革的一个重要成果——学科课程标准也相继颁布。新的体育课程标准把 7～12 年级的课程名称命名为"体育与健康"。

新的课程标准与新中国以往的教学大纲相比在理念上有了质的飞跃，它

---

①　崔颖波对"体育"是"身体教育"的观点进行了质疑。他认为"体育"的发展演变经历了"身体教育"、"通过运动进行的教育"和"运动教育"3 个阶段，因而"体育"概念有"身体教育"、"通过运动进行的教育"和"运动教育"3 种解释。由于目前我国"体育"处于"运动教育"阶段，所以"体育"不能解释为"身体教育"。（崔颖波：《论"体育"不是"身体教育"》，《天津体育学院学报》2009 年第 6 期）

更加关注学生如何通过身体活动去实现健康目标,重视通过教学使学生得到全面发展。但把体育课程由"体育"更名为"体育与健康"却遭到一定程度的质疑。曹波明确提出"《体育与健康》课程名称合适吗?"①黄英豪在《体育与健康教育的双重困境——对我国〈体育与健康〉课程设置及课程名称的思考》一文中则明确提出了"体育与健康"课程把体育与健康并列使体育教育和健康教育陷入双重困境。

曹波认为"体育与健康"作为课程名称明显具有诸多不妥之处:

第一,从逻辑学的角度看,这种命名方式明显违背了形式逻辑的基本规律——同一律。同一律要求"任何一个概念都有其确定的内涵和外延,任何一个概念都只由于其自身同一而与其他概念相区别"。一个概念如果反映什么对象,它就反映什么对象,否则就不能保持概念在同一思维过程中的同一,这样的思维就会是不确定的、不正确的。"体育与健康"用来命名中学体育课程,是体育课程与健康课程概念的两两相加,还是特定意义上的体育课程或健康课程,这显然会造成人们对体育与健康这门课程概念理解上的混乱。

第二,从学科概念的定义上看,体育与健康这种课程命名方式使得体育课程的内涵和外延变得越发模糊。

第三,在课程实施的过程中,会产生诸多误会。在基层,学校在实施这一课程的过程中,往往把体育与健康课程看成是体育课程与健康课程合并的一门课程,在教学中过分强调了健康知识的教学而忽视了体育实践对实现健康目标的价值。学生也会由于没有真正认识体育课程的功能与价值所在,容易产生对体育课程的误解,认为有一定负荷和一定强度的课程内容就会与身体健康发生冲突。殊不知科学、合理的运动负荷才是实现课程健康目标的最佳手段。

第四,健康目标是学校目标的一个部分,它涉及所有的学科课程,也只有所有的学科课程都树立起"健康第一"的指导思想,才能更有效地实现这一学校培养目标,而不是单单靠某一学科就能单独实现得了的。如果体育与健康这一命名方式成立的话,语文课程是不是也应改成语文与健康,数学改成数学与健康,英语改成英语与健康……

新课程除了重视以往体育课程所体现出的获得运动知识和技能以及增

① 曹波:《〈体育与健康〉课程名称合适吗?》,《体育教学》2004 年第 2 期。

强体质方面外,还十分重视对促进学生心理健康、社会适应能力等方面的作用,因此曹波认为把"体育与健康"改为"健康体育"或"保健体育"更为合适。

三、"体育与健康"名称改回"体育"名称论

持这种观点的人认为体育课程改称"体育与健康"课程缺乏学理基础,会使体育教育和健康教育都受到损失,建议健康课程独立设置并加大研究,同时还体育课程以原有的名称。

把体育课程名称改成"体育与健康"是缺乏学理基础的。[①] 首先,"体育与健康"这一概念具有歧义。"体育与健康"这个词组在学校范围可能指体育教育、健康教育。"与"是一个连词,因此"体育与健康"可能有三层意思。一是可能指体育教育和健康教育相加;二是指健康性质的体育教育;三是指体育教育和部分有关健康的教育。"体育与健康"的多义性,可能造成我们对这门课程理解的歧义。其次,课程理念的变化、价值观的更迭完全没有必要用更改体育课的名称来体现。体育课程要注重学生身心的健康发展这一理念是正确的,但如果每个时代都把自己的理念赋予到体育课的名称上去,那么体育课的名字岂不得无限制地"与"下去。回顾中国学校体育的百余年发展史,体育价值观几经改变,但体育课名称的变化仅有一次。

1904 年清政府的《奏定学堂章程》是中国近代教育史上第一个由政府公布并在全国实施的学制,也是第一次把体操列为学校开设的课程之一。直到 1923 年北洋政府公布《新学制课程标准纲要》后,"体操"名称改为"体育","体操科"改为"体育课"。[②] 这次体育课程名称的改变是有鲜明的时代背景和认识论基础的。当时大多数中国人尚不知道体育为何物,在"强国强种"的热情驱使下,以为对身体的简单操练就是体育,但是随着大批留洋学生的回归和基督教青年会对体育的推广,人们识到军国民教育思潮的局限,田径、球类等活动逐渐被人们所接受,兵操在学校中淘汰,自然主义体育思想和形式开始影响我国。学校体育从思想到内容都发生了根本的转变,"体育课"顺势取代"体操科"就成为历史的必然。

---

① 于涛、魏丕勇:《体育与健康关系认识中的四个误区》,《成都体育学院学报》2008 年第 3 期。
② 这个课程名称并不是由北洋政府正式公布的,而是在 1923 年"新学制"公布后,在全国教育会联合会制定并刊布的《中小学课程标准纲要》里正式使用的。此课程纲要虽未经政府正式公布,但由于全国教育会联合会在当时有相当的代表性和权威性,故各地都依此施行。(孙培青主编《中国教育史》)

　　发生在 2001 年的这次更名,无论是时代背景,还是认识论基础上都缺乏足够的支持,也没有反映学术界对该概念的研究成果,反而由于术语的歧义引起学校体育领域对有关知识的理解和表达走入误区,也给实践和学术交流带来不便。

　　于涛等人是从学理上论证了体育课程更名的不合理性,而黄英豪则从课程实施的角度认为把"体育"课程改为"体育与健康"课程造成了体育教育与健康教育的双重困境,建议把课程名称重新改回"体育"。①

　　黄英豪认为虽然健康教育与体育教育相互联系,但健康教育是独立的。健康教育是指借助于教育方法,使人们获得与健康有关的知识、价值观、技能和行为习惯,以此达到最佳健康状态。健康教育的目的在于:第一,使人们掌握正确的健康知识,维护与增进他们的健康。第二,普及健康问题的解决方法,预防非正常死亡疾病和残疾的发生。第三,改善或改变人们的生活行为方式,使之养成有益健康的行为习惯。第四,改善或改变人们对生活的态度,使他们获得丰富的活力,在生活中充分地享受幸福。

　　具体的学习内容一般包括:第一,生理卫生知识教育。包括人体生理特征、男女性别差异、生长发育规律、怎样促进生长发育等。第二,行为与生活方式教育。包括行为与健康、饮食与健康、生活方式与健康、劳逸与健康等。第三,性与性卫生教育。包括男、女性成熟标志、特点,性心理,恋爱与道德,异性交往的艺术,怎样对待失恋等。第四,环境与健康关系教育。包括校园环境与健康、教室环境与健康、宿舍环境与健康、个人身心环境与健康等。第五,自我保健方法教育。包括体育保健、课外健身活动、心理调节、根据个人特点进行的自我保健等。第六,心理调控能力教育。包括常见心理疾病的预防,影响心理健康的因素分析,如何面对挫折、缓解压力、调整心态、控制情绪、借助外界力量排除心理困扰等。第七,健康与卫生常识教育。包括常见疾病、传染性疾病的预防知识,一般急救与护理知识,常用药物知识介绍等。

　　"体育与健康"课程的设立,使健康教育在教育中的独立地位受到限制,同时也使体育教育受到影响,体育教育与健康教育都变得非常困难。

　　首先,健康教育受到限制。学校健康教育发展到今天,其内涵已经发生

---

① 黄英豪:《体育与健康教育的双重困境》,《山东体育科技》2005 年第 1 期。

了深刻变化,已经由原来只关注学生的生理健康发展到对学生生理、心理、社会适应和道德全面的关注,这意味着学校健康教育的任务更加艰巨,更加宽泛了。

但是由于我国特殊的国情和健康教育发展观念上的滞后,以及经费投入上的不足,再加上长期以来"应试教育"对学校教育的统治,造成对学生身心健康的忽视,所以无论从健康教育的学科建设、理论研究以及管理制度建设,还是从健康教育的情况来看,都存在着发展相对滞后的问题,这不仅与当前我国大力提倡素质教育不和谐,而且与国际化的以人的健康促进为背景的健康教育思想不统一。《体育与健康》课程的设置标示着将健康教育作为独立的学科进行建设的可能性很小。同时"体育与健康"这一名称,可能使人把体育与健康放在一起思考,很容易使人们把体育教育与健康教育视为一个事物的两面,甚至认为健康教育是从属于学校体育教育,从而夸大体育在学校健康教育中的作用,而没有给健康教育以独立的课程地位。

与美国等发达国家的学校健康教育相比较,我国学校健康教育的这种"体育卫生模式",在内容结构上缺乏对学校健康教育的整体性与综合性认识,没有深入研究健康教育与素质教育、健康教育与基础教育之间的关系,不仅在学科建设上具有较大的局限性,同时也不利于处理好健康教育与其他学科之间的相互关系,更不利于明确健康教育的学科地位。

其次,给教学实践造成双重困难。目前,我国中小学教学中存在着以体育代替健康教育或以健康教育代替体育两种倾向。

以体育代替健康教育,片面夸大了体育对健康教育的作用,其实质上是把"健康第一"的指导思想降格为学校体育的指导思想,把健康的思维理念等同于学校体育的健身观念。

以健康教育代替体育显然没有真正领悟体育的真义,不明白运动与游戏乃是体育的本质与核心内容,失去了运动与游戏,体育也就不成其为体育了。

体育与健康的关系无非是以身体练习为主要手段来达到健康目的,而健康教育主要借助于教育方法,使人们获得与健康有关的知识、价值观、技能和行为习惯,以此达到最佳的健康状态。其侧重点或者说主要手段在于健康知识的传授与不健康行为的矫正,它与体育的以身体练习或者说运动与游戏为手段是大相径庭的。

总之,黄英豪认为我国《体育与健康》课程的设置,一方面夸大了体育教学在学校健康教育中的作用,而没有给健康教育以应有的独立学科地位,一方面在内容上缺乏对学校健康教育的整体性认识,并且将体育课更名为《体育与健康》课,造成了广大体育教师的极大困惑,不利于体育课程的自身发展。当前一方面要考虑还体育课以原有名称,另一方面应把健康教育作为独立学科进行设置并加大研究力度。

四、"体育"课程名称否定论反思

"体育"作为课程名称否定论、"体育与健康"作为课程名称质疑论及"体育与健康"名称改回"体育"名称论,构成了对"体育与健康"课程名称质疑的基本观点。质言之,它们都是否定论,不同意把体育教育和健康教育合并成一门课程,否定"体育与健康"这一课程名称。主要理由有两个方面。一方面这一名称使体育教育和健康教育的性质变得模糊起来,另一方面使体育教育和健康教育两门课程都受到削弱。

对于"体育与健康"这一课程的否定性质疑并没有得到体育课程标准制定者的回应。虽然体育课程标准研制组的主要成员没有专门的对改变课程名称的原因进行解释,但我们认为"体育与健康"作为课程名称还是有一定的合理性的。

第一,从世界范围来看,既有合设一门课程开设的模式,也有两门课程分设的模式。加拿大安大略省、澳大利亚维多利亚州、新西兰等将体育与健康教育两门课合二为一,设立了健康与体育课程。日本也将体育与健康教育课程合设为一门课,小学取名为体育课,中学取名为保健体育课。英国、美国(大多数州)等国家将体育与健康教育课程分设,分别颁布体育课程标准和健康教育课程标准。俄罗斯则分设体育与生命安全两门课程。体育课程包括身体发展、运动技能、卫生、饮食、休息、意志与道德品质的发展、健康的生活方式、心理的身体调节和自我调节方法等内容;生命安全基础课程包括自然灾害、生产事故、交通事故伤害等预防与处理的内容。[①] 俄罗斯的"体育"课程内容相当于我们的"体育与健康"课程的内容。不管哪一种模式,其课程内容基本相同。

---

① 参考体育(与健康)课程标准研制组编写:《全日制义务教育 普通高级中学体育(与健康)课程标准(实验)解读》,湖北教育出版社 2002 年版第 15 页。

第二,从我国课程史看,体育卫生合设一门课程是我国的传统。早在1923年,全国教育会联合会刊布的《中小学课程标准纲要》[①],小学"体育"单独设"目"[②],初中"生理"、"卫生"、"体育"并列设"目",归"体育"科[③]。在《高级中学课程总纲》[④]"高级中学公共必修科目"中规定体育一门分卫生法、健身法和其他运动。因此,在1923年这个深受美国影响的课程纲要中,已经开体育、健身、卫生合设为一门课程的先河。中华人民共和国建立后,我国的课程深受苏联的影响,一直坚持着"体育卫生"模式。

第三,从中小学课程设置的实际状况看,同样具有合理性。中小学的课程设置受时间和空间的影响,有限的学习时间决定了课程内容的上限。中小学不可能无限制地添加课程内容,同样也不可能无限制地添加课程的门数。在综合考虑的基础上,把属性相对较近的体育与健康合成一门课程也是合理的。另外,课程并不等于学科,课程是为达到某一教育目标而人为设置的。课程内容也不完全是对某一母体学科的浓缩和提炼,而可以根据课程目标从多个母体学科中选择。

总之,根据"历史因果"命名理论,我们没有必要为强调"健康第一"的思想而把"体育"这一课程名称改为"体育与健康"。但既然国家已经以行政命令把"体育"改成"体育与健康",那就没必要再进行争论,况且这一改变也同样体现出一定的合理性。

本章小结

百年体育课程概念的演变史就是一部浓缩的中国体育课程史。我国的现代体育起源于学校的体育教育,而学校的体育教育引进于国外。

作为学校课程的概念,我国的"体育"概念经历了三次变化。在教会学校里的课程体系里,"体操"课程最早出现,洋务派所创立的新式学堂里也出现体操课程。在民间,1878年张焕纶在上海创办"正蒙书院",课程设置中第一次使用了"体操"一词。1904年清政府颁布《奏定学堂章程》第一次以官方的

---

① 孙培青主编:《中国教育史》,华东师范大学出版社2000年第2版,第397页。
② 此处的"目"相当于我们现在中小学开设的单门课程。
③ 这里的"科"相当于我们现在的课程群。
④ 课程教材研究所编:《20世纪中国中小学课程标准·教学大纲汇编·课程(教学)计划卷》人民教育出版社2001年版,第113页。

名义把"体操"列为学校开设的课程之一。体操进入学校课程体现的是"强国强种"的军国民教育思想。随着大批留学生的回国,随着田径、球类等活动逐渐被接受,自然体育思想和形式开始影响我国,淘汰兵式体操成为历史的必然。1922 年 11 月北洋政府以大总统令公布了《学校系统改革案》,这一改革案所规定的学制就是"新学制"或"壬戌学制"或"六三三学制"。为配合新学制 1923 年全国教育会联合会刊布了《中小学课程标准纲要》,"体操科"更名为"体育课"。"体育"这一名称从此成为标识我国学校体育课程的术语。直到 2001 年体育新课标把"体育"课改为"体育与健康"课。

在世界范围内,随着体育的发展,体育的名称也处于一个不断更替的过程中。上个世纪 80 年代以后,我国的体育逐渐分化成学校体育、竞技体育和娱乐体育三个主要部分。针对分化的体育,理论界进行了要不要体育总概念的争论。需要论者认为可以用"体育"这一术语来标识一分为三的"体育"。对外进行翻译时用什么名词存在两种观点,一种是用体育的拼音"Tiyu",另一种主张用"Sport(s)"。这阶段值得注意的一个问题是真义体育与大体育的争论,这一争论加深了我们对体育和学校体育的认识,但他们的争论对象并不统一,真义体育主要针对学校的体育教育,大体育观则是针对整个的体育界。

要给体育这一概念下一个科学的定义,就必须有科学的方法。体育概念研究所用的方法主要包括形式逻辑、辩证逻辑和后现代的自然语言逻辑。不同的研究方法,给出了不同的体育定义,从不同侧面加深了我们对体育本质的理解。

第二章　体育课程价值取向问题

　　体育课程目标是一定体育教育价值观(体育教育目的、体育教育宗旨)在体育课程领域的具体化,因此,任何体育课程总有一定的价值取向。体育课程目标都是在体育价值观的指导下选择和制定的。

　　体育课程价值取向这一概念出现的时间并不长,它是随着课程理论的发展而被引入体育课程理论领域的,但概念不存在并不意味事实不存在。从历史的角度看,我国体育课程一出现,体育课程的价值取向这一事实就存在了。关于体育课程价值取向这一问题,目前我国体育理论界的研究主要集中在两个方面,一是关于我国体育课程价值取向的历史演化研究,二是关于体育课程价值取向确立的依据。

　　我国百年来的体育课程以 1949 年中华人民共和国成立为界,大体上分为两个阶段。两个阶段的体育课程价值取向有着质的不同。

第一节　清末至新中国成立前的体育课程价值取向

　　清朝末期至中华人民共和国成立前这一历史时期中,中国的体育课程大体上可以分为:清末新政时期的体育课程;民国成立初期、新文化运动和大革命时期的体育课程;国民政府时期的体育课程。其中国民政府时期的教育又可分为国民党统治地区的教育、中国共产党领导下的革命根据地的教育和日伪统治区的教育,这里只研究国民党统治区的体育课程。由于各个历史时期的社会需求不同,国际体育教育思潮不断变化,各阶段的体育课程价值取向也在不停地转换。

一、军国民教育:清末民初时期体育课程价值取向

1840 年第一次鸦片战争爆发,这是中国近代史的开端。清朝的八旗绿营兵腐朽无能,不堪一击,中国战败。1842 年 8 月订立《南京条约》,迫使中国向世界开放,法、美、俄等资本主义列强接踵而至,强加给中国人民一个又一个不平等条约。中国由一个独立完整的主权国家沦为一个半殖民地国家,救亡图存成为时代的主旋律。

(一)"壬寅学制"和"癸卯学制"中"体操"科所体现的价值取向

"一些开明官吏和知识分子,从关心国家民族的命运出发,睁开眼睛看世界,率先发出了要求变革和向西方学习的呼声,成为中国教育近代化的思想先导。"①之后中国经历了太平天国运动、洋务运动、资产阶级改良运动,搅乱了整个封建社会秩序,严重动摇了清王朝的统治。西方列强的侵略也步步加紧。1900 年 7、8 月间,八国联军相继攻下天津、北京,慈禧太后挟光绪帝和一批王公大臣仓皇西逃。侵略者的炮火再一次强烈震撼了中国朝野上下,在严酷时势逼迫下,1901 年 1 月 29 日,慈禧太后以光绪帝的名义在西安颁布了"预约变法"的上谕,揭开了清末十年"新政"的序幕。所谓"新政",主要内容有编练新军,淘汰绿营,废八股,废科举,兴学校,选派留学生,设立学部(教育部)管理教育,颁布新的学堂章程等等。"'清末新政'虽是清廷统治者被迫实施的,而且其中有些部分还带有欺骗性,但它毕竟把戊戌维新的内容都基本付诸实施了,而且取得了显著成效,其中标志着近代体育教育制度初步建立的是有关学堂章程的颁布。"②

各地官绅纷纷响应清廷的兴学诏书,设立了不少新式学堂。但这些学堂或自立章程,或转抄酌改他校章程,程度、课程、年限参差不齐。同时,纳科举于学校也被提起公议。因此,通过制定全国统一的学制系统来确立标准,加强规范消除分歧,已成为清廷和办学者共同的愿望。

1902 年,在管学大臣张百熙的主持下拟定了一系列的学制系统文件,包括《京师大学堂章程》、《考选入学堂章程》、《高等学堂章程》、《小学堂章程》和《蒙学堂章程》共 6 个文件,8 月 15 日奏呈颁布,统称《钦定学堂章》。因该年为壬寅年,又称"壬寅学制"。这是中国近代第一个以中央政府名义制定的全

---

① 孙培青主编:《中国教育史(修订版)》,上海:华东师范大学出版社 2000 年版,第 282 页。
② 崔乐泉:《中国近代体育史话》,北京:中华书局 1998 年版,第 28 页。

国性学制系统。

其中《钦定蒙学堂章程》中规定："蒙学堂课程门目表：修身第一，字课第二，习字第三，谈经第四，史学第五，舆地第六，算学第七，体操第八。"[①]其中体操包括整齐步法（队列）和演习体势（简易体操）两项内容，其基本宗旨"在培养儿童使有浅近之知识，并调护其身体"[②]。

《钦定中学堂章程》中规定："中学堂课程门目表：修身第一，读经第二，算学第三，词章第四，中外史学第五，中外舆地第六，外国文第七，图画第八，博物第九，物理第十，化学第十一，体操第十二。"[③]其中，体操课程为"器具操"和兵式体操。章程中并没有明确提出对身体方面的教育宗旨。

由于主持制定"壬寅学制"的张百熙素以偏护新学遭谤议，同时该学制制定仓促存在诸多不足，公布后有人提出不少意见，其中湖广总督张之洞所提意见较为系统。张百熙和荣庆奏请张之洞帮办学务，上谕照准。1904 年 1 月，清政府颁布了由张百熙、荣庆、张之洞主持重新拟定的一系列学制系统文件，统称《奏定学堂章程》。因公布时在阴历癸卯年，又称"癸卯学制"，这是中国近代由中央政府颁布并首次得到施行的全国性法定学制系统。

其中，《奏定初等小学堂章程》中规定："初等小学堂之教授科目凡八：一、修身，二、读经讲经，三、中国文学，四、算术，五、历史，六、地理，七、格致，八、体操。"[④]这里的体操即相当于我们现在的体育课程。章程中对初等小学体操的描述是："在使儿童身体活动，发育均齐，矫正其恶习，流动其气血，鼓舞其精神，兼养成其群居不乱、行立有礼之习；并当导以有益之游戏及运动，以舒展其心思。"[⑤]

《奏定高等小学堂章程》规定教授科目包括体操在内共九门，对体操教学的描述是："使身体各部均齐发育，四肢动作敏捷，精神畅快，志气勇壮，兼养

---

① 课程教材研究所编：《20 世纪中国中小学课程标准・教学大纲汇编・体育卷》，北京：人民教育出版社 2001 年版，第 3 页。

② 课程教材研究所编：《20 世纪中国中小学课程标准・教学大纲汇编・体育卷》，北京：人民教育出版社 2001 年版，第 3 页。

③ 课程教材研究所编：《20 世纪中国中小学课程标准・教学大纲汇编・体育卷》，北京：人民教育出版社 2001 年版，第 387 页。

④ 课程教材研究所编：《20 世纪中国中小学课程标准・教学大纲汇编・体育卷》，北京：人民教育出版社 2001 年版，第 4 页。

⑤ 课程教材研究所编：《20 世纪中国中小学课程标准・教学大纲汇编・体育卷》，北京：人民教育出版社 2001 年版，第 4 页。

成其乐群和众动遵纪之习,宜以兵式体操为主……"①

《奏定中学堂章程》规定中学堂学科科目有包括"体操"在内的十二科。其中对体操的要求是:"中学体操宜讲实用;其普通体操先教以准备法、矫正法、徒手、哑铃等体操,再进则教以球竿、棍棒等体操。其兵式体操先教单人教练、柔软体操、小队教练及器械体操,再进则更教中队教练、枪剑术、野外演习及兵学大意。凡教体操者,务使规律肃静、体势整齐、意气充实、运动灵活;并可视地方之情形,若系水乡,应使练习水泳。在中学堂,宜以兵式体操为主"②。

从以上介绍我们可以看出,"壬寅学制"和"癸卯学制"中各级各类学校普遍开设"体操"科,相当于我们现在的体育课。教授的主要内容是普通体操和兵式体操,年级越高兵式体操的比重越大。

从世界体育史视野看,此时竞技运动已经在世界范围内兴起。在我国19世纪40年代和70年代前后,基督教在中国陆续创办的"教会学校"和"青年会",还有外国官员、侨民和士兵等,已经开始把田径、球类、游泳等各种竞技运动项目和竞赛方法带到了中国,可为什么清末新政时期的两个学制中对竞技体育却一字不提? 一个原因是这两个学制主要是仿照日本的学制制定而成,但更重要的原因是受当时已经流行开来的军国民体育思想的影响。

(二)《学部奏请宣示教育宗旨折》所体现的体育课程价值取向

1905年,清政府成立了中央教育行政机构——学部,同年8月,清政府学部下令,"停科举,以广学校"。从此,结束了自隋唐以来的科举制度。

1906年,清政府学部颁布了《学部奏请宣示教育宗旨折》,公布了"忠君"、"尊孔"、"尚公"、"尚武"、"尚实"的教育宗旨。这"是我国第一次正式宣布的教育宗旨"③。"所谓尚武者何也? 东西各国,全国皆兵;自元首之子以至庶人,皆有当兵之义务,与我中国天子元子齿于太学之义亦相符合。"④明确规定"凡中小学各种教科书,必寓军国主义"⑤。"体操一科,幼稚者以游戏体操

① 课程教材研究所编:《20世纪中国中小学课程标准·教学大纲汇编·体育卷》,北京:人民教育出版社2001年版,第6页。

② 课程教材研究所编:《20世纪中国中小学课程标准·教学大纲汇编·体育卷》,北京:人民教育出版社2001年版,第388页。

③ 陈景磐编:《中国近代教育史》,北京:人民教育出版社1983年版,第178页。

④ 舒新城编:《中国近代教育史资料(上册)》,北京:人民教育出版社1981年第2版,第220页。

⑤ 舒新城编:《中国近代教育史资料(上册)》,北京:人民教育出版社1981年第2版,第220页。

发育其身体,稍长者以兵式体操约束其纪律",体操成为推行军国民教育思想不可缺少的一门课程。

从以上两部分的论述我们可以看出,清末新政十年的体操得到了前所未有的重视,成为推行军国民主义教育思想的重要工具,这既反映了统治阶级的目的,也迎合了资产阶级革命派和爱国知识分子主张的"教育救国"、"尚武图存"的愿望。推行军国民主义教育成为清末十年新政时期体育(体操)课程的价值取向。

(三)"壬子癸丑学制"中体育课程的价值取向

1911年10月,爆发了资产阶级领导的辛亥革命,推翻了两百多年的清朝统治,结束了两千多年的封建制度。1912年元旦,孙中山就任临时大总统,中华民国南京临时政府成立。1月3日,蔡元培被任命为教育总长。1月9日,南京临时政府教育部正式成立。2月,蔡元培就任中华民国首任教育总长,提出了以"五育",即军国民教育、实利主义教育、公民道德教育、世界观教育和美感教育为民国教育之重。颁布了有关学校教育的法令,对清朝末期的教育进行了重大改革。1912年9月,教育部颁布了《学校系统令》,次年陆续颁布了各种学校令,史称"壬子癸丑学制"。

1912年9月2日,教育部公布了教育宗旨:"注重道德教育,以实利教育、军国民教育辅之,更以美感教育完成其道德。"1912年颁布的《普通教育暂行办法》明确提出:"高等小学以上体操课应注意兵式"[①]。同时颁发的《普通教育暂行课程标准》[②]对体操课做出了明确的规定。1915年教育部采纳了北平体育研究社委托北平教育会代为提出的《拟请提倡中国旧有武术列为学校必修课》的议案,明令"各学校应添授中国旧有武技,此项教员于各师范学校养成之"[③]。传统的武术进入了学校体育课程。

有的学者[④]总结壬子癸丑学制时期的体操课程特点时认为,民国初期的体操课程从课程目标、课程内容、课时安排、教法手段等与清末几乎没有多少

① 陈学恂:《中国近代教育史教学参考资料(中册)》,北京:人民教育出版社1987年版,第167页。

② 陈学恂:《中国近代教育史教学参考资料(中册)》,北京:人民教育出版社1987年版,第168~175页。

③ 转引自阎智力、金再活、闫丽:《我国清末至建国前学校体育课程目标的价值取向》,《体育文化导刊》2006年第5期。

④ 舒新城编:《中国近代教育史资料(上册)》,北京:人民教育出版社1981年第2版,第210页。

差别,民国初期的体操课仍然以兵式体操为主。这与当时的国内外形势有着很大关系,是对当时世界大战的反应,也是对清末丧权辱国反思的结果。1914年,第一次世界大战爆发,1915年,日本向袁世凯提出灭亡中国的二十一条。全中国掀起爱国运动,教育界也被激发出强烈的爱国主义精神,提出要加强军国民教育,加强军事训练和体育,实行全民皆兵,挽救国家危亡。在军国民主义教育价值观的导引下,以兵式体操为主的体育课程得到了前所未有的重视,在我国学校教育中达到了高潮。

总之,民国初期我国学校体育课程的基本价值取向可以概括为军国民教育。但研究这段体育课程史,我们总会有许多的疑问。辛亥革命推翻了两千多年的帝制,民国初年的体育课程价值取向却仍然是军国民主义?既然是提倡军国民主义教育,为什么我国传统的武术却迟于1915年才进入了学校的体育课程?要回答这些问题,必须要搞清楚军国民主义教育的来龙去脉。

(四)军国主义作为清末民初体育课程价值取向探因

清末民初的体育课程的特点可以高度概括为:以军国主义为价值取向,以体操,特别是兵式体操为主要教育内容。为什么军国主义价值取向能够跨越两种不同的社会形态主导学校的体育课程呢?要回答这个问题,必须从军国主义的内涵及社会的需要两个方面来解释。

1. 军国主义精神与当时社会心理的一致性。

军国民教育思想是“军国主义”思想在教育上的反映,这种思想来源于德国和日本。[①] 日本和德国是这一时期对中国学校体育影响最大的两个国家。[②]

19世纪初,德意志是由约300个独立君主国、教会政权以及自由城市组成的集团。当时整个欧洲笼罩在恐惧拿破仑的阴影中。当1806年德意志主要成员国之一的普鲁士军队被拿破仑指挥的公民军打败,而不得不签订屈辱的提耳特和约后,日耳曼民族国家因而面临着瓦解覆灭的威胁。他们在联合抗击拿破仑的同时,也在寻求增强军事实力的途径。哲学家费赫特(Fichte)为鼓舞沮丧的日耳曼人,积极劝说当权者将教育作为救亡的手段。他指出,

---

① 刘崇庚:《军国民教育思想指导下的我国早期学校体育》,《课程·教材·教法》1986年第12期。

② 傅砚农、吴丽华:《“军国民思潮”主导学校体育的社会背景研究》,《体育文化导刊》2005年第6期。

体育应与智力课程同等的重要，因为这种训练对于企图恢复和保持独立自主国家是绝对离不了的。正是在这种民族主义情绪的影响下，杨氏（F. L. Jahn，1778～1852）创立了具有强烈军事性质的体操体系，其内容设置主要为提高纪律性和战斗能力，提高身体素质。1811 年他创建了哈森赫德体育场，吸引了社会各阶层的大批青年。他还组建了体操联盟，统一德国体操用语，把反法斗争纪念日定为体操日。杨氏倡导推行体操运动的目的，就是培养德国青年的民族意识，使其具有为民族进行战斗的体魄和能力。继后的施皮斯（A. Spiess，1810～1858），为适应反法战争后培养顺民和有体力的劳动者的需要，将杨氏体操改造后引入学校。与施皮斯同时代的罗施斯太因（Hugo Rothstein，1810～1865）又把瑞典林氏（P. H. Ling，1776～1839）体操介绍到德国，推行于德国军队和学校中。瑞典林氏体操是在 19 世纪初，在面临法、俄侵略的背景下产生的，也是有强烈的军事性质。杨氏和林氏体操的结合，组成了德国学校体育课程。在整个 19 世纪，德国学校体育很少甚至完全没有注意到把儿童身体作为教育过程的中心，而是渗透了尚武（军事）精神。①

　　日本的明治天皇从德川家族手中夺取政权以后，开始以西方各国为模式改造国家。它的教育政策是要求在应付西方列强军事威胁中，用教育手段达到"富国强兵"的目的。它强调"国家荣誉与儒家忠君、孝亲与服从长辈的首要观念，并且把这些规定为神圣的国民道德信条⋯⋯"②，在学校中灌输。1886 年颁布的师范学校法令规定：对师范生施以兵式体操，"养成他们具备军人的服从性，组织纪律性和司令官所保有的威严庄重态度，因此依'陆军训练法'实行学校兵营化。这种军事训练制度随后扩大到大、中、小学，强制施行"③，这就是军国民教育。④

　　日本在明治维新后迅速强大，称霸一方。它与我国一衣带水，再加上其国体与大清王朝非常相似，很容易影响我国。军国主义思想的引入源自我国到日本的留学生。为什么日本学校的众多的教育思想没有被引进，却仅仅引

---

　　①　傅砚农、吴丽华：《"军国民思潮"主导学校体育的社会背景研究》，《体育文化导刊》2005 年第6 期。

　　②　[日]小林哲著，徐锡龄等译：《日本的教育》，北京：人民教育出版社 1981 年版，第 28 页。

　　③　上海师大教育系编：《外国教育发展史资料》，上海：上海人民教育出版社 1976 年版，第 97页。

　　④　参考刘崇庚：《军国民教育思想指导下的我国早期学校体育》，《课程·教材·教法》1986 年第 12 期。

进了军国主义思想。这是因为"日本留学生虽多,但历史却比较短。光绪二十四年(1898年),御史杨深秀应日本使臣矢野文'拟与中信敦友谊'的函约,奏派遴选学生赴日本留学,始有官费留日学生"①。这么短的时间,这些留学生不可能对日本社会和教育有很全面和深刻的了解,并且留日学生中也没有专门学习教育的,对教育研究不够。在民众对日本因革新而迅速强大的本质性原因不甚了解的情况,很容易把其强大归因于军国民教育。

"军国民教育思潮是在清末民初这一特定的历史时空交驻点上,在民族危机的情况下,爱国知识分子群体中出现的一种特殊的意识现象。"②日本的军国民教育思想,在十九世纪末传入我国,当时中国正处于列强的宰割蹂躏之下,面临被瓜分的危机。

维新派和一些改革者不甘心国家的衰败,提倡效法日本"强兵尚武",以救亡图存。康有为在1895年《上清帝第二书》中强调"以民为兵",建议开设学堂,"学习布阵、骑击……以强天下之势"。梁启超在《新民说·尚武篇》里,主张效法德国、日本的尚武教育,改变那种"武事废堕,民气柔靡"的现象。他们的这些主张代表了当时社会较为普遍的认识,再加上他们具有较高的社会威望,符合民众"强国"、"强种"的愿望,具有较大的社会影响。这就为《奏定学堂章程》军国民教育价值追求的确立和兵式体操课程内容的引入准备了思想基础。

留学日本的知识分子为军国主义的宣传和引入进行了积极的工作。我国的留学教育起始于洋务派。早在第二次鸦片战争结束以后,曾国藩、李鸿章就开始注意留学教育。在曾国藩的努力下,中国第一位留美学生容闳于1872~1875年率领120名留学生赴美国留学。紧接着李鸿章、张之洞、沈葆桢等派遣了去英、法、德等国的留学生。他们所学的科目多偏于语言文学和武备、制造、驾驶等。这些留学生的年龄比较小,他们对中国政治、思想和文化的影响需要一定周期才会出现。从甲午战争以后,留学教育有进一步的发展。许多维新人士如康有为、梁启超、严复、谭嗣同等人,为了要在中国发展资本主义,都积极提倡留学教育。到了义和团运动后,中国社会进一步半殖民化。清政府被迫实行"十年新政",留学生教育骤然进入高潮。这一时期去日本的留学生最多。一方面,因为日本较近,用费较省,语言文字的阻碍也较

---

① 陈景磐编:《中国近代教育史》,北京:人民教育出版社1983年版,第169页。
② 王毅:《试论军国民教育思想对中国近代体育的影响》,《渭南师范学院学报》2010年第2期。

少；另一方面，中国朝野人士从甲午战争后，认识到日本"维新"给日本带来的力量，并且也希望通过留学加强中日团结，反抗帝俄在东北的侵略势力。

"清末的留日学生以青年为主，但不乏十来岁的儿童和七八十岁的老翁，并有相当比例的女性。有夫妻、父子、兄妹结伴而行者，甚至有举家同往的。"①当时在日本的中国人不仅数量大，而且成分复杂，有戊戌变法失败后逃亡日本的改良派，有逐渐形成的资产阶级革命派。

军国民教育思想主要以维新派代表梁启超主编的《新民丛报》为阵地，有的学者对此进行了研究。② 1902 年，留日学生蔡锷以奋翮生的笔名在《新民丛报》的发刊号上发表了《军国民篇》一文，提倡行军国教育，并从国势、教育、风俗、文学、体魄、武器等方面分析了中国落后的原因。在《原因于体魄》一节中，作者认为日本之所以能迅速崛起是因为其在教育中专注体育，提倡国民服兵役和在军队中开设体育会。因此，他大力宣扬日本的尚武精神，提倡军国民教育下的体育，提倡全民皆兵。他认为"军人之智识，军人之精神，军人之本领，不独限之戎者，几全国宜皆具有之"③。蔡锷是我国近代论述军国民教育思想的第一人，当时有人评论这篇文章是"吾国之军国民主义之输入，以此为嚆矢"④。

《新民丛报》第 2 号登载了署名为中国之新民的《论教育当定宗旨》一文。文章论述了日本提倡尚武成为亚洲一雄的事实，"尚武尊王二者，实日本教育宗旨之大原也。智育体育皆曰进步，其结果也。能战胜四百兆民族之中国，三岛屹立东海，为亚洲文明之魁"⑤，并希望中国也能学习日本，发扬尚武精神，提倡体育的发展，求得身体的强健和民力的增长，唯有这样才能实现民族的振兴。

蒋百里在发表于《新民丛刊》1902 年第 22 号的《军国民教育》中，直言尚武在军国民教育中的重要性，提出应将军人教育引入到学校教育中，提倡军

---

① 孙培青主编：《中国教育史（修订版）》，上海：华东师范大学出版社 2000 年版，第 350 页。
② 韦佳：《浅谈清末新政时期军国民教育的体育思想》，《贵州民族学院学报（哲学社会科学版）》2008 年第 1 期。
③ 奋翮生：《军国民篇》，《新民丛报》1902 年第 1 号。转引自韦佳：《浅谈清末新政时期军国民教育的体育思想》，《贵州民族学院学报（哲学社会科学版）》2008 年第 1 期。
④ 转引自吴庆华：《我国近代军国民教育的报晓声——蔡锷尚武思想述论》，《武汉体育学院学报》1999 年第 2 期。
⑤ 中国之新民：《论教育当定宗旨》，《新民丛报》1902 年第 2 号。

国民教育的体育，着重是体操和运动游戏，以便更好地发扬尚武精神，发展体育。他认为"尚武者，军国民之本分也。自其浅者言之，则奖励体育之发达"①。学校体育"必以振起尚武之精神为目的。校而近山地，则登山狩猎野外学习等，当大奖励之。近海岸则游泳舟竞等，当奖励之。若相扑、纲引、击剑、军歌等，到处皆宜"②。总之，一切体育活动都带有强烈的尚武精神和军事化目的。

梁启超也在这一时期发表了著名的《论尚武》一文，以此来呼应奋翮生的《军国民篇》。文章认为，"尚武者，国民之气，国家所持之以立，而文明所赖以维持者也"③。他力主全民皆兵的教育，认为国民应养成尚武精神，而在心力、胆力和体力三个尚武精神的重要组成元素中，尤其要重视体力的培养。他在先秦史籍中选出具有武士精神的人物近80人，从孔子开始，到战国末年为止，把他们尚武的事迹编成《中国之武士道》一书，这对当时的习武救国风气和军国民体育思潮具有重要的影响。

这些爱国知识分子的活动，他们所发表的文章、出版的书籍都是用汉字印刷的，必然影响到国内，从而引起了清末有识之士的共鸣。表现之一是各地先后成立了不少尚武社团，这些社团相当一部分是资产阶级革命派为了培养武装力量所建立的，他们欲以体育来为军事服务，用军事训练的手段来增强人民的体质，从而更有利于战斗。这些团体的建立是受到军国民教育思想的影响，同时，他们的训练内容以军事训练为主要内容，带有强烈的军国主义的色彩，客观上又宣传了军国民主义体育思想。表现之二是当时的报章杂志也刊登提倡军国民主义、提倡体育的文章，对军国民主义进行宣传和鼓噪。当时的《云南》、《广益丛报》、《越报》等报章杂志都登过不少关于体育的文章。这些对体育的宣传基本上都受了军国民教育思想的影响，企图利用媒体的力量让民众更加关注体育，重视人体魄的发展，以此强种强国，最终达到体育强国的目的。

总之，试图通过对学生和全体民众进行尚武精神的培养和军事素质的训练，使他们具有军人的品德和体质，以达到抵御外侮、寓兵于民的军国民教育思想，切合了当时人们强种保国的社会心理，形成了一种社会思潮，从而为其

---

① 百里：《军国民之教育》，《新民丛报》1902年第22号。
② 百里：《军国民之教育》，《新民丛报》1902年第22号。
③ 君武：《论尚武》，《新民丛报》1903年第28号。

进入新学制提供了思想基础和理论武器。

2. 符合清王朝培养"忠勇"之士的需要。

一种思想不管怎样符合社会心理的需求,如果得不到当权者的认可也不可能成为国家教育的指导思想,更不可能写进国家的教育文件。军国民教育思想能够作为壬寅学制和癸卯学制时期体育课程的价值取向,说明清王朝统治者是同意的,是符合清王朝统治需要的。"所谓军国民教育,本是一些封建色彩较浓的资本主义国家,例如,德国、日本等,在'尊君'、'爱国'等口号下,以沙文主义、专制主义毒害青少年,强制青少年和国民接受军事训练,以培养对外侵略的士兵和对内镇压人民的打手的一种教育。"①军国民教育这些特质正好与清末统治者的需要相契合,把它作为清末体操课程的宗旨和价值取向也就顺理成章。

经过义和团运动的冲击,八国联军入侵天津和北京,签订《辛丑条约》,民族危机更进一步加深。与此同时,全国推翻清王朝以救国图强的思想潮流愈益高涨。为了能苟延残喘,清政府宣布实行所谓新政,其中废科举、办新式学校、派遣留学生等是新政的重要措施。从 1901 年以后,选派出国人员陆续回国,带回大量新信息,国外书刊也大量流入,从而使"军国民主义"在我国流传。清王朝在要么改革要么灭亡的严酷现实面前只能妥协,积极迎合和利用这股潮流,在学校实行"军国民"教育,并把这种主导思想贯彻于学校体育中。

清政府在学校体育中实行"军国民主义"的目的,在《学务纲要》中讲得很明白:"各学堂应兼习兵学:中国素习,士不知兵,积弱之由,良非无故……除京师应设海陆军大学堂,各省应设高等普通专门各武学堂外……兹于各学堂一体练习兵式体操以肄武事,并于高等等堂中讲授军制、战史、战术等要义。"②1906 年,《学部奏请宣示教育宗旨折》中进一步解释说:"所谓尚武者何也? 东西各国,全国皆兵;自元首之子以至庶人,皆有当兵之义务"。"欲救其弊,必以教育为挽回风气之具,凡中小学堂各种教科书,必寓军国民主义,俾儿童熟见而习闻之。""体操一科,幼稚者以游戏体操发育其身体,稍长者以兵式体操严整其纪律,而尤时时勖以守秩序,养威重,以造成完全之人格。""臣等尝询查日本小学校矣,休息之时,任意嬉戏;口号一呼,行列立定,出入教

---

① 王华倬著:《中国近代体育课程史论》,北京:高等教育出版社 2004 年版,第 80 页。

② 舒新城编:《中国近代教育史资料(上册)》,北京:人民教育出版社 1981 年第 2 版,第 210 页。

室,肃若军容,所以养其守法之性也。又尝询查日本师范学院矣,师范为规则最肃,约束最严之地,而掷球角力习为常课,运动竞走,特设大会,其国家且宣法令以鼓励之,其命意可知矣。中国如采取此义极力行之,日月渐染,习与性成。我三代以前人尽知兵之义,庶几可复乎?"①

《学务纲要》规定各学堂要开设兵式体操,《学部奏请宣示教育宗旨折》鼓吹军国民教育,但并不是所有的学校都允许开设兵式体操的,"私学堂禁私习兵操"②。"凡民间私设学堂,非经禀准,不得教授兵体操。其准习兵操者,亦止准用木枪,不得用真枪以示限制。"③这种限制其真实用意就是防止以兵式体操的名义训练私人武装或反清武装。兵式体操设立的目的昭昭。

归纳起来,《学务纲要》和《学部奏请宣示教育宗旨折》的主要思想就是寓军国民主义于教育中,将教育作为挽回时风的工具,通过练习体操,严格纪律,发育身体,学习战争知识和技能,"使学校成为培养护卫清王朝'忠勇'之士的摇篮"④,工具性和政治性暴露无遗。

《钦定学堂章程》和《奏定学堂章程》之所以把军国民主义作为价值取向,把体操,特别是兵式体操作为体育课程的核心教育内容,主要原因还是符合清政府需要。其实清政府的根本立场并没改变,并不是全盘西化,更不是更换国体,"中学为体,西学为用"仍然是原则。这就产生了一个问题,武术作为中国尚武精神的标志,属于"中学"的范围,同时也可以强身健体,为什么体育课程不选择武术这一熟悉的工具作为体育教学内容,而选择既没有师资,也没有合适的教学场所的体操作为教学内容呢?这当然与落后的心态相关。落后民族总是倾向于认为强大民族的所有东西都是优秀的。这只是一方面的原因,更重要的原因是在政治方面。对此,有的学者认为:"这并不是不认识武术的健身作用和尚武精神,也并非学习西方而排斥传统武术。可能是因

---

① 舒新城编:《中国近代教育史资料(上册)》,北京:人民教育出版社1981年第2版,第220~221页。

② 舒新城编:《中国近代教育史资料(上册)》,北京:人民教育出版社1981年第2版,第206页。

③ 舒新城编:《中国近代教育史资料(上册)》,北京:人民教育出版社1981年第2版,第206页。

④ 傅砚农、吴丽华:《"军国民思潮"主导学校体育的社会背景研究》,《体育文化导刊》2005年第6期。

为当时正当义和团运动之后,义和团被污蔑为'拳匪',清政府对武术非常忌避,一般人也回避武术。"①

在实际的教学过程中,培养维护清王朝统治忠勇之士的要求也得到了贯彻。如当时的初等小学教科书《最新国文教科书》第二册有:"好男儿,志气高,哥哥弟弟手相招,来学兵队操。小兵护短枪,大将握长刀,龙旗向日飘,铜鼓冬冬敲。"②当时学校召开运动会,要三呼万岁,表示效忠。如京师大学堂1905年举行运动会,特别强调开运动会的目的是培养青年"临事不辞难,事君不惜死"的精神,要运动员高呼"皇太后圣寿无疆,皇上圣寿无疆"等口号。③

军国民教育能够在学校的实际体育教学中施行,一个重要的原因还在于当时能够教授体操的师资缺乏。清末《奏定学堂章程》颁布后,新式学校的数量迅速增加,但我国没有专门培养体操教师的学校,新式学校的体操教师除了一部分从日本回国的留学生外,大部分来自军队。学校的体操教师大部分由中下层军官充任,这些人没有专门的体育知识,也无从区分体操和军事体操,只能将兵操和一些普通军事知识教给学生,这样体操课就变成了兵操课。另外一些在日本专门学习体育的学生,抱着救亡图存、强国强种的目的创办了一些体育学校,以军国主义思想教育学生,这些学生走向讲坛后又把军国主义思想传给他们的学生。

与民众心理的契合,加上清政府培养忠勇之士的需要,两者配合,军国民教育思想在中华大地形成思潮。

3. 外抗强敌内抑军阀的需要使军国民教育思想在辛亥革命后继续盛行。

辛亥革命爆发,中华民国建立,资产阶级共和国替代了清封建王朝。按常理,社会形态发生了根本改变,社会的意识形态也应该发生相应的变化。但就体育教育来说,指导思想并没有发生变化,军国民教育仍然是民国初期体育课程的价值取向。中华民国临时政府成立后,担任教育总长的蔡元培发表了《对于教育方针之意见》,把军国民教育作为他的三项新的教育方针之

---

① 苏竞存:《中国近代学校体育史》,北京:人民教育出版社1994年版,第63页。

② 转引自傅砚农、吴丽华:《"军国民思潮"主导学校体育的社会背景研究》,《体育文化导刊》2005年第6期。

③ 转引自傅砚农、吴丽华:《"军国民思潮"主导学校体育的社会背景研究》,《体育文化导刊》2005年第6期。

一。1912 年至 1913 年颁布的壬子癸丑学制,规定"教育宗旨"为"注重道德教育,以实利教育、军国民教育辅之,更以美感教育完成其道德。"①

过去对这一不合理的现象,一般解释为是由于辛亥革命的不彻底性,教育上也就自然地延续了清王朝的一些封建内容。现在看来,"外抗强敌,内抑军阀"的需要才是民主教育家们继续推行军国民教育的原因。

辛亥革命虽然取得了胜利,但国民政府面临的国际形势仍然非常恶劣。蔡元培任教育总长后,于 1912 年 2 月发表了《对于新教育之意见》,认为:"军国民教育者,与社会主义僢驰,在他国有道消之兆。然在我国,则强邻交逼,亟图自卫,而历年丧失之国权,非凭借武力,势难恢复。且军人革命以后,难保无军人执政之一时期,非行举国皆兵之制,将使军人社会,永为全国中特别之阶级,而无以平均其势力。则如所谓军国民教育者,诚今日所不能不采者也。"②这段话阐述了继续实行军国民教育的两个理由。一是,我们国家现在仍然强邻交逼,需要自卫。另外,要恢复我国多年来丧失的各种主权非常困难。要完成这两项任务,需要进行军国民教育。二是,我国很可能出现军阀统治的局面,要抑制军阀,也需要进行军国民教育。蔡氏的思想在当时具有很强的代表性,其他诸多教育家同样希望以军国民教育实行全民皆兵,做到外抗强敌,内抑军阀。

蔡元培的军国民教育思想与清朝末年的尚武教育表面上看很相似,但从本质上说,蔡元培的军国民教育思想含有资产阶级民主主义因素,他对教育宗旨的论述,他对体育与美育、智育和德育关系的认识,与清末尚武教育有着本质的不同。他并不反对现代体育进入课堂,为了解决课时的问题,建议课外进行竞技体育活动。

1914 年,第一次世界大战爆发,1915 年,日本向袁世凯提出灭亡中国的二十一条。全国民心激愤,教育界爆发出强烈的爱国主义激情,提出要加强军国民教育,加强军事训练和体育,实行全民皆兵,挽救国家危亡。蔡元培的后任教育总长范源濂,在 1914 年发表了《今日世界大战中之我国教育》一文,认为"吾国人以爱和平著称于世界。和平固甚可爱也,然独惜光荣之和平,非不武之国民所得爱之耳。……天下虽安,忘战必危。今日之天下安乎?否乎?故振起学者尚武之精神,又当务之急也。……诚以充实国力最良制度,

---

① 舒新城编:《中国近代教育史资料(上册)》,北京:人民教育出版社 1981 年第 2 版,第 223 页。
② 高平叔编:《蔡元培全集(第二卷)》,北京:中华书局 1984 年版,第 130～131 页。

莫如全国皆兵"①。教育界人士在强烈爱国主义热情的激发下,军国民教育思潮在我国达到了高潮。

综上所述,军国民教育之所以能够主导我国体育课程价值取向 20 年之久,主要是因为它能够满足当时的政治和社会需要。

二、实用主义:壬戌学制时期体育课程价值取向

从 1912 年中华民国临时政府成立到 1922 年壬戌学制(或称"新学制")的颁布这一历史时期,政治动荡、新旧思想激烈碰撞,是社会逐渐转型的时期。与整个历史大势相统一,体育课程价值取向也经历了从军国民教育向实用主义的转变。

(一) 实用主义体育课程价值取向的确立过程

辛亥革命使中国的政治体制发生从封建专制到资产阶级共和国的转变,但其所制定的新学制壬子癸丑学制却与清末的癸卯学制有着诸多的相似性。这是因为清末的癸卯学制是模仿日本近代学制制定而成的,已经体现了我国传统教育向近代教育的转变,壬子癸丑学制本身就是以清末的癸卯学制为蓝本制定的。但这并不是说壬子癸丑学制就是清末癸卯学制的重复,它在荡涤封建专制主义和科举教育的遗毒方面、在男女接受教育机会均等方面、在规范学校课程方面都取得明显的进步。壬子癸丑学制及当时教育部颁行的各级学校校令,对学校体育课程的正规化起到了一定的推动作用。但是,随着袁世凯窃任大总统,实行专制统治,学校体育的正规化过程出现了一些波折。

壬子癸丑学制下的学校体育课程仍然以军国民教育为价值取向。袁世凯窃取政权后,继续推行军国民教育。1915 年,袁世凯为了复辟帝制,完全推翻了蔡元培主持制定的教育宗旨,公布了"爱国、尚武、崇实、法孔孟、重自治、戒贪争、戒躁进"的所谓 7 项教育宗旨。袁世凯主张的军国民教育与蔡元培提倡的军国民教育有着本质的不同。袁世凯提倡军国民教育的目的是"用军事训练来控制学生,使学生成为他的统治工具"②,而蔡元培提倡的军国民教育的目的是外抗强敌、内抑军阀。

袁世凯当道时期的教育价值取向曾一度出现了复古的封建教育思想泛滥的趋势,反映在体育方面就是"国粹体育"。"国粹体育"产生的背景是袁世

---

① 转引自王华倬著:《中国近代体育课程史论》,北京:高等教育出版社 2004 年版,第 71 页。

② 崔乐泉著:《中国近代体育史话》,北京:中华书局 1998 年版,第 44 页。

凯为复辟帝制而推行的封建复古思潮。1913 年 6 月袁世凯发布《尊孔令》，在中小学课程推行尊孔和讲经，掀起封建复古逆流。那时，安福系军阀马良编了一套"中华新武术"，并自称是"我国之国粹，我国之科学"，受到军阀和"国粹派"教育家的支持。1918 年，第 4 次全国教育会联合会年会以及有关全国中学校长和专门以上学校校长会议通过要推广"新武术"，把武术列入中等以上学校的体操课程，作为军国民教育的补充。1919 年，北洋军阀的国会还通过决议，把"新武术"定为学界必学的"中国式体操"。武术是我国人民群众喜爱的传统体育活动，具有锻炼身体、防身自卫、抵抗侵略的重要作用，提倡武术，把改造后的武术引入学校体育本无可厚非。但"国粹派提倡'新武术'，目的却是宣扬、保存国粹，是想用唯心主义的、封建的思想，来反对当时正在兴起的唯物主义思想，阻止中国走向进步，以便袁世凯等在中国恢复封建制度"①。因此，被鲁迅等人批判为复古倒退的"国粹"和"鬼道精神"就势所必然。这股复古封建教育思想的"国粹体育"思潮只是体育课程价值取向暂时的历史倒退，只是体育课程价值取向的一次轻微的摆动。体育课程价值取向真正发生实质性转变则发生在第一世界大战结束后。

1918 年，积极实行军国主义教育的德国在世界大战中战败，我国有识之士开始认识到军国主义教育实质上是帝国主义的侵略工具。1919 年全国教育会联合会第 5 次年会认为军国民教育已经不适合世界潮流，通过《改进学校体育案》，体育课程的价值取向向实用主义转变。在实际教学中，一些学校已经把"体操课"改为"体育课"，废除兵操，以田径、球类、游戏和普通体操为内容。

1919 年开始，杜威等实用主义教育家来华，推动了实用主义教育思想在我国的传播。体育界以实用主义教育学为基础，以"自然体育"为理论，提出"体育即生活"的口号，强调以儿童为中心，体育要适应儿童的兴趣，培养"民主"、"自由"、适应个性发展。

1920 年，全国教育会联合会决议废弃军国民教育的"尚武"教育宗旨。1922 年，北洋政府教育部召开学制会议，公布了《学校系统改革令》，被称"新学制"或"壬戌学制"，正式宣布废止"兵式体操"。1923 年颁布了《新学制课程标准纲要》，将体操改为体育，西方竞技运动得以正式步入学校体育课程。

---

① 崔乐泉著：《中国近代体育史话》，北京：中华书局 1998 年版，第 44 页。

壬戌学制和《新学制课程标准纲要》都是以美国实用主义为指导思想，依照美国学制拟定而成。在体育课程目标上，明确提出了要尊重"顺应儿童爱好活动的本性"、"发展人之本性及人格"的实用主义原则。中国的学校体育课程由模仿日本转向学习美国，实用主义体育课程价值取向正式确立。

（二）体育课程价值观实用主义转向原因分析

1914年，第一次世界大战爆发。在1914年到1918年的第一次世界大战期间，军国民教育和兵式体操在我国学校体育中达到了高潮。由于我国近代从日本引进的以兵式体操为主要内容的体育课程在实施过程呈现出诸多弊端，世界大战后军国主义不再符合倡导和平的世界潮流，五四新文化运动对我国国民思想的解放，再加上美国实用主义教育思想的引入，我国体育课程价值取向迅速由军国民教育转向实用主义教育。

1. 兵式体操为主要内容的体育课程受到批判。

从蔡锷《军国民篇》开始，军国民教育思想开始介绍给国人，后经壬寅学制、癸卯学制、壬子癸丑学制，以兵式体操为主要内容的军国民教育思想在我国体育课程中流行了20余年。但兵式体操的引入是为形势所迫，没有先期的准备，先天不足，缺乏教材，缺乏师资。为推行体操课程，被迫"从军队中抽调下级军官及士兵充当体操教员"，"使得体操课成为'立正'、'稍息'、'托枪'、'开步走'等简单操练，教法也呆板、单调，不适合青少年的身心特点"①。正如毛泽在《体育之研究》中所批评的："非不有体操课程也，非不有体操教员也，然而受体操之益者少，非徒无益，又有害焉。教者发令，学者强应，身顺而心违，精神受无量之痛苦，精神苦而身亦苦矣，盖一体操之终，未有不貌瘁神伤者也。"②体操引入之初就遭到社会各界人士的批判，更新体育课程内容的尝试也从没有停止过。如竞技运动引入，各种体育比赛的举行，军国民教育流行的20余年里我国曾一度出现了课内兵式体操，课外竞技体育的二元体育状况。再如改造传统健身术与整理传统武术进入体操课的尝试。③虽然这些努力在当时社会状况和思想状况下没有成功，但说明当时的人们对以军国民教育为价值取向、以兵式操为核心内容的体育课程之不足已有相当深刻的

---

① 王华倬著：《中国近代体育课程史论》，北京：高等教育出版社2004年版，第80页。

② 国家体委体育文史工作委员会、全国体总文史编审委员会编：《中国近代体育文选》，北京：人民体育出版社1992年版，第34页。

③ 参考崔乐泉著：《中国近代体育史话》，北京：中华书局1998年版，第54～57页。

认识。

2. 军国民教育价值取向不再符和倡导和平的世界潮流。

1918 年,积极推行军国主义教育的德国在第一次世界大战中战败,很多有识之士认识到军国主义教育实质上是帝国主义的侵略工具。如蔡元培早在 1912 年就认识到军国主义与世界潮流相悖的状况,而此时他进一步认识到军国民教育的实质,他说:"德国之军国民主义以全国人民为机械,而供野心家之用。……军国民教育之不能容于今日,可概见矣"[①]。1919 年全国教育联合会第 5 次年会在太原举行,会议认为:"近鉴世界大势,军国民主义已不适合教育之潮流,故对学校体育应加以改进。"[②]大会并通过了《改进学校体育案》,其中心思想是向实用主义方向发展。这时期,有的学校实行的"课上兵操,课外是竞技"的所谓"双轨制"的学校体育。有些学校还把"体操课"改为"体育课",废除兵式体操,以田径、球类、游戏和普通体操为教学内容。如长沙的雅礼学校、南京高等师范学校分别在 1918 年和 1920 年自行宣布废除兵式体操。

3. 新文化运动和五四运动中关于体育的研究促进了体育思想的解放。

由陈独秀、李大钊、鲁迅等领导的新文化运动,以《新青年》杂志为阵地,高举"民主与科学"旗帜,对封建旧文化发起了猛烈攻击,成为中国近代史上一次影响深远的思想解放运动。"这股思想文化界的洪流,成为宣传社会主义思潮,宣传民主与科学的运动,并给作为社会文化一部分的体育,赋予了新的思想、新的内容。"[③]

1915 年开始的新文化运动和 1919 年的"五四"爱国运动,促进了中国近代体育的变革发展。其一,它激起了反帝爱国的热情和民族自尊心,在体育运动中开始摆脱外国人的控制,独立自主地举办各种体育活动和运动竞赛。其二,在它的推动下,官办学校的"兵操体育"("军国民主义"教育)开始衰落,田径、球类、游戏等近代运动项目得到进一步开展。其三,它促使了妇女的解放,促进了妇女在体育方面争取更多的权利和机会。其四,它在促使全社会

---

① 蔡元培:《欧战后之教育问题》,《北京大学日刊》,1919—11—19。转引自王华倬著:《中国近代体育课程史论》,北京:高等教育出版社 2004 年版,第 80 页。

② 转引自阎智力、金再活、闫丽:《我国清末至建国前学校体育课程目标的价值取向》,《体育文化导刊》2006 年第 5 期。

③ 崔乐泉著:《中国近代体育史话》,北京:中华书局 1998 年版,第 71 页。

从整体上重新认识体育的同时，也促进了一些激进的民主主义人士和进步思想家开始用近代科学观点来研究和提倡体育。毛泽东的《体育之研究》、恽代英的《学校体育之研究》、鲁迅对"国粹派"的论战就是代表。这些研究和论战，既是对传统体育文化的再认识，也是对西方近代体育及其理论的分析，出现了先进的体育思想和体育理论。① 体育课程价值观的转变在思想上已经做好准备，一种新的体育课程价值观提出的时机已经成熟。

4. 杜威等人的来华推动了实用主义体育课程价值观的确立。

军国民体育教育价值观经过新文化运动和五四爱国运动的冲击而产生了信任危机，新的体育课程价值观正在孕育之中。就在中国国内希望改良社会、教育救国、教育改革氛围浓烈的历史转变过程中，1919 年 5 月，美国实用主义教育家、教育学权威人士杜威，应北京大学、江苏省教育会等五个学术团体的联名邀请，来华作了为期两年又两个月的讲学，宣传其实用主义哲学和教育学说。杜威的实用主义教育学说是在民国初期经蔡元培的介绍而为中国教育界所了解的，而我国对"实用主义"教育产生兴趣是源于 1913 年黄炎培发表的《学校教育采用实用主义之商榷》一文。新文化运动开始后，《教育杂志》等教育刊物不断刊文介绍杜威的教育思想，实用主义教育逐渐对中国思想界、教育界产生影响。② 此后，美国实用主义学者孟禄、推士、麦克尔等人也先后到访，"教育万能论"、"儿童中心主义"、"教育无目的论"等实用主义教育观点成为当时的热点话题。杜威等人的到来，促进了实用主义教育思想的大量传播，并在中国形成了一种思潮。

随着基督教青年会的体育活动，自然主义体育学派传入我国。实用主义教育思想的引入，为我国自然体育提供了理论基础，在实用主义教育的影响下，自然主义体育学派提出"体育即生活"的口号，强调体育要以儿童为中心，体育要适应儿童的兴趣，培养"民主"、"自由"思想和适应"个性发展"等。在体育手段方面，主张采用跑跳等"自然活动"方式，反对"非自然的"、"人工的"、"呆板"的体操。在体育教学方法上，主张让儿童自己去学习体会，教师只是从旁引导。在实用主义教育思潮影响下，全国教育会联合会于 1920 年决议废弃"尚武"教育宗旨，以军国民教育为宗旨的兵式体操也就自然退出了学校领域。

---

① 参考崔乐泉著：《中国近代体育史话》，北京：中华书局 1998 年版，第 72 页。
② 参考孙培青主编：《中国教育史（修订版）》，上海：华东师范大学出版社 2000 年版，第 386 页。

三、自然主义：国民党统治时期体育课程价值取向

从 1924 年起，中国共产党与国民党进行了第一次合作。1927 年，国民党在南京建立国民政府，逐步结束了民国成立以来的军阀割据局面，实现了形势上的国家统一。正当革命形式大好的时候，以蒋介石为首的国民党右派叛变革命，大肆屠杀共产党人和革命群众，篡夺了政权，代替北洋军阀统治中国。国民党新军阀的统治与北洋军阀统治在本质上没有什么区别，但其在形式上基本统一了中国，国统区的形势也相对稳定。这种局面一直持续到 1937 年抗日战争爆发。相对稳定的局面，为近代体育的发展和成熟创造了条件。这一历史时期，体育逐渐朝着规范化的方向发展。

1937 年，抗日战争爆发，中国近代体育的发展环境进入了错综复杂、发展不平衡的时期。从 1937 年到 1949 年 9 月，中国在政治上出现了社会性质不同的两个地区和一个敌占区，即，中国共产党领导下的抗日根据地解放区、国民党统治下的国统区和日伪统治下的沦陷区。沦陷区是日本帝国主义法西斯统治，国统区仍然是半封建半殖民地社会，而抗日根据地解放区则已进入新民主主义社会。

日伪统治下的沦陷区，体育课程的价值取向是军国主义，抗日根据地解放区的体育课程价值取向是新民主主义，国统区体育课程的价值取向是自然主义。本节只讨论国统区自然主义体育课程价值取向。

（一）自然主义体育课程价值取向的确立

国民党集团上台以后，为巩固其专制统治，加紧了对教育的控制，学校党化色彩日渐加强。蒋介石曾说："现上训政业已开始，教育尤应注意建设。……矫正从前教育上放任主义之失，而代之以国家教育之政策。"[①]国民党政府成立后，于 1929 年 3 月在第三次全国代表大会上通过了《教育方针及其实施原则》决议，规定以三民主义教育宗旨作为"施教原则"，以代替其"党化教育"，决议中还规定："中华民国之教育，根据三民主义，以充实人民生活，扶植社会生存，发展国民生计，延续民族生命为目的。务期民族独立，民权普遍，民生发展，以促进世界大同。"[②]此处的三民主义已不是孙中山的结合了联俄、

---

① 谬仞言：《第 2 次全国教育会议始末记》（第 2 编），第 53～54 页；中国体育史学会：《中国近代体育史》，北京：北京体育学院出版社 1989 年版，第 191 页。转引自王华倬著：《中国近代体育课程论》，北京：高等教育出版社 2004 年版，第 94 页。

② 转引自崔乐泉著：《中国近代体育史话》，北京：中华书局 1998 年版，第 85 页。

联共、扶助农工三大政策的三民主义,而是反共反人民的三民主义。在整个国民党统治期间,学校的"党化教育"一直占据主导地位,体育课程也深受其影响。

为了加强对体育教育的领导,国民党政府教育部设立了专门机构管理体育教学,制定了许多的法规。这些法规中许多条文只是体现了体育界的理想,在当时的条件下根本无法执行。这一时期,国民党对学校的管理主要用力于钳制师生的思想,控制师生的政治活动,而对政治之外的其他方面则管理不严,这就为我国此时期的教育发展提供了空间,体育教育和体育课程也不例外。同时,除了颁布一系列的教育法规和课程方案外,国民党政府安排的教育经费一般占整个财政支出的1%～5%,体育课程实施所需的基本条件得到了部分保障。

1928年5月,第一次全国教育会议通过以1922年新学制为基础并略加修改的《整顿中华民国学校系统案》,即"戊辰学制"。"戊辰学制"仍沿用小学6年、初中3年、高中3年的"六三三制",其中有关体育课程标准的变化是在中学以上实行军事训练。此后,国民政府学制系统经过多次局部增改调整,但1922年新学制的基本框架一直没变。

国民党统治时期,制定和颁布了一系列的中小学课程计划、中小学体育课程标准及教授细目、实施方案等。教育部于1929年、1932年、1936年、1940年(小学1942年)、1948年分别进行了5次课程标准的修订。其中,1948年的没有实施。

从颁布实施的四次体育课程标准中,我们可看出体育的课程目标并没有什么变化,主要包括全面锻炼体格,健全学生身心发育;发展运动能力,养成运动技能和运动为娱乐的习惯;培养诸多的个人优良品德和团队精神等几个方面。小学强调顺应儿童本性,发展运动能力,培养优良品德和娱乐兴趣。中学注重锻炼体格,掌握运动技能,养成优良品德和运动习惯。1929年、1932年和1936年中学还提出了养成优美正确的姿势及改进身体发育不良的状态。1936年小学提出了养成学生日常生活和国防上所需的运动技能及喜欢运动的娱乐习惯。1940年中学提出了培养国防上所需要的基本技能和卫生习惯。此外,国民政府教育部还在1941年发布了少数学校实验用的《六年制中学体育课程标准草案》,部分初中、高中,实行六年一贯制。这套大纲强调"使学生明了普通疾病的起因、症状、治疗及其护理、预防之方法与技能;使学生了解吾国军医之组织与军护工作概要"，以适应战时的需要。国民政府教育部颁布的上述四次体育课程目标仍然是自然主义体育思想占主导地位，虽然在部分中小学设立童子军组织，提出了"智、仁、勇"的课程目标和训练内容，但对整个中小学体育教育的影响则微不足道；虽然在 1940 年提出了"培养国防上所需要的基本技能"，以及 1941 年强调战时救护能力的培养，但是在课内外仍然是游戏、田径、体操、篮球、排球等教材内容。国民党统治时期，很多制度、标准的实施不能到位，往往成为一纸空文。即使是在抗日战争，国家处于危难时期，学校体育仍然如此，"放羊式"教学流行，毫无战时景象。[①]

（二）自然主义体育课程价值观评价。

从 1927 年至 1949 年的二十多年间，自然主义一直作为体育课程的价值取向。我们不禁会问，自然主义为什么会那么长久的统治中国的体育课程？它有什么特殊的内涵？它是怎么传入我国的？实行过程的中间就没有什么波折吗？

1. 自然主义体育观的形成[②]。

所谓自然主义体育观，其内涵有广义与狭义之分。广义的自然主义体育思想，源于自然教育的思想，意指体育教学遵循人的自然天性，反对不顾儿童特点，强制儿童接受违反自然的所谓教育，以卢梭为代表。狭义的自然体育观强调运用自然的方法手段进行体育锻炼，让儿童走进大自然，在大自然中接受陶冶和磨炼。

现在一般认为，自然主义体育的思想源于 18 世纪 60 年代的欧洲，它首先来源于自然主义的教育思想。自然主义教育一般以卢梭（1712～1778）为代表人物，然而在卢梭以前自然主义思想的萌芽已经产生。在东方，有先秦道家自然主义的教育观；在西方有柏拉图、亚里士多德等人的奠基，夸美纽斯在《大教学论》里提出了"自然适应原则"。

学术界一般认同卢梭是"体育"（Education Physique）一词的创始者之一，卢梭的自然教育思想使"体育"这个词从一开始就具有了自然主义的意韵。卢梭之后，继承自然主义教育思想的有巴塞多（1723～1790）、裴斯泰洛齐（1746～1827）、蒙台梭利（1870～1952）等一批著名的教育家。德国巴塞多

---

① 参考阎智力、金再活、闫丽：《我国清末至建国前学校体育课程目标的价值取向》，《体育文化导刊》2006 年第 5 期。

② 参考夏成前、田雨普：《自然体育思想的历史嬗变》，《南京体育学院学报》2009 年第 1 期。

和古兹穆茨(1759～1839)最先使体育成为学校的正式课程。其后被称为德意志学校体育之父的施皮斯(1810～1858)和奥地利的高尔霍费尔(1885～1941)承继了自然体育思想的衣钵,特别是高尔霍费尔所做的工作(著作《自然体育》两卷及《新学校体育》、《儿童体育》、《少年体育》等),使其成为 20 世纪初期自然体育思想的代表。其后,在杜威(1859～1952)及克尔伯屈等人的实用主义教育思想和桑代克行为主义心理学的影响下,自然主义体育思想在美国受到重视并得到长足发展。

美国自然主义体育是在杜威的实用主义教育思想影响下,根据心理学、教育学、生理学原理提出的,代表人是威廉姆斯,时任哥伦比亚师范学院体育系主任。威廉姆斯辨析了"自然体育"与"非自然体育"的概念,并提出了体育的自然纲领。他的代表作《体育原理》对美国和其他许多国家都产生了较大的影响。

2. 自然主义体育的基本观点。

自然主义体育的基本观点可概括为:以儿童为中心,让青少年按照自然适应性原则去自主进行运动学习和体育锻炼。运动学习和体育锻炼的内容要符合儿童的兴趣和本能冲动,强调运用自然手段锻炼身体,通过身体运动来教育人,形成知识和技能,并从中获得乐趣。[1]

有的学者把自然主义体育的主要观点概括为:体育即教育、体育即生活、自然体育取代非自然体育和体育要顺应人的生理和心理本能。[2]

(1) 体育即教育。

自然主义体育观认为:"体育是教育的一种形式"[3],"我们不是锻炼肌肉以增强他们的力量,而是通过身体的运动来教育人,附带地增强他们肌肉的力量,其目的是在社会中的一个人,而不是他的肌肉"[4]。由此可见,自然主义体育观强调体育即教育,体育的目的在于教育人,而把身体发展和增进健康视为附带的产品。

(2) 体育即生活。

自然主义体育思想认为:"体育是生命和生活","体育从根本上讲是一种

---

① 程传银:《几种体育教育思想形态分析与展望》,《体育与科学》1998 年第 6 期。

② 王华倬著:《中国近代体育课程史论》,北京:高等教育出版社 2004 年版,第 80 页。

③ 吴蕴瑞、袁敦礼著:《体育原理》,北京:勤奋书局 1933 年版,第 128 页。

④ J. F. Williams: *The principles of physical Education* W. B. company . Third Edition, 1938, 282.

形态,是一种生活方式","体育应该发展社会生活中所需要的娱乐活动的技巧和对娱乐活动的态度"。①

(3) 自然体育取代非自然的体育。

自然主义体育观推崇自然性体育活动,例如:游戏、舞蹈、户外竞技运动、野外活动和各种基本技巧。认为形式化的体育是教育中的畸形现象,虽然对改正姿势有贡献,但教育上无价值,应该在教材中摒弃之。

(4) 体育要顺应人的生理和心理的本能。

自然主义体育观认为本能是身体活动的原动力,体育活动要适应儿童的兴趣和本能的冲动,要以儿童为中心。强调体育要适应人的本能,运动要注意适应人的生理和心理的需要。

3. 自然主义体育观的传入及发展。

自然主义体育观成为 1927 年到 1945 年国统区体育课程的价值取向,但它的传入却要早于 1927 年。据现在已有研究成果看,自然主义体育观是在五四前后首先由美国基督教青年会体育干事麦克乐(C. H. McCloy,1885～1959)传入我国。

麦克乐作为美国基督教青年会体育干事,1915 年来华,1916 年任南京高等师范学校体育科的首届主任,1917 年～1919 年任中华基督教青年会全国协会体育干事,五四运动后回国。1923 年再度来华,并担任南京大学体育系主任。他创办了《体育季刊》杂志,并在南京作过中小学生体质调查研究,制订出中小学生体育课分组和成绩考核标准。他经常到上海、南京各学校作体育演讲,发表了不少体育论著。对中国近代体育早期的传播和发展产生了巨大的影响,是中国近代体育理论、学校体育和体育科学研究的奠基人。②

麦克乐在上海青年会全国协会成立的体育专门学校、基督教青年会体育干事培训班,以及在担任南京高师体育科主任期间,把自然体育学派的观点,系统地传授给后来成为我国著名体育家的吴蕴瑞、董守义、许民辉、涂文、王义诚等人。为扩大自然主义思想的影响,麦克乐还亲自编译出版了系列体育教材和专著,创办《体育季刊》杂志,并在多种期刊上发表多篇文章。

针对时弊,麦克乐反对以兵操为主的军国民体育,他指出兵操束缚练习者的身心自由,名为锻炼身体,实则有害于发展学生体质。1922 年 7 月,在中

---

① J. F. Williams: *The principles of physical Education* W. B, company . Third Edition,1938,282.

② 谭华主编:《体育史》,北京:高等教育出版社 2009 年版,第 207 页。

华教育改进社第一届年会上,麦克乐作为体育与国民游戏组主席,主张废除学校教育中的军国民体育。在他的主持下,制定出十项决议,其中规定各大学兵式教练列为选修,但不得代替体育。在体育教学中,他提倡自然自由,提出应多注重适宜的球类游戏运动,积极推广美式体操、竞技运动。①

麦克乐积极地推动了自然主义体育观在我国的传播。同时基督教青年会以及一批留美学者,如袁敦礼和吴蕴瑞等,著书立说进行宣传,编译了威廉姆斯的《体育原理》,对自然体育思想的引进做出了贡献。由于自然体育思想符合当时中国资产阶级和民主主义者谋求民主、自由,反对封建文化的需要,它很快就在中国盛行。1922 年颁布的壬戌学制正式确立了自然主义体育的统治地位,成为体育课程的价值取向。②

4. 对自然主义体育观的争论。

虽然壬戌学制确立了自然主义体育观的统治地位,从 1927 年开始直到新中国成立前一直是中国体育课程的基本价值取向,但其在体育思想领域的统治地位却不断遭到挑战。与之观点相反的体育思想家们不断对其进行批评,展开了激烈的争论,其中最为著名是"体育军事化与体育教育化之争"和"土洋体育之争"。

(1)"体育军事化与体育教育化之争"。

20 世纪 30 年代开始,我国进入了灾难深重的时期。内受国民党反动政府的黑暗统治,外有日本帝国主义的侵略,国势垂危,处于民族存亡之际。体育界许多人提出"强种救国"的口号,倡导全民体育化和体育军事化。当时体育军事化的学者可以分为两种。一种是出于爱国心主张强种救国,另一种则是在中国实行法西斯主义。

马崇淦认为:"强邻压境,国难临头,为中华民族生死存亡关头。……为社会国家民族生存计,唯有加强锻炼国民体魄,积极地注重国民体育训练,准备疆场强劲的战士,养成雪耻健儿,以为转危为安、转弱为强的唯一途径……一为民族复兴的体育,二为平民大众的体育。前者以养成疆场战士报国健儿,拿军事体育化为出发点,后者以农村及社会体育为中心"③。体育军事化

---

① 马进、田雨普:《麦克乐对中国近代体育的推广及其历史贡献之研究》,《南京体育学院学报》2009 年第 3 期。

② 屈杰:《近现代中国学校体育思想形成过程中学风问题的反思》,《体育与科学》2005 年第 4 期。

③ 马崇淦:《本报旨趣》,《勤奋体育月报》,第一卷第一期(1935 年)。转引自苏竞存:《三十年代的体育军事化思想》,《体育文化导刊》1987 年第 4 期。

的要求强烈。当时的人们认为,体育军事化不仅能健身强种,而且具有振作民族精神的作用。"我们处在这个凶涛骇浪中,环顾我国邻邦,日益狰狞可畏。内观我民族性,几乎丧失殆尽。……需要体育军事化,才能适应现在的环境,革除过去的颓风"①。有些主张体育军事化的人,认为当时中国学习美国的体育是错误的,对自然体育思想进行了批评。"中国的体育走错了贵族的路!它剥夺平民的运动……又叫运动变成贵族子弟的专利品、娱乐品"②。"中国人太自由,而欧美体育是以天然活动为原则,受欧美体育熏陶的人,使愈加自由散漫,活泼放肆混为一谈,危害特甚"③。

一批从德国回来的人受当时法西斯思想的影响,竭力宣扬、主张仿效法西斯德国的体育军事化。其主要内容是政治训练,这种政治训练又主要是训练"绝对服从"和"忠于领袖"。这和当时的国民党反动派提出的"一个政府,一个主义,一个领导之下,绝对的统一,绝对的团结,绝对的服从",是完全相同的。这已经不是体育思想了,而是反动的政治思想。

主张体育军事化的这些学者从思想和实际两个方面对自然体育进行了批评,自然主义学者当然要进行辩驳,从而引起了一场争论。这场争论的实质是体育界的法西斯思想和资产阶级民主自由思想的争论,反映了当时德国和美国对我国的影响,也反映了在帝国主义文化侵略下的半封建、半殖民地中国的思想状况。从实际的争论结果看,自然体育思想并没有受到多大的冲击,体育军事化思想在当时所产生的影响也不大。

(2)"土洋体育之争"。

20纪初的旧中国是个战乱频仍的年代,但在学术思想却呈现出了百家争鸣的繁荣局面。周谷城先生在《民国论书(民国学术名著汇编)》中指出,中国历史上有两个百花齐放的时代,一个是春秋战国时期,另一个就是民国。所谓乱世出英雄,这两个时代都是战乱频仍,但在学术上却是别样繁荣,出了许多大家、名人,也出了许多学术名著。④ 学术论争频发,也是这一时期学术

---

① 转引自苏竞存:《三十年代的体育军事化思想》,《体育文化导刊》1987年第4期。

② 程登科:《怎样利用军警权力辅助民众体育使全民体育化》,中华体育协进会《体育季刊》第一卷第二期(1935年)。转引自苏况存:《三十年代的体育军事化思想》,《体育文化导刊》1987年第4期。

③ 刘慎旃:《体育要革命》,《勤奋体育月报》第一卷第三期(1935年)。转引自苏竞存:《三十年代的体育军事化思想》,《体育文化导刊》1987年第4期。

④ 周谷城:《民国论书(民国学术名著汇编)》,上海:上海书店出版社1989年版,第173~176页。

繁荣的表现。在中国近代体育史上，围绕着要什么样的体育问题，是要中国传统的武术，还是要国外传入的西方近代体育，学术界进行了"土洋体育之争"。这场争论虽然不是专门针对自然主义体育观的，但自然体育观却是主要的论争内容之一。

　　什么是"土洋体育之争"呢？字面上理解比较清楚，但要搞清它的内涵却是需要经过一番周折。

　　学界对土、洋体育的认识基本一致。如《中国体育通史（第四卷）》认为："所谓'土体育'，习惯上是指以武术为代表的中国民族传统体育项目；所谓'洋体育'，则是指由欧美传入的近代田径和球类运动项目。"①谢凌宇认为："'土体育'和'洋体育'是在三十年代，我国体育界出现的两个特有的历史概念。前者主要是指以武术为主体的中国传统体育；后者则指从国外传入的西方体育。"②

　　关于发生的时间和具体的内容，观点则有所不同。周伟良认为："'土洋体育之争'是指20世纪20、30年代，人们在近代西方体育输入中国过程中，与包括武术等在内的传统体育文化发生种种碰撞而展开的一场争论。"③谭华认为："20年代及以前的'新旧体育'之辩和30年代的'土洋体育之争'，虽同为中、西方体育的话题，却有着重大的变化。"④熊晓正等认为："20年代讨论的是'何为体育'，30年代讨论的重点是走什么样的发展道路。从形式上看，30年代的'土洋'之争不过是20年代'中西体育'或'新旧体育'之争的继续。"⑤由此我们可以看出，20年代的"新旧体育之辩"与30年代的"土洋体育之争"是紧密联系的一个过程。

　　"土洋体育之争"大致经历了前奏—高潮—尾声三个阶段。

　　对于"土洋体育之争"开展前奏的认识，学者间基本一致，如马廉祯认为："'土洋体育之争'是由马良的'中华新武术'引发的，这是这场论争的起始，即第一个阶段发生在新文化运动时期，以1919年鲁迅、陈独秀对马良的《中华新武术》的批判为焦点，发生了鲁迅与精武体育会的陈铁生之间的笔墨之

---

① 转引自陈德旭：《民国时期"土洋体育之争"的研究述评》，《搏击·武术科学》2011年第11期。
② 谢凌宇：《试析中国三十年代的"土洋体育之争"》，《体育科学》1989年第2期。
③ 周伟良编著：《中国武术史》，北京：高等教育出版社2003年版，第114页。
④ 谭华主编：《体育史》，北京：高等教育出版社2009年版，第218页。
⑤ 熊晓正、陈晋章、林登辕：《从'土洋'对立到'建设民族本位体育'》，《体育文史》1997年第4期。

争。"①对马良新武术的批判,是"土洋体育之争的"开始。之后,关于中西体育的争论一直没有停止过。抵制"洋体育"的潜在因素一直在酝酿之中。

谭华认为②这场关于中国体育发展道路之争可以分为两个阶段。第一阶段是关于中国传统体育与欧美体育谁更适合中国,时间为 1923 年至 1933年。第二阶段是关于中国体育发展的方向与政策,时间为 1935 年至1937 年。

1932 年,国民政府教育部决定召开第一次全国体育会议,讨论制定国民体育方案。在会议开幕之前,不少教育、体育界人士和报章开始就中国体育的一些重大问题发表意见,展开讨论。1932 年,我国运动员参加洛杉矶奥运会失利的消息传到国内,反响强烈。在全国体育会议即将召开之际③,新闻界人士首先发难,体育思想领域内一场"土洋体育之争"由此爆发。"这场争论,以某些记者及武术界人士,张之江等人为一方,提倡'土体育';以某些归国留学人士,吴蕴瑞等人为另一方,提倡'洋体育'。"④

在各种报刊笔战正酣之时,正在南京召开的第一次全国体育会议也对这一问题进行了讨论,最后通过的宣言反映了对争论所涉及的某些问题的基本看法:"学术无国界,人类之天性中外无不同。凡不违背科学原则及能适合人类天性之种种体育活动均应按照国内社会状况一律提倡之,不应以其发源地点不同而有所轩轾。故本会谋为我体育前途计,深望全国国民,对各种身体方法,抱择善而从之之态度,毋分新旧中外。"⑤会议制定的国民体育实施方案体现了西式体育和中国传统体育兼收并蓄的精神。国民体育实施方案颁布施行后,这场土洋体育之争算是暂告一段落。但是,争论并没有完全结束,不少人士陆续发表文章,阐述各自对中、西体育的看法,但关注的重点逐渐向如何走适合中国国情的体育道路转变。

1935 年,方万邦(1893～1969)发表文章,试图对此前的论争做一个总结,结果却把讨论引入了第二个阶段。他指出了中国体育存在的十大问题及

---

① 马廉祯:《论现实视角下的近代"土洋体育之争"》,《体育科学》2011 年第 2 期。
② 谭华:《70 年前的一场中国体育发展道路之争》,《体育文化导刊》2005 年第 7 期。
③ 1932 年 8 月 16 日～21 日在南京召开了旧中国唯一的一次全国体育会议。会议的许多提案中都反映出"土洋体育之争"的某些思想倾向,并在袁敦礼等人起草的《国民体育实施方案》中容纳了其中一些思想,大会最后通过了这一方案。
④ 谢凌宇:《试析中国三十年代的"土洋体育之争"》,《体育科学》1989 年第 2 期。
⑤ 《全国体育会议宣言》,《申报》1932 年 8 月 22 日。

其解决途径,从体育应该教育化的立场出发,指出在此前的中国体育界:"洋体育未顾及其空间性而盲目的被采用,土体育疏忽其时间性而固执的被保持,如此食洋不化和食土不化,同是一样错误。""体育医学化的褊狭肤浅,殊有失了体育的真意和功能;体育军事化的徒具美名,其失去了体育的真义更为遥远。"①这种一棍子全部打死的策略,引起新一轮的论争。不过这一时期的论争主要是围绕中国体育的出路问题而各抒己见。

"土洋体育之争"对中国的体育发展具有重大的历史意义,既表现在对以武术为代表的"土体育"的高度重视,同时也为"洋体育"在中国的畅行做了免费宣传,使土洋体育之间由彻底的抵牾逐渐走向整合,体现出多元体育文化并存并共同发展的趋向。

这场"土洋体育之争"虽然不是体育教育的争论,但学校体育课程与社会上各种体育思潮紧密相连。随着土、洋体育的相互融合,共同发展,学校的体育课程内容必然会出现多样化,体育课程的价值也必然增添更多的内涵。

总之,清朝末年到新中国成立前的近半个世纪里,体育课程大体可以分为三个阶段。

第一阶段是从1902年《钦定学堂章程》的颁布到1918年第一次世界大战的结束。这一时期,政治上经历过清末"十年新政"、辛亥革命、中华民国临时政府和袁世凯篡权复辟帝制。体育课程的名称为"体操",体育课程的价值取向为军国民教育。军国民教育之所以能够在社会形态急剧变化的两个时代始终作为体育课程的价值取向,是因为其所面临的社会背景相同,即"尚武图存"。但在不同阶段,实行体育军国民教育的目的是不同的。清朝统治者是为了培养护卫自己的"忠勇之士",中华民国临时政府时期则是为外御强敌、内抑军阀,袁世凯时期则是为控制学生。

第二阶段则是从1918年推行军国民主义的德国在第一次世界大战中战败到1927国民党政府成立。此时期,政治上北洋军阀统治,社会动荡不安。教育上从美国留学回来的留学生逐步掌握了教育的话语权,实用主义哲学思想和教育思想逐步开始影响我国。体育课程的名称由"体操"变为体育,体育课程的价值取向为实用主义。

第三阶段是从1927年国民党政府成立到1949年新中国成立。这时期,

---

① 方万邦:《今日中国的十大问题及其解决途径》,《教育》1935年第3期。

中国的政治版图上有三个版块，即国统区、沦陷区和解放区。沦陷区由日伪统治，体育课程的价值取向是军国主义。解放区由中国共产党领导，体育课程的价值取向是新民主主义。国统区由以蒋介石为代表的国民党进行统治，对教育实行了相对宽松的政策，国民党只关心思想控制和政治管理，对课程与教学的管理比较宽松。国统区体育课程的价值取向是自然主义，深受美国实用主义哲学和自然体育思想的影响。

第二节　新中国成立以来的体育课程价值取向

1949 年 10 月 1 日中华人民共和国成立，结束了帝国主义在我国近百年的侵略与掠夺，结束了国民党为代表的封建买办官僚资产阶级在我国的统治，我国教育事业的发展迎来了一个崭新的历史时期，体育课程发展进入了一个崭新的历史阶段。

任何历史都具有阶段性，我国体育课程发展也具有自己的阶段性，这种阶段的标志一般与国家体育课程标准的颁布与修订相关。体育课程标准的制定与修订又与我国基础教育发展改革相关，而基础教育改革又与国家社会历史的变革密切关联。

1978 年，党的十一届三中全会上通过了《关于建国以来党的若干历史问题的决议》，把新中国的历史分为 4 个时期：基本完成社会主义改造时期；全面开始建设社会主义时期；"文化大革命"时期；全面开创社会主义现代化建设新局面时期。关于体育课程的分期，有的学者将中国的体育课程发展历史划分为 4 个时期，即建国初期的学校体育、社会主义建设探索时期的学校体育、"文化大革命"时期的学校体育和具有中国特色社会主义建设时期的学校体育。[①] 有的学者分为五个时期，即：建国初期的体育课程，社会主义建设探索时期的体育课程，"文化大革命"时期的体育课程，拨乱反正、全面恢复时期的体育课程和改革开放高速发展时期的体育课程。[②]

从 2001 年开始，我国开始新一轮的基础教育改革，此次改革从指导思想

---

　　① 李晋裕、滕子敬、李永亮：《学校体育史》，海口：海南出版社 2000 年版，第 2～4 页。
　　② 课程教材研究所编：《20 世纪中国中小学课程标准·教学大纲汇编·体育卷》，北京：人民教育出版社 2001 年版，第 459 页。

到课程目标、课程内容、课程实施、课程评价都呈现出新的特点。根据《关于建国以来党的若干历史问题的决议》的历史分期,归纳总结已有研究成果,结合体育课程的特点,可以把新中国建立以来的体育课程分为六个时期,即:建国初期的体育课程(1949~1957);社会主义建设探索时期的体育课程(1959~1966);"文化大革命"时期的体育课程(1966~1976);拨乱反正、全面恢复时期的体育课程(1977~1985);改革开放高速发展时期的体育课程(1985~2000);21世纪以来的体育课程(2001年至今)。按社会发展的基本状况,六个时期的体育课程又可合并为两个大的时期,即建国初到"文革"时期的体育课程和20世纪70年代末期至今的体育课程。

一、单一性:建国初期到"文革"时期体育课程价值取向

(一)体质教育与技能教育相结合:建国初期体育课程价值取向

新中国成立后,国家受着帝国主义阵营的敌视和包围,当时只有苏联等社会主义国家向新生的中华人民共和国伸出了援助之手。"以俄为师",全面学习苏联人民的建国经验,是新政权根据建国初期国际国内形势而确定的方针。新中国成立伊始,国家面临着新教育建设的基本任务。教育建设是在总结解放区经验的基础上,以苏联为模板而开始的。体育课程改革是新中国成立初期基础教育改革的重要组成部分,它的改革也同其他基础教育课程改革一样,既是解放区经验的延续,同时也在不断地学习苏联的经验。

在总结解放区体育经验的基础上,教育部于1950年颁布了《小学体育暂行标准(草案)》。由于国际关系和国内建设的需要,新中国成立后不久,中国共产党就制定了全面学习苏联的政策。在学习苏联体育经验的基础上,教育部于1956年颁布了《小学体育教学大纲(草案)》、《中学体育教学大纲(草案)》,这是新中国成立后第一次正式颁布的体育教学大纲。此大纲呈现出了注重体质教育的价值取向,体现这一价值取向的具体手段就是重视技能训练,体质教育价值取向与注重技能训练两者进行了朴素的结合。[1]

《中学体育教学大纲(草案)》明确提出了中学体育课程的五项基本任务,其中居于首要地位的就是"锻炼身体、增进健康,促进身体的正常发育"[2]。增

---

① 王林、李召存:《新中国中小学体育课程价值取向的嬗变》,《课程·教材·教法》2004年第10期。

② 课程教材研究所编:《20世纪中国中小学课程标准·教学大纲汇编·体育卷》,北京:人民教育出版社2001年版,第459页。

强学生体质成为这一时期体育课程改革的基本价值取向。

这一价值取向是当时教育方针和教育政策的直接体现。1949 年 9 月 29 日通过的《中国人民政治协商会议共同纲领》规定:中华人民共和国的文化教育为新民主主义的,即民主的、科学的、大众的文化教育,人民政府的文化教育工作者,应以提高人民的文化水平,培养国家建设人才,肃清封建的、买办的、法西斯的思想,发展为人民服务的思想为主要任务。根据这一教育方针,党和国家领导人多次强调体育课程应该加强学生的体质教育。1949 年,全国体育工作者代表大会指出,过去的体育是和广大人民群众脱离的,现在我们的体育事业一定要为人民服务,要为国防和人民健康和利益服务。毛泽东在 1950 年和 1951 年两次给教育部长马叙伦写信,强调各学校要注意健康第一,学习第二。

追求体质的体育课程价值取向在体育课程内容的选择上表现为注重技能训练。这一时期只有体育运动项目才能成为体育课程内容,是不是体育运动项目成为体育课程内容的选择标准。大纲明确规定要求学生掌握各种竞技运动知识和技能。如 1956 年《小学体育教学大纲(草案)》规定:"一二年级是以极简单的基本体操结合起来进行的游戏为主。三四年级基本体操和游戏在教材中占有同样的地位。五六年级是以基本体操为主,游戏所占的分量较少。"[①]再如 1956 年《中学体育教学大纲(草案)》中规定:"基本教材包括体操、田径、游戏。"[②]这种注重技能的倾向明显来源于苏联的体育课程价值观。此时苏联的中小学体育课程重视让学生学习和掌握体育的基本知识和运动技能技术,其课程内容基本按运动项目分类排列,强调教材编写的系统性、逻辑性和循序渐进性。

这一时期强调体质教育和技能教育的结合,但这种结合的理性色彩并不浓,带有很强的朴素性。这种朴素的结合是基于一个基本的假设,即学生只要掌握了课程所规定的各项知识和技能,就能获得身体的全面锻炼,增强体质。现在看来,这种假设缺乏科学依据。例如,体育知识的学习并不一定能转化为体育技能的提高。再如,体育知识和技能的学习并不一定能促进身体

---

① 课程教材研究所编:《20 世纪中国中小学课程标准·教学大纲汇编·体育卷》,北京:人民教育出版社 2001 年版,第 37 页。

② 课程教材研究所编:《20 世纪中国中小学课程标准·教学大纲汇编·体育卷》,北京:人民教育出版社 2001 年版,第 459 页。

素质的全面提高,过度的体育锻炼有可能损害身体,不科学的体育训练肯定会损害身体。当时,体质教育和技能教育的统一"是在自然而不自觉的情形下进行的,二者结合的程度不紧密,缺少必要的理论基础。这从后来的体育课程的重心滑向技能取向,就可以看出来。从这个意义上说,当时体育课程的价值理念带有一定的朴素色彩"①。"这一价值取向造成了学校体育课程与教材内容的选择是机械地追求生物训练效应,片面强调体育课程要为'国家建设服务'的社会需要,忽视了学生主动性、创造性和个性发展的实际需要。"②

（二）强调增强体质期:社会主义建设探索时期体育课程价值取向

20 世纪 50 年代末,"大跃进"运动给国家经济、文化造成了极大的损失。国家不得不在 1950 年 8 月提出"调整、巩固、充实、提高"的八字方针。同时,中苏关系解体,在总结与反思我国学校体育出现不切实际的发展指标和违背体育发展规律的基础上,开始建立符合本国国情的体育发展体系的探索。

20 世纪 60 年代中小学体育课程的改革,一方面继承了 50 年代以来体育课程改革的主要成果,另一方面改变了以往注重体质教育和技能教育相结合的教育价值观,确立了注重加强体质教育的体育课程价值取向。这一注重体质的体育课程价值取向具体表现在以下的方面。

1. 课程目标强调增强学生的体质。

1961 年颁布的《小学体育教材》中规定体育的"目的在增强学生的体质,向学生进行共产主义教育,使他们更好地学习、参加生产劳动和准备保卫祖国"③。为达到这一目标规定了四项基本任务:第一,促进学生身体的正常发育和机能的发展,增强身体对寒冷、炎热等自然环境的适应能力,增进健康。第二,促进学生在日常生活和劳动中所需要的身体基本活动能力和身体素质的全面发展。第三,使学生了解体育的重要意义,教给他们一些最基本的体育知识和锻炼身体的技能,养成锻炼身体的习惯。第四,通过体育教育学生

---

① 王林,李召存:《新中国中小学体育课程价值取向的嬗变》,《课程·教材·教法》2004 年第 10 期。

② 卢玉:《我国中小学体育课程价值取向的演变与启示》,《体育教学》2011 年第 7 期。

③ 课程教材研究所编:《20 世纪中国中小学课程标准·教学大纲汇编·体育卷》,北京:人民教育出版社 2001 年版,第 75 页。

热爱党、热爱祖国、热爱劳动,培养他们勇敢、坚毅、朝气蓬勃、服从组织、遵守纪律和集体主义等共产主义道德品质。[①]

2. 课程实施上要求"体育必须与学校教育的各方面密切配合"[②],完成提高学生素质的任务。

首先,体育课与课外体育活动等各种方式是完成提高学生素质任务的主渠道。其次,"学校的卫生措施、作息制度、学生伙食营养和生产劳动等各方面,对增进学生健康,增强体质,都有重要意义"[③]。

3. 淡化技能教育。

在对体育技能学习任务的定位上,要求促进学生劳动、保卫祖国和日常生活中所需要的身体基本活动能力和身体素质的全面发展,使学生认识体育的重要意义,具有基本的体育知识和锻炼身体的技能、养成锻炼身体的习惯。并要提高部分运动基础较好的学生的运动技术水平、以进一步增强他们的体质。由此可以看出,此时期的体育课程弱化了对竞技运动知识和技能的学习要求,并且把体育知识与技能的学习与增强学生体质、促进身体素质的发展联系起来,突出了"增强学生体质"的课程价值取向。

(三)通过军事活动培养军事技术素质和政治觉悟——"文化大革命"时期体育课程价值取向

1966 年至 1976 年,中国处于"文化大革命"的特殊时期,包括体育系统在内的全国各行各业陷入停顿混乱状态。学校一度被进行军事化管理,尤其是 1969 年中苏边界冲突以后,国内处于紧张的"备战"状态,学校增加了军训时间,体育课完全变成了军训课。

70 年代初,国际形势有所缓和,我国在联合国合法席位得到恢复,一些国际体育组织先后恢复了我国的合法权益,从而带动了体育活动的恢复与开展。但 1974 年的"反复辟"等政治运动使稍有复苏的体育再度陷入混乱。以政治活动取代竞赛名次的所谓"竞赛改革"、农村体育的"千人操"等,违背了体育基本规律,扰乱了人们的思想,破坏了体育的发展。

---

① 课程教材研究所编:《20 世纪中国中小学课程标准·教学大纲汇编·体育卷》,北京:人民教育出版社 2001 年版,第 75 页。

② 课程教材研究所编:《20 世纪中国中小学课程标准·教学大纲汇编·体育卷》,北京:人民教育出版社 2001 年版,第 75 页。

③ 课程教材研究所编:《20 世纪中国中小学课程标准·教学大纲汇编·体育卷》,北京:人民教育出版社 2001 年版,第 75 页。

"文革"中,我国的学校体育遭到了严重的破坏,不断被"扭曲"和"变形"。所谓的"军体课"以及军训、生产劳动等代替体育课的做法,违背了学校体育的发展规律和学生的身心发展特点,不仅导致了学校体育的混乱,也使学生的身心发展受到了严重影响。此阶段学校体育受频繁政治运动冲击而失去了正常秩序,也无所谓正常的体育课程。通过体育活动培养学生的军事技术、素质和政治觉悟成为这一时期学校体育及体育课程的价值取向。

这一学校体育和课程的价值取向,使学校体育和课程被赋予了本不应该由其承担的教育价值功能,使其不可避免地变成实现学校教育功能以外的其他社会目的的工具。其教育价值取向则体现了特殊历史时期"路线斗争"、"备战"等政治运动对学校体育的需要,其教育价值取向的实质也反映了特殊历史环境下带有"扭曲"色彩的特定的社会需要。

二、多元性:20 世纪 70 年代末期至今体育课程价值取向

(一)体质教育与技能教育相整合——拨乱反正、全面恢复时期的体育课程价值取向

1976 年粉碎"四人帮","文化大革命"结束,我国迎来了改革开放的新时期。教育战线通过拨乱反正,肯定了"文革"前 17 年成就并恢复了 60 年代学校体育教育体系。在改革开放的新形势下,特别是 1979 年 11 月国际奥委会恢复了中国合法席位,在促进我国体育发展的同时,也使竞技体育的薄弱与参加奥运会的关系成为体育发展的矛盾突显出来。因此,"在普及与提高相结合的前提下,侧重抓提高"成为国家和省级体委的主要任务。

1977 年 8 月,邓小平主持召开了科学和教育工作会议,他指出,要重视学校教育,重视教育工作关键是教材,教材要符合我国的实际情况,要反映出现代科学文化的先进水平。

1978 年教育部颁布了《全日制十年制学校小学体育教学大纲(试行草案)》和《全日制十年制学校中学体育教学大纲(试行草案)》。这两个大纲在强调体质教育的同时也关注技能教育。

这一时期的学校体育课程以增强体质为基本价值追求。《全日制十年制学校小学体育教学大纲(试行草案)》的第一部分明确规定小学体育教学的目的是:"根据少年儿童的年龄特点,有计划有组织地锻炼学生的身体,促进他们的生长发育和身体机能的发展,培养身体正确姿势,全面地发展身体素质

和人体基本活动能力,提高对自然环境的适应能力,以收到增强体质的实效。"①强调了增强体质的重要性。在"编写体育教材的原则"中明确"以有利于增强学生体质为准则"②,规定"小学体育的任务主要是全面锻炼学生的身体,使少年儿童健康地发育成长。在编选体育教材时,要打破以运动竞赛为中心的编排体系,各项体育教材,都以有效地增强学生的体质为准则"③。《全日制十年制学校中学体育教学大纲(试行草案)》的表述与此基本相同。

两个大纲都强调体育课程以体质教育为基础,但并不否定技能教育。《全日制十年制学校小学体育教学大纲(试行草案)》规定了小学体育教育的三项基本任务是"使学生学习一些浅易的体育基础知识、基本技能和简单的技术,初步懂得用科学的方法锻炼身体"④。这种表述明显可以看出强调体质但并不否定技能教育,反而把技能教育看成是促使学生学会锻炼身体方法的基本手段。关于编写教材的原则,在强调"以有利于增强学生体质为准则"的前提下,可以"适当编选适合少年儿童特点的运动项目",并强调体育教材要与《国家体育锻炼标准》相结合,而当时的体育锻炼标准基本上就是竞技技能的标准。小学大纲在"贯彻小学体育教学大纲的几点要求中"规定"体育课要与课外体育活动相结合","要积极地开展小型多样的群众性体育活动和运动竞赛"。中学大纲里更是明确提出"要处理好普及与提高的关系","在普及的基础上应抓好传统项目的业余训练,推动群众性体育活动的开展,促进体育运动水平的提高"。

改革开放新时期的起始阶段,我们的体育课程在价值取向上秉承新中国重视体质教育的传统,强调体质教育为基础,但并不排斥竞技技能教育,力图在体育课程中使两者达到平衡。

在本次大纲推行一年后,即 1979 年 5 月,教育部等四部委联合在江苏扬州召开全国学校体育卫生工作经验交流会,对学校体育教育价值取向进行理

---

① 课程教材研究所编:《20 世纪中国中小学课程标准·教学大纲汇编·体育卷》,北京:人民教育出版社 2001 年版,第 91 页。
② 课程教材研究所编:《20 世纪中国中小学课程标准·教学大纲汇编·体育卷》,北京:人民教育出版社 2001 年版,第 92 页。
③ 课程教材研究所编:《20 世纪中国中小学课程标准·教学大纲汇编·体育卷》,北京:人民教育出版社 2001 年版,第 92 页。
④ 课程教材研究所编:《20 世纪中国中小学课程标准·教学大纲汇编·体育卷》,北京:人民教育出版社,2001 年版,第 91 页。

性论证,并再次对学校体育到底是应以技术学习为主,还是以发展学生体质为主这两种观点进行讨论。这次会议虽然强调了"锻炼身体,增强体质"是学校体育的首要任务,并提出作为评定学校体育工作成绩的依据,但会议却并没有对两种观点做出取舍和判断,由此促进了学校体育教育课程价值取向多元化的到来。"体质体育"、"技能教育"、"快乐体育"等观点相继出现,对学校体育教育价值的认识呈现出百家争鸣的多元化的良好发展趋势,为以后体育课程的改革奠定了理论基础。

(二)体质教育、技能教育、终身教育、心理教育、快乐教育多元追求并存:改革开放高速发展时期的体育课程价值取向

20世纪80年代中期以后,随着我国改革开放的全面展开,经济、文化得到了迅速的发展。对计划经济体制下的体育发展模式进行改革与完善也成为体育发展的当务之急。这些改革在竞技体育发展上得到了很好的体现,1984年中国在洛杉矶奥运会的历史性突破更在全社会掀起了前所未有的"体育热",但由此也导致了竞技体育与群众体育发展的失衡。为此,国家体委提出了"以青少年为重点的全民健身战略和以奥运会为最高层次的竞技战略协调发展"的方针。

在教育方面,随着国家政治、经济文化体制改革的推进,特别是1985年5月《中共中共关于教育体制改革的决定》颁布后,学校体育课程的改革逐步深入。在教育体制改革和"素质教育"全面推行与展开的社会背景下,国家于1986年4月公布了义务教育法,实行九年制义务教育,但法案的颁布、法案的执行和法案预期效果的实现并不是一回事,法律要全面执行并达到预期效果需要一个过程并需要相关方面付出不懈努力。从1988年到1992年,国家教育委员会组织编写了九年义务教育教学大纲并进行了广泛实验,于1992年11月正式颁布了《九年义务教育中小学体育教学大纲》。在此之前,1987年1月,国家教委颁布了新修订的《全日制小学体育教学大纲》和《全日制中学体育教学大纲》。这是九年制义务教育前的"过渡性"大纲。这一阶段大纲吸收了国外终身体育、快乐体育等思想,较以前的大纲有了很大的推进。

1987年的大纲沿袭了1978年"一个目的,三项任务"的结构体系。小学体育教育的目的是:"增进学生健康,增强体质,促进学生在德育、智育、体育、美育等诸方面都得到生动活泼的发展,为提高全民族的素质奠定基础。"[①]中

---

① 课程教材研究所编:《20世纪中国中小学课程标准·教学大纲汇编·体育卷》,北京:人民教育出版社2001年版,第115页。

学体育教育目的是："增强学生体质、促进身心发展,使学生在德育、智育、体育、美育几个方面得到全面的发展,成为祖国社会主义的建设者和保卫者。"①体育教学的基本任务是:全面锻炼学生的身体,掌握体育基础知识、基本技能和基本技术,向学生进行思想品德教育。

在处理增强学生体质和加强知识技能教育的关系上,大纲指出体育基础知识、基本技能和基本技术,不仅是增强学生体质、发展智力和向学生进行思想品德教育的手段,也是学生应具有的文化素养,教师要认真教好,学生要努力学好。这表明,在体质和技能的关系上,增强体质是目的,掌握知识技能是手段,目的和手段的统一是两种价值取向相互整合的结果。这样,增强体质和掌握技能两种价值追求在目的和手段的统一上整合起来。"三基"不仅是增强学生体质、发展智力和向学生进行思想品德教育的手段,也是学生应具有的文化素养,说明掌握技能不仅是手段,同时也是目的,因此掌握技能本身就是目的和手段的结合。这就为体育教学实践中过分注重和强化技能提供了政策依据。在实际的教学过程中,注重和强化技能教育的做法有增无减,体质教育价值取向和技能教育价值取向两者的张力并未达到平衡,目的被手段掩盖了。中小学,特别是中学,体育教育不断加强对学生的体育技能训练,甚至将体育课转化为初级体育竞技训练课;同时,体育课的考核项目和标准,也越来越凸显技能化、规范化和精确定量化的特征。这些做法背离了此时中小学体育课程的基本目标,放弃了中小学体育的基本任务,从而影响了学生的体质发展。

这一大纲要求使学生懂得锻炼身体的基本原理和独立进行科学锻炼的方法,以适应终身锻炼身体和生活娱乐的需要;使学生学会体育娱乐方法,发展学生的个性、创造性和创造精神。"终身锻炼"、"体育娱乐"、"个性"、"创造性"、"创造精神",这些中小学体育教学大纲中从未出现的概念,体现出全新理念,这是对当时出现的终身教育、快乐体育、成功体育及创造教育的初步认可。

1987年体育教学大纲的多元价值追求,表明体育课程的价值取向由单一的体育教育发展观向多维度发展,体育课程价值取向判断由单纯的生物体育观向生物、心理、社会三维度体育观转变。但由于对体育课程价值、教学目

---

① 课程教材研究所编:《20世纪中国中小学课程标准·教学大纲汇编·体育卷》,北京:人民教育出版社2001年版,第591页。

标与任务等基本问题的认识尚不深入,对外来思想方法的引进也缺乏分析与批判,在一定范围和程度上给教学实践造成了盲目和混乱。另外,对整个学校体育的思考仍然带有明显的工具理性色彩,不能深刻地认识学校体育的价值,从而影响了体育课程价值取向对社会生活的适应程度。改善体育理论的思想方法,改变工具理性的思考习惯,全面、多维研究体育课程,已经成为时代的要求。

(三)"健康第一":20 世纪 90 年代以来的体育课程价值取向

进入 20 世纪 90 年代,特别是建设社会主义市场经济的改革目标明确以后,建立与社会主义市场经济体制相适应、有自我发展活力的良性发展机制成为体育发展的目标。"全民健身计划"、"奥运争光计划"以及《体育法》相继颁布,标志着体育已进入了全面深化改革的新时期。

在学校体育方面,1993 年 2 月,党中央和国务院颁布了《中国教育改革和发展纲要》,1999 年 6 月颁发了《中共中央国务院关于全面推进素质教育的决定》。至此,素质教育开始成为教育发展的主旋律。如何深化学校体育改革,探索和建立有中国特色的与社会主义市场经济发展相适应的学校体育体系成为当时学校体育的首要任务。为此,学校体育思想围绕培养体育能力、快乐体育、终身体育、成功体育等几种思想观点进行了探讨,并先后涌现出"情境式教学"、"自主学习"、"发现式学习"、"快乐式教学"等多种教学模式。[1]

1996 年,国家教委颁布了《全日制普通高级中学体育教学大纲》,该大纲虽然没有突破"一个目的、三项基本任务"的课程目标体系结构,但它继承和发展了 1996 年大纲中对学生个体价值、创新精神的重视,突破了以往体质教育和技能教育取向的二元分割,转而寻求体育课程培养学生全面素质的教育价值。1999 年的《中共中央国务院关于全面推进素质教育的决定》中明确指出:"学校教育要树立健康第一的指导思想,切实加强体育工作。"为落实《决定》精神,教育部于 2000 年 12 月颁发了《九年义务教育全日制小学体育与健康教学大纲(试用修订版)》、《九年义务教育全日制初级中学体育与健康教学大纲(试用修订版)》和《全日制普通高级中学体育与健康教学大纲(试验修订版)》。该大纲强化了 1996 年体育课程教学大纲中素质教育的价值取向,从而摆脱了以往中小学体育课程二元化价值取向的束缚,使体育课程真正走到

---

[1]　参考陈玉忠、徐菁:《建国以来我国不同历史阶段的学校体育价值取向及未来走向研究》,《北京体育大学学报》2005 年第 12 期。

全面贯彻素质教育要求的轨道上来。

有的学者①把 2000 年大纲的价值取向归纳为四点。

第一，确立了"健康第一"的基本准则。这一时期体育课程的改革明确提出要全面锻炼学生身体，增进学生身心健康；促进学生身心全面发展；学校体育与健康的教学必须要把健康第一作为指导思想，使学生身心得到和谐发展。这彻底跳出了体质教育取向和技能教育取向二元分立的窠臼，并在一个更高层次上实现了两者统一。事实上，对学生的技能教育不一定会提高学生的体质，而即使提高了体质，这种体质也不一定是真正意义上的健康，健康应是身心的和谐发展。

第二，突破了技能教育论中基础知识、基本技能、基本技巧的局限，强调培养学生的体育文化素养。这一时期的体育课程改革要求提高学生的体育意识和能力，提高学生的体育文化素养，重视学生体育能力的培养。这些要求已远远超出了"三基"的内涵，扩展到了体育文化素养这一高度，其涵义除了"三基"外，更包括体育意识和能力，体育活动中的自我评价值能力，竞争、合作、创新和应变能力，自立自强、顽强拼搏的精神，健康的审美观念，体育爱好、兴趣和习惯等。

第三，学生的个体价值得到了进一步确认，确立了以学生为本，学生是学习和发展主体的思想。此时的中小学体育课程要求在构建教学内容时，不仅要从教师想要教学生什么，或者学生达到何种标准进行考虑，更要从学生自身发展和需要出发，体现学生的主动性、积极性和创造性；教学内容安排要适当增大选择性，以满足不同学生的兴趣爱好和个性发展的需要；要发展学生的个性和创造性，培养学生的个体意识。为此，体育课程的开发与实施要弱化以往强调竞技体育技能训练的倾向，增加活动类体育课程，以培养学生的兴趣、爱好，发展特长，提高体育能力以及丰富校园文化生活，娱乐身心、发展个性，为终身体育奠定基础。

第四，改革课程评价标准和方法，注重发挥形成性评价和发展性评价的作用。这一时期的中小学体育课程在评价上改变了过往过分重视技术评价的倾向，提出考核是以健康第一作为指导思想，以学生的学习态度和是否积极刻苦的锻炼为主；评价的目的是激励学生学习知识、掌握必要的技术和技

---

① 王林，李召存：《新中国中小学体育课程价值取向的嬗变》，《课程·教材·教法》2004 年第 10 期。

能,特别是培养学生对体育的学习兴趣,养成良好的锻炼习惯。在评价的方式和方法上,取消了百分制,改为优秀、良好、及格、不及格四级分制;鼓励开展学生的自我评价和学生间的互相评价等。

进入 21 世纪,我国开始新一轮课程改革,即第八轮课程改革。根据《国务院关于基础教育改革与发展的决定》和教育部《基础教育课程改革纲要(试行)》的精神,教育部分别于 2001 年和 2003 年颁布了《全日制义务教育 普通高级中学:体育(1～6 年级)·体育与健康(7～12 年级)课程标准(实验稿)》和《全日制普通高中体育与健康课程标准(实验稿)》。新世纪的基础教育课程改革更加关注学生的主体发展,关注每个学生的个性成长;新的体育课程充分体现了课程改革的要求,继承和发展了 20 世纪 90 年代以来中小学体育课程所确立的价值取向,即坚持"健康第一"的指导思想,促进学生健康成长;激发运动兴趣,培养学生终身体育的意识;以学生发展为中心,重视学生主体地位;关注个体差异与不同需求,确保每个学生受益。同时,新的体育课程进一步拓宽了健康的含义,确立了生物、心理、社会性三维的健康观,使素质教育的价值取向得到了进一步深化。

注重学生健康的体育价值取向和体育课程价值取向,并不是从某一时间点突然提出来的,其实它一直是中华人民共和国体育的底色。新中国成立后,以毛泽东为首的党和国家领导人,以及教育部、国家体委等部门都非常重视青少年学生的身体健康。毛泽东在早年的体育名著《体育之研究》中已经对体育的健康属性进行了深入研究,新中国成立后他多次在不同的场合作出了要努力改善学生健康状况的指示,明确提出"健康第一,学习第二"的主张。20 世纪 50 年代的"健康第一"的指导思想集中体现了对学校体育本质功能的认识,反映了中国传统文化赋予体育的社会功能,也反映出了百年来中华民族的自强意识。20 世纪 90 代"健康第一"指导思想的提出,其内涵发生了质的飞跃,是学校体育对"素质教育"呼唤的响应,它实际上成为了一种"多元化、复合型的健康第一"体育思想。

总之,新中国成立后,我国体育课程的价值取向经历了几次的变化,但大体上可以分为两个阶段。20 世纪 90 年代中期以前,或者强调增强体质,或者强调技能教育,或者在两者之间努力寻求平衡。质言之,这一阶段体育课程注重体育对身体的价值,体育课程价值追求具有单一性特点。

20 世纪 90 年代中期以后,在素质教育的大背景下,健康第一的体育观得以确立,培养学生终身体育意识和体育文化素养、尊重学生的主体性等观念在体育课程中逐渐被重视。质言之,这一阶段体育课程注重体育对学生素质的系统价值,特别重视体育的健康价值,体育课程价值追求具有多元性。

第三节　体育课程价值取向生成演变的动力学分析

从以上我们对体育课程价值取向的历史回顾可以清楚地看出,我国的体育课程价值取向从军国民主义教育、自然主义、体质教育与技能教育朴素结合到整合、多元价值取向并存到现在的"健康第一"的价值取向,一直处于不断生成与演变过程中。体育课程的价值取向,随着时代的变迁,会有很大差异。本节我们将对体育课程价值取向的生成与演变进行多维度的分析,探讨体育课程价值取向的动力学模型。

一、体育课程价值取向概念

要理解体育课程的价值取向首先要理解价值取向。关于价值取向的理解,目前学术界有三种观点,即心理倾向说、客观标准说和行为趋向说。

心理倾向说认为价值取向是主体在需要的驱动下在价值选择时表现出来的一种心理倾向性。如"价值取向指主体在价值选择和决策过程中的一定的倾向性"[1]。客观标准说认为价值取向是主体在价值选择时共同遵守的客观标准。如"价值取向是内化于人们意识之中的公认的判断事物的标准,它决定着所有具体的外在行为准则之间的逻辑上的一致性,使人们在具体的文化场景中作出'正确'的选择和判断,它也是文化的核心"[2]。行为趋向说认为价值取向是价值主体在价值选择过程中所表现出的行为趋向。如"价值取向就是人们在一定场合以一定方式采取一定行动的价值倾向"[3]。在综合以上三种观点的基础上,王德如认为价值取向就是价值主体按照当前的认识水平,以一定的客观价值标准为依据,在价值实践过程中表现出的心理倾向与行为趋向。[4]

---

①　李德顺:《价值学大辞典》,北京:中国人民大学出版社 1995 年版,第 286 页。

②　李韧青:《价值学引论》,《江西科技师范学院学报》2003 年第 6 期。

③　袁贵仁:《价值学引论》,北京:北京师范大学出版社 1992 年版,第 350 页。

④　王德如:《课程文化自觉的价值取向》,《教育研究》2006 年第 12 期。

关于课程价值取向也有多种定义。刘志军认为："课程价值取向是人们基于对课程总的看法和认识,在制订和选择课程方案以及实施课程计划时所表现出的一种倾向性。"[①]李广等认为："课程价值取向是指课程价值主体按照当前的认识水平,以一定的客观标准为依据,在课程价值实践过程中表现出的心理倾向与行为倾向。"[②]靳玉乐认为："课程价值取向就是指课程为满足主体一定的需要而以相应方式表现出来的某种属性、作用和意义,换句话说,它是指在某种价值观的支配下,人们对课程的有意识的选择与取舍。"

关于体育课程的价值取向,体育理论关注的焦点有两个。一是一百多年来我国体育课程价值取向的演变,二是影响体育课程价值取向形成和演变的相关因素分析。前者在前两节我们已经进行了分析,后者比较有分量的研究有:体育课程价值取向形成的需求分析,如程文广的《近代以来我国体育思想形成的需求因素分析》[③];体育课程价值取向变迁的动力学因素分析,如郑学华、吴燕丹的《论新时期学校体育课程价值取向的变迁》[④]。检索文献,还没有发现有关体育课程价值取向的定义。

总结以上关于价值取向和课程价值取向的定义,我们可以发现,所有的定义基本上都包括价值主体、价值需要、价值标准、价值取舍和心理行为倾向五大要素。从形式逻辑"种差＋属"的定义法视角看,所属的"属"都是"倾向或趋向"。

概括已有关于课程价值取向的定义,结合对体育课程价值取向的理解,我们认为体育课程的价值取向就是体育课程的价值主体按照当前对体育课程的认识水平,以一定的客观标准,在体育课程的价值实践中表现出的心理倾向和行为倾向,其最终表现为高度概括的价值判断。这种价值判断是一种价值观念,是体育课程的主导性价值观。

二、体育课程价值观生成影响因素分析

通过历史的回顾我们知道,中国的体育课程价值取向一直处在一个不断

---

① 刘志军:《课程价值取向的时代走向》,《教育理论与实践》2004 年第 10 期。

② 李广、马云鹏:《课程价值取向:含义、特征及其文化解析》,《东北师大学报(哲学社会科学版)》2010 年第 5 期。

③ 程文广:《近代以来我国体育思想形成的需求因素分析》,《沈阳体育学院》2005 年第 5 期。

④ 郑学华、吴燕丹:《论新时期学校体育课程价值取向的变迁》,《福建体育科技》2009 年第 5 期。

生成与发展的过程中。新中国成立以前,我国体育课程价值取向经历了军国民教育→实用主义教育→自然主义教育的演化过程。

新中国成立后体育课程价值取向经历了追求"三基"教育为主(1949年至1950年代末)、以增强学生体质为主(1960年代初至"文革"前)、体质教育与技能教育相整合(1978年至1985年)、体育教育、"三基"教育和心理教育并存(1980年代中期至1990年代末)、"健康第一"等几个阶段。

我国的体育课程价值取向,特别是新中国成立后的价值取向的演化明显体现出了按生物学→心理学→人文社会学的顺序自我提升的过程。课程价值取向的演变呈现了拿来主义→本土化探索→再度国际化的阶段发展模式,并且表现出钟摆式或重演式的演变特征。什么力量推动了这种体育课程价值取向的演变? 这种动力的要素模型是什么? 这些要素之间的关系是什么? 回答这些问题,对我们正确认识体育课程价值取向的演变规律,更好把握体育课程价值本质有着重要的意义。

(一)体育课程价值取向生成的前提

体育课程价值取向的确立,本质是对核心体育课程价值重新选择和组合的过程。"选择是一种自主主体行为,自主品格是由事物独特的本质决定的。事物缺少自己内在质的规定性,也就成为他物的一个组成部分,隶属他物的运行规律,失去普遍联系的前提,也就无所谓选择行为的发生。"[①]因此,体育课程价值取向生成的前提是体育课程是一个相对独立的存在。世界本无体育课程,它是在体育和教育的发展过程中生成的,而一旦生成其就变成了具有相对独立性的存在。

体育课程相对独立性表现在:第一,体育课程有着自己独立的作用。"近两百年来,早期学校体育具有的人文教育色彩逐渐淡薄,课程的科学化倾向和学科中心倾向日益加强,其主要表现是'增强体质'和'技能传授'逐渐成为学校体育的主要目的,在实践中甚至成为唯一的目的,早期学校体育指向受教育者的人格完善逐渐变为主要指向受教育者的身体完善。"[②]但无论是近代还是现代,体育课程最本质的功能就是新生代的身体再造,是身体教育,而不是以社会政治稳定、物质增长、意识形态的维护为直接追求。第二,体育课程

---

① 吴黛舒:《影响教育价值取向的因素分析》,《齐鲁学刊》2002年第1期。
② 季浏主编:《全日制义务教育 普通高级中学:体育(与健康)课程标准(实验稿)解读》,武汉:湖北教育出版社2002年版,第24页。

有着自己独有的发展逻辑,通过自身的规律运动反映社会活动规律。当体育课程的设计遵循体育课程本身的独特逻辑,体育课程就会出现繁荣的局面。如壬戌学制、戊辰学制时期的体育课程,新中国社会主义建设探索时期和改革开放高速发展时期的体育课程,遵循了体育课程的独有逻辑,在实施的过程中就产生了非常好的效果。相反,当违反了体育课程的独有逻辑,如清末至辛亥革命初期和"文化大革命"时期的体育课程,体育课程就会出现衰败的景象。第三,体育课程是人类全部体育文化的生命机制,而不仅仅是某一种体育文化的生命机制。世界的全部体育文化因为体育课程的传承而得到生命的延续,每种体育课程因为承担了所有体育文化的生命传承的使命而使自己富有生命的色彩。

体育课程相对独立性的特点,使它有了自己质的规定性,也规定了体育课程价值取向质的特点。体育课程质的规定性,使其价值取向保持着体育课程的特质,从而使之成为体育课程的价值取向,而不是什么其他课程的价值取向。体育课程必须牢固坚守着自己身体教育的本质,必须通过身体教育这个内在价值而实现其外在价值。体育课程价值取向的选择永远是以内在价值为主体,所选择的外在价值也只能是内在价值的外展或延伸。如果所选的价值超出此范围,那么所选择的价值取向则已经背离了体育课程而成为其他什么课程的价值取向了。如果强硬规定为体育课程的价值取向,也是伪取向。"文化大革命"的 10 年,我国的体育课程走了"以政代体"、"以军代体"、"以劳代体"的极左道路,就是对体育课程质的规定性的忽视而产生的恶果。

（二）影响体育课程价值取向的因素及其相互关系

影响体育课程价值取向的因素很多,总体上可以分为客观因素和主观因素。具体因素可用下图表示:

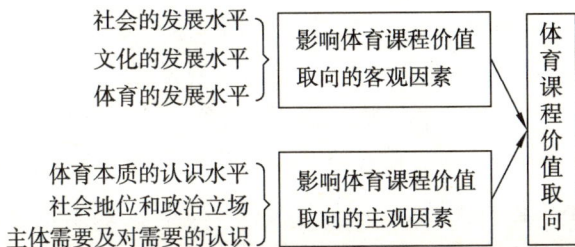

这是一个体育课程价值取向影响因素的静态结构,它告诉我们有哪些因素影响着人们对体育课程价值取向的选择。

教育的根本取向有两个,一是个人本位,一是社会本位。这是一对矛盾,在不同的历史发展阶段是有主次之分的。教育价值取向表现出一定的历史制约性,不可能超越自己所处的历史阶段。在具体的时期,我们可以把影响体育课程价值取向生成的因素分解为上图所列的各种要素。

1. 影响体育课程价值取向生成的客观因素。

(1) 社会的发展水平。

体育课程只能是某一阶段的体育课程,作为体育教育对象的人也一样只能是某一特定时代的人。正如马克思所言,人首先不是历史的尺度,而是历史的产物。人是怎样的,不能由个性来说明,只能由社会历史条件来决定,由一定的"社会活动方式"来决定。

教育史的史实证明,凡是与当时的社会历史条件相适应的教育价值取向就能对当时的教育起到引领的作用,相反则只能被当时的教育实践抛弃。从古希腊"学园"的博雅教育到夸美纽斯的教育为未来作准备,再到卢梭的自然主义教育观,有一个共同的特点,就是追求独立于社会超然于社会需要之上的教育价值观。古希腊时代"学园"的博雅教育追求的是人的和谐自由发展。这种教育价值取向明显与当时工商业的与民主政治的发展的实际需要不相符。因此,实际上那种教育并没有在全体人中得以实现。相反,当时的教育还是以功利主义为主要价值取向。夸美纽斯主张教育应为来世作准备,表现出对尘世的超脱。就价值取向来说更是不可理喻,难以实现。至于卢梭的自然主义教育观则只能作为一种理想,在当时并没有实现的现实土壤。

从体育课程的发展史看,超越历史同样会使体育教育受损。20世纪中国的前50年,内部军阀混战、烽火连天、战乱频仍,外部日本军国主义者虎视眈眈,内忧外患。而体育界却不合时宜地引进了自然体育思想并把它作为我国的体育课程价值取向,结果造成:抗日战争,国家处于危难,而学校体育却毫无战时景象;过分强调体育的教育功能,忽视增强体质和人的全面发展这一体育课程的主要目标,结果造成体育课程目标不明确,重点不突出,效果不明显,徒有外在形式;不适当地突出儿童的兴趣,降低教师地位,造成放羊式教育,根本达不到体育课程的目标;过分强调体育的娱乐化,贬低体操的价值,使教学内容单一,"选手体育"、"锦标主义"盛行,背离了体育课程的本质。

(2) 文化的发展水平。

英国的课程论专家丹尼斯·劳顿把"课程"定义为"对文化的选择"。课程与文化相互依存。在学校教育产生以前，文化主要依靠先民的世代的口授相传而得以保存和延续，而在学校产生以后，课程便成为传递文化并使之形成传统的主要媒介。"从表面看，在一定价值取向支配下，课程对文化传统起着选择与创新的功能，似乎一定时期某种文化的存在和发展在某种程度上取决于之前的课程和现实的设置。但是，从更深层次上看，我们就不难发现，具有某种价值取向的课程之所以能够存在，正是千百年来各种文化传统积淀的结果。"①这就是文化传统。

　　清末的体育课程以"忠君、尊孔、尚公、尚武、尚实"作为教育宗旨；辛亥革命后的体育课程强调"培养国民道德之基础"；国民党统治时期的体育课程注重"培养勇敢、敏捷、忍耐、诚实、公正等的个人品德，并牺牲、服务、和协、互助等的团体精神"；新中国成立后，体育课程目标一直非常注重思想品德教育，"一个目的，三项任务"的目标陈述模式中的第三项任务总是思想品德教育的内容。造成这种规律性表现的原因就是我国的文化传统。

　　几千年来，儒家文化长期居于我国文化的主体地位，我国文化传统的核心实际上就是儒家文化的本质。儒家文化主要是一种伦理型文化，强调以政治、伦理为本位，其注意力主要集中在人与人之间的关系上，道德至上是它的最高准则。在文化传统制导之下，我国课程从"格物致知诚意正心"开始，以儒家文化经典为主要内容，以培养"修身、齐家、治国、平天下"的君子贤臣为唯一目的。并由此而逐渐产生了一种以"重道轻艺"、"贵义贱利"为典型特征的教育观和教育价值观。道德教育从来都是最重要的，并且日趋极端化。近现代体育课程经历了封建社会、半封建半殖民地社会和社会主义社会，不管哪一种社会形态，"思想品德"教育都受到高度重视。这种体育课程价值取向的趋向，实际上就是重视道德教育文化传统的延续。

　　对体育课程价值取向选择产生重要影响的因素是文化的冲突。体育课程的价值选择必须照顾到当时代的体育文化的整体发展、协调共进。随着社会的发展，各种社会力量对比发生变化，随之而来是文化的冲突。如新文化与旧文化的冲突、本地文化与外来文化的冲突、核心文化与边缘文化的冲突等，这种文化冲突为体育课程价值取向选择提供了环境条件，冲突结果是占有主导地位的体育文化的价值取向就成为体育课程的核心价

---

　　①　靳玉东、杨红：《试论文化传统与课程价值取向》，《西南师范大学学报（哲学社会科学版）》1997 年第 6 期。

值取向。中国近现代体育课程价值取向的选择都是在上述三种体育文化的环境中进行的。

（3）体育的发展水平。

体育作为一种独立的存在，才有与其他文化因素建立联系的资格。同样体育的发展水平也决定了体育与其他文化的联系水平。作为体育核心的体育课程，在选择其价值取向时，其本身的发展是一个重要的制约性因素。超越历史发展阶段的课程取向之所以成为空中楼阁，除了超越了当时代人们的需要外，与当时的课程发展水平不高，不足以支撑新的课程理念也关系甚密。"体操"时期的体育课程由于缺少师资，"体操"课变成了"兵操课"；新中国成立后，把苏联的体育教育理论视为绝对科学正确的社会主义体育教育理论，生搬硬套、机械模仿，超越了我国当时体育发展的水平和对这些理论的吸纳程度而造成一系列弊端。

2. 影响体育课程价值取向生成的主观因素。

随着社会的发展，体育文化也在不断地丰富和发展，丰富的体育文化为体育课程提供了充裕的价值选择对象。体育实践力量的不均衡发展变化，决定了体育课程价值取向重新选择的必然性。体育课程必然从自己赖以存在的体育文化中选择和寻找新的价值内涵，体育文化的发展趋向也必然成为体育课程价值取向下一选择目标。这是体育课程价值取向生成演化的一般规律。

自然界的物质运动是一个"物自体"的过程，但社会规律的显示却非如此。社会规律从本质上说是人的活动规律，人不可能坐等体育文化变迁中体育课程价值取向的到来，具有合理性的体育课程价值取向是主体主动选择的结果。下列主观因素影响着主体对体育课程价值取向的选择。

（1）体育本质的认识水平。

体育课程主体对体育的本质及其属性的认识是体育课程价值取向的基础，影响着体育课程价值取向的选择。百年体育课程实践证明，对体育本质的认识关系到体育课程目标的制定、体育课程功能的认识和理解；关系到对体育课程价值的认识和理解，从而影响到体育课程内容的选择及教学方式的采用等一系列的具体教学实践活动。

体育的本质及其属性不是一成不变的。不同的时代、不同的历史条件下，体育的本质及其属性是不尽相同的，由此而来的认识也绝无不变之理。

即使在同一时代和社会条件下,不同的体育课程主体对体育的本质及其属性的认识也不尽相同。由于对体育本质及其属性认识的不一致,体育课程主体对体育课程的价值观念也趋于不一致。

对体育本质及其属性的认识属于事实认识,它要寻找的是体育的规律。而体育课程价值取向是在对体育本质及其属性认识的基础上所进行的一种意义认识和价值判断。规律认识和价值判断往往是交织在一起的。在对体育本质及其属性进行事实认识的过程中,间或也进行着价值判断;在对体育本质及其属性进行价值判断的过程中,同时也在加深对事实的认识。当两者相吻合时,体育课程价值取向将会把体育课程主体导向与体育课程客体相吻合;反之则会出现背离现象,体育课程的价值取向则呈现出不合理性。

(2)社会地位和政治立场。

体育课程的独立性是在人类的体育实践活动中获得的,并且在满足人的需要过程体现出自己的价值。体育课程是人为了满足自己的需要,在价值取向的导引下建构的。而体育课程一旦建构完成并进入人类文化的演化过程就具有了自己的独立的质的规定性。作为具有独立性的人造之物,体育课程就具有了满足人类多方面需要的多元属性和多元功能。人类选择哪一种属性来满足自己的需要则往往与人的社会地位和政治立场有关。

"清末新政"十年、袁世凯和蔡元培都选择"体操"为体育课程内容,以"军国民教育"为体育课程指导思想,但各自的价值取向却并不一样的。由于清政府是当权者,面对风起云涌的革命浪潮,其选择"体操"、选择"军国民教育"的基本取向是培养"忠君"的人才,体操被用来培养"尚武精神"以拱卫清廷,练习兵操"以约束其纪律"从而培养服从的性格。袁世凯窃取政权后,继续推行军国民教育,其目的是为其所谓"爱国、尚武、崇实、法孔孟、重自治、戒贪争、戒躁进"的所谓 7 项教育宗旨服务,其价值取向是"用军事训练来控制学生,使学生成为他的统治工具"[①]。蔡元培则是作为民主主义者而提倡军国民教育的,其基本的价值取向是外抗强敌、内抑军阀。不同的社会地位,不同的阶级立场,对体育课程价值取向的选择起着决定性的作用。

(3)主体需要及对需要的认识。

主体自身的需要及主体对需要与体育课程之间关系的认识水平,对体育

---

① 崔乐泉著:《中国近代体育史话》,北京:中华书局 1998 年版,第 44 页。

课程价值取向的选择具有制约作用。

"需要是激发主体意识活动的直接诱因,是价值取向的主观基础。作为一种心理活动,它是多层次、多规格的,在不同的主体意识中它的反映是不尽相同的。"①需要的强度,影响着体育课程价值取向的强度与范围。对同一种体育文化,不同的主体会有不同的标准,也就会有不同的价值取向。当然,主体的需要并不是纯生理学意义上的,它带有更多的历史性和文化特性,不能脱离产生和满足所必需的客观条件。

主体的需要一旦产生就会反映到主体的意识之中,但只有主体意识到之后它才能具有现实性。主体不可能时时刻刻都意识到自己的需要,对已经意识到的需要也要进行评价和判断。对体育课程价值取向选择有制约作用的都是那些具有现实性的需要,并且这种需要经过了价值标准的评判。

三、体育课程价值取向演变动力分析

我国百年体育课程的价值取向一直处于不停地生成和演化的过程,它的变迁全部发生在社会转型期。社会转型主要表现为两种,一是社会形态的转型,一是生活方式的转型。

同一社会形态的体育课程价值取向基本相似。如清末民初的价值取向是"军国主义";民国时期的价值取向是实用主义指导下的自然主义;新中国则是从增强体质到"健康第一",价值取向一脉相承具有高度的相似性。

在同一社会形态下,由于生活方式的转变,体育课程价值观也会随之发生相应的转变,进行着变迁。如民国时期的实用主义和自然主义虽然本质相通,但侧重点差别很大。再如新中国的增强体质和"健康第一",虽然一脉相承,但内涵却不可同日而语。

为什么社会的转型会导致体育课程价值取向的变迁呢?原因就是社会的转型会造成体育课程领域的价值冲突,从而造成主导性价值观的重新选择,体育课程走向另外方向。

(一)体育课程价值观冲突

"历史总是在各种社会力量的不均衡发展中取得滚滚向前的动力,任何一种实践力量都可能成为特定时期的'主宰',但任何取得社会生活统治地位

---

① 刘旭东:《论教育价值取向》,《青海师范大学学报(社会科学版)》1992年第1期。

的'现实的存在',在历史长河中都不可能是永恒不变的时间单位,它总是有着从必然的存在发展到失去必然性的过程。"①在社会转型期,一个社会的发展在一个方向上达到顶点,已经耗尽了内在的合理性,失去进一步发展的活力。这时,社会力量的对比发生了变化,各种社会力量因利益诉求而衍生出的价值观念也纷纷出现,不同价值观念之间展开了竞争甚至冲突。随着社会力量对比的变化,代表社会发展方向的社会力量逐渐占据了优势地位,与社会发展方向相一致的价值观念也逐渐占据统治地位,社会的价值取向也随之发生转换。

在社会转型期,体育课程领域自然地成为各种价值观念的竞争场所,各种价值观念在此进行你死我活的竞争。例如1911年辛亥革命爆发到1922年"新学制"的颁布这一历史时期,是中国社会急剧变化的转型期。在这一时期,军国主义体育价值观、民主主义体育价值观、国粹主义体育价值观和实用主义体育价值观纷纷登场,阐述自己的观点,批判他人的主张,你死我活,热闹非凡,各种体育课程价值观冲突激烈。

（二）体育课程价值取向的变迁

每一种体育课程价值观念都有自己的合理性,没有合理性的价值观念是不能被接受的。价值观念的合理性只能存在于一定的社会条件中。这样的社会条件支持这样的价值观念,那样的社会条件支持那样的价值观念。社会条件变化了,价值观念也必然发生变化。

在社会转型期,各种价值观念在体育课程领域产生了激烈的竞争,从而导致了体育课程价值观念体系的混乱。这时,代表体育课程发展方向的体育理论和实践工作者就会产生危机意识、转折意识和发展意识。一旦掌握了话语权,他们就会把自己的价值观念确立为主导性体育课程价值观念,从而引导体育课程走向新的发展方向。

然而随着社会的发展,社会对体育课程的价值观念提出了新希望,一度辉煌的价值取向往往不能很好地满足社会生活提出的新要求,它曾经所拥有的合理性将在生活的变迁中慢慢地失去。在社会生活的进一步发展中,这些体育课程价值取向越来越落后,以致不能与社会要求保持一致,被新的体育课程价值取向替代就成为历史的必然。

---

① 吴黛舒:《影响教育价值取向的因素分析》,《齐鲁学刊》2002年第1期。

体育课程的价值观念遵循着"稳定→冲突→变迁→稳定"的发展模式向前推进着,作为主导性价值观念的体育课程价值取向与社会生活之间也经历着"适应→不适应→反动→变迁→适应"的过程。

本章小结

任何体育课程都有自己的价值取向。体育课程目标是在一定的体育价值观指导下选择和制定的,体育课程的主导性价值观就是体育课程的价值取向。

关于体育课程价值取向问题,学术界的研究主要集中在我国体育课程价值取向的历史演化过程研究和体育课程价值取向确立依据研究两个方面。

百年体育课程以 1949 年中华人民共和国成立为界,大体上可以分为两个阶段,两阶段的体育课程价值取向有着本质的不同。

清朝末期至中华人民共和国成立这一历史时期中,体育课程价值取向不断演化。清末民初时期的体育课程价值取向是军国民教育;1922 年壬戌学制时期体育课程价值取向从军国民教育转向实用主义;国民党统治时期体育课程价值取向则为自然主义。

新中国成立以来,我国的体育课程价值取向经历了几次变化,但大体上可以分为两个阶段。20 世纪 90 年代中期以前,或者强调增强体质,或者强调技能教育,或者在两者之间寻找平衡。质言之,这一阶段体育课程注重体育对身体的价值,体育课程的价值追求具有单一性特点。20 世纪 90 年代以后,在素质教育的大背景下,"健康第一"体育观得以确立,培养学生终身体育意识、强化体育文化素养、尊重学生的主体性等观念在体育课程中逐渐被重视。质言之,这一阶段体育课程注重体育对学生素质的系统价值,特别重视体育的健康价值,体育课程价值追求呈现出多元性特点。

体育课程价值取向之所以能够得以确立,是因为体育课程的相对独立性使之具有自己质的规定性。影响体育课程取向确立的因素有主观和客观两个方面。体育课程价值取向的变迁主要出现在社会转型期,其演化动力是体育课程价值观冲突。转型时期社会的利益结构发生了变化,价值观念冲突严重,整个社会价值体系出现混乱。代表着体育课程发展方向的体育工作者产生了危机意识、转折意识和发展意识,其一旦掌握了话语权,就会把自己的价值观念确立为主导性价值观,体育课程的价值取向即发生转变。

第三章　体育课程目标问题

　　教育改革的核心是课程改革。体育课程作为整个课程的一个重要组成部分,同其他课程一样,其主要任务在于实现国家的教育目的和学校教育目标。课程目标(curriculum objective)是课程研究的基本问题之一,课程目标的确定是课程开发的重要环节。体育课程目标是国家教育目标和学校培养目标的具体化。

　　体育课程目标"是指学生通过体育学习与活动所要达到的预期学习结果"①。"它是体育课程设计的首要环节,是体育课程评价的依据,也是体育课程的出发点和归宿。"②关于体育课程目标这一问题的研究,主要集中在百年体育课程目标的演变、体育课程目标的设置与表征形式、体育课程目标的分类框架和体育课程目标跨文化比较四个方面。

第一节　百年体育课程目标历史演变

　　体育课程目标是在体育课程价值取向的指引下制定的,因此有什么样的体育课程价值取向就会有什么样的体育课程目标。体育课程目标的分期与体育课程价值取向的分期一致。

　　体育课程目标就其主体所属有国家的体育课程目标、地方的体育课程目标、个人的体育课程目标。我们知道,任何时代的思想都是统治阶级的思想,因此国家的体育课程目标最具代表性,最能反映一个时代体育课程目标的本质。

---

　　① 季浏主编:《全日制义务教育　普通高级中学:体育(与健康)课程标准(实验稿)解读》,武汉:湖北教育出版社 2002 年版,第 38 页。

　　② 崔伟著:《体育课程论》,郑州:黄河水利出版社 2005 年版,第 72 页。

本节以国家体育课程标准中所规定的体育课程目标为研究对象,对百余年我国体育课程目标的演变情况进行梳理。

一、清末至新中国成立前的体育课程目标

清末到新中国成立前的体育课程目标大体可以分为三个时期,即清朝末年的体育课程目标、辛亥革命后北洋军阀时期的体育课程目标和国民党统治时期的体育课程目标。

（一）清朝末年的体育课程目标

1902 年清政府批准颁布了《钦定学堂章程》。这是中国有史以来第一个由国家正式颁布的近代学制,是中国近代史上最早由国家颁布的体育教学大纲(体育课程标准)的雏形。"始生之物,其形必丑。"《钦定学堂章程》对体育课程的规定还是粗线条的、幼稚的,但它把"体操"作为学校的一门正式课程,并以政府的文件形式加以确认,从而奠定了体育课程在学校课程中的地位,有开启之功。

1.《钦定学堂章程》中的体育课程目标。

《钦定学堂章程》中的体育课程目标是用"教育宗旨"进行表述的。

蒙学堂体操课:

教育宗旨:在培养儿童使有浅近之知识,并调护其身体。[①]

中学堂体操课:

教育宗旨:使诸生于高等小学卒业后而加深其程度,增添其科目,俾肆力于普通学之高深者,为高等专门之始基。[②]

从以上列举可以看出,《钦定学堂章程》并没有规定体操课的目标,甚至连体操课的目的都没有阐释。

2.《奏定学堂章程》中的体育课程目标。

初等小学堂体操课:

教育宗旨:今凡国民 7 岁以上者入焉,以启其人生应有之知识,立其明爱国家之根基,并调护儿童身体,令其发育为宗旨;以识字之民日多为成效。[③]

---

① 课程教材研究所编:《20 世纪中国中小学课程标准·教学大纲汇编·体育卷》,北京:人民教育出版社 2001 年版,第 3 页。
② 课程教材研究所编:《20 世纪中国中小学课程标准·教学大纲汇编·体育卷》,北京:人民教育出版社 2001 年版,第 387 页。
③ 课程教材研究所编:《20 世纪中国中小学课程标准·教学大纲汇编·体育卷》,北京:人民教育出版社 2001 年版,第 4 页。

体操课程目标：使儿童身体活动，发育均齐，矫正其恶习，流动其气血，鼓舞其精神，兼养成其群居不乱、行立有礼之习；并当导以有益之游戏及运动，以舒展其心思。[①]

高等小学堂体操课：

教育宗旨：培养国民之善性，扩充国民之知识，强壮国民之气体。[②]

体操课程目标：使身体各部均齐发育，四肢动作敏捷，精神畅快，志气勇壮，兼养成其乐群和众动遵纪律之习，宜以兵式体操为主。[③]

中学堂体操课：

教育宗旨：施较深之普通教育，俾毕业后不仕者从事各项实业。进取者升入各高等专门学堂均有根柢。[④]

体操课程目标：没有明确规定。

清末"十年新政"期间体育课程目标有四个特点：第一，注重教育的综合性，强调各学科共同为教育宗旨服务。第二，"注意到体育的生物、心理、社会等多方面的价值，强调通过体操课程，主要是通过'兵式体操'教学，促进学生的身体发育，使学生精神畅快及学生社会性方面的发展。"[⑤]第三，这一时期体育课程目标与日本非常近似，特别是其军国民教育思想更是"远法德国，近采日本"。第四，体育课程目标的语言表述通俗化和口语化，表明它还没有形成自己的话语系统，理论色彩很淡。

（二）辛亥革命后北洋军阀统治时期的体育课程目标

辛亥革命后北洋军阀轮流统治中国，此期间共公布了两个学制，即壬子—癸丑学制（1912～1919 年）和壬戌学制（1922 年新学制，1919～1926 年）。两个学制的体育课程目标有所不同。

1. 壬子癸丑学制的体育课程目标。

小学体操课程目标：

---

① 课程教材研究所编：《20 世纪中国中小学课程标准·教学大纲汇编·体育卷》，北京：人民教育出版社 2001 年版，第 4 页。

② 课程教材研究所编：《20 世纪中国中小学课程标准·教学大纲汇编·体育卷》，北京：人民教育出版社 2001 年版，第 6 页。

③ 课程教材研究所编：《20 世纪中国中小学课程标准·教学大纲汇编·体育卷》，北京：人民教育出版社 2001 年版，第 6 页。

④ 课程教材研究所编：《20 世纪中国中小学课程标准·教学大纲汇编·体育卷》，北京：人民教育出版社 2001 年版，第 388 页。

⑤ 王华倬著：《中国近现代体育课程史论》，北京：高等教育出版社 2004 年版，第 61 页。

1912 年 9 月公布的《小学校令》①和 1912 年 11 月颁布的《小学校教则及课程表》②规定了体育课程目标。

教育宗旨：小学教育以留意儿童身心之发育，培养国民道德之基础，并授以生活必需之技能。

体操要旨：使儿童身体各部分平均发育，强健体质，活泼精神，兼养成守纪律、尚协同之习惯。初等小学校首益授适宜之游戏，渐加普通体操。高等小学校益授普通体操，仍令游戏，男生加授兵式体操。视地方情形，得在体操教授时间或时间之外，授适宜之户外运动或游泳。

中学体操课程目标：

1912 年 9 公布的《中学校令》、1912 年 12 月颁布《中学校令实行规则》和1913 年 3 月颁布的《中学校课程标准》③等法令中，规定了中学体操课程标准。

教育宗旨：中学校以完足普通教育，造成健全国民。

体操要旨：使身体各部平均发育，强健体质，活泼精神，兼养成守规则尚协同之习惯。体操分普通体操、兵式体操 2 种，兵式体操尤宜注意。女子中学免课兵式体操。

壬子—癸丑学制时期的体育课程目标与清末没有大的区别，比较有特色的是增加了"视地方情形""授适宜之户外运动和游泳"，比清末是明显的进步。

另外值得注意的是 1915 年教育部采纳了北平教育会代北平体育研究社在"全国教育联合会"提出的《拟请提倡中国旧有武术列为学校必修课》的议案，明令"各学校应添授中国旧有武技，此项教员于各师范学校养成之"。武术以合法的身份被列入体育课程。这虽然与封建复古教育思想泛滥不无关系，但却表明我国的体育课程开始重视本民族的体育文化。

2. 壬戌学制的体育课程目标。

1922 年，民国教育部召开学制会议，公布了《学校系统改革令》，被称

---

① 陈学恂编：《中国近代教育史教学参考资料（中册）》，北京：人民教育出版社 1987 年版，第168～175 页。

② 陈学恂编：《中国近代教育史教学参考资料（中册）》，北京：人民教育出版社 1987 年版，第187～194 页。

③ 课程教材研究所编：《20 世纪中国中小学课程标准·教学大纲汇编·体育卷》，北京：人民教育出版社 2001 年版，第 68～76 页。

为壬戌学制或新学制。新学制正式宣布废止"兵式体操"。1923 年 6 月全国教育会联合会刊布了新学制课程标准纲要。这套课程标准"虽非政府教育部门制定,也未经正式颁布,而是由全国教育会联合会制定并刊布的,但当时教育部曾通令试用,各地也均照此施行"①。这套课程纲要将体操科改为体育课,中小学体育课中剔除了兵式体操,田径、球类等运动在中等以上学校得到较广泛的开展,西方的竞技运动得以正式步入学校体育课程之列。

1923 年新学制将体操科改为体育课,但并没有颁布相应的体育课程纲要,《新学制课程纲要总说明》中说:"体育科课程纲要因身体发育标准尚在测验中,未能同时发表。容续布。"②从现在的资料情况看,找不到关于此时期体育课程目标的官方文本。

(三)国民党统治时期的体育课程目标

以蒋介石为代表的国民党统治时期,为了使学校体育的发展趋向系统化、正规化,国民党政府先后出台了一系列体育教育方面的文件。

1928 年 5 月,第 1 次全国教育会议上通过了《整顿中华民国学校系统案》,即"戊辰学制",仍沿用小学 6 年、初中 3 年、高中 3 年的"六三三"学制。1929 年国民政府教育部公布了《大学组织法》、《小学课程暂行标准说明》、《初级中学课程暂行标准说明》、《专科学校法》、《国民体育法》。其中与中小学体育课程有直接关系的主要文件有:《小学课程暂行标准总说明》、《小学课程暂行标准——小学体育》、《初级中学暂行课程标准说明》、《初级中学体育暂行课程标准》、《高级中学普通科暂行课程标准说明》、《高级中学普通科体育暂行课程标准》。这"三说明三标准"是中国体育教育史上第一次为体育课程制定独立完整的课程标准。

1932 年、1936 年、1940 年(小学 1942 年)和 1948 年,国民政府教育部先后四次进行了修订。其中 1948 年的没有实施。

为了叙述的方便,可把 1929 年的课程标准称为"暂行课程标准",1932 年的课程标准称为"正式课程标准",1936 年的课程标准称为"修正课程标准",1940 年只修订了中学的课程标准,可称为"重新修正课程标准"。

---

① 高奇主编:《中国教育史研究(现代分卷)》,上海:华东师范大学出版社 1994 年版,第 34 页。
② 课程教材研究所编:《20 世纪中国中小学课程标准·教学大纲汇编·课程(教学)计划卷》,北京:人民教育出版社 2001 年版,第 111 页。

1. 暂行课程标准时期的体育课程目标。

小学体育课程目标，《小学暂行课程标准·小学体育》规定：

（1）发达身体内外各器官的功能，谋全体正当发育。

（2）顺应爱好游戏的本性，发展运动的能力。

（3）培养勇敢、敏捷、忍耐、诚实、公正等的个人品德，并牺牲、服务、和协、互助等的团体精神。①

初级中学体育课程目标，《初级中学体育暂行课程标准》规定：

（1）锻炼健全的体格。

（2）养成服从，耐劳，自治，勇敢，团结，互助，守纪律诸德性。

（3）发展内脏器官，使具有充分的功用。

（4）增进肢体感官上的灵敏的反应。

（5）养成生活上必须的运动技能。

（6）养成健身的娱乐习惯。

（7）养成优美正确的姿势。②

高级中学体育课程目标，《高级中学普通科体育暂行课程标准》规定：

（1）继续锻炼体格使心身的发育健全。

（2）培养生活与娱乐所需的身体技能。

（3）养成爱好及欣赏身体活动的习惯。

（4）训练高尚游戏及运动道德。

（5）增进感官上灵敏的反应。

（6）改进身体发育不良的状态。③

此时期（暂行课程标准时期），体操课改为体育课，体育课这一名称一直延续至今。本阶段体育课程目标具有以下的特点：第一，在我国课程史上，第一次明确提出体育课程目标这一概念，这标志我国课程理论的自觉。第二，它的基本内容大体可以分为三个方面。"身体方面，如发达身体，锻炼体格，谋全体的正当发育；发展运动能力方面，如养成生活上必须的运动

---

① 课程教材研究所编：《20世纪中国中小学课程标准·教学大纲汇编·体育卷》，北京：人民教育出版社2001年版，第11页。

② 课程教材研究所编：《20世纪中国中小学课程标准·教学大纲汇编·体育卷》，北京：人民教育出版社2001年版，第393页。

③ 课程教材研究所编：《20世纪中国中小学课程标准·教学大纲汇编·体育卷》，北京：人民教育出版社2001年版，397页。

技能,培养以运动为娱乐的习惯;品德方面,如培养勇敢、诚实、公正等品德,互助等团体精神。"①第三,目标比以前的规定更为具体,操作性比以前更强。在此目标的引导下,体育成绩考核进一步规范。如采用麦克尔的《运动技术标准》,中学规定了身体姿势、基本技能、身体素质的限度等标准。

2. 正式课程标准时期的体育课程目标。

暂行体育课程标准试用三年后,教育部进行了修订,于 1932 年颁布了《小学课程标准·体育》、《初级中学体育课程标准》、《高级中学体育课程标准》。可称为正式课程标准时期。

小学体育课程目标,由《小学课程标准·体育》规定:

（1）发达儿童身体内外各器官的功能,以谋全体的适当发育。

（2）顺应儿童爱好游戏的本性,发展其运动的能力,并养成以运动为娱乐的习惯。

（3）培养儿童勇敢、敏捷、忍耐、诚实、公正、快活等的个人品格,并牺牲、服务、和协、互助等的团体精神。②

与暂行课程标准时期的小学体育课程目标相比,本体育课程目标第二条增加了"养成以运动为娱乐的习惯",第三条增加"快活"的个人品格。所增两点其实一脉贯通,都是运动的娱乐性,是自然主义体育观的体现。

初级中学体育课程目标,由《初级中学体育课程标准》规定:

（1）锻炼体格,使身心发育健全,以作振兴民族之准备。

（2）从团体运动中培养服从、耐劳、自治、忠勇、合作、守纪律、及其他公民道德。

（3）养成生活上所需要之运动技能。

（4）增进肢体反应之灵敏。

（5）养成优美正确之姿势。

（6）养成以运动为娱乐之习惯。③

---

① 王华倬著:《中国近现代体育课程史论》,北京:高等教育出版社 2004 年版,第 99 页。

② 课程教材研究所编:《20 世纪中国中小学课程标准·教学大纲汇编·体育卷》,北京:人民教育出版社 2001 年版,第 16 页。

③ 课程教材研究所编:《20 世纪中国中小学课程标准·教学大纲汇编·体育卷》,北京:人民教育出版社 2001 年版,第 405 页。

与暂行课程标准时期的初级中学体育课程目标相比,本体育课程目标有两点变化:第一,在第一条增加"以作振兴民族之准备"。之前的1931年已经发生"九一八"事变,这种政治事件不能不震撼学者们的心灵。第二,去掉了"发展内脏器官,使具有充分的功用"。找不到文献解释为什么去掉,作者猜测可以是没法检测吧。因为这个课程标准非常强调可操作性。

高级中学体育课程目标,由《高级中学体育课程标准》规定:

（1）继续锻炼体格,使身心发育健全,以作振兴民族之准备。

（2）从团体运动中继续训练公民道德。

（3）养成生活上所需要之运动技能。

（4）改进身体发育之不良姿势。

（5）养成以运动为娱乐之习惯。①

与暂行课程标准时期的高级中学体育课程目标相比,本体育课程目标有如下变化:第一,把暂行课程标准时期高级中学体育课程目标的第二条"培养生活与娱乐所需的身体技能"和第三条"养成爱好及欣赏身体活动的习惯"合并成"养成以运动为娱乐之习惯"放在第五条,重要性下移。第二,把第四条"训练高尚游戏及运动道德"改成"从团体运动中继续训练公民道德"放在第二条,对道德的要求从运动本身转移到了运动外部,重要性上移。第三,把第六条"改进身体发育不良的状态"改成"改进身体发育之不良姿势"放在第四条,重要性上移。第四,第一条增加了"以作振兴民族之准备"。

与小学与初级中学体育课程目标相比,高级中学体育课程目标的修改幅度最大。修订后的高级中学体育课程目标与暂行课程标准时期的高级中学体育课程目标的面貌有很大的不同。第一,重视体育课程的外部价值。暂行课程标准时期高级中学的体育课程目标都是从心身本体进行表述,而此体育课程目标的前三条体现的全部是体育的外部功能,即体育的政治功能、道德功能和社会功能。而对体育的本体价值的重视程度下降。窥斑见豹,从高中体育课程目标的变化可以知道,国民党政府对学校的管理并不是像有学者所说的只是加强政治控制和党化色彩,其实国民党政府对教育的控制已经深入到课程。第二,目标表述更具层次感和逻辑性。整个目标按照政治要求→道德要求→社会要求→身体要求→习惯要求的顺序进行表述,显得很有层次感和逻辑性。

---

① 课程教材研究所编:《20世纪中国中小学课程标准·教学大纲汇编·体育卷》,北京:人民教育出版社2001年版,第411页。

总之,正式课程标准时期的体育课程目标与暂行课程标准时期的体育课程目标相比呈现如下的变化。第一,更加重视体育课程的外部功能。第二,身体教育的地位有所下降。第三,目标的表述更加有层次感和逻辑性,对身体教育部分的表述更具操作性。

3. 修正课程标准时期的体育课程目标。

此时期小学体育课程的政府文件主要有《小学课程标准总纲》、《小学中高年级体育课程标准》和《小学体育教授细目》。[①]

本时期小学体育课程目标,由《小学高年级体育课程标准》规定。

(1) 发达儿童身体内外各器官的功能,以谋全体的适当发育。

(2) 顺应儿童爱好活动的本性,发展其运动能力,以养成其日常生活上和国防上所需要的运动技能。

(3) 培养儿童勇敢、敏捷、耐苦、诚实、公正、快活、牺牲、服务、守法、合作、互助、爱国的公民道德,以作复兴民族御侮抗敌的准备。

(4) 养成儿童喜欢运动的习惯,以作国民正当娱乐的基础。[②]

本时期小学体育课程目标与上一时期小学体育课程目标相比变化如下:第一,把原第二条后半句"养成以运动为娱乐的习惯"换成了"养成其日常生活上和国防上所需要的运动技能"。这一转换实际是由体育的本体功能变换成体育的外部功能,即社会功能。第二,把"养成以运动为娱乐的习惯"变换为"养成儿童喜欢运动的习惯,以作国民正当娱乐的基础"。这一转换,对儿童体育学习兴趣的重视程度有所减弱,更多强调的是喜欢运动的习惯。第三,在原第三条里多项公民道德内容,把原来的"团体精神"变成"公民道德",同时增加了"以作复兴民族御侮抗敌的准备"。体育能不能承担这么多公民道德教育任务是值得怀疑的,本条目标并不具有合理性。"以作复兴民族御侮抗敌的准备"容易使人产生复活军国民教育的联想。

总之,这时期小学体育课程目标也开始淡化体育的本体功能,开始注重体育的外部功能。

本时期初级中学体育课程目标,由《初级中学体育课程标准》规定。

(1) 锻炼体格,使身心发育健全,并养成生活上所需要之运动技能。

---

① 王华倬著:《中国近现代体育课程史论》,北京:高等教育出版社 2004 年版,第 99 页。

② 课程教材研究所编:《20 世纪中国中小学课程标准·教学大纲汇编·体育卷》,北京:人民教育出版社 2001 年版,第 19 页。

（2）注重团体运动以培养服从、耐劳、自治、忠勇、合作、守纪律及其他公民道德。

（3）增进肢体反应之灵敏并养成优美正确之姿势及以运动为娱乐之习惯。[1]

本时期初级中学体育课程目标与上一时期相比，只是表述的形式变化了，文字变得更加简洁。内容上唯一变化是删去了"以作振兴民族之准备"。就修改方向来说，本时期初级中学体育课程目标与小学体育课程目标正好相反，前者转向重视外部功能，后者转向重视本体功能。由此可以看出，当时的国民政府教育部在修改课程标准时确实没有严格的统一的顶层设计。

本时期高级中学体育课程目标，由《高级中学体育课程标准》规定。

（1）继续锻炼体格，使身心发育健全，养成生活上所需要之运动技能。

（2）注重团体运动，继续训练公民道德。

（3）改进身体发育之不良姿势，并养成以运动为娱乐之习惯。[2]

高级中学体育课程目标的修改，无论内容、语言还是方向上，都与初级中学体育课程标准相同。

总之，修正课程标准时期的体育课程目标表现出如下的特点：第一，从小学到高级中学，规定的越来越粗。第二，语言的表述比上一时期更加精炼，但已经不像是课程目标，更像是教育目的的表述。第三，每一学段的体育课程目标，特别是小学的体育课程目标，越来越重视体育的外部价值，相对就会忽视体育的本体价值。

4. 重新修正课程标准时期的体育课程目标。

本时期，1940年教育部发布了《修正初级中学体育课程标准》、《修正高级中学体育课程标准》。1941年发布了在部分学校实验的《六年制中学体育课程标准草案》。1942年，教育部修订颁布了《小学体育科课程标准》。

小学体育课程目标，由《小学体育科课程标准》规定。

（1）促进儿童身体各部分机能的平衡发育，锻炼成健美的体格。

---

[1] 课程教材研究所编：《20世纪中国中小学课程标准·教学大纲汇编·体育卷》，北京：人民教育出版社2001年版，第417页。

[2] 课程教材研究所编：《20世纪中国中小学课程标准·教学大纲汇编·体育卷》，北京：人民教育出版社2001年版，第423页。

（2）增进儿童对于身体健康的知能，并养成其手足勤劳的习惯与兴趣。

（3）顺应儿童好动爱群的天性，训练其成为有规律的生活，并遵守团体生活的道德。①

小学体育课程目标的进步是提出了"健康"概念，把"姿势"概念换成"健美"概念。但总体的感觉是越来越像教育目的了，行为取向越来越淡，操作性不强。

初级中学体育课程目标与高级中学体育课程目标一样，具体如下：

（1）锻炼体格，使机体充分发育。

（2）培养公民道德，发扬团体精神。

（3）训练生活上及国防上之基本技能。

（4）养成卫生习惯及注重卫生之态度。②

从以上四条我们可以看出，初级中学体育课程目标和高级中学体育课程目标到此时期已经不像是个体育课程目标了，更像是对一个国家教育目的的叙述。除了第一条还有点体育的味道，后三条适用任何课程。

（四）清末至国民党统治结束时期体育课程目标的总结与反思

从 1902 年到 1949 年近半个世纪里，中国社会经历了清末新政十年、辛亥革命、北洋军阀统治、国民党统治四个历史时期。体育课程经历了由《钦定学堂章程》的"体操"到 1923 年壬戌学制的"体育课"，体育课程目标随着时代的变迁、社会的转型不断地发生着变化。1929 之前，我国没有体育课程目标概念，与体育课程目标相近的概念是"教育宗旨"、"体育目的"、"体操的宗旨"等。1929 年开始，随着 1928 年《整顿中华民国学校系统案》，即"戊辰学制"的公布，国民政府教育部颁布了一系列体育课程标准，体育科第一次单独形成课程标准，体育课程目标这一概念第一次进入政府课程文件。

从对体育课程价值认识的视角看，从清末到新中国成立前的这一历史时期，体育课程目标经历了一个从重视体育的外部价值到注重体育课程的本体价值再到重新重视体育课程的外部价值的历史循环。从 1902 年《钦定学堂章程》到 1918 年第一次世界大战结束，我国的体育课程重视的是体育的外部

---

① 课程教材研究所编：《20 世纪中国中小学课程标准·教学大纲汇编·体育卷》，北京：人民教育出版社 2001 年版，第 23 页。

② 课程教材研究所编：《20 世纪中国中小学课程标准·教学大纲汇编·体育卷》，北京：人民教育出版社 2001 年版，第 433 页和 438 页。

价值,从 1928 年开始,我国逐渐认识到体育的本体价值。随着实用主义和自然主义的引入,体育的本体价值越来越受到重视,到 1929 年的体育课程标准达到了高潮。之后国民政府教育部四次修订了体育课程标准,体育课程目标逐渐开始重视外部价值。与此相伴随,体育课程目标的陈述也经历一个从无可操作性、无行为取向到逐渐有可操作性和行为取向明显的过程,到 1929 年的体育课程标准时达到高峰。以后可操作性逐渐减弱,行为取向越来越淡。

二、新中国的体育课程目标

1949 年 10 月 1 日中华人民共和国成立,这是中华民族历史上的伟大变革,我国的体育课程迎来了一个崭新的历史阶段。

从新中国成立到第八轮课程改革开始,体育课程可以分为建国初期(1949～1957)、社会主义建设探索初期(1958～1965)、"文化大革命"时期(1966～1976)、拨乱反正全面恢复时期(1977～1985)和改革开放高速发展时期(1985～2000),共五个时期。

(一)建国初期的体育课程目标

1950～1957 年的 7 年间,国家先后颁布了 5 个小学教学计划、7 个中学教学计划。[①]颁布了《小学体育课程暂行标准(草案)》(1950 年)、《小学体育教学大纲(草案)》(1956 年)两个小学体育课程标准(教学大纲)和《中学体育教学大纲(草案)》(1956 年)一个中学体育课程标准(教学大纲)。

1950 年的《小学体育课程暂行标准(草案)》明确列出了"体育教学的目标"。1956 年的两个大纲在"说明"部分所规定的"体育教育的目的"和"体育教育的基本任务",相当于体育课程目标。

1. 1950 年的体育课程目标。

1950 年小学体育课程目标,由《小学体育课程暂行标准(草案)》在"第一体育教学的目标"里规定:

(1)培养儿童健康知能、健美体格,以打好为人民、为国家的建设战斗而服务的体力基础。

(2)培养儿童游戏、舞蹈、体操等运动兴趣和习惯,以发展身心,并充实康乐生活。

(3)培养儿童国民公德和活泼、敏捷、勇敢、遵守纪律、团结、友爱等

---

① 王华倬著:《中国近现代体育课程史论》,北京:高等教育出版社 2004 年版,第 134 页。

的品质,以加强爱国主义思想和集体主义思想。[①]

把此体育课程目标与 1942 年《小学体育科课程标准》的体育课程目标进行对比,可以发现两者的异同。

相同点是:第一,两者都使用"目标"一词。第二,两者的话语形式非常相似,关于身体教育的本体目标基本保留了下来,1950 年的陈述方式基本上沿用 1942 年的话语形式。

不同点是:第一,用"培养运动兴趣和习惯"代替了"养成其手足勤劳的习惯与兴趣",更加符合体育课程的特点。第二,第一条加上了"以打好为人民、为国家的建设战斗而服务的体力基础",第三条加上了"以加强爱国主义思想和集体主义思想",目的性和服务对象性更强了。这大概是每个新生政权都需要的,它是教育目的对体育教学要求的反映,体现了小学体育课程的基本方向。这也是我国体育课程重视思想政治教育的开始。

2. 1956 年的体育课程目标。

1956 年小学体育课程目标,由《小学体育教学大纲(草案)》说明部分规定。

体育教育的目的:

(1) 体育是全面发展教育的一个组成部分。小学体育教育的目的是促进少年儿童成为全面发展的新人,为将来参加建设社会主义社会和保卫祖国做好准备。

(2) 体育教育在学校中是和智育、德育、美育、基本生产技术教育密切结合起来实现的。[②]

体育教育的基本任务:

(1) 促使儿童正在成长的身体获得正常的发育,锻炼他们的体格,增进他们的健康。

(2) 教给儿童教学大纲中所规定的基本体操和游戏的技能,使他们能把这些技能应用到日常生活中去;发展他们身体的素质(灵敏、迅速和有力量)。

---

① 课程教材研究所编:《20 世纪中国中小学课程标准·教学大纲汇编·体育卷》,北京:人民教育出版社 2001 年版,第 32 页。

② 课程教材研究所编:《20 世纪中国中小学课程标准·教学大纲汇编·体育卷》,北京:人民教育出版社 2001 年版,第 37 页。

（3）培养儿童勇敢、活泼、积极、主动、互助友爱和坚韧的精神；培养他们的组织性和纪律性。

（4）培养儿童个人卫生和公共卫生习惯。

（5）培养儿童对体操和游戏的爱好和经常自觉地参加的习惯。①

1956 年中学体育课程目标，由《中学体育教学大纲（草案）》规定。

体育教育目的：

（1）体育教育是全面发展教育的一个组成部分。其目的是培养学生成为全面发展的社会主义的建设者和保卫者。

（2）体育教育在学校中，是和智育、德育、美育及基本的生产技术教育密切结合一致来实现的。②

中学体育教育的基本任务：

（1）锻炼身体，增进健康，促进身体的正常发育。

（2）教授学生本大纲中所规定的体操、游戏和各种主要竞技运动的知识与技能，并在教学过程中发展学生身体的素质（灵敏、迅速、力量和耐久力等）。

（3）培养学生具有爱国主义思想、爱好劳动、集体主义精神、自觉的纪律及坚毅、勇敢、机敏、乐观等共产主义的品质。

（4）学校体育教育必须和卫生结合，逐渐养成学生在学习、生活和工作中个人与公共卫生的习惯。

（5）培养学生爱好体操、游戏、竞技运动的兴趣和经常自觉参与锻炼身体的习惯。③

1956 年体育教学大纲的颁布标志着我国的体育教学从半封建半殖民地社会向社会主义社会转型的完成。它是在建国初期，在我国社会计划经济体制下，以毛泽东教育思想和体育思想为指导，借鉴苏联的教育经验并实行高度统一的教育管理制度的背景下制定实施的。

这一时期的体育课程目标表现出如下的特点：

---

① 课程教材研究所编：《20 世纪中国中小学课程标准·教学大纲汇编·体育卷》，北京：人民教育出版社 2001 年版，第 37 页。

② 课程教材研究所编：《20 世纪中国中小学课程标准·教学大纲汇编·体育卷》，北京：人民教育出版社 2001 年版，第 459 页。

③ 课程教材研究所编：《20 世纪中国中小学课程标准·教学大纲汇编·体育卷》，北京：人民教育出版社 2001 年版，第 459 页。

第一，体育课程目标的表述形式发生变化。1956年大纲摒弃了国民党统治时期明确的"目标"表述形式，在"说明"部分首先规定体育教育的目的，说明了体育课程在中小学教育中的地位。形式是内容的载体，形式的变化使新中国的体育课程目标与国民党统治时期的体育课程目标表现出明显的不同，呈现出新的气象。

第二，体育课程目标非常重视思想政治教育，中小学体育课程目标的第三条分别提到了爱国主义、集体主义和共产主义品质。这是我国体育课程目标重视思想政治教育的肇始，以后的大纲虽然内容有所变化，但思想政治教育的要求却都非常明确。这种倾向背后的哲学基础是辩证唯物主义和历史唯物主义，体现了我国社会主义教育的性质。

第三，把体育教育与卫生教育相结合。这是我国体育课程目标的特色，经过时间的迁移形成我国体育课程标准的传统。第八次课程改革所颁布的体育与健康课程标准把体育教育与健康教育合二为一，也是这种传统的延续。

体育课程目标的这些变化，在当时的社会条件下是合理的。"应当指出，1949年以前，杜威的实用主义教育思想对中国影响至深。新中国提出的第一个体育课程目标，是对'为体育而体育'单纯技术观点的自由体育思想的批判，是新、旧目标的分水岭，较好地体现了《共同纲领》的精神，推动了体育教学的正规化。它对于批判封建、买办文化教育，肃清帝国主义文化影响，开创新中国的体育课程建设功不可没。"①

但这一时期的体育课程目标也有明显的不足。首先，在科学性上，"目标中未能注意体育作为一门学科它的文化上的特点，将'增进身体正常发育'和'发展学生身体素质'分列两条，反映出当时这些理论问题的不成熟"②。其次，目标固定、单一，忽视了学生的主体地位，表现出明显的指令性。同时体现课程目标的教学内容以竞技项目为中心进行组织，对实现增强体质这一体育教育总的指导思想帮助不大。第三，过强的思想政治色彩，导致了忽视体育本体价值的倾向。这次体育课程目标的制定是在整体的教育目的指导下，在学习借鉴苏联的体育课程的基础上制定的，而不是基于我国学生的体质基础。这种体育课程目标制定的思路和方向，决定了制定出的体育课程目标会

---

① 王健：《初中体育课程目标建设50年回顾与反思》，《扬州教育学院学报》1999年第3期。

② 王健：《初中体育课程目标建设50年回顾与反思》，《扬州教育学院学报》1999年第3期。

在不同程度上忽视体育的本体价值,忽视青少年身体发展规律。其实,直到现在我国也没有对人体动作发展的阶段和特征规律有一个能够普遍承认的结论。虽然我们不能判定我国体育教育科学发展的缓慢与这种体育课程过分重视思想政治教育、忽视体育本体规律研究的倾向有直接的关系,但至少说明在制定体育课程目标的时候必须要考虑到学生身体的发展规律,要加强对人体动作发展阶段和特征规律的研究。

(二)社会主义建设探索时期的体育课程目标

20 世纪 50 年代末到 60 年代中期,是我国开始全面建设社会主义的重要历史时期,我国的工农业生产取得了很大成就。但由于"党的工作在指导方针上有过严重失误"[①],我国社会和经济秩序出现了混乱的局面,各种"左"的错误对教育事业和体育事业也产生了很大干扰,使得我国体育课程也经历了一个曲折发展过程。

1957 年 2 月,毛泽东在《关于正确处理人民内部矛盾的问题》的报告中,提出了"使受教育者在德育、智育、体育几个方面都得到发展,成为有社会主义觉悟的有文化的劳动者"的教育方针。从 1958 年开始,学校体育出现了大发展的趋势,但在后来"大跃进"的浮夸风中,发生了偏离,一度出现混乱。1956 年的体育教学大纲受到严厉批判而被迫停止使用,学生的健康和体质每况愈下。为了纠正、改变这种状况,也为了探索总结已有的经验,教育部于 1961 年制定并颁发了新中国成立后的第二部体育教学大纲,即《小学体育教材》和《中学体育教材》。这两个文件虽然名为"教材",其实质就是"教学大纲"。

1. 小学体育课程目标。

小学体育课程目标,由《小学体育教材》规定。由目的和任务两部分组成。

小学体育课程目的:

体育是学校教育的一个重要方面。其目的在于增强学生的体质,向学生进行共产主义教育,使他们更好地学习、参加生产劳动和准备保卫祖国。[②]

小学体育课程任务:

(1)促进学生身体的正常发育和机能的发展,增强身体对寒冷、炎

---

① 中央文献研究室编:《三中全会以来重要文件选编》,北京:人民出版社 1982 年版,第 754 页。

② 课程教材研究所编:《20 世纪中国中小学课程标准·教学大纲汇编·体育卷》,北京:人民教育出版社 2001 年版,第 75 页。

热等自然环境的适应能力,增进健康。

（2）促进学生在日常生活和劳动中所需要的身体基本活动能力和身体素质的全面发展。

（3）使学生了解体育的重要意义,教给他们一些最基本的体育知识和锻炼身体的技能,养成锻炼身体的习惯。[1]

对比 1956 年的小学体育课程目标,本目标发生了很大的变化。第一,从表述形式上看,把课程目标分为课程目的和课程任务。把有关思想政治教育的内容集中到了体育课程的目的中进行表述,小学体育的任务规定则是体育课程的本体任务,是身体教育的要求。第二,课程任务的规定更加概括。体育课程的任务只是规定了体育课程的基本方向,这就为体育课程内容的选择提供了空间,从而使课程内容的选择更具灵活性,可操作性更强。第三,这个目标体系更好地体现了"增强体质为主"的思想,摆脱了一味强调竞技运动知识和技能的苏联影响。

2. 中学体育课程目标。

中学体育课程目标,由《中学体育教材》规定。由目的和任务两部分组成。

中学体育课程目的:

增强学生的体质,并通过体育向学生进行共产主义教育,使学生能更好地学习,参加生产劳动和准备保卫祖国。[2]

中学体育课程任务:

（1）促进学生身体的正常发育和机能的发展,增强身体对寒冷、炎热等自然环境的适应能力。

（2）促进学生劳动,保卫祖国和日常生活中所需要的身体基本活动能力和身体素质的全面发展。

（3）使学生认识体育的重要意义,具有基本的体育知识和锻炼身体的技能,养成锻炼身体的习惯。并要提高部分运动基础较好的学生的运动技术水平,以进一步增强他们的体质。

---

[1]　课程教材研究所编:《20 世纪中国中小学课程标准·教学大纲汇编·体育卷》,北京:人民教育出版社 2001 年版,第 75 页。

[2]　课程教材研究所编:《20 世纪中国中小学课程标准·教学大纲汇编·体育卷》,北京:人民教育出版社 2001 年版,第 520 页。

（4）通过体育，教育学生热爱党、热爱祖国、热爱劳动，培养他们勇敢、坚毅、朝气蓬勃、服从组织、遵守纪律和集体主义等共产主义道德和优良品质。①

与 50 年代中学体育课程目标相比，此目标体系有如下的变化与发展：第一，表述方式如小学课程目标一样，更加规范化。第二，从体系上摆脱了苏联一味强调竞技运动的影响，确立了"增强体质为主"的目标体系。第三，从内容上看更加全面与科学。"如对增强体质所设立的目标内容，包括了促进身体正常发育，促进身体机能、基本活动能力和身体素质的全面发展，增强身体对冷、热等自然环境的适应能力，这已与现代的体质概念相差无几"②。第四，设立了学习体育基本知识的目标，这是一大进步，显示了我们对体育课程和体育教学规律认识的进步。

中学体育课程目标同时也呈现出明显的时代局限性。第一，把体育与参加生产劳动、保卫祖国联系在一起，带有明显的时代特征。生产劳动、军事训练与体育有相同之处，但差异是明显的，是不能相互代替的。第二，中学体育课程的任务第三条要求"提高部分运动基础较好的学生的运动技术水平"，是一种不合理的规定。严格地讲它不是体育课程的目标，这种规定会造成一部分学生过量占有体育课程资源，而其他身体素质一般的学生却被忽视，蕴含着明显的教育不公平。即使为了满足高水平运动员选材的需要，使有潜质的运动员苗子得到应有训练，也不能规定为体育课程目标，只能在课外体育活动的要求中进行规定。

（三）拨乱反正全面恢复时期的体育课程目标

1964 年 8 月，国务院批转了教育部、体育运动委员会、卫生部三部委的《关于中小学生健康状况和改进学校体育、卫生工作报告》。该报告指出："学生的健康状况仍然不够好"，强调"学校体育是群众性的体育，中小学校的一切体育工作，都必须面向广大学生，广泛地开展适当的体育活动，以促进学生身体正常发育和身体机能的发展，增强体质；使学生掌握必要的体育、卫生知识和锻炼身体的技能；向学生进行共产主义品德教育。"遗憾的是这些精神并没得到很好的贯彻，十年浩劫彻底冲垮了一切教学秩序，真正意义上的体育

---

① 课程教材研究所编：《20 世纪中国中小学课程标准·教学大纲汇编·体育卷》，北京：人民教育出版社 2001 年版，第 520 页。

② 王健：《初中体育课程目标建设 50 年回顾与反思》，《扬州教育学院学报》1999 年第 3 期。

课程不复存在。

粉碎"四人帮"后,邓小平主持文教工作,1977年恢复高考,教育工作重新受到重视。为了尽快恢复秩序,贯彻党的教育方针,教育部组建了大纲编写队伍,于1978年制定并颁发了《全日制十年制学校小学体育教学大纲(试行草案)》和《全日制十年制学校中学体育教学大纲(试行草案)》。

1. 小学体育课程目标。

小学体育课程目标,由《全日制十年制学校小学体育教学大纲(试行草案)》规定,由目的和任务两部分组成。

小学体育课程的目的:

体育是学校教育的重要组成部分,是全面地贯彻党的"教育必须为无产阶级政治服务,必须同生产劳动相结合","使受教育者在德育、智育、体育几个方面都得到发展,成为有社会主义觉悟的有文化的劳动者"的教育方针的一个重要方面。[①]

小学体育课程的任务:

(1) 根据少年儿童的年龄特点,有计划有组织地锻炼学生的身体,促进他们的生长发育和身体机能的发展,培养身体正确姿势,全面地发展身体素质和人体的基本活动能力,提高对自然环境的适应能力,以收到增强体质的实效。

(2) 使学生学习一些浅易的体育基础知识、基本技能和简单的技术,初步懂得用科学的方法锻炼身体。

(3) 结合体育教学特点,教育学生热爱党、热爱社会主义祖国,不断地提高他们为革命锻炼身体的自觉性,逐渐养成锻炼身体的习惯。培养他们服从组织,遵守纪律,热爱集体,生动活泼,勇敢顽强,艰苦奋斗的革命精神。[②]

2. 中学体育课程目标。

中学体育课程目标,由《全日制十年制学校中学体育教学大纲(试行草案)》规定,由目的和任务组成。

---

① 课程教材研究所编:《20世纪中国中小学课程标准·教学大纲汇编·体育卷》,北京:人民教育出版社2001年版,第91页。

② 课程教材研究所编:《20世纪中国中小学课程标准·教学大纲汇编·体育卷》,北京:人民教育出版社2001年版,第91页。

中学体育课程的目的：

体育是学校教育的重要组成部分，是全面地贯彻党的"教育必须为无产阶级政治服务，必须同生产劳动相结合"，"使受教育者在德育、智育、体育几个方面都得到发展，成为有社会主义觉悟的有文化的劳动者"的教育方针的一个重要方面。①

中学体育课程的任务：

（1）根据青少年的特点，有计划有组织地锻炼学生的身体，促进他们身体的正常生长发育和机能的发展，全面地发展身体素质和人体的基本活动能力，提高对自然环境的适应能力，以收到增强体质的实效。

（2）使学生学习和掌握体育的基础知识，基本技能和基本技术，教会学生用科学的方法锻炼身体。

（3）结合体育教学特点，教育学生热爱党、热爱社会主义祖国，不断地提高他们为革命锻炼身体的自觉性，养成锻炼身体的习惯。培养他们服从组织，遵守纪律，热爱集体，朝气蓬勃，勇敢顽强，艰苦奋斗的革命精神。②

把本次大纲小学和中学的体育课程目标进行横向对比，再把本次大纲的体育课程目标与前两次的体育课程目标进行纵向对比，可以发现这次大纲所规定的体育课程目标的特点：第一，小学体育课程目标与中学体育课程目标第一次有了明显的阶梯性。小学体育课程和中学体育课程的目的一样，但三大任务的表述却有明显的递进性和阶梯性，中学体育课程目标比小学体育课程目标的要求更高。第二，初步形成了"一个目的，三项基本任务"的教育目标结构框架。目的反映了我国育人的总目标。三项任务中第一项是锻炼身体，增强体质，比之前教学大纲中两个目标分列的表述方式更科学。第二项掌握"三基"，即基础知识、基本技能和基本技术，体现了基础性、全面性，更加符合教学规律。第三项思想品德教育，虽然有过于夸大的倾向，却也体现了社会主义教育的特点。

这个目标系统最大的不足是在语言表述方面，空洞的口号过多，有明显的"文革"遗风。特别是中学体育教学大纲，在目的和任务中间加上大段的政

---

① 课程教材研究所编：《20世纪中国中小学课程标准・教学大纲汇编・体育卷》，北京：人民教育出版社2001年版，第554页。

② 课程教材研究所编：《20世纪中国中小学课程标准・教学大纲汇编・体育卷》，北京：人民教育出版社2001年版，第554页。

治口号,显得非常可笑。这种政治口号性质的语言风格与课程目标陈述所要求的客观性、科学性和严肃性格格不入。

（四）改革开放高速发展时期的体育课程目标

从1985年开始,我国进入改革开放和社会主义建设事业迅速发展时期。这一时期,我国于1986年颁布了《中华人民共和国义务教育法》,1999年召开了改革开放以来的第三次全国教育工作会议,颁布了《中共中央关于深化教育改革全面推进素质教育的决定》。这一时期的课程建设开始实行"一纲多本",教材建设由国定制转为审定制。

此阶段,共颁布了四套教学大纲,即1987年大纲、1993年大纲、1996年大纲、2000年过渡性大纲。

1. 1987年大纲所规定的体育课程目标。

1978年十一届三中全会召开,标志着我国社会主义教育和体育事业进入一个新的历史发展时期,体育工作得到前所未有的重视。1982年制订的新宪法规定:"国家发展体育事业,开展群众性体育活动,增强人民体质",为体育工作指明了方向。1984年10月5日,《中共中央关于进一步发展体育运动的通知》明确提出要"在世纪内把我国建设成为体育强国,以增强全民族的体质,强国强民","重点抓好学校体育,从少年儿童抓起"。体育理论界围绕着体育思想的讨论也空前活跃,出现了"增强体质思想"、"终身体育思想"、"竞技教育思想"等多元化的体育教育思想。

在此背景下,1985年国家教委组织修订了1978年的体育教学大纲,并于1987年颁布了《全日制小学体育教学大纲》和《全日制中学体育教学大纲》。

小学体育课程目标,由《全日制小学体育教学大纲》规定,由教学目的和基本任务组成。

小学体育教学目的:

增进学生健康,增强体质,促进学生在德育、智育、体育、美育等诸方面都得到生动活泼的发展,为提高全民族的素质奠定基础。[①]

小学体育的基本任务:

（1）全面锻炼学生的身体

促进学生身体的正常生长发育,培养学生正确的身体姿态;

---

① 课程教材研究所编:《20世纪中国中小学课程标准·教学大纲汇编·体育卷》,北京:人民教育出版社2001年版,第115页。

促进学生身体机能、身体素质和基本活动能力的全面发展；

增强学生对外界环境的适应能力。

（2）初步掌握体育基础知识、基本技术和基本技能

要求小学生逐步地明了小学体育的目的与任务；

学习日常生活和锻炼身体的简单的运动技术及基本技能；

使学生初步懂得科学锻炼身体的方法和体育的娱乐方法。

（3）向学生进行思想品德教育

教育学生热爱共产党、热爱社会主义祖国，培养学生对体育的兴趣，养成锻炼身体的习惯和主动性，提高学生关心自身健康的社会责任感；

促进学生个性发展，培养学生组织纪律性和生动活泼、勇敢顽强、富于创造的精神；

陶冶美的情操和培养文明行为。①

中学体育课程目标，由《全日制中学体育教学大纲》规定，由教学目的和基本任务组成。

中学体育教学目的：

增强学生体质，促进身心发展，使学生在德育、智育、体育几方面得到全面的发展，成为祖国社会主义的建设者和保卫者。②

中学体育教学的基本任务：

（1）全面锻炼学生的身体

促进学生身体的正常生长发育，培养健美的体格；

促进学生身体机能、身体素质和基本活动能力的全面发展；

增强对外界环境的适应能力。

（2）掌握体育基础知识、基本技能和基本技术

使学生理解学校体育的目的、任务和体育在教育中的地位与意义；

学会锻炼身体和生活中的基本实用技能与运动技术和体育娱乐方法；

使学生懂得锻炼身体的基本原理和独立进行科学锻炼的方法，以适

---

① 课程教材研究所编：《20世纪中国中小学课程标准·教学大纲汇编·体育卷》，北京：人民教育出版社2001年版，第115～116页。

② 课程教材研究所编：《20世纪中国中小学课程标准·教学大纲汇编·体育卷》，北京：人民教育出版社2001年版，第591页。

应终生锻炼身体和生活娱乐的需要。

（3）向学生进行思想品德教育

教育学生热爱共产党、热爱社会主义祖国，培养学生为祖国而自觉锻炼的社会责任感和献身精神，养成经常参加体育锻炼的兴趣和习惯；

发展学生的个性，培养学生坚强的意志、勇敢顽强的精神和创造性；

培养学生服从组织，遵守纪律，团结合作和生动活泼的思想作风与良好的社会公德；

陶冶学生美的情操，培养文明行为。[1]

有学者[2]认为这个目标体系从生物——社会——心理等多维空间认识体育教育的功能和作用。表现出的主要特点是：第一，体现了现代生活的需要。随着经济的发展，社会的进步，人们参加体育活动的目的除了健身以外，还有调剂生活、享受文明的一面。目标中提出的"学会锻炼身体和生活中的基本实用技能与运动技术和体育娱乐方法"，"懂得锻炼身体的基本原理……以适应终生锻炼身体和生活娱乐的需要"等，都体现出这一点。第二，首次提出了"发展学生个性"、"陶冶情操"、"创造精神"的目标。80 年代以后，我国逐渐认识到健全的心理和健全的生理一样重要，而创造精神是现代社会进步的动力。把这三点列入体育课程目标，是一次突破。第三，摈弃了"为革命锻炼身体"的口号式的目标，而代之以"为祖国锻炼身体的责任感和献身精神"，使目标更客观具体。

2. 1992 年大纲所规定的体育课程目标。

1986 年，《中华人民共和国义务教育法》颁布。1988 年，国家教委颁布了《九年义务教育教学计划》（后改为"课程计划"）。根据计划，国家教委组织编写了九年义务教育全日制小学、初级中学体育教学大纲。这套大纲由国家教委于 1988 年颁布，确定为"初审稿"，1990 年经"全国中小学教材审定委员会"初审通过，在全国进行了两个完整学年的教学实验后，国家教委于 1992 年 11 月颁布开始试用。

小学体育课程目标，由《九年义务教育全日制小学体育教学大纲（试用）》

---

① 课程教材研究所编：《20 世纪中国中小学课程标准·教学大纲汇编·体育卷》，北京：人民教育出版社 2001 年版，第 591～592 页。

② 王健：《初中体育课程目标建设 50 年回顾与反思》，《扬州教育学院学报》1999 年第 3 期。

规定,由教学目的和基本任务组成。

教学目的:

通过体育教学,向学生进行体育、卫生保健教育,增进学生健康,增强体质,促进德、智、体全面发展,为提高全民族的素质奠定基础。[①]

基本任务:

(1)全面锻炼身体,促进正常的生长发育

通过身体锻炼,培养学生身体的正确姿态;

促进生理机能、身体素质和人体基本活动能力的全面发展;

增强对外界环境的适应能力和对疾病的抵抗力。

(2)初步掌握体育基础知识、基本技术和基本技能

学习简要的体育、卫生保健基础知识,树立安全的观念;

掌握日常生活所需要的实用技能和简单的运动技术,培养锻炼身体的能力;

培养对体育运动的兴趣,养成锻炼身体的习惯。

(3)向学生进行思想品德教育,陶冶美的情操

教育学生热爱中国共产党,热爱社会主义祖国,逐步提高锻炼身体的主动性和关心自身健康的社会责任感;

运用体育对学生身心特有的影响,培养学生的美感和文明行为,逐步养成遵守纪律,尊重他人,团结友爱,互相帮助等集体意识和良好作风;

发展学生个性,培养勇敢、顽强、朝气蓬勃和进取向上的精神,注重能力的培养,启迪思维,培养学生的主动性和创造性。[②]

初中体育课程目标,由《九年义务教育全日制初级中学体育教学大纲(试用)》规定,由教学目的和基本任务组成。

教学目的:

通过体育教学向学生进行体育卫生保健教育,增强学生体质,促进身心发展,培养德、智、体、美全面发展的社会主义的建设者。[③]

---

① 课程教材研究所编:《20世纪中国中小学课程标准·教学大纲汇编·体育卷》,北京:人民教育出版社2001年版,第221页。

② 课程教材研究所编:《20世纪中国中小学课程标准·教学大纲汇编·体育卷》,北京:人民教育出版社2001年版,第221~222页。

③ 课程教材研究所编:《20世纪中国中小学课程标准·教学大纲汇编·体育卷》,北京:人民教育出版社2001年版,第687页。

基本任务：

（1）全面锻炼学生身体

促进学生正常生长发育、身体形态、生理机能、身体素质和人体基本活动能力的全面发展；

增强学生对外界环境的适应能力和对疾病的抵抗能力。

（2）学习基础知识，掌握基本技术，发展基本能力

向学生进行体育、卫生保健基础知识教育，使学生懂得简要的科学锻炼身体的理论与方法，提高体育、卫生文化素养；

掌握体育基本技能和基本技术，为升入高一级学校或走向社会独立从事身体锻炼打好基础；

发展锻炼身体、日常生活和生产劳动的基本活动能力，掌握一般的体育娱乐方法。

（3）向学生进行思想品德教育

通过体育教学，把学生的身体锻炼和社会责任感相联系，教育学生热爱共产党，热爱社会主义祖国，树立群体意识，培养组织性、纪律性、集体荣誉感和经常锻炼身体的兴趣与习惯；

发展学生个性，锻炼意志，培养勇敢、顽强、朝气蓬勃和进取向上的精神；

培养文明行为，陶冶学生美的情操。[①]

1992 年大纲所规定的体育课程目标与 1987 年所规定的体育课程目标相比，表现出如下的变化：第一，增加了卫生保健知识的教育内容。虽然过去大纲一直强调体育与卫生相结合，但 1992 年大纲的提法更直接。第二，在体育、卫生、文化素养的提高方面，强调提高学生的认知性知识水平。相对于过去只强调操作性知识水平，课程目标的内容更加完整了。第三，文字表述更加清晰。如对"三基"内容的目标表述，分成认知的目标、操作的目标、能力的目标三个层次，清晰明白，一目了然。第四，体育课程目标体系更加完整。在中华人民共和国的课程史上第一次按学段（小学和初中）分别提出了体育教学的目的和任务，同时大纲提出了各项教材的要求，规定了各年级理论知识教学、身体锻炼、掌

---

① 课程教材研究所编：《20 世纪中国中小学课程标准·教学大纲汇编·体育卷》，北京：人民教育出版社 2001 年版，第 687～688 页。

握运动技术的目标和各项身体素质及技术考核的标准等,由此构成了一个较为完整的、具有层次的、纵横有序的体育课程目标体系,这是一个较大的突破。

3. 1996 年大纲所规定的体育课程目标。

1996 年 12 月,国家颁发了与义务教育相衔接的《全日制普通高级中学体育教学大纲(供试验用)》。此大纲规定的体育课程目标以"教学目的"的字样出现。

教学目的:

(1) 全面锻炼学生身体,增进学生身心健康

在初中体育教学的基础上,进一步提高学生的身体机能、身体素质、基本运动能力和适应能力,促进学生身心全面发展。

(2) 掌握体育的基础知识、基本技能,提高学生的体育意识和能力,为终身体育奠定基础

使学生进一步获得体育、保健的基础理论知识;

掌握从事体育锻炼、体育娱乐、卫生保健和其他社会体育活动的必要技术、技能与方法;

增强学生的体育、保健意识,进一步培养学生的体育兴趣、爱好和习惯,提高学生的体育、保健能力。

(3) 培养学生良好的思想品德,陶冶学生情操

对学生进行爱国主义、社会主义、集体主义的教育,提高学生积极参加体育锻炼的社会责任感,培养学生的组织纪律性;

发展学生个性,培养学生竞争意识、创新、合作和应变能力,以及自立自强、坚毅勇敢、顽强拼搏和开拓进取的精神;

培养学生分辨是非的能力和文明行为,使学生建立健康的审美观念,具有一定的审美能力。①

1996 年大纲所规定的体育课程目标体现出如下新的特点:第一,从表述形式上看,改变了过去"一个目的,三项基本要求"的叙述结构,直接提出了体育课程的三个教学目的。第二,提出了"终身体育"的概念,这在历次大纲中还是第一次。

---

① 课程教材研究所编:《20 世纪中国中小学课程标准·教学大纲汇编·体育卷》,北京:人民教育出版社 2001 年版,第 741～742 页。

4. 2000 年过渡性《体育与健康教学大纲》规定的体育课程目标。

1999 年,第三次全国教育工作会议召开,6 月颁布了《中共中央国务院关于深化教育改革全面推进素质教育的决定》,提出要"调整和改革课程体系、结构、内容,建立新的基础教育课程体系"。2001 年 6 月,《国务院关于基础教育改革与发展的决定》进一步明确了"加快构建符合素质教育要求的基础教育课程体系"的任务。于是,新一轮基础教育改革,即第八次基础教育改革在世纪之交启动。经过充分的酝酿和研究,教育部制定了《基础教育课程改革纲要(试行)》,确定了改革目标,研制了各门课程的课程标准或指导纲要,《全日制义务教育　普通高级中学:体育(1~6 年级)·体育与健康(7~12 年级)课程标准(实验稿)》就是其中之一。本次课改遵循"先实践,后推广"的思路,于 2001 年 9 在全国 38 个实验区进行实验。在新的课程标准颁发之前的新旧交替之间,需要修订编制过渡性的体育与健康教学大纲,以适应"过渡期"的要求。

早在 1989 年,国家教委在天津和广东湛江进行了九年义务教育体育与健康教育结合的试验,探讨如何使体育与健康教育紧密结合,建立体育与健康相结合的新的体育课程体系。经过 3 年试验和总结,全国中小学教材审定委员会审定通过了实验大纲。1991 年,国家教委批准上海市和浙江省进行课程教材全面改革试点。国家教委 1992 年 11 月颁发了《九年义务教育体育与健康教育教学大纲(初审稿供实验用)》。1995 年,体育与健康教育教材经全国中小学教材审定委员会审查通过,由国家教委批准试用。

为了适应"过渡期"的需要,教育部委托人民教育出版社组织有关专家学者对九年义务教育中小学体育与健康教学大纲进行了修订。新修订的《九年义务教育全日制小学体育与健康教学大纲(试用修订版)》、《九年义务教育全日制初中体育与健康教学大纲(试用修订版)》、《全日制普通高级中学体育与健康教学大纲(试用修订版)》(以下简称《体育与健康教学大纲》)于 2000 年 12 月正式颁布,并决定于 2001 年 9 月 1 日在全国正式实施。

小学体育课程目标:

本时期的小学体育课程目标,由《九年义务教育全日制小学体育与健康教学大纲(试用修订版)》规定,由教学目的和教学任务与要求两部分组成。

并且规定了一～二年级年级目标、三～四年级年级目标和五～六年级年级目标。为保持行文的一致性,各年级的目标不述。

教学目的:

　　体育与健康课的教学以育人为宗旨,与德育、智育和美育相结合,促进少年儿童身心的全面发展。为培养社会主义建设者和接班人做好准备。①

教学任务与要求:

　　(1) 全面锻炼学生身体,促进学生身心和谐发展

　　保护学生健康与安全,教育学生热爱生命,关心健康;

　　促进身体的正常生长发育和身体素质与人体基本活动能力的发展;

　　适应自然和社会环境,增进身体健康和抵御疾病的能力。

　　(2) 初步掌握体育与健康基础常识、基本技能与方法

　　使学生逐步了解体育锻炼对身心发展的益处;

　　低、中年级初步了解体育锻炼和卫生保健的常识,初步掌握体育的基本技能,会做游戏、会锻炼身体。高年级在低中年级的基础上,初步学习部分项目的运动技术,并能参加自己喜欢的体育项目的锻炼。

　　(3) 进行思想品德教育,培养健康的心理素质

　　进行爱国主义、社会主义和集体荣誉感的教育;

　　培养学生对游戏和体育活动的兴趣,初步养成锻炼身体的习惯;

　　发展学生的个性,培养学生的主体意识和积极主动、活泼愉快、团结合作、遵守纪律、勇敢顽强以及不怕挫折等健康的心理素质。②

初级中学体育课程目标:

　　本时期的初中体育课程目标,由《九年义务教育全日制初级中学体育与健康教学大纲(试用修订版)》规定,由教学目的和教学任务与要求构成。各年级规定了年级目标。年级目标不述。

教学目的:

　　学校体育与健康以育人为宗旨,与德育、智育和美育相配合,促进青少年

---

　　①　课程教材研究所编:《20世纪中国中小学课程标准·教学大纲汇编·体育卷》,北京:人民教育出版社2001年版,第353页。

　　②　课程教材研究所编:《20世纪中国中小学课程标准·教学大纲汇编·体育卷》,北京:人民教育出版社2001年版,第354页。

身心的全面发展。为培养社会主义的建设者和接班人奠定良好的基础。[①]

教学任务与要求：

（1）全面锻炼学生身体，促进学生身心和谐发展

培养学生具有健康的体魄，促进身体的正常生长发育和身体素质与运动能力的发展；

提高学生的生理机能，增强对自然和社会的适应能力与对疾病的抵抗能力；

促进学生身心健康发展，增强对挫折的承受力。

（2）学习和掌握体育与健康基础知识、技能与方法

使学生了解体育与健康的目的和任务；

掌握体育基础知识、卫生保健知识和青春期自我保护知识；

学会锻炼身体的技能与方法，掌握部分体育项目的基本技术，初步学会运用科学的方法锻炼身体；

促进学生能力的发展，能够初步运用获得的知识技能锻炼身体，进行自我调控、自我检测和自我评价。

（3）进行思想品德教育，培养健康的心理素质

进行爱国主义、社会主义、集体主义教育，培养良好的社会公德；

树立现代体育意识，把健康与生存、学习、生活和自身的发展联系起来，提高体育的兴趣和体育比赛的欣赏能力，养成积极自觉参加体育锻炼的习惯；

发展学生个性和创造性，培养学生的主体意识和活泼愉快、积极向上、勇于探求以及克服困难的精神；

在体育活动中树立顽强拼搏的精神和团结合作的意识，能正确对待个人和集体的成功与失败，具有组织纪律性和良好的人际关系以及胜不骄、败不馁、锲而不舍的意志和作风。[②]

高级中学体育课程目标：

此时期高级中学体育课程目标，由《全日制普通高级中学体育与健康教

---

① 课程教材研究所编：《20 世纪中国中小学课程标准·教学大纲汇编·体育卷》，北京：人民教育出版社 2001 年版，第 790～791 页。

② 课程教材研究所编：《20 世纪中国中小学课程标准·教学大纲汇编·体育卷》，北京：人民教育出版社 2001 年版，第 791 页。

学大纲（试验修订版）》规定了教学总目标和年级目标。为保持行文的一致性，年级目标不述。

教学总目标：

体育与健康教学以育人为本，配合德育、智育和美育，促进高中学生身心全面发展。为培养祖国的社会主义建设者和接班人做好准备。

（1）全面锻炼身体，增进学生身心健康

培养健康的体魄，发展身体素质，提高运动能力，增强体质；

促进学生的身体形态和生理机能的发展和对自然、社会的适应性及应变能力；

增进健康，抵御疾病；

促进学生身心健康发展，提高身心素质和心理的承受能力。

（2）掌握体育与健康的基础知识、基本技能，提高学生的体育与健康意识和能力，为终身体育奠定基础

满足高中学生对体育知识的需要，使学生懂得体育在个人发展中的意义与作用，以及体育文化在现代生活中的价值，养成健康的生活方式和行为习惯；

提高学生对健康在人的生存与发展中的重要意义的认识，掌握体育锻炼的知识和卫生保健的方法，学会运用体育等手段增进健康；

在主动参与体育学习和锻炼中，学会科学地锻炼身体的方法和技能，掌握一项或几项运动技能，积极参与团队活动和比赛；

促进学生能力的发展，能够运用已学过的体育与健康知识、技能，自主设计锻炼计划，自我调控、自我检测和自我评价。

（3）对学生进行体育价值观和思想品德教育

在理论和实践的学习中，使学生明确正确的体育价值观，受到爱国主义、社会主义、集体主义教育，养成良好的社会公德；

提高现代体育意识，树立健康第一的思想，能够把健康与生存、学习、生活和自身的可持续发展联系起来，提高对体育的兴趣，积极主动地参与体育活动和竞争，提高体育欣赏水平，养成良好的体育锻炼习惯；

发挥学生的主体意识和创造性，在体育实践活动中，为学生的个性发展提供表现才能的机会，针对体育的特点，培养活泼愉快，顽强拼搏，主动迎接困难和挑战的心理素质和意志品格；

加强人际交往,正确处理好人际关系,培养团队精神,正确对待个人和集体,成功和失败,胜不骄、败不馁,能够与同学友好合作。①

2000 年颁布的体育教学大纲是一个过渡性的大纲,它体现出了向体育与健康课程标准过渡的性质。在体育课程目标方面体现出如下的特点:

第一,体育课程目标的表述形式发生了变化。对体育课程目标的表述,体育与健康教学大纲仍然沿用了"一个目的,三项任务"的表述方式,但课程目标的系统性却有了质的变化。大纲运用整体观和系统观,构建了课程目标体系。体育与健康课程目标的表述更有层次性。

大纲把课程目标分为三个层次进行表述。第一层次是总的目标,大纲的用词是"教学目的"。第二层次分为小学和初级中学两级,两级目标分别表述,呈现出明显的层次性。第三层次是学段教学目标。小学阶段分为低(一、二年级)、中(三、四年级)、高(五、六年级),初中的各个年级都制定了相应目标。

高级中学阶段体育课程目标也分为两个层次,即教学总目标和分年级目标。

这种分层分级的表述方式,表明我国对体育课程目标的认识已经系统化,逐渐趋于成熟。

第二,指导思想发生了变化。本次体育与健康教学大纲的指导思想是"健康第一",注意重视和发挥学生的主体性。

第三,体育课程目标的内容发生了变化。有的学者②对此进行了总结。

在教学目的方面,突出了促进学生身心全面发展的思想,强调体育与健康教学的目的不仅是增强学生体质,而且是以"育人为宗旨",与德育、智育和美育相配合,促进学生身心全面发展。

教育的基本任务也发生了相应的变化。第一项任务强调了"促进身心和谐发展",充实了"保护健康与安全,教育学生热爱生命,关心健康,适应自然和社会环境","提高身心素质和心理承受能力","增强对挫折的承受能力"等新内容。

第二项任务改变了过去以教会学生运动技术为中心的做法,强调学习运动技能只是达到身心健康的手段之一,通过体育教学,使学生学会

---

① 课程教材研究所编:《20 世纪中国中小学课程标准・教学大纲汇编・体育卷》,北京:人民教育出版社 2001 年版,第 832～833 页。

② 王华倬著:《中国近现代体育课程史论》,北京:人民教育出版社 2004 年版,第 195～196 页。

学习,学会自我锻炼、自我评价,达到从"学会"到"会学"的转变,为终身体育奠定基础。如小学要"初步掌握体育的基本技能,会做游戏,会锻炼身体";初中要"初步学会运用科学的方法锻炼身体……能够初步运用获得的知识技能锻炼身体,进行自我调控、自我检测和自我评价";高中要"学会运用体育等手段增进健康,……学会科学地锻炼身体的方法和技能,能够运用已学过的体育与健康知识、技能,自主设计锻炼计划,自我调控、自我检测和自我评价"。

第三项任务突出了要"培养健康的心理素质……正确的体育价值观教育"等。

(五) 2001 年《全日制义务教育　普通高级中学:体育(1～6 年级)　体育与健康(7～12 年级)课程标准(实验稿)》对体育课程目标的重建

根据社会发展的需要和党中央国务院的相关决定,2001 年 6 月,教育部制定颁发了《基础教育课程改革纲要(试行)》。研制了各门课程的课程标准,2001 年在全国范围进行实验。其中体育课程的大纲为《全日制义务教育普通高级中学:体育(1～6 年级)·体育与健康(7～12 年级)课程标准(实验稿)》,以下简称"2001 年体育与健康课程标准实验稿"。国家体育课程文件开始使用"课程标准"概念。

"2001 年体育与健康课程标准实验稿"制定了课程目标,根据课程目标划分体育领域目标,根据领域目标划分水平目标,从而构成了课程目标→领域目标→水平目标三个递进的目标体系。① 具体内容分述如下。

　　课程目标:

　　通过体育与健康课程的学习,学生将:

　　(1) 增强体能,掌握和应用基本的体育与健康知识和运动技能;

　　(2) 培养运动的兴趣和爱好,形成坚持锻炼的习惯;

　　(3) 具有良好的心理品质,表现出人际交往的能力与合作精神;

　　(4) 提高对个人健康和群体健康的责任感,形成健康的生活方式;

　　(5) 发扬体育精神,形成积极进取、乐观开朗的生活态度②。

---

　　① 季浏主编:《全日制义务教育　普通高级中学:体育(与健康)课程标准(实验稿)解读》,武汉:湖北教育出版社 2002 年版,第 40 页。

　　② 中华人民共和国教育部制订:《全日制义务教育　普通高级中学:体育(1～6 年级)·体育与健康(7～12 年级)课程标准(实验稿)》,北京:北京师范大学出版社 2001 年版,第 6 页。

学习领域目标：

运动参与目标

（1）具有积极参与体育活动的态度和行为；

（2）用科学的方法参与体育活动。

运动技能目标

（1）获得运动基础知识；

（2）学习和应用运动技能；

（3）安全地进行体育活动；

（4）获得野外活动的基本技能。

身体健康目标

（1）形成正确的身体姿势；

（2）发展体能；

（3）具有关注身体和健康的意识；

（4）懂得营养、环境和不良行为对身体健康的影响。

心理健康目标

（1）了解体育活动对心理健康的作用，认识身心发展的关系；

（2）正确理解体育活动与自尊、自信的关系；

（3）学会通过体育活动等方法调控情绪；

（4）形成克服困难的坚强意志品质。

社会适应目标

（1）建立和谐的人际关系，具有良好的合作精神和体育道德；

（2）学会获取现代社会中体育与健康知识的方法。[①]

学习水平目标：

课程标准将中小学学生的学习划分为六个学习水平，并在各学习领域按学习水平设置了相应的水平目标。水平一至水平五分别相当于义务教育阶段的1～2年级、3～4年级、5～6年级、7～9年级和高中阶段10～12年级学生预期达到的学习结果。

考虑到学校和学生的各方面的差异性，课程标准还在各个领域设立水平六，作为高中阶段学生学习体育与健康课程的发展性学习目标，换

---

① 中华人民共和国教育部制订：《全日制义务教育 普通高级中学：体育（1～6年级）·体育与健康（7～12年级）课程标准（实验稿）》，北京：北京师范大学出版社2001年版，第6～7页。

言之,水平六是为了满足体育学习成绩优异的学生进一步发展的需要而设置的。其他学段的学生也可以将高一级水平目标作为本阶段学习的发展性学习目标。①

"2001年体育与健康课程标准实验稿"所规定的体育课程目标呈现出如下的特点:

第一,在"健康第一"思想指导下,构建起系统的目标体系。

2001年体育与健康课程标准实验稿的指导思想是"健康第一",提出了身体、心理和社会适应三维健康观。根据现代社会发展的需求、党的教育方针和素质教育的要求、青少年身心发展的特征和体育与健康课程的特点和功能,制定了体育课程目标。"将课程学习内容划分为运动参与、运动技能、身体健康、心理健康和社会适应五个学习领域"②。"根据学生身心发展的特征,将中小学的学习划分为六级水平,并在各学习领域按水平设置相应的水平目标"③,从而形成了完整的目标体系。课程目标体系见图3-1-1④。

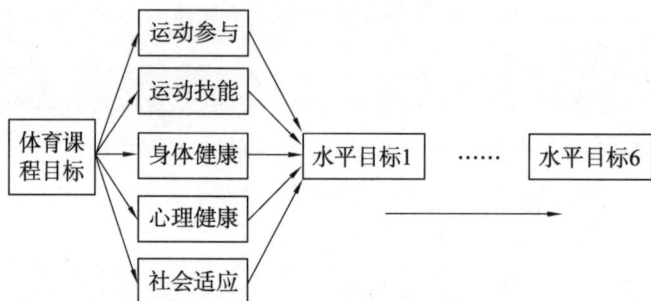

图3-1-1 体育课程目标体系图

第二,体育课程目标更加多元。

现代学校体育功能观已经突破了传统的单一"生物观",形成了生物的、教育的、心理的、社会的多维学校体育观。多维学校体育观的构建,必然导致体育课程目标的多元化倾向。2001年体育与健康课程标准实验稿以运动和

---

① 季浏主编:《全日制义务教育 普通高级中学:体育(与健康)课程标准(实验稿)解读》,武汉:湖北教育出版社2002年版,第46~47页。

② 中华人民共和国教育部制订:《全日制义务教育 普通高级中学:体育(1~6年级)·体育与健康(7~12年级)课程标准(实验稿)》,北京:北京师范大学出版社2001年版,第4页。

③ 中华人民共和国教育部制订:《全日制义务教育 普通高级中学:体育(1~6年级)·体育与健康(7~12年级)课程标准(实验稿)》,北京:北京师范大学出版社2001年版,第4页。

④ 张湛宁:《跨文化的中美体育课程目标对等研究》,《体育成人教育学刊》2006年第5期。

健康为主线,将学习领域目标划分为运动参与、运动技能、身体健康、心理健康和社会适应五个学习领域,并设立各自目标。这显然是对"一个目的,三项要求"陈述方式的突破,体育课程目标更加多元化。

第三,体育课程目标表现出个性化特征。

教育视野中的个性化包括人性化、个别化和特色化。① "本课程不仅要求学生增强体能,掌握基本的运动知识和运动技能,而且期望学生形成坚持体育锻炼的习惯、健康的生活方式和积极进取、乐观开朗的生活态度","体育与健康课程目标十分重视对人的培养"。② 课程目标就是围绕着人的培养构建的,体现出强烈的人文性。课程从纵向上划分为六个水平,针对不同年级学生的身心特征及学习需要,设定相应水平的课程目标。其中水平六则为发展性目标,这对强化各学段、学年体育课程目标的灵活性和个别性,具有重要的操作意义,特色化明显。

第四,体育课程目标的表述更加具体化。

改革开放后,国外的教育目标分类理论对我国教育理论产生过很深的影响。2001年体育与健康课程标准实验稿所规定的体育课程目标特别强调目标的具体性和可测性,特别是在心理健康和社会适应两个领域,"要求学生在掌握有关知识、技能的同时,强调学生应在运动实践中体验心理感受并形成良好的行为习惯,这使情感、意志方面的学习目标由隐性变为显性,由原则性的要求变为可以观测的行为表征"③。

"2001年体育与健康课程标准实验稿"公布后,就存在异议之声。当然这种异议之声可能是因为守旧而对新事物产生的抵制心态,也可能是看问题的视角不同,但其中有些质疑是合理的或局部合理的。

对"2001年体育与健康课程标准实验稿"体育课程目标的质疑主要有三个方面:

第一,关于体育与健康并行的问题。这是对本次课程标准讨论最多的地方,出现拥护派和质疑派。拥护派的观点主要来自体育课程标准制定者

---

① 刘昕:《我国学校体育课程目标的改革与重构——兼论〈体育与健康课程标准〉》,《北京体育大学学报》2005年第11期。

② 季浏主编:《全日制义务教育　普通高级中学:体育(与健康)课程标准(实验稿)解读》,武汉:湖北教育出版社2002年版,第39～40页。

③ 龚德贵等:《"转型期"我国学校体育课程教学目标体系的发展与探索》,《体育与科学》2003年第1期。

和一些解读性文章。质疑派主要是反对把体育和健康并列。本次体育课程目标以"健康第一"为理念,在目标体系中体现了多维健康观,并力求将实现学生的"健康"作为体育课程的终极目标。这在方向上是对的,也是国家法规所规定的。到"2001年体育与健康课程标准实验稿"颁布时,关于"健康第一"这一理念的质疑声音已经很少。"健康第一"是国家向整个教育界提出的教育指导思想,体育作为"以身体练习"为主要特征的学科,在实现"健康第一"这一目标中具有特殊的意义和价值。但把教育的一个总目标与体育课程目标相提并论确实有过于包揽之嫌,学生健康的实现确实不是一门体育与健康课程所能承担的。学者们在分析了体育与健康课程目标的内容和结构并进行了体育课程目标跨文化比较后,所提出的要把"健康"内容分离出去设立专门的"健康教育"课程是有一定道理的,有些国家也是这样做的。

第二,体育课程目标的两条线问题。课程标准解读中提到五个学习值域"实际上由两条主线构成,一条是运动主线,包括运动参与和运动技能,另一条主线是健康主线,包括身体健康、心理健康和社会适应"[1]。有的学者[2]认为这种做法有待商榷。从逻辑学上说,目标分类的"双线"标准,极易导致五个学习领域之间在概念上的交叉,无法体现目标分类的区分性,从而使目标在细化的过程中,遇到更多的分类障碍。

第三,体育课程目标过度行为化问题。本次体育课程目标的设置出现了具体化的特征,明显地移植了行为目标理论。目标具体虽然确保了学习目标的达成和学习评价的可行性,但正如行为目标本身所具有的无法克服的弊端一样,这种行为化的规定是否可以涵盖学习者所有学习行为结果的特征,教师和学生在依据课程目标教学和学习的过程中,主体性和创造性是否会受到局限和束缚,仍有待进一步推敲。

（六）新中国成立以来体育课程目标的反思与总结

回顾新中国六十多年的体育课程目标发展历程,体育课程目标呈现出明显的阶段性和继承性,它的制定呈现出一定的规律性。

---

① 季浏主编:《全日制义务教育 普通高级中学:体育（与健康）课程标准（实验稿）解读》,武汉:湖北教育出版社2002年版,第43页。

② 刘昕:《我国学校体育课程目标的改革与重构——兼论〈体育与健康课程标准〉》,《北京体育大学学报》2005年第11期。

1. 新中国体育课程目标的分期。

从目标建设的历史看,表现出明显的时间性特征,可以将新中国体育课程目标的历史分为四个时期。体育课程目标的四个时期与我国体育课程的时期划分相一致。

第一个时期为体育课程目标建设的探索、奠基时期(1949～1965)。这一时期在告别旧时代、废除旧目标后,探索新中国自己的课程目标体系,初步确立了以马列主义、毛泽东思想为指导思想的体育课程目标体系。

第二个时期是"文革"10年时期(1966～1976),是课程目标建设的停滞时期。这一时期教育思想的贫乏、教学秩序的混乱达到极点,是整个教育界备受摧残的时期。已经无所谓体育课程,更奢谈什么体育课程目标。

第三个时期是课程目标建设与发展的新时期(1977～2000)。这一时期的特点是中国教育思想复杂、体育教学指导思想多元,理论界的探讨与争鸣和体育教育改革的不断深化共同推动了目标建设的发展,中国式的课程目标体系逐渐完善。[①]

第四个时期是课程目标建设的转型期(2001～)。世纪之交我国启动了第八次基础教育课程改革,"健康第一"的指导思想确立,体育课程目标形成课程目标→领域目标→水平目标三个递进的目标体系,体育课程目标建设开始转型。

从目标建设的内容来看,表现了明显的阶段特征。时间节点分别出现在1978年和2001年,呈现出三个阶段。

1978年以前,1956年、1962年两个课程目标的内容,反映了借鉴、学习苏联、探索自己目标体系的过程。1964年两部一委《关于中小学生健康状况和改进学校体育、卫生工作报告》实际上已经奠定了我国自己的体育课程目标体系的框架,但由于"文化大革命"的原因未能得以实现。1978年大纲的目标出现了"一个目的,三项基本任务"的结构体系,标志着中国式目标体系的确立。1978～2000年的体育教学大纲都是按照这一结构体系对体育课程目标进行表述的。

2001年颁布的"2001年体育与健康课程标准实验稿"建立起三级体育课程目标体系,我国体育课程目标开始转型。

---

① 王健:《初中体育课程目标建设50年回顾与反思》,《扬州教育学院学报》1999年第3期。

2. 新中国体育课程目标的特点。

"中国自从告别了半封建、半殖民地社会,进入社会主义社会以来,她的教育的根本性质就转为社会主义的教育。课程,历来是教育的核心,必然反映出这一性质"[①]。新中国的体育课程目标表现出如下的特点。

第一,它以马克思列宁主义、毛泽东思想为指导,坚持为社会主义服务的方向。

建国以来,体育课程目标建设的过程,始终都是力图正确理解和执行马克思列宁主义、毛泽东思想及教育方针的过程。建国以后的教育思想中,毛泽东思想处于核心地位,改革开放以来,邓小平继承并发展了毛泽东思想,以后"三个代表"思想和科学发展观成为影响我国教育思想的政治思想。这些思想在历次的体育课程目标中都有所反映。

新中国六十余年的体育课程目标建设有成功也有曲折,但在为社会主义培养全面发展人才,满足青少年儿童身心充分发展方面始终坚持不渝,甚至可以说是制定目标的主要依据之一。

第二,体育课程目标的发展表现出明显的继承性。

新中国的体育课程目标的发展虽然可以分为四个时期、三个阶段,但它的发展表现出了明显的继承性。表现一,指导思想始终如一。以马克思列宁主义、毛泽东思想为指导,坚持为社会主义服务的方向,自始至终得以坚持。表现二,体育课程目的在继承中发展。新中国的体育课程目的概括起来就是"增强体质"和"增进健康"。新中国成立后,为了尽快改变积贫积弱的面貌,也是出于建设、保卫国家的需要,必须尽快改善和增强民族的体质,这是国家考虑问题的出发点,体育课程确立并追求"增强体质"的目的顺理成章。随着社会的进步,出于促进学生全面和谐发展和培养高素质社会主义现代化建设劳动者的需要,体育课程又确立了"增进健康"的课程目的。"增强体质"是为了培养人,"增进健康"也是为了培养人,"增进健康"是对"增强体质"的继承,也是对"增强体质"的发展和扬弃。表现三,目标内容都是在继承的前提下创新。每个新课程目标的制定都是在研究前一个大纲成功经验的基础制定的,凡是符合时代要求、符合学生需要的基本都会保留下来,或者改变叙述方式保留下来。作者曾对体育课程目标内容进行过粗略的统计,每个新课程目标

---

① 王健:《初中体育课程目标建设 50 年回顾与反思》,《扬州教育学院学报》1999 年第 3 期。

中的新内容不会超过三分之一。

第三,体育课程目标的制定越来越具有科学性。

新中国早期的体育课程目标的制定主要是模仿苏联,对我国的实际情况调查不够,对我国学生身体发展的研究不够,因此制定出来的体育课程目标单一、僵化,不符合我国的国情。随着中苏关系的破裂,随着对体育课程认识的加深,我们制定出的体育课程目标越来越科学,越来越符合实际。到"2001年体育与健康课程标准实验稿",已经形成了"从调查研究入手,做好理论准备"、"贯彻'先立后破,先实验后推广'的工作方针"这一相对完善的研制程序。

第二节 体育课程目标的概念、表征形式和分类框架

一、体育课程目标概念的形成

有的学者认为我国的体育课程目标概念的形成经过了体育教学任务和体育教学目标两个阶段,最后产生了体育课程目标这一概念。[①]

(一)早期的体育教学任务

20世纪80年代,我国学校体育界首先就体育教学任务应以什么为主的问题进行了广泛而热烈的讨论。到80年代中期,讨论的观点主要集中于三点:体育教学的任务应以发展学生的身体为主;以掌握三基为主;增强体质和掌握"三基"并重。此外,有人提出了以培养学生兴趣为主的观点,也有人提出"以发展学生体育学科能力为主"和"以获得整体运动效益",以及从整体上促进学生个性的全面发展为主要目标,为学生终身体育奠定基础等观点。后来,又有人提出我国学校体育的基本目标应是普遍提高学生的体育素养,而与此相对应,体育教学应当发挥自身的独特功能,将主要目标确定为系统地传习运动技术。

(二)体育教学目标概念的提出

20世纪80年代中期,有研究者对传统的"体育教学任务"这一概念提出

---

① 靳贤胜:《我国中小学体育课程目标术语的形成与发展》,《北京体育大学学报》2006年第5期。

异议,并主张改革这一传统术语,代之以教学目标。因为教学任务这一提法有诸多弊端。教学任务的提法抽象化,缺乏质和量的规定性;过于侧重于教,对学的方面强调不够,难以较科学地评估课堂教学效果。另外教学任务仅限于教师所用,不利于提高学生学习的主动性和学习兴趣。采用教学目标概念比采用教学任务概念更具有实践意义。

通过讨论,体育教学目标这一术语在我国得到了某种程度的认可,高师系统的教材《学校体育学》就采用"体育教学目标"这一术语。

学者们也对体育教学目标的结构进行了探讨。有的学者认为体育教学的共同目标可以概括为身体发展、技能发展、知识发展、社会发展和情感发展等五个方面。还有的学者认为应根据布卢姆的教育目标分类学,把体育教学目标分为认知、技能技术和情感三个领域,并参照"任务分析型"目标编制模型,根据教学大纲中规定的主要教材分别编写学校、学年、学期、单元、课时教学目标,将抽象的目标具体化。

(三)体育课程目标术语的提出

随着国外有关教育目标分类学和课程理论的引入,学术界提出了体育课程目标这一术语。从文献检索情况看,我国在 20 世纪 90 年代才出现了体育课程目标这一术语。此前与之内涵相近的术语是体育教学任务和体育教学目标。

(四)体育课程目标的定义

有的学者认为[①]课程目标的制定主要由教育行政部门和课程工作者完成,具有较强的方向性和规定性,其主要作用有两个方面。一方面为课程编制提供依据和参考,另一方面为教师的教和学生的学提供参考。因此,体育课程目标可定义为:根据国家教育方针,以及学生身心发展状况,在一定时期内,通过完成规定的体育学习任务而应达到的基本要求。体育课程目标应包括生理的(体格、机能、健康)、心理的(心理素质、非智力因素)、文化的(知识、技能)、社会的(人际关系、社会公德、道德品质)等多元目标。

---

① 靳贤胜:《我国中小学体育课程目标术语的形成与发展》,《北京体育大学学报》2006 年第 5 期。

二、体育课程目标与相关概念的关系

体育课程目标这一个概念在体育课程体系的位置是什么？要弄清这一问题，我们可以先看看课程论如何来看待同一层面的问题。

要搞清楚课程目标，必要涉及教育目标、教育目的、培养目标、教学目标等概念。关于五者的关系，有的研究者认为教育目的在先，教育目标在后，与其他三个概念形成下列排序：教育目的→教育目标→培养目标→课程目标→教学目标。

有的学者认为上述排列有明显的偏颇之处，因为教育目标不应列在教育目的之后培养目标之前，它与其他4个概念既不是先后关系，也不是并列关系，而是一种包容关系，是种概念和属概念的关系。教育目的、培养目标、课程目标、教学目标都是教育目标的一种，是不同层次上不同类别的教育目标。理由有二。《教育大辞典》对教育目的的定义为："培养人的总目标。"[①]这里显然把教育目的列入教育目标的范畴。另外从词义学的角度来看，目的是想要达到的结果，目标却包含"目的"和标准的意思，二者之间仍属包容关系。

但为什么现在学术界一般都把教育目的放到最前面呢？这是因为，教育目的是含有方向性的总体目标和最高目标，是一个国家乃至一种社会人才培养的终极目标，是一个国家教育的起点和终点。它"关系到把受教育者培养成为什么样的社会角色和具有什么样素质的根本性质问题。是教育实践活动的出发点"[②]，所以，人们总是习惯把教育目的放在上述几个概念的上位。

培养目标是对各级各类学校的具体培养要求，它是根据教育目的制定的，但又高于课程目标，可将其看作二级教育目标。

课程目标是指导整个课程编制的准则，也是指导教学的重要准则。它的制定应以教育目的和培养目标为依据，体现教育目的与培养目标的意图，可称为三级教育目标，是对一定教育阶段的学生在发展品德、智力、体质等方面

---

① 顾明远主编：《教育大辞典（上）》（增订合编本），上海：上海教育出版社1998年版，第765页。

② 顾明远主编：《教育大辞典（上）》（增订合编本），上海：上海教育出版社1998年版，第765页。

期望达到的程度。

课程目标主要有四类：

认知类：包括知识的基本概念、原理和规律、理解和思维能力。

技能类：包括行为、习惯、运动及交际能力。

情感类：包括思想、观点和信念。如价值观、审美观等。

应用类：包括应用前三类来解决社会和个人生活问题的能力。

教学目标是第四级教育目标，它是培养目标和课程目标的具体化，是指导、实施和评价教学的主要依据。对以上五个概念可见图 3-2-1。[①]

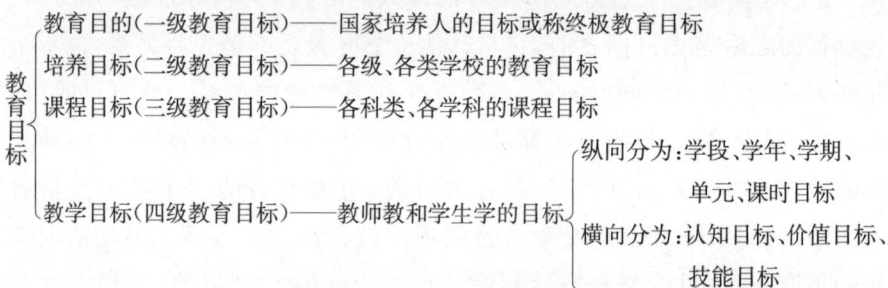

教育目标
{
教育目的(一级教育目标)——国家培养人的目标或称终极教育目标
培养目标(二级教育目标)——各级、各类学校的教育目标
课程目标(三级教育目标)——各科类、各学科的课程目标
教学目标(四级教育目标)——教师教和学生学的目标
{
纵向分为：学段、学年、学期、单元、课时目标
横向分为：认知目标、价值目标、技能目标
}
}

图 3-2-1　教育目标体系图

从以上关系图中，我们可以看出五个概念的定位。课程目标与教学目标联系最为紧密，正因为如此，有人经常把二者混为一体。因为他们在内容方面有许多相同的地方，但二者的区别也是明显的。这主要体现在目标制定者、目标使用范围和目标功能方面。

首先，从目标的制定者来看，课程目标的制定主要由教育行政部门、课程工作者完成，具有较强的规定性和方向性，它不但要考虑学科特点，还应考虑学生特点和社会需求。而教学目标主要由教师来制定，相对课程目标而言，具有较强的实用性和灵活性。在目标制定中除重视学科特点、社会需求以外，更应重视学生的特点。

其次，从目标的适应范围来看，课程目标的首要作用是为课程的编制提供依据和参考，然后才是为教师的教和学生的学提供参考，它是教学目标的上位概念。而教学目标是为教师的教和学生的学提供依据，对局部的教和学产生导向、激励和制约作用。

---

① 靳贤胜：《我国中小学体育课程目标术语的形成与发展》，《北京体育大学学报》2006 年第 5期。

第三，从目标的功能来看，课程目标虽在教学活动的实践指导方面弱于教学目标，但它的衔接作用和指导意义却是其他教育目标不可替代的。教学目标虽处于教育目标的最低层次，却是最具实践性和实效性的教育目标，教育教学中的所有意图和方针都要通过教学目标来实现，它是教学活动的起点和终点，也是教学评价的重要依据。[①]

体育课程目标作为学校教育的一门课程的目标，它在相关概念中的位置与上述描述基本相当。

三、体育课程目标的表征形式

任何体育课程目标都有自己的表征形式，即取向。这里所谓的取向"主要是指课程目标所采用的形式，而不是指目标的实质内容"。[②]

在我国，施良方教授是对课程目标取向较早进行系统研究的学者，他将课程目标归纳为三种取向，即行为目标、展开性目标、表现性目标。[③] 美国概念重构主义课程论专家舒伯特（W. H. Schubert）则认为课程有四种取向，即：普遍性目标取向、行为目标取向、生成性目标取向、表现性目标取向。[④]

张爱民结合我国目前体育课程目标的实际，以舒伯特的课程四种取向理论为理论框架对我国体育课程目标的取向问题进行过论证。

（一）普遍性目标取向

普遍性目标是一种最古老的课程目标取向，是基于经验、哲学观或伦理观、意识形态或社会政治需要而引出的一般教育宗旨或原则。它们直接运用于课程领域，成为课程领域的一般性、规范性的指导方针。具有普遍性、指令性，可普遍运用于所有教育实践中。

普遍性目标取向所制定的课程目标是一般性的宗旨或原则而不是具体的目标，往往是国家经济、政治政策和教育方针的产物，具有一定的导向性，

---

① 参考靳贤胜：《我国中小学体育课程目标术语的形成与发展》，《北京体育大学学报》，2006年第5期。

② 施良方著：《课程理论——课程的基础、原理与问题》，北京：教育科学出版社1996年版，第83页。

③ 施良方著：《课程理论——课程的基础、原理与问题》，北京：教育科学出版社1996年版，第83～90页。

④ W. H. Schubert. *Curriculum: Perspective, Paradigm, and Possibility*. New York: Macmillan Publishing Company. 1986：190-195，转引自张华：《论课程目标的确定》，《外国教育资料》2001年第1期。

所以教育工作者可以对这些目标创造性地解释，以适应不同教育实践情境的特殊需要。2001年的体育与健康课程标准所提出的五个领域目标就属于普遍性目标取向。

（二）行为目标取向

行为目标取向是以具体的、可操性的行为形式加以陈述的课程目标，它指明课程与教学过程结束后学生身上所发生的行为变化，其基本特点是：目标的精确性、具体性和可操作性。一般情况下，把普遍性目标分解后就可以转化为可操作性的具体的行为目标。2001年我国体育与健康课程标准的一个突出的特点就是对目标的表达方式以行为目标为主。根据学生身心发展的特点所提出的六个水平目标就属于行为性目标取向。

（三）生成性目标取向

生成性目标是在教育情境之中随着教育过程的展开而自然生成的课程目标，它是问题解决的结果，是人的经验生长的内在要求，是学生和教师关于经验的价值观生长的"方向感"。它强调的是整个教学过程，学生、教师和教学过程的交互作用，教师对整个教学起引导作用，而学生是学习的主体，学生可以选择自己喜欢的知识。

对体育课程来说，教师要在教育情景中发现和创造学生喜欢的课程内容，激发学生兴趣，使学生自觉、积极地进行体育锻炼，为终身体育锻炼打下坚实的基础。同时，教师要在教学过程中根据学校当地的经济、体育运动开展情况，确立不同的体育课程的具体目标、内容，为当地的经济、运动健身服务。

（四）表现性目标取向

表现性目标是在教育情境中不断出现的，在教师的创造需求和学生的个性需求中得以强烈表现的，这是美国课程学者艾斯纳提出的一种目标取向。它主要指学生在活动中表现出来某种程度上首创的反应形式，而不是事先规定好的结果，所以，它只是为学生提供活动的领域，结果是开放的，它更强调学习者和教育者的主体精神和创造性表现，以人的个性解放为根本目的。

表现性目标取向对体育教师提出了更高的要求，要求教师从知识、动作技能的传授者转化为儿童学习的引导者，由课程的忠实执行者转化为课程的研究实施者，建构教师和学生之间相互尊重、相互理解、相互合作的新型的、民主的、合作的师生关系。创设与学生发展相适应的环境,满足儿童的兴趣和需要,使儿童依照自己的兴趣和需要独立决策、思考和行动。

以上四种体育课程目标取向各自具有自己的优缺点,各自具有存在的价值。在我国目前的发展状况下,要在坚持行为目标取向的同时,在教育方针政策、体育课程编制、教学方法、课程内容、课程评价等方面,渗透生成性目标取向和表现性目标取向。

四、体育课程目标的分类

关于体育课程目标的分类,已有研究主要集中在体育课程目标分类的意义、体育课程目标分类的向度及体育课程目标分类的模型三个方面。

（一）体育课程目标分类的意义

关于体育课程目标分类的意义,朱伟强[①]认为主要有三点。

1. 有利于各种目标分类之间的沟通。

体育课程目标分类,一方面可以促进与体育课程目标有关的知识的沟通,另一方面也有助于不同体育课程目标分类彼此间关系的了解。在实际运用方面还有助于通盘了解设计、开发的体育课程是否具有周延、均衡、适切的课程目标。

2. 有利于指导体育课程、教学活动的设计、开发。

从科学的角度讲,体育课程目标的分类系统应该提出一整套范畴,范畴与范畴之间是相互排斥的,且整个范畴体系必须能涵盖所有体育的可能性。体育课程目标分类的研究是指示性的,并不是提供泾渭分明的界线,而是基于一定的逻辑,提供体育课程实施的关键点,从而在更高的层次上指导课程与教学活动的设计与开发。

3. 有利于课程目标的达成。

将体育课程目标分门别类,分列成不同类型的体育课程目标,反映了我们所重视的人类经验的某些维度。在教育学中,课程目标分类的目的是为了指引教师以不同的教学途径来达到不同的教学目标。比如,知识的目标意味着教学方法上的表现,技能的目标则需要学习者的实践。评量的形式通常也会随着课程目标的不同而改变。如:达标、技评等测验方法通常是用来评量可预测的、结果性的目标,使用它来评量学习态度的改变却不是一个有效的

---

① 　朱伟强:《体育课程目标分类框架研究》,《北京体育大学学报》2007 年第 8 期。

方法。

对体育课程设计者来说,要想真正将体育课程目标作为体育教学活动的核心,使得教学内容的选择、教学方法的确定、教学组织形式的选定等,都围绕着体育课程目标来进行,并使之有效实现,那么,就要充分考虑到不同类型的体育课程目标的存在,尽可能地对其予以统筹安排。如果仅仅看到成文的、外显的、理想的、结果性的、可测的体育课程目标,而没有看到相反的其他类型,就有可能影响自己所倡导的体育课程目标的达成。

（二）体育课程目标的分类与内在逻辑

体育课程目标是多元的。不同的国家、不同的团体、不同的课程学者、不同的教师,会依据自己的教育观,从学生、社会、学科的不同的角度提出不同的体育课程目标。这些体育课程目标分属哪个层次? 它的适应域是什么? 不同体育课程目标之间的关系是什么? 要解决这些问题就必须要进行目标分类,并且这种分类方法还要尽量地简洁而逻辑自恰。

1. 国外体育课程目标领域划分介绍。

有的学者[①]介绍了日本的高桥健夫和荷兰克卢姆的体育课程分类模型。

（1）高桥健夫的体育教学目标结构理论。

日本著名的学校体育专家高桥健夫提出了自己的体育教学目标体系,其结构模型见图 3-2-2[②]。

高桥认为体育教学目标主要包括技能目标、社会行动目标、认知目标与情意目标。这与我国当前的体育课程目标有相似性,但也有诸多不同之处。特别是在高桥提出的体育教学目标体系中认知目标占有很重要的位置,因为没有学生对基本知识与社会行动知识在认知上的改变,就无法实现情意目标,即学习态度的转变。图中,高桥把情意类的目标用虚线表示,表明实现这个目标的间接性,即通过技能与社会行动的学习,经过学生认知改变而达成情意目标。

高桥健夫的这个体育教学目标结构图,能使教师进行体育教学目标设计时对各目标的层次有一个清晰的认知。

---

① 柴娇:《国外体育课程目标领域的划分对我国当前体育课程改革的启示》,《体育教学》2006年第 5 期。

② 柴娇:《国外体育课程目标领域的划分对我国当前体育课程改革的启示》,《体育教学》2006年第 5 期。

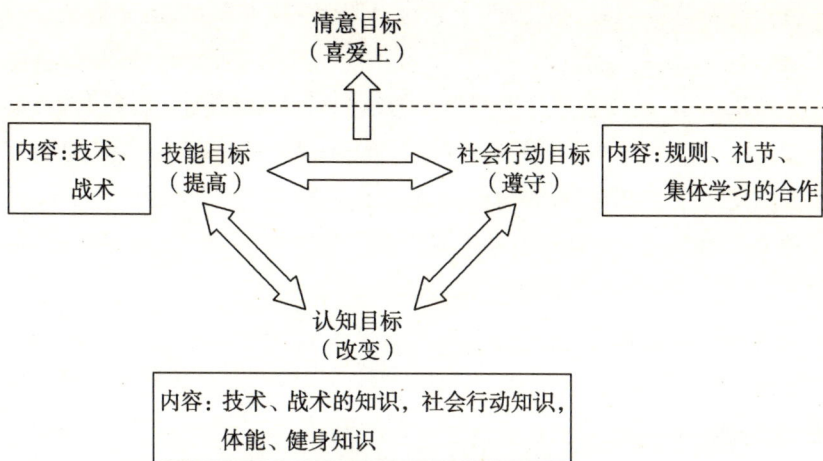

图 3-2-2　高桥健夫体育教学目标的结构

（2）克卢姆体育学习领域关系理论。

高桥健夫从体育教学的视角构建自己体育教学目标结构理论，而荷兰学者克卢姆则从课程论视角构建了自己的体育学习领域关系理论，见图 3-2-3[①]。

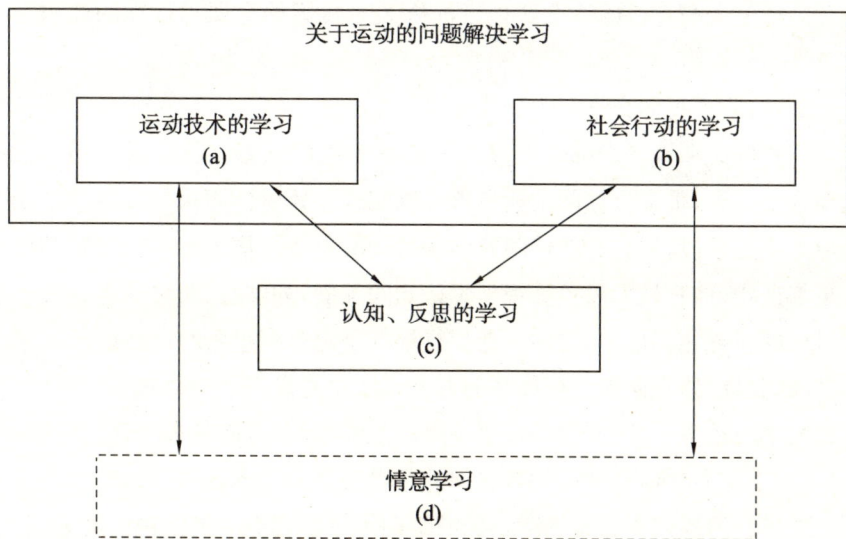

图 3-2-3　克卢姆体育学习领域的关系

---

①　柴娇：《国外体育课程目标领域的划分对我国当前体育课程改革发展的启示》，《体育教学》2006 年第 5 期。

克卢姆将体育学习划分为四个领域,即运动技术学习、运动的社会行动学习、认知反思学习与情意学习。

克卢姆指出,运动技术学习与运动的社会行动学习是体育课程的核心内容。运动技术学习是指个人的运动技术与战术学习;社会行动学习是指在多种类型的集体中,在明确本方与对方关系的前提下,通过运动解决人与人之间各种关系的学习。从社会行动学习中可获得规则、方法、礼节、协助等的学习机会。

上述的技术学习、社会行动学习是通过认知反思的学习为媒介展开的,技术学习是基于对技术的合理认知而进行的,并且学习者要根据自身的能力水平,要为能体验到成功的快乐而学习,要对规则进行必要的反思。因此,作为学习的结果,产生了体验到运动的乐趣等情意学习,即情意学习并不能直接体现,它要通过技术学习、社会学习以及认知反思学习而实现,是运动学习的副产物。图3-4中,情意学习用虚线来表示,充分地体现了它与其他目标在属性上的差别。

(3)两种国外体育课程目标体系对我国的启示。

高桥健夫与克卢姆体育课程目标体系对我国体育课程目标的建构至少有三点启示。

第一,应重视体育学习中的认知目标。

高桥健夫和克卢姆都非常重视体育学习中的认知目标。这是因为没有认知这个媒介,很多目标的功能将得不到实现。体育学习虽然以身体活动与练习为主要手段,但它必然伴随着学生认知的发生。国外多年的经验与研究成果都证明,体育教学需要重视学生认知的发展,如加涅、布鲁姆等人针对认知目标的研究相当成熟,对体育课程目标的制定具有重要的指导意义。

我国目前体育课程目标体系的五大领域中并没有认知领域,从而使其他领域的学习缺少了认知的环节,是一个明显的漏洞,应该引起注意。

第二,应明确体育学习领域之间的逻辑关系。

上述介绍的两个体育课程目标的结构体系都存在一定的逻辑关系,它能体现出各个领域目标是如何联系在一起的,对体育课程的构成、体育教学目标的制定与评价等多方面都起到了一个良好的指向作用。

反观我国当前的体育课程目标,并没有一个明显的逻辑关系。《全日制义务教育 普通高级中学:体育(与健康)课程标准(实验稿)解读》中说:"五个方面的目标构成了体育与健康课程的整体目标,它们之间是互相联系、互相融合的。"①强调互相联系,强调互相融合,但是怎样的联系,怎样的融合却没有后文。体育课程目标逻辑关系的阙如直接导致了目前体育教学中出现了诸多问题。

如当前观摩课中出现的教学气氛热烈,却没有教授多少运动技能的现象,究其根本与体育课程领域目标没有明确的逻辑关系有直接的关系。此外,很多教师在写教案时通常罗列出很多教学目标,而这些目标是什么关系,哪个目标是基础,哪个目标是上位的,老师们并不清楚,单纯为了追求符合课标的要求,究其原因,是因为我们体育课程标准的制定者没有给出各个领域的逻辑关系。

第三,把"健康"作为体育课程目标值得商榷。

高桥健夫和克卢姆关于体育课程目标的领域里并没有健康目标。从实际情况看,日本的学校体育中安排了一部分保健领域内容,而保健体育内容不同于我们体育课程中的健康内容,特别是他们的保健体育突出了安全教育内容。日本等发达国家长久以来非常重视国民的健康问题,但在体育课程目标或体育教学目标中没有制定出"健康"目标。这大概是因为健康是一个大概念,它与营养、卫生、睡眠等多种因素相关,而体育活动只是其中的一个影响因素,而这个因素也不是最重要的,学生的健康教育需要渗透到所有学科中,而非体育一门学科就能完成的。身体健康仅靠体育都不能得到,更何况心理健康。把体育课程的健康功能过于放大,不但不符合体育的本质属性与功能,还会给体育教学自身带来诸多困惑。

2. 体育课程目标分类结构模型。

我国学者朱伟强②认为如果从单个视角去认识体育课程目标,总是看不到它的全貌。他在分析了体育课程目标的表达形式、垂直向度分类和水平向度分类的基础上,运用整体思维,建立了体育课程目标分类的三维整体结构模型。

（1）垂直向度的体育课程目标分类

关于垂直向度的体育课程目标分类,朱伟强认为它具有层次性、线性、累积性的特点,包含了特殊性的至一般性的、切近的至高远的、现实的至理想的一系列目标。这一系列课程目标的层次性并不是界线分明、可以明确地划分

---

①　季浏主编:《全日制义务教育　普通高级中学:体育(与健康)课程标准(实验稿)解读》,武汉:湖北教育出版社 2002 年版,第 39~40 页。

②　朱伟强:《体育课程目标分类框架研究》,《北京体育大学学报》2007 年第 8 期。

的,而是连续地"淡入"、"淡出"的。

从体育课程目标本身的层次来看,可分为:课程总目标、水平目标(学段目标)、学年目标、学期目标、单元目标、课时目标。体育课程目标如此按层级排列,像一个金字塔。顶层目标是抽象的、整体的、普遍性的目标。底层目标是具体的、分化的、特殊的课程目标,数量繁多。底层目标逐步达成之后,课程总目标也就得以达成。

从体育课程目标的制定者来看,可分为:国家提出的课程目标、地方提出的课程目标、学校提出的课程目标、个人提出的课程目标。国家、地方、学校提出的课程目标,是在相应的体育实践中必须加以实施的,通常具有较强的约束力。当体育课程开发遵循审议制度时,这些课程目标的制定具有更强的合理性和可行性。个人提出的课程目标,是管理者、教师、家长、学生等个人的课程目标,它们有时也可以转变为国家、地方、学校的课程目标,但在多数情况下,并不一定对体育实践产生约束力。

从体育课程目标的实现与否来看,可分为:理想的课程目标、实际的课程目标。这是一组理想课程与现实课程对应的课程目标,这两类课程目标有时是统一的,当理想的课程目标得到课程实施者(体育教师、学生)的认同时,表现为实际的课程目标。但在大多数情况下,两者间是不统一的,尤其是当理想的课程目标借以形成的教育哲学、价值理念、教育理论得不到课程实施者的理解、把握时,两者的差异颇大,有时甚至是对立的。而且,体育实践的丰富性、复杂性,也使实际的课程目标在包容的内容上远远大于理想的课程目标。

从促进学生个性发展的角度来看,体育课程目标可分为:发展性目标(指对少部分学有余力的学生提出的目标)、基础性目标(指课程标准的底线,大部分学生都能达成的课程目标)。体育课程总得有个基本要求,这就是课程的最低标准。它是每一个学生都必须达到的,否则难以保证学校体育教育质量。基础性课程目标就是这条课程标准的底线,是对每一个学生完成体育课程学习后的基本要求,学生的个性发展是以这个最低标准为基础而展开的。当然,课程的最低标准不易过高,应该是绝大多数学生容易达到的。发展性课程目标则是在教育公平原则、尊重学生个性发展原则下提出的,对少部分已达到基础性目标,学有余力,并对体育感兴趣、有需求的学生提出的课程目标。

(2) 水平向度的体育课程目标分类。

水平向度的体育课程目标分类是就某一层次的所有课程目标,依其领域的异同加以分类,以作为体育课程设计和开发的依据,其各目标领域之间没有先后层次关系。

全日制义务教育《体育(健康)课程标准(实验稿)》和普通高中《体育与健康课程标准(实验)》中,按照体育学习内容性质的差异,将体育课程目标分为运动参与、运动技能、身体健康、心理健康、社会适应五个领域的目标。

有学者将体育课程目标分为身体发展领域(又分有病、健康两个层次)、认知领域(又分记忆、理解、应用三个层次)、运动技能领域(又分体验、模仿、组合、熟练四个层次)、情感领域(又分接受、兴趣、态度三个层次)。[①] 这种分类是基于布卢姆等人的教育目标分类学理论和加涅的五种学习结果分类理论、霍恩斯坦的四种领域分类观点,加上促进身体发展这一体育基本功能提出的分类方法。

以上各目标领域的界限是否真如其所划分的那样清晰,还有待进一步研究,但所有这些目标,又有可预期的目标(结果性目标)和不可预期的目标(过程性目标、体验性目标)之分,其学习结果又有可测的目标和不可测的目标之别。同时,这些目标有可明确表述出来的目标,称为外显性课程目标。体育课程目标还应考虑那些未成文的"缄默"的、未表述出来的内隐的课程目标。

(3) 体育课程目标分类三维整体结构模型。

在对以上三种体育课程目标三向度分析的基础,运用整体性系统思维,可分析归纳出下面的结构模型图,见图 3-2-4[②]。

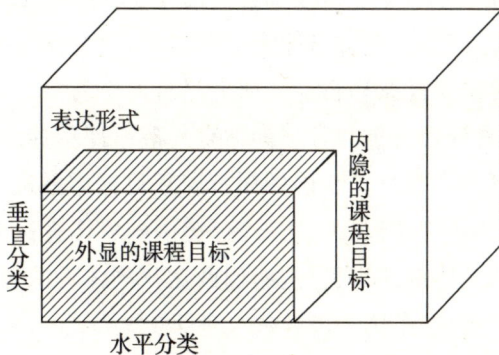

图 3-2-4 体育课程目标分类的三维整体结构模型

---

① 季浏主编:《体育与健康课程与教学论》,杭州:浙江教育出版社 2003 年版,第 44 页。

② 朱伟强:《体育课程目标分类框架研究》,《北京体育大学学报》2007 年第 8 期。

第三节　体育课程目标的跨文化比较

德国教育家施奈德认为,通过对教育的比较,可以明确本国教育的缺点和落后面,其结果就会认识到改革的必要性。"跨文化比较研究是文化人类学的研究方法,致力于发展和解释不同文化之间的同中之异和异中之同,并通过所发现的异同规律发展各种文化适应手段。"①我国第八轮课程改革就是在借鉴发达国家教育改革的基础上进行的,各个学科的课程也是在充分学习国外经验的情况下制定的,因此,我国第八轮课程改革下的体育课程与健康标准本身就是一个跨文化比较的产物。新的体育与健康课程标准颁布后,体育课程的跨文化比较成为体育教育研究的一个热点,其中,体育课程目标的跨文化比较又是热点中的热点。从文献检索情况看,进入 21 世纪以来,我国体育理论界分别对美国、日本、英国、澳大利、加拿大等多个国家的体育课程目标进行了跨文化的比较。在所有这些对比研究中,中美对比和中日对比具有较强的代表性,下面仅介绍中美的异同和中日的异同。

一、中美体育课程目标的比较

美国是一个典型的地方分权制国家,它的教育体系高度分权,联邦政府无权干涉教育制度的制定,教育制度及课程的设置是由各州或地方政府决定的。美国没有强制性的国家统一的体育课程标准,体育课程目标就更是多样。

目前我国对美国体育课程目标的研究呈现两个特点。一是把美国某一州、某一学派的体育课程目标与我国的体育与健康课程标准比较,二是把美国的体育课程目标综合起来与我国的体育课程目标体系进行比较。根据文献检索,涉及的美国体育课程目标主要有《美国国家体育标准》的目标体系、美国加利福尼亚州的体育课程目标、密西西比州的体育课程目标,以及西登托普竞技体育课程模式、汤姆—迈肯兹的健身教学模式和海尔森的社会责任模式的课程目标体系。

关于我国体育与健康课程的目标体系,前文已经论述过,为节省篇幅本

---

① 史峰、胡小妹:《中美体育课程目标的跨文化比较研究》,《吉林体育学院学报》2005 年第 4 期。

节不再赘述。这里只是介绍美国的体育课程目标体系及与我国体育与健康课程目标体系的区别。

（一）美国身体教育标准所规定的体育课程目标

美国是开展健康教育较早的国家之一，十分重视体育教育在促进儿童青少年成长中的作用。在如何解决好学校体育教育中体育与健康之间相互关系问题上，美国把学校体育定位为保证儿童青少年身心健康成长、并能够有效地为未来终身体育打下坚实基础的重要方式之一。

这种思想得到美国政府和体育专业组织或机构的高度重视，并为此制定了一系列的体育教育发展计划，如今已经形成比较完善成熟的体育教育体系，并不断得到丰富发展。

2001 年我国体育课程与健康新课程标准公布后，梁国立和高嵘在《课程·教材·教法》上发表了一篇有分量的文章——《中、美体育课程标准之比较——关于课程性质和设计思路的比较》①，介绍了美国身体教育标准，对中国的《全日制义务教育　普通高级中学：体育（1～6）年级·体育与健康（7～12 年级）课程标准（实验稿）》与美国的《迈向未来的国家身体教育标准——内容和评价之指导》和《国家健康教育标准——普及健康知识（一项对未来的投资）》进行了比较。其后，我国学者发表的多篇论文对此文的观点进行过借鉴。

1995 年出版的《迈向未来的国家身体教育标准——内容和评价之指导》（Moving Into the Future　National Physical Standards：A Guide to Content and Assessment，1995. 以下简称为"美国身体教育标准"），是由美国国家运动和身体教育协会标准和评价任务组历时 3 年编写完成的。同年，美国颁布的《国家健康教育标准——普及健康知识（一项对未来的投资）》（National Health Education Standards：Achieving Health Literacy—An Investment In the Future，1995. 以下简称为"美国健康教育标准"），是受美国癌症协会（American Cancer Society）资助、由美国健康教育标准联合委员会（The Joint Committee on National Health Education Standards）的 14 位健康教育学者和专家历时 3 年编写完成的。

中国 2001 年颁布的体育与健康标准与"美国身体教育标准"和"美国健康教育标准"，在颁布机构的权威性、作用范围和牵涉内容等方面具有可比性。

---

　　① 梁国立、高嵘：《中、美体育课程标准之比较——关于课程性质和设计思路的比较》，《课程·教材·教法》2004 年第 6 期。

我国的《全日制义务教育　普通高级中学：体育（1～6 年级）·体育与健康（7～12 年级）课程标准（实验稿）》规定的课程目标为：

（1）增强体能，掌握和应用基本的体育与健康知识和运动技能；

（2）培养运动的兴趣和爱好，形成坚持锻炼的习惯；

（3）具有良好的心理品质，表现出人际交往的能力与合作精神；

（4）提高对个人健康和群体健康的责任感，形成健康的生活方式；

（5）发扬体育精神，形成积极进取、乐观开朗的生活态度。①

"美国身体教育标准"中是这样描述课程目标的，"一个受过体育教育的人"能：

（1）能够示范多种运动方式并精通几项运动；

（2）在动作技能的学习和发展中，能够应用运动概念和原理；

（3）形成积极运动的生活方式；

（4）达到并保持健康的体质；

（5）在身体活动环境中，能够表现出负责的个人和社会行为；

（6）能够理解和尊重人们在身体活动环境中的不同之处；

（7）懂得身体活动能够提供快乐、挑战、自我展现和社交的机会。②

通过对上述两国课程目标的比较可以看出，两者相同之处：一是，两国目标的内容都包括了身体运动的知识、技能，以及健康和运动的生活方式。其二，都强调体育教育对人的身体、心理和社会性发展方面的重要价值。

但显而易见，两国的课程标准又存在明显的差别。

第一，陈述方式的清晰度有差别。美国的七条目标都非常明确而具体地围绕身体活动来阐释，它描述了受过体育教育的个体在身体运动知识、运动能力和生活方式方面应该达到的水平，并指出了个体在社会性的身体教育活动中应具有的行为和认识水平。中国的课程目标表述则比较泛化，甚至有把课程性质泛化和作用夸大之嫌。例如目标三的表述："具有良好的心理品质，表现出人际交往的能力与合作精神。"如将这一目标列为其他课程的目标，或许同样可以成立。实际上，这条目标应是整个学校教育的目标，而非某一课程的具体目标。

---

① 中华人民共和国教育部制订：《全日制义务教育　普通高级中学：体育（1～6 年级）·体育与健康（7～12 年级）课程标准（实验稿）》，北京：北京师范大学出版社 2001 年版，第 6 页。

② 转引自梁国立、高嵘：《中、美体育课程标准之比较——关于课程性质和设计思路的比较》，《课程·教材·教法》2004 年第 6 期。

这种泛化的目标,使对学生进行具体的测量和客观的评价成为难题。

第二,所体现出的课程性质有明显的不同。如果仅仅对中、美两国课程目标进行比较,则难以看出其课程性质的差异,两者都以身体练习为主要教学手段,在内容和目标上都十分相近,从此意义上讲两者是同类的课程。

从中国 2001 年国家体育课程标准看,体育课程的内容是由体育课程内容+部分健康教育课程内容构成。从这种意义上讲,中美两国的体育课程又是两类课程。

虽然中国的课标解读中一再强调"体育与健康课程不等于体育+健康教育",课程标准也强调"体育与健康课程是一门以身体练习为主要手段、以增进中小学生健康为主要目的的必修课"[①],但通过"身体练习"和运动实践过程很难达到课程所规定的健康教育的目标。

根据"美国癌症协会"资助的一项盖洛普公司(1993 年)进行的有关调查研究表明:近十分之九的学生认为健康教育的信息和技能同样或更重要;82%青少年的父母认为,健康教育与学校的其他课程同样重要或更重要;父母明确支持学校进行解决问题、决策以及其他与健康有关的技能;学校管理人员认为,对青少年而言,健康教育有着与其他课程同样的重要性或更重要。这就是说,在学校设立专门的健康教育课程是必要的。

需要多大量的健康教育课程时数呢? 另一项由美国联邦健康和服务部资助的研究项目表明:通过每周 1.8 小时的健康教育教学(基于每天 6 小时的学校日)将会使学生在健康知识和健康态度方面有可以测量到的增长和改变,并伴随一些行为的变化。其他研究同样表明,健康知识的增长始于 15 个小时教学之后,尤其对 4~7 年级的学生而言。在一学年中,需要 45~50 小时的健康教育教学才能影响其态度和实践,而要取得健康知识学习、健康态度及其行为变化的最佳效果则需要 60 小时的教学时间。美国健康教育者目前推荐的目标是每学年(从学前班到 12 年级)用 50 小时的课堂教学来达到最低的教学效果。在上述研究和其他同类研究的基础上,美国几大健康协会制定了《国家健康教育标准》。

(二)美国加州的体育课程目标

加利福尼亚州是美国最大的州,他的课程标准在美国具有一定的代表

---

① 中华人民共和国教育部制订:《全日制义务教育 普通高级中学:体育(1~6 年级)·体育与健康(7~12 年级)课程标准(实验稿)》,北京:北京师范大学出版社 2001 年版,第 1 页。

性。加州于 2000 年颁布了中小学体育课程标准,所规定的课程目标有 4 点:

(1) 发展学生的多种动作技能以及与闲暇活动技能有关的能力;

(2) 逐步理解健康生活习惯的重要性;

(3) 逐步获取有关游戏和运动的规则和策略;

(4) 通过体育和娱乐计划,提高学生的自信和自我价值感。①

在体育课程目标之下,加州的体育课程标准对学习领域和学习水平进行了划分。它把学习领域划分为运动技术和运动知识、自我表象和个人发展、社会发展三个领域。其将幼儿园分为一个学段,将小学和初中学生的学习分为 8 级学习水平,将高中阶段的学习分为课程 1 和课程 2 两个学段。各领域的内容标准从幼儿园到高中是一贯到底的。各领域的学习目标如下:

运动技术和运动知识:

(1) 在许多运动活动中学生将是有竞争力的;

(2) 学生将理解如何和为何个人在各种情景中运动,并在理解的基础上提高动作技能;

(3) 学生将达到和保持有助于健康的体能水平。

自我表象和个人发展:

(1) 展示充满活力的身体活动风格,理解身体活动能为娱乐、竞争和自我展现提供机会;

(2) 显示出活动中负责任的个人行为。

社会发展:

(1) 在运动活动中表现出负责任的社会行为,并理解尊重所有人的重要性;

(2) 理解历史和文化与比赛、运动、游戏、舞蹈之间的内在联系。

对比两国学习领域目标,有学者认为②我国 5 个学习领域实际上由两条主线构成:一条是健康主线,包括身体健康、心理健康和社会适应,它集中反映体现了体育课程价值取向的主体,反映了体育课程目标的本质,因此由上面 3 项构成的目标体系是目标的实质结构;二是运动主线,包括运动参与和运动技能,它集中体现了实现体育课程目标的必要载体的作用,是实现体育

---

① 季浏、胡增荦编著:《体育教育展望》,上海:华东师范大学出版社 2001 年版,第 82 页。

② 阎智力、金玉光:《中美中小学体育课程目标比较研究》,《天津体育学院学报》2005 年第 1 期。

课程目标的必要手段。

美国在学习领域目标中注重运动主线和发展主线,运动主线包括运动技术和运动知识,发展主线包括个人发展与社会发展。其中,个人发展突出个性的自我展现和负责任的个人行为,社会发展注重负责任的社会行为和尊重所有人的重要性。

(三)西登托普竞技体育课程模式目标系统

竞技体育模式主要是传授竞技体育活动,而且是花费相对来说较长时间来教某一项竞技活动。竞技体育课程模式首先由俄亥俄州立大学的西登托普提出。他认为,在肯定运动的教育价值的同时,体育课程的目的是通过竞争性的、表现性的运动和比赛,提高人的品行和能力,为使该目的付诸实践,应当把目标构成一个系统,见图3-3-1。

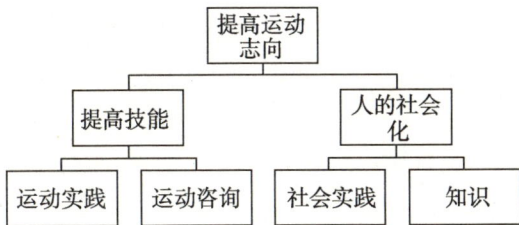

图 3-3-1 西登托普的体育课程目标结构

第一层目标是提高运动的志向,其目的不仅在于影响学生的能力,还影响他们将来不断地参加体育活动。第二层目标是提高技能和实现人的社会化。这是将掌握技术与提高运动志向直接联系起来,这是最重要的实践目标。为了实现这个目标,就要进一步强调知识、技术、运动实践的咨询和辅导。为了使学生能在运动中感受到乐趣,必须改善环境,加强对学生社会实践和交流方面的教育,以促进学生的个体社会化。

值得注意的是,这个目标体系中,没有一点外在目标,运动本身就是目标,参与就是目标,学生自身发展也是目标。可见,他提倡的竞技是健身和娱乐的竞技,在这个竞技体育模式中,从事体育活动的项目很少,但是各项活动的技术水平相对来说比较高。这种模式不仅教学生某项活动技术方面的内容,而且还教有关这项活动的知识背景。[①]

---

① 参照阎智力、金玉光:《中美中小学体育课程目标比较研究》,《天津体育学院学报》2005年第1期。

这一体育课程模式强调竞技的价值，与我国目前淡化竞技的方向正好相反。

（四）汤姆—迈肯兹的健身体育教育模式（SPARK）的课程目标

健身体育教育模式，即 SPARK 课程。SPARK 全称是 The Sports, Play and Active Recreation for Kids Programs，是集运动、游戏、娱乐活动为一体的体育课程。1989 年 6 月，一个研究小组从美国国家健康研究所心脏、肺和血液所获得了一笔研究经费，开始研究如何改革、实施和评价小学的体育教学。该研究小组从当时已经比较普遍的学生肥胖问题入手，提出通过运动、玩耍和积极休息的方式进行体育教学改革，提高小学生健康水平。这个实践项目就是 SPARK 项目。美国联邦教育部建议推广该项目，美国已经有 22 个州，3500 多所学校参与了该课程，给美国的中小学体育课程改革注入了新的动力。[①]

SPARK 课程目标体系分为总目标、具体目标和终身目标，具体情况如下。

总目标：

（1）帮助学生形成健康的生活习惯，养成健康的生活方式。

（2）掌握良好的运动技能和运动知识。

（3）培养良好的社交技巧，提高个人的社会交往能力。

具体目标：

（1）学生能够积极参与体育活动。

（2）拥有一定的体能水平。

（3）发展各种基本体育活动技巧，在从事体育活动时能够体验到成功的快感和愉悦的心情。

（4）在体育活动中学会与人相处。

终身目标：

（1）自觉完成体育活动计划，明确自己在体育活动中的责任。

（2）为养成体育与锻炼和良好饮食习惯设置目标。

（3）能够从相关的体育活动中总结经验，并改善自己的运动行为，提高心理素质，养成健康的生活方式。

（4）学会在体育活动中预防损伤和保护自己。

---

① 尹志华：《美国 SPARK 课程的教师培训》，《体育学刊》2010 年第 6 期。

（5）学习减少长期静坐的方法，避免不健康的行为。

（6）掌握促进家长、同伴等支持参与体育活动的方法。

（7）了解体育活动、饮食以及身体健康之间的关系。

（8）应用基本的运动生理学、生物力学及心理学原理。

（9）了解体育运动的社会学观点和历史学观点[①]。

SPARK 体育健身教育模式是一个玩与积极娱乐的模式，这一模式的体育课程目标与我国的体育健康课程目标有明显的差异。[②] 第一，SPARK 课程目标更加注重学生的个人发展和社会发展，运动技能的学习是实现这两项发展的一个载体；中国体育课程目标则更加重视学生的全面发展，在学习与掌握运动技能的同时培养终身体育意识，追求社会适应的发展。第二，SPARK 课程目标更注重学生个性的发展，突出学生个性的自我展现。第三，中国体育课程目标划分较为细致，具有明显的灵活性，但是缺乏实际操作性，这样会使一线体育老师在执行标准时出现很大的随意性。第四，SPARK 课程目标设置突出了终身体育的地位，并将终身体育目标单独列出来通过课程总目标和具体目标的完成来实现，并将终身体育意识的教育贯穿整个体育课程教学；中国的体育课程目标设置侧重于学生的全面发展，在此基础上发展学生的终身体育意识。其实，全面的教育不一定能带来全面的发展，有时只能带来平均发展甚至平庸发展。终身体育是最重要的体育意识，学会两三项体育技能足够终身使用。第五，SPARK 课程目标的设置具有很强的针对性。体育教师能够明白每堂课要交给学生什么知识，教会学生做到什么；同样也使学生明白上本堂体育课的目的所在。这种有的放矢的教学可以大幅度地提高体育课堂教学效率。

（五）海尔森社会责任模式的体育课程目标

海尔森提出的社会责任模式主要指向是培养学生怎样对自己和社会负责。这个模式主要适用于城市的学生。在美国，很多大城市的不少学生存在社会问题。海尔森模式就是吸引学生参加体育活动，从而改变他们的行为模式，成为对社会有用的人。

海尔森模式认为，对个人和社会负责有各种不同的水平，这种水平也就

---

① 尹志华、王国鹏：《为了孩子们心中的"彼岸"——SPARK 课程目标体系之探析》，《体育教学》2009 年第 11 期。

② 昂庆：《中美中小学体育课程目标及教学内容比较研究》，《军事体育进修学院学报》2011 年第 2 期。

构成了社会责任模式的课程目标体系。

首先是培养学生通过体育活动学会尊重自己、理解他人;其次,是参与体育活动并且尽自己的最大努力去尝试;第三,是提高学生的自我导向,从内心知道怎么去参与、怎么去努力,能够规范自己的行为,做有利于社会的一些事;第四,是培养学生从只关心自己转向关心他人,能够考虑到别人处在什么样的情况;第五,是学生在体育课外能够帮助其他学生来规范行为,也就是不仅在课内,在课外也要对个人和社会负责。[①]

二、中日体育课程目标比较

日本与我国一衣带水,无论在地域、文化习俗以及教育体制等方面都较为相同。在漫长的文化发展史中,中国文化曾给日本以重要的影响,近代以来日本文化大量反哺中国文化。从某种意义上讲,中国近代的教育体制就是在日本教育体制的影响下建立的,日本教育对中国近现代教育有着很大的影响。中国近现代体育课程与日本的近现代体育课程有着同步性。

(一)新中国成立前与日本战前体育课程目标价值取向的比较

关于中日近代体育课程目标的比较,我国学术界主要集中在体育课程名称和体育课程目标价值取向的比较两个方面。关于体育课程名称的比较在第一章已经论述,这里讨论的是中日近代体育课程目标的价值取向。两国课程目标价值取向具体见表 3-3-1。

表 3-3-1 新中国成立前与日本战前体育课程目标价值取向比较

中国(1900～1949)	日本(1900～1945)
西学为用、引进军国主义(1902～1911):清政府从 1902 年和 1904 年颁布《壬寅学制》、《癸卯学制》,决定在各级学校正式开设体操科开始,效仿日本以兵式体操和普通体操为教学内容,推行军国民体育思想已成为学校教育中必不可少的教育目标。学校教育强调凡是中小学的课程内容均要渗入军国主义教育思想,由此学校体育课程——体操科得到前所未有的重视。	军国主义渐入自然主义(1900～1911):1900、1907、1911 年,日本文部省对体操课程进行了 3 次修改,每一次修改都体现出军国主义体育向自然主义体育的进步。受欧美自然体育思想影响,学校体育由军事化教学逐渐转变为体操与游戏并存,向注重体育的自身价值、注重生理卫生的方向发展。

---

① 参照阎智力、金玉光:《中美中小学体育课程目标比较研究》,《天津体育学院学报》2005 年第 1 期。

续表

中国(1900～1949)	日本(1900～1945)
军国主义转向实用主义(1912～1926)：中华民国教育部于 1912 年以后颁布的《小学校令》《中学校令》《中学校课程标准》中，仍然以军国主义为体育课程目标。1919 年以后受美国实用主义思想影响，在 1923 年废止了"兵式体操"，将体操改为体育课，由此田径、球类、卫生等体育内容得以正式步入学校体育课程之列，体育课程目标由军国主义转向实用主义。	自然主义演变为自由主义(1912～1926)：文部省于 1913 年发布了《学校体操教授要目》，1919 年修改了《小学校令》《中学校令》和《小学校令施行规则》，在课程改革的规则与指令中，学校体育呈现出多样化局面，突破了以军事项目和军事化教学为中心的课程体系，出现了自觉主义、自动主义、学习主义、儿童主义等体育思想，但其课程目标体现了由自然主义向自由主义转变的价值取向。
三极分化各自为政(1927～1949)：国民政府教育部于 1929～1948 年分别进行了 5 次课程标准的修订，体育课程目标体现了由实用主义转向自然主义，体现在对学生心理、生理、社会、教育、生活等多方面的追求。伪满洲国实行新学制，体育课使用的教材和教学方法几乎全部照搬日本，实行军国主义的课程体制。解放区学校体育推行的是一种战时体育思想，主张国术、军事、体育三位一体，把军事训练与苏式体育相结合，其中军事训练占主导地位。	自由主义转向军国主义(1926～1945)：1931 年以前，日本学校体育由于受美国教育思想的影响，学校体育的指导方针一直是朝着自由主义方向发展。1931 年"满洲事变"以后，自由主义体育思想向实现军事与政治目的的目标倾斜。1927 年日本为了顺从战争的特殊形势，实行战时体制，在学校体育教育中重新实行军事化教育。自由主义体育思想被《战时学生体育训练实施要纲》的军事体育思想所代替，"实战训练""战技训练"成为"体练科"的最高课程目标。

资料来源：阎智力：《中日两国百年基础教育体育课程目标比较》，《上海体育学院学报》2009 年第 1 期。

从上表的比较中我们可以看出两点规律：第一，中日体育课程目标都在经历钟摆式摆动。一段时间摆向实用主义、自然主义，另一段时间则摆向军国主义、国家主义；一段时间是社会取向，另一段时间则摆向学生取向。第二，国家的政治需要与体育课程目标的博弈决定着体育课程目标的价值取向。一般来说，国际形势紧张则体育课程目标转向政治需要和国家需要；国际形势缓和则体育课程趋向满足学生需要，体育课程则出现繁荣局面。以蒋介石为代表的国民党统治时期是这一规律的例外，主要原因是当时的国民党政府并没有实现真正的统一，它对国统区的控制力也不是非常稳固，照搬美国式的教育体制使之很难对学校有严格的控制。

（二）新中国成立后与日本战后体育课程目标价值取向比较

表 3-3-2　　　　　中日此时期体育课程目标价值取向情况①

中国（1949～2000）	日本（1945～1998）
苏式理论转向主观主义时期（1949～1960）：1956 年的体育教学大纲以"全面锻炼身体"为目的，参考苏联的经验制定了体育运动教材，从而使体育课程正规化。然而，1958 年后学校体育受到"大跃进"思潮的影响，出现了"四红运动"以及"以军代体"、"以劳代体"等主观盲目现象。	民主主义时期（1945～1957）：批判军国民主义教育，使学校体育步入由军事体育转向以游戏和运动为中心的发展轨道。课程目标中重视健康教育和娱乐教育，提倡民主的生活态度。同时，在教学中也出现单纯从学生兴趣出发的一些游戏活动内容。
初成体系与"文革"停滞时期（1961～1976）：1961 年的体育教材基本摆脱了苏联的影响，纠正了主观盲目思想，从身体机能、运动习惯、运动技能和思想品德等方面初步奠定了课程目标的基调。然而，由于"文化大革命"的十年动荡，学校体育受到重创，体育教材被迫停止使用。	学科主义时期（1958～1967）：1958 年的学习指导要领以运动项目本身的特点作为分类的根据，提出学校体育的规范要求，加强学科的改革与建设。体育课程设定学科目标和学年目标，偏重体育的自然价值，重视学科的系统性、学科性和知识性。
重视运动技术教育时期（1977～1986）：批判了"以军代体"、"以劳代体"等错误观点，体现了以培养现代化人才为宗旨，确立了体育课程目标的一个目的、三项基本任务，提倡掌握"三基"技能，重视全面锻炼身体和运动技术教学，将掌握运动技术与完成课程目标紧密结合。	体力主义时期（1968～1977）：修订的指导纲要在理解身心发展和运动特点的同时，提出应适当从事各种运动，培养强健的身心，以实现发展体力的目的。提高学生体力成为课程目标的价值取向。
课程目标的融合时期（1987～1991）：体育指导思想丰富，课程目标除"身体派"、"技术派"观点外，还出现了终身体育、生活娱乐、快乐体育等新思想和新理念，体育课程目标价值取向处于融合阶段。	终身体育时期（1978～1988）：体育课程改革与日本第 3 次课程改革同步进行，进入终身体育时期。体力主义向"终身体育"方向转移，个性发展和快乐体育受到重视，"运动文化论"强调体育的多种功能而被推崇。

---

① 阎智力：《中日两国百年基础教育体育课程目标比较》，《上海体育学院学报》2009 年第 1 期。

续表

中国(1949～2000)	日本(1945～1998)
课程目标的发展时期(1992～2000)：1992年和2000年的体育教学大纲较以前有了较大的变化，除了体育课程的基本任务外，又突出了健康教育、个性发展、社会适应等方面的要求，体育课程目标受到以人为本、素质教育等教育理念的影响。	自我教育能力的培养(1989～1998)：修订的学习指导要领在保留原课程目标的基础上，提出了"自我教育能力的培养"这一重要观点，其目的是为了培养具有主体性的、具有适应变化能力的、个体多样化的人，以适应未来社会发展的需要。

资料来源：阎智力：《中日两国百年基础教育体育课程目标比较》，《上海体育学院学报》2009年第1期。

从1987年我国的体育课程改革开始，才真正拉开了体育课程目标研究、改革和发展的序幕，追求体育课程的本源，提出了"终身体育"、"素质教育"、"健康第一"等现时代的指导思想，体现了由单一的生物体育观向生物、心理、社会三维体育观的转变，体育课程目标多元化受到体育教育工作者的关注。

日本战后的体育课程改革与中国相比可谓一帆风顺，没有经过大的风浪。由1945年军国主义体育课程转向民主主义的体育课程，再到1999年的创新生活能力的培养，各个时期的课程目标得到了完整的贯彻与落实。课程改革大约每隔10年进行1次，在修订的体育学习指导纲要中课程目标也都有所不同，发现什么问题解决什么问题。如民主主义时期出现了单纯从学生兴趣出发的一些游戏活动内容的教学，没有体现体育课的学科特点，加上当时重视学科教育的氛围，1958年的指导纲要提出了学科主义的课程目标。经过1964年的奥运会和一些教育团体的调查，发现日本青少年学生的体力较差，1968年的学习指导纲要则提出了体力主义的课程目标。

中日两国的体育课程，特别是体育课程目标的发展与演变体现出明显的不同。这种差别在生成演变的动力方面表现的特别突出。日本体育课程目标形成的动力主要来自基层，出现什么问题则解决什么问题，而我国体育课程目标的演变动力主要来源于国家层面的政策。我国体育课程目标的改革往往并不是来自基层的需要，因而常常带有理想化的色彩。这些带有理想化色彩的体育课程目标在实际体育教学过程中很难落实。改革开放以来，我国已经经历了多次体育课程改革，但到原生态的体育课堂去看一看就会发现，那些负责任的体育教师的课堂教学内容仍主要是以各种体育运动项目的练习为主,那些不负责任的体育教师的课堂就是"放羊"。为什么？我国的体育课程目标太理想化了。

（三）最新一轮课程改革中的中日体育与健康课程目标比较

表 3-3-3　　　　最新一轮课程改革的中日体育与健康课程目标

中国体育与健康课程目标(2001 年)	日本保健体育课程目标(1999 年)
1. 增强体能,掌握和应用基本的体育与健康知识和运动技能； 2. 培养运动兴趣和爱好,形成坚持锻炼的习惯； 3. 具有良好的心理品质,表现出人际交往的能力与合作精神； 4. 提高对个人健康和群体健康的责任感,形成健康的生活方式； 5. 发扬体育精神,形成积极进取、乐观开朗的生活态度。	1. 小学体育课程目标。将身心作为一个整体,通过适宜的运动体验和健康、安全的理解,在培养学生热爱体育的性格和能力时,使学生努力保持和增进健康水平,增强体能,形成乐观、开朗的生活态度。 2. 初中保健体育课程目标。将身心作为一个整体,通过合理的运动实践和接受健康、安全的教育,学生在养成良好运动习惯的同时,实现增进健康、提高体能之目的,并培养一种将生活营造得轻松愉快又丰富多彩的生活态度。

资料来源:冯海波、杨国庆、刘文魁:《中外体育课程目标比较分析》,《运动》,2010 年第 11 期。

对比中我们可以看出最新一轮课程改革中中日体育与健康课程目标的区别:

第一,课程目标的价值取向有区别。两国在通过学校体育课程促进学生身心协调发展方面体现出一致性。但日本在心理健康目标制定时更注重与体育活动特点相结合,尤其注重坚持"快乐体育"理念和培育积极健康的生活态度;在社会适应性领域,日本体育教学大纲涉及较少,将培养目标限定在学生参加运动竞争过程中所表现出的公平、公正的态度和尊重规则及对手的责任感,对于团结协作精神仅作为体验性要求。

第二,课程目标的结构存在差异。日本保健课程在对总目标进行阐述时,分为小学体育课程目标和初中保健体育课程目标,并体现了两者培养途径的不同,如小学阶段需"通过适宜的运动体验和对健康、安全的理解",而中学阶段则需"通过合理的运动实践和接受健康、安全教育",这样就较好适应了学生在不同阶段的认知规律及特点。

中国的体育与健康课程目标体系表现了较强的整体结构性,以健康和运动作为主线,制定出身体发展、心理发展、社会适应、运动参与和运动技能五项学习领域目标,并分别辅之以 6 个水平目标,结构清晰,但是在实践中很难处理好领域目标和水平目标的纵横关系、阶段性目标和递进性目标的主次关系,所以这些目标对体育课程实施所能提供的指导意义是值得怀疑的。

通过对以上中美日三国体育课程目标的跨文化比较我们可以看出,中美日三国的体育课程目标有许多相似之处,都把培养基本的运动技能放在首位,并且强调通过体育学习培养学生对体育的兴趣以及合作精神,通过体育学习体验快乐。

美国的体育课程目标由于受教育体制的影响而多元化,但他们制定出的体育课程目标清晰明确,并且与身体运动结合紧密,突出培养学生的表现力和社会责任感。

日本的体育课程目标采用的是整体健康观和普遍性目标,特别强调体育学习的健康教育功能以及能给学生带来快乐。

中国的体育课程目标也采用整体健康观和普遍性目标,但特别注重目标的系统性和完整性,过于强调体育课程对意识形态的维护功能。课程目标存在盲目扩大,不专注于体育本体功能,具体操作无的放矢、难度很大的特点。

我国课程目标的制定要更科学化,必须要实事求是,在充分借鉴学习国外先进经验的同时,要面向我国中小学体育教学的实际。在理想与现实之间、在国家需要与学校的可能之间、在国家方针与体育课程本质之间、在全面发展与特长发展之间做出最优化的选择与组合,从而使课程目标既具有一定的超前性,又具有现实的可能性。

本章小结

课程目标是课程研究的基本问题之一,课程目标的确定是课程开发的重要环节。我国学术界关于体育课程目标的研究主要集中在百年体育课程目标的演变,体育课程目标的概念、分类框架及表征形式,体育课程目标的跨文化比较三个方面。

我国百年的体育课程目标,以新中国的成立为标志可以分为清末至新中国成立前的体育课程目标和新中国的体育课程目标前后两个时期。

清末至新中国成立前的体育课程经历了从"体操"到"体育"的名称转换。1929 年前,我国没有体育课程目标,与之相近的概念为"教育宗旨"、"体育目的"、"体操的宗旨"等。1929 年开始,随着体育课程的独立,独立的体育课程标准诞生,体育课程目标这一概念也第一次进入政府的课程文件。从对体育课程价值的认识看,本时期的体育课程目标经历了一个从重视外部价值到重视本体价值再重回重视外部价值的循环。

新中国的体育课程目标,从目标内容来看明显地呈现出阶段性,时间节点出现在 1978 年和 2001 年,共分三个阶段。新中国的体育课程目标明显表现出三个特点,即以马克思列宁主义、毛泽东思想为指导,坚持为社会主义服务的方向;目标的发展表现出明显的继承性;目标的制定越来越具有科学性。

新中国体育课程目标的形成,经历了从体育教学任务到体育教学目标最后到体育课程目标的演变过程。体育课程目标分类是一个非常复杂的问题,日本高桥健夫的目标结构理论把体育教学目标分为技能目标、社会行动目标、认知目标和情意目标,荷兰的克卢姆将体育学习划分为运动技术学习、运动的社会行动学习、认知反思学习和情意学习。体育课程目标的表征形式,也就是体育课程目标的取向。综合起来看,体育课程目标有四种取向,即普遍性目标取向、行为目标取向、生成性目标取向和表现性目标取向。体育课程目标有垂直向度的体育课程目标分类、水平向度的体育课程目标分类和三维结构分类三种模型。

中美日三国的体育课程目标有许多相似之处,都把培养基本的运动技能放在首位,并且强调通过体育学习培养学生对体育的兴趣以及合作精神,通过体育学习体验快乐。但三者之间又有非常明显的差别。

第四章　体育课程内容问题

　　课程内容最能反映课程的基本面貌,课程演变最直观的体现就是课程内容的变化。本节我们将对百年体育课程内容的演化情况进行梳理和概括,统计分析具体课程内容的变化,讨论课程内容的选择和排列问题。

第一节　清末到新中国成立前体育课程内容的选择

　　课程内容的选择简称"课程选择",是根据特定的教育价值观及相应的课程目标,从学科知识、当代社会生活经验或学习者的经验中选择课程要素的过程。这些课程要素包括概念、原理、技能、方法、价值观等。[①]

　　"所谓体育课程内容的选择是根据教育目的、教育目标以及相应的体育课程目标,从体育学科知识、当代社会需求和学生需要中选择体育课程要素的过程。这些课程要素包括概念、体育锻炼原理、锻炼的方法、运动项目的技术、体育的价值观等。"[②]

　　我国有几千年的文明史,早在西周奴隶主贵族子弟学校就设有"礼、乐、射、御、书、数"六艺为内容的教育,其中"射"、"御"为体育教育内容。到了封建社会,由于受重文德轻武勇教育思想的影响,我国两千多年的封建社会学校教育中没有体育课程内容。直到清朝末年,开始创办近代新式学校,开设体操课,我国学校中才有了真正意义上的体育课程。从此,体育课程内容的选择成为体育课程史上一个贯穿始终的问题。

---

　　①　张华著:《课程与教学论》,上海:上海教育出版社 2000 年版,第 191 页。

　　②　崔伟著:《体育课程论》,郑州:黄河水利出版社 2005 年版,第 90 页。

一、清朝末年至辛亥革命时期的体育课程内容

鸦片战争到癸卯学制颁布前的半个多世纪中，中国还没有真正意义上的学校，但是，教会学校、洋务学堂、变革的书院以及资产阶级兴办的新式学堂中开设了体育活动，是中国近代体育课程的萌芽，是近代中国体育课程实施的基础。癸卯学制设置的"体操"科是中国近代体育课程正式开始的标志。

（一）《钦定学堂章程》中的体育课程内容

1902年，经清政府批准，颁布了《钦定学堂章程》，即壬寅学制。壬寅学制主系列划分为三段七级。第一阶段为初等教育，包括蒙学堂4年、寻常小学堂3年、高等小学堂3年。蒙学堂和寻常小学堂共7年，规划为义务教育性质，"无论何色人等皆应受此七年教育"。第二阶段为中等教育，设中学堂4年。第三阶段为高等教育。

蒙学堂体操课的内容，由《钦定蒙学堂章程》第二章"功课教法"第二节"蒙学功课年程"规定：

第一、二年体操内容为整齐步伐，第三、四年体操内容为演习体势。①

寻常小学堂体操课的内容，由《钦定小学堂章程》第二章"功课教法"第二节"寻常小学堂课程分年表"规定：

三年皆为柔体操。②

高等小学堂体操课的内容，由《钦定小学堂章程》第二章"功课教法"第五节"高等小学堂课程分年表"规定：

三年皆为柔体操兼器具操。③

中学堂体操课程内容，由《钦定中学堂章程》第二章"功课教法"第二节"中学堂课程分年表"规定：

---

① 课程教材研究所编：《20世纪中国中小学课程标准·教学大纲汇编·体育卷》，北京：人民教育出版社2001年版，第3页。
② 课程教材研究所编：《20世纪中国中小学课程标准·教学大纲汇编·课程（教学）计划卷》，北京：人民教育出版社2001年版，第6页。
③ 课程教材研究所编：《20世纪中国中小学课程标准·教学大纲汇编·课程（教学）计划卷》，北京：人民教育出版社2001年版，第7～8页。

第一、二年体操课内容为器具操;第三、四年体操课内容为器具操兼兵式。①

《钦定学堂章程》虽然颁布但并未及实行,第二年由《奏定学堂章程》所取代。它是中国有史以来第一个由国家正式颁布的体育教学大纲(体育课程标准),是对长期以来只重视德育、智育而忽视体育的封建传统教育的重大突破,结束了中国封建学校教育不设体育课程的历史。

(二)《奏定学堂章程》中体操课程内容

1904 年 1 月,清政府颁布了由张百熙、荣庆、张之洞主持重拟的一系列学制系统文件,统称《奏定学堂章程》。"因公布时在阴历癸卯年,又称'癸卯学制'。这是中国近代由中央政府颁布并首次得到施行的全国性法定学制系统,较'壬寅学制'更为系统详备。"②学制主系列分为三段七级。第一阶段为初等教育,包括蒙养院(幼儿教育机构)4 年、初等小学堂(强迫教育阶段)5 年和高等小学堂 4 年。第二阶段为中等教育,设中学堂 5 年。第三阶级为高等教育,分为三级。高等学堂或大学预科 3 年;大学堂 3～4 年;通儒院 5 年,属研究院性质。

1.《奏定学堂章程》中体操课内容。

初等小学堂体操课的内容由《奏定初等小学堂章程》第二章"学科程度及编制章第二"第五节所规定③;高等小学堂体操课的内容由《奏定高等小学堂章程》第二章"学科程度及编制章第二"第四节所规定④;中学堂体操课的内容由《奏定中学堂章程》第二章"学科程度章第二"第五节所规定⑤。具体内容见表 4-1-1。

---

①　课程教材研究所编:《20 世纪中国中小学课程标准·教学大纲汇编·课程(教学)计划卷》,北京:人民教育出版社 2001 年版,第 15 页。

②　孙培青主编《中国教育史(修订版)》,上海:华东师范大学出版社 2000 年第 2 版,第 344 页。

③　课程教材研究所编:《20 世纪中国中小学课程标准·教学大纲汇编·课程(教学)计划卷》,北京:人民教育出版社 2001 年版,第 4 页。

④　课程教材研究所编:《20 世纪中国中小学课程标准·教学大纲汇编·课程(教学)计划卷》,北京:人民教育出版社 2001 年版,第 6～7 页。

⑤　课程教材研究所编:《20 世纪中国中小学课程标准·教学大纲汇编·课程(教学)计划卷》,北京:人民教育出版社 2001 年版,第 389 页。

表 4-1-1　　《奏定学堂章程》规定的各级学堂"体操学科程度"

类别	第 1 年	第 2 年	第 3 年	第 4 年	第 5 年
初等小学堂	有益之运动及游戏	有益之运动及游戏、兼普通体操	有益之运动及游戏、兼普通体操	有益之运动及游戏、兼普通体操	有益之运动及游戏、兼普通体操
高等小学堂	普通体操、有益之运动、兵式体操	普通体操、有益之运动、兵式体操	普通体操、有益之运动、兵式体操	普通体操、有益之运动、兵式体操	
中学堂	普通体操、兵式体操	普通体操、兵式体操	普通体操、兵式体操	普通体操、兵式体操	普通体操、兵式体操

资料来源：此表选自王华倬著：《中国近现代体育课程史论》，北京：高等教育出版社2004年版，第62页。

从上表可以看出，癸卯学制期间我国体育课程包括三种内容：普通体操、兵式体操、有益之运动。"有益之运动"和"游戏"，两者在实质上没有什么差别。普通体操是美国刘易斯（D. Lewis，1823～1886）把瑞典式和德国式的体操基本动作加以混合，再加上一些轻器械而编成的。主要内容有准备法、矫正术、徒手操、哑铃操、球竿操、木棍操、火棒操、藤圈操、投豆囊等。兵式体操主要是德国的兵式体操，主要内容有：柔软体操、个人教练、小队教练、中队教练、枪箭术、野外演习和兵学大意等。

2. 癸卯学制时期体育课程内容选择的特点。

癸卯学制时期我国体育课程内容的选择呈现出如下的特点。

（1）采用"拿来主义"原则。

癸卯学制时期，体育课程表现出对日本体育课程简单模仿和移植的特征，这是我国近现代体育课程发展史上最突出的"拿来主义"式体育课程，体育课程内容选择上更是全盘照搬。

这种所谓"拿来主义"的特点通过此时期中日课程的对比可以看得非常清楚。见表 4-1-2。

表 4-1-2　　　　日本明治三十三年高等小学学校与清末高等
小学堂体操课程内容比较

	日本	中国
课程内容	普通体操 游戏 兵式体操	普通体操 有益之运动 兵式体操
学　时	各年级均每周 3 学时	各年级均每周 3 学时

资料来源：参见王华倬著：《中国近现代体育课程史论》，北京：高等教育出版社 2004年版，第 51 页。

从表 4-1-2 我们可以看出，日本和中国的课程内容几乎完全一致。不同之处在于高等小学堂课程内容表述上，日本叫"游戏"，而清末叫"有益之运动"。其实，"有益之运动"和"游戏"两者在实质内容上没有什么差别。

《奏定学堂章程》的制定完全模仿照抄日本学制，其原因：一是，西方各国的民主政体与中国政情相距太远，其学制也同样难以接受。而日本是实行君主立宪制，主张的是"和魂洋才"，这与清政府主张的"中体西用"相近，所以其学制也易接受。二是，西方各国大多以英语为母语，即使非英语国家他们的语言也属拉丁语系，学生学起英语来也比较容易，在学制设计上没有必要过多地安排英语课程。而日本和中国一样，需要大量的时间进行外语教育，所以日本学制更有借鉴性。三是，日本自明治维新后，经 30 年努力已基本编定了与新学制配套的从初等教育到高等教育各阶段、各科目完整的学校教材。由日本直接引入更便捷。四是，日本是一个由吸收西方近代教育而走向富强的成功榜样。西方的许多东西已经经过了日本的消化和改造，中国直接吸纳、使用日本的学制，更容易成功，在心理上也更容易接受。

《奏定学堂章程》规定的课程内容中，没有我国传统体育内容（如武术），并不表明课程内容选择"全盘西化"。对此，学者苏竞存认为这并不是没有认识到武术的健身作用和尚武精神，也并非学习西方而排斥传统武术，可能是因为当时正当义和团运动之后，义和团被诬蔑为拳匪，清政府对武术非常忌避，一般人也回避之。

（2）体育课程内容选择以"社会需要"为取向。

癸卯学制时期的体操课特别重视兵式体操，与当时资产阶级革命派倡导的军国民主义和清政府宣传"尚武"精神有着密切关系。在资产阶级革命派倡导的军国民主义影响下,在教育上形成了一种军国民教育思潮,其教育思想是"通过对学生和全体民众进行尚武精神的培养和军事素质的训练,使他们具有军人的品德和体质,以达到抵御外侮、寓兵于民的教育思想"。军国民教育思想是在国家面临着严重危机时提出的,引起了清末有识之士的共鸣,而且得到了清政府的重视,并将其一些措施和规定落实到教育中,如明确将"忠君、尊孔、尚公、尚武、尚实"作为教育宗旨,强调中小学课程内容均要渗入军国民教育思想等等。《奏定学堂章程》的制定者们,为了实现其教育宗旨中"尚武"要求,提出"凡中小学堂各种教科书,必寓军国民主义,俾儿童熟见而习闻之。……稍长者以兵式体操严整其纪律,以造成完全之人格"[1]。并指出"学堂兵操万不可少",体操课程在高等小学堂和中学堂都要以"兵式体操为主"。[2]

军国民教育思想对我国近代教育及体育课程的发展产生了巨大的影响。其一,体育得到了前所未有的重视,结束了两千多年来我国传统的封建教育偏重德育和智育而忽略体育的状况。第二,充实了我国近代体操课程内容。

二、北洋军阀时期的体育课程内容

尽管清政府以"中学为体,西学为用"作为指导方针,力图通过引进西学来维护自身封建统治,但引进西方新教育的最终结果却加速了清王朝的灭亡。1911年10月,爆发了资产阶级领导的辛亥革命,推翻了我国两千多年的封建专制制度,孙中山建立了中华民国,不久袁世凯篡权担任总统,此后中国经历了一个北洋军阀轮流当政的时期。

(一)壬子癸丑学制课程内容的选择

1912年元旦,孙中山在南京宣誓就任临时政府大总统,1月3日任命蔡元培为教育总长。民国成立伊始,孙中山为首的临时政府,就颁布了有关学校教育的法令,对清末的教育进行了改革。1912年1月19日颁布了《普通教育暂行办法》和《普通教育暂行课程标准》[3]。《普通教育暂行办法》14条,规

---

① 《学部奏请宣示教育宗旨折》,见舒新城编:《中国近代教育史资料》上册,北京:人民教育出版社1961年版,第223页。

② 《奏定高等小学堂章程》、《奏定中学堂章程》,见课程教材研究所编:《20世纪中国中小学课程标准·教学大纲汇编·体育卷》,北京:人民教育出版社2001年版,第6页、第388页。

③ 陈学恂主编:《普通教育暂行课程标准》,《中国近代教育史教学参考资料》中册,北京:人民教育出版社1987年版,第168～175页。

定清末各学堂一律改称学校。各种教科书务必合于共和民国宗旨,禁用清学部颁行的教科书。民间流行的教科书凡内容与形式具有封建性质而不符合共和国宗旨者,即予改正。《普通教育暂行课程标准》共 11 条,规定初等小学、高等小学和中学校全部开设"体操"课程。这两个文件,是民国初年改革封建教育的纲领性文件,对保障政体变更之际普通教育的顺利过渡和稳定发展起到了重要作用①。

1912 年 9 月初,教育部正式公布了民国学制系统的结构框架,因当年为阴历壬子年,故称该系统框架为壬子学制。壬子学制公布后到 1913 年 8 月,教育部又陆续公布了一系列的文件,充实了壬子学制,有些与壬子学制略有出入,但无碍壬子学制的结构框架,综合起来形成了一个全面完整的学制系统称为壬子癸丑学制,又称 1912~1913 年学制。

壬子癸丑学制主系列划分为三段四级。初等教育段分初等小学和高等小学两级共 7 年。其中初等小学校 4 年,为义务教育,高等小学校 3 年。中等教育段设中学校 4 年,不分级。高等教育段不分级,设立大学。

壬子癸丑学制所颁布的法令中,与基础教育体育课程相关的法令主要有《小学校教则及课程表》(1912)和《中学校令施行规则》(1912 年)和《中学课程标准》(1913 年)。体育课程的名称仍然叫"体操"。

1. 壬子癸丑学制时期的体育课程内容。

初等小学校体操课的教学内容由《小学校教则及课程表》②规定,具体内容见表 4-1-3。

表 4-1-3 初等小学校体操课程内容及周课时(1912 年 11 月)

学年	第一学年	第二学年	第三学年	第四学年
体操	游戏	游戏、普通体操	游戏、普通体操	游戏、普通体操
周课时	4	4	3	3

高等小校体操课内容由《小学校教则及课程表》③规定,具体内容见表 4-1-4。

---

① 参考孙培青主编《中国教育史(修订版)》,上海:华东师范大学出版社 2000 年第 2 版,第 357~358 页。

② 课程教材研究所编:《20 世纪中国中小学课程标准·教学大纲汇编·体育卷》,北京:人民教育出版社 2001 年版,第 8 页。

③ 课程教材研究所编:《20 世纪中国中小学课程标准·教学大纲汇编·体育卷》,北京:人民教育出版社 2001 年版,第 8 页。

表 4-1-4　　高等小学校体操课程内容及周课时(1912 年 11 月)

学年	第一学年	第二学年	第三学年
体操	普通体操、游戏、兵式体操(男)	普通体操、游戏、兵式体操(男)	普通体操、游戏、兵式体操(男)
周课时	3	3	3

中学校体操课内容由《中学校令施行规则》[①]和《中学校课程标准》[②]规定,两者要求相同。具体内容见表 4-1-5。

表 4-1-5　　中学校体操课程内容及周课时(1912 年 1 月)

学年	第一学年	第二学年	第三学年	第四学年
体操	普通体操、兵式体操	普通体操、兵式体操	普通体操、兵式体操	普通体操、兵式体操
周学时	男 3,女 2	男 3,女 2	男 3,女 2	男 3,女 2

注:女子中学校免课兵式体操,可代以舞蹈游戏。除了上述课程内容外,要求视地方情形,得在体操教授时间或时间以外,授适宜之户外运动或游泳。

另外 1914 年徐一冰在《整顿全国学校体育上教育部文》[③]中,建议将武术列为高等小学、中学、示范学校的正课。1915 年 4 月,北平体育研究会也在"全国教育会联合会"第一次会议上,委托北平教育会代为提出《拟请提倡中国旧有武术列为学校必修课》议案。该议案提倡小学体操科目改列为游戏、普通体操、武术;中学改列为普通体操、兵式体操、武术。[④] 同年教育部采纳了上述建议,武术以合法的形式被列入体育课程内容。

2. 壬子癸丑学制课程内容选择的特点。

壬子癸丑学制时期体育课程内容选择的特点与清末十年新政期间十分相似。

---

① 课程教材研究所编:《20 世纪中国中小学课程标准·教学大纲汇编·体育卷》,北京:人民教育出版社 2001 年版,第 391 页。

② 课程教材研究所编:《20 世纪中国中小学课程标准·教学大纲汇编·体育卷》,北京:人民教育出版社 2001 年版,第 392 页。

③ 徐一冰:《整顿全国学校体育上教育部文》,见国家体委体育文史工作委员会、全国体总文史资料编审委员会:《体育史料》(第 17 辑),《中国近代体育文选》,北京:人民体育出版社 1992 年版,第 22～25 页。

④ 中国体育史学会:《中国近代体育史》,北京:北京体育学院出版社 1989 年版,第 138 页。

（1）民国初年体操课程内容基本上沿袭了清末的体操课程内容。

民初与清末的体操课程内容没有差别。我们以民初高等小学校体操课程内容，与清末高等小学堂体操内容作一比较，就可以清晰地反映出这一点。

表 4-1-6　　　清末、民初高等小学校体操课程内容及学时比较

类别	第一学年	第二学年	第三学年	第四学年
清末（1904年）周学时3	普通体操、有益之运动、兵式体操	普通体操、有益之运动、兵式体操	普通体操、有益之运动、兵式体操	普通体操、有益之运动、兵式体操
民初（1912年）周学时3	普通体操、游戏、男兵式体操	普通体操、游戏、男兵式体操	普通体操、游戏、男兵式体操	

资料来源：课程教材研究所编：《20世纪中国中小学课程标准·教学大纲汇编·体育卷》，北京：人民教育出版社2001年版，第6页、第8页。

从表4-1-6中可见，民初体操课程内容与清末体操课程内容，完全一致。

（2）以"社会需要"为取向。

民初体操课程内容注重兵操，与当时国内外形势有着很大的关系。1914年，爆发了第一次世界大战，1915年，日本向袁世凯提出灭亡中国的二十一条。全中国掀起爱国运动，教育界激发出强烈的爱国主义精神，提出要加强军国民教育，加强军事训练，挽救国家危亡。全国教育会联合会提出了《军国民教育施行方法案》，其中对体操课程内容有一些实施方法和要求[①]：小学校学生宜注重作战游戏；各学校应添中国旧有武技；师范学校及各中等学校之体操课时间内，宜于最后学年加授军事大要；中等以上学校之兵式体操最后学年，宜实行射击；各学校养成粗衣淡食之习惯，施行忍寒耐暑之操，奖励海水浴或冷水浴；各学校宜设体育会，各学校应由教职员率同学们厉行各种运动游技。这样就使体育课程内容的选择以"社会需要"为基本取向。

（3）非体操性质的内容进入课堂。

"视地方情形，得在体操教授时间或时间以外，授适宜之户外运动或游泳。"体操课上出现游泳和户外运动，这是在官方课程文件中第一次对课外活动做出的规定。同时，此时期武术也正式进入体育课程。内容的扩展，推动了体育课程的近代化，较之以往有很大的进步。

[①]　《军国民教育施行方法案》，见国家体委体育文史工作委员会、全国体总文史资料编审委员会：《中国近代体育议决案选编》，北京：人民体育出版社1990年版，第5～6页。

（二）壬戌学制时期体育课程内容的选择

1921 年 10 月 30 日，全国教育会联合会第七届年会以广东省提案为依据，参酌其余 9 省提案，形成了 1921 年学制系统草案。会后向全国征求修改意见，以便在来年召开的第八届年会上作最后决定。1922 年 9 月，教育部在北京专门召开了学制会议，会议对全国教育会联合会所提出的学制系统改革案稍作修改，又交同年 10 月在济南召开的教育会联合会第八届年会征询意见，最终于 11 月 1 日以大总统令公布了《学校系统改革案》。这就是 1922 年新学制，或称"壬戌学制"。由于采用的是美国式的六三三分段法，又称"六三三学制"。

1. 壬戌学制时期体育课程内容。

1923 年 9 月公布了中小学课程标准纲要，完成了学制改革。这次教育改革的突出特点是学校教育从过去的模仿日本，转为仿效美国，是我国近代体育课程发展史上的一个重要转变。壬戌学制和《新学制课程标准纲要》中，正式把学校的"体操科"改为"体育课程内容"，废除了学校兵操，我国学校体育课程内容发生了重大的变化。

废除了过去中小学的兵操，以田径、体操、球类、游戏等为主要内容。与过去兵操内容相比，多样化的内容比较符合中小学生的生理心理特点，有利于学生积极性的提高。初中把生理卫生纳入体育课程内容，高中体育包括了卫生法、健身法和其他运动三方面。这样实践课的学习和理论知识学习结合起来，体育课程走向科学化的发展方向。

在课程内容实施过程中，由于缺乏新的体育师资，新的内容所需场地、器械经费方面耗用较大，实施起来很困难，实际的教学中出现了仍以旧内容为主的现象。另外，受实用主义教育思潮的影响，在课程内容方面曾进行过模仿职业动作代替体育教学的尝试，如模仿打猎、捕鱼、伐木等动作代替体育活动。这是不符合体育教学规律的。

2. 壬戌学制时期体育课程内容选择的特点。

壬戌学制的制定，无论是指导思想还是模仿对象都发生了变化，因此壬戌学制的体育课程内容选择出现许多新的特点。

（1）课程内容设置的科学性有明显提高。

课程内容引进了西方的竞技，如田径、体操、球类，多样化的课程内容设置更加符合中小学生的生理、心理特点，有利于提高体育学习的积极性，这与单调划一的兵式体操相比较，无疑是一个进步。这时期，课程内容增加了理论知识，改变了过去体操科只有"技"的情况，增加了知识的含量。这时期出版了《新学制体育教材》,体育学科的发展向着科学化方向迈进。

(2)课程内容选择受实用主义教育思想影响。

19世纪末20世纪初,美国面临着自由资本主义向垄断资本主义转型的深刻社会变动,然而,美国的学校制度却依然沿袭着传统教育的旧传统,形式主义的呆板的教育仍占统治地位。在这种形势下,杜威的实用主义教育思想应运而生。针对传统教育脱离社会、脱离儿童、脱离实际的弊端,实用主义教育提出了"教育即生长"、"教育即生活"、"学校即社会"、"儿童是中心"、"做中学",重视教育与生活、学校与社会的联系,强调教育的实用性、生活性,反对传统教育中的形式主义、机械主义,形成了一套实用主义教育关于课程、教材及教法的理论。实用主义教育思潮对20世纪20年代的中国教育产生了深刻的影响,在1922年公布的新学制及次年公布的《新学制纲要》中,都有所体现。在课程内容上,取消了违背儿童身心特点的兵操,以田径、体操、球类、游戏等为主,这明显是受到了杜威"儿童中心"、"兴趣中心"等观点的影响。

总之,近代自1904年癸卯学制正式设置体育课程以来,至1922年的学制和课程改革,我国体育课程内容设置经历了从"背离儿童青少年身心特点的兵操内容",到"努力适应儿童青少年身心特点的现代体育内容"的转变过程,实现了从"体操"到"体育"的飞跃。

三、国民党统治时期的体育课程内容选择

以蒋介石为代表的国民党掌握政权以后,在教育宗旨及方针政策方面进行了重大改变,但学制却基本继承了1922年新学制。1922年新学制实施以后,虽然各地实行未久,利弊得失并不显著,但南京国民政府成立后,出于推行"三民主义"教育的需要,又动议修订学制系统。1928年5月中华民国大学院第一次全国教育会议上,提出《整理中华民国学校系统案》,即"戊辰学制"。"戊辰学制"颁定后直到1937年抗日战争爆发,其间经过多次局部增删调整,留下了南京国民政府统治时期政治、经济发展的烙印。但1922年学制的基本框架未变,只是根据时局需要适当局部变通而已。[①] 虽然南京国民政府统治时期,学制系统的变化不大,但体育课程内容却有着很大变化。

国民党统治时期,教育部于1929年、1932年、1936年、1940年(小学1942年)、1948年分别进行了5次课程标准的修订,其中,1948年的没有实

---

① 参考孙培青主编:《中国教育史(修订版)》上海:华东师范大学出版社2000年第2版,第422~423页。

施。1929 年的课程标准称为"暂行课程标准",1932 年的课程标准称为"正式课程标准",1936 年的课程标准称为"修正课程标准",1940 年只修订了中学课程标准,称为"重新修正课程标准"。

(一)国民党统治时期课程内容的设置。

1. 暂行课程标准时期的体育课程内容

1929 年,国民政府颁布了《小学课程暂行标准总说明》、《小学课程暂行标准——小学体育》、《初级中学暂行课程标准说明》、《初级中学体育暂行课程标准》、《高级中学普通科暂行课程标准说明》、《高级中学普通科体育暂行课程标准》,对中小学体育课程的内容进行了规定。

课程内容的设置,在小学设 4 类内容,在初中和高中各设 7 类内容,具体内容安排见表 4-1-7。

表 4-1-7　　　　　　小学、初中、高中体育教材(1929 年)

小学	初中	高中
1. 游戏 低年级:唱歌、故事、感觉、模拟等游戏 中年级:感觉、竞技、竞争、模拟等游戏 高年级:竞技、竞争等游戏 2. 舞蹈 低年级:听琴动作、简易土风舞 中、高年级:歌舞、土风舞 3. 运动 低年级:模仿运动 中年级:模仿、机巧、简单球类运动 高年级:球类(蓝、足、队球等游戏)、田径(跑、跳远、跳高、掷远、立定跳远)、器械运动(低架高架跳法、垫上)	1. 游戏活动:球类、溜冰、划船等 2. 天演的活动:田径运动、游泳 3. 护身技能:国术、角力等 4. 自试活动:垫上运动、重器械体操及各种技巧运动 5. 韵律活动:各种土风舞、形意舞、运动舞等,及各种行进 6. 野外活动:远足、旅行、登山、营宿、骑乘、渔猎等 7. 个人体操改正及医疗体操:身体有特殊之缺点,不适于他种活动者习之	1. 游戏活动:陆地上、草地上、地板上、水上、冰上、各种个人和团体的游戏 2. 天演的活动:田径运动、游泳 3. 护身技能:国术、角力等 4. 自试活动:角力、武术、垫上活动、重器械上活动和各种机巧动作 5. 韵律活动:各种土风舞、形意舞、运动舞,各种行列及行进 6. 野外活动:远足旅行、野外采集、登山、营宿、骑乘、渔猎等

续表

小学	初中	高中
4. 其他 低、中、高年级：姿势训练、准备操		7. 个人体操：各种医疗体操及适于个人的各种自然活动

资料来源：课程教材研究所编：《20 世纪中国中小学课程标准·教学大纲汇编·体育卷》，北京：人民教育出版社 2001 年版，第 12 页、第 394 页、第 398 页。

通过对表 4-1-7 的分析，结合三个课程标准对体育教学的要求，本时期体育课程内容呈现出几个明显的特点：

第一，体育教学内容是按照活动进行分类的。小学分游戏、舞蹈、运动和其他 4 类，初中和高中分为游戏的活动、天演的活动、护身技能、自试活动、韵律活动、野外活动和个人体操 7 类。这种以活动为中心进行的内容组织，保证了体育课程的纯净性。这一时期的体育课程是身体教育，并没有附丽过多的东西。

第二，明确地把体育课程内容分为课内和课外两类，并规定了相应的内容及教学时间。课内内容增加球类、田径、器械运动。课外内容分为课外运动、日常姿势比赛、定期运动会等。在教材与教法说明中，特别强调课内与课外的联系，对课外体育活动进行了系统的设计，这应该说是一个非常大的进步。

第三，球类、田径等竞技项目的引入，使体育课程内容有了现代体育的气息。

2. 正式课程标准时期的体育课程内容。

暂行体育课程标准试用三年后，教育部进行了修订，于 1932 年颁布了《小学课程标准·体育》、《初级中学体育课程标准》、《高级中学体育课程标准》，通称为正式课程标准。

小学阶段，根据儿童的身体、年龄、技术程度、心理、生理和生活的需要选择课程内容，把课程内容分为游戏、舞蹈、运动和其他等 4 类。初中课程内容分为游戏、机巧、器械、球类、田径、国术、舞蹈、天然活动、改正体操、基本练习及和缓运动共 11 类。高中阶段第一学年课程内容分为游戏、团体混合连续器械运动、球类、田径、国术、舞蹈、天然活动、改正体操、基本动作、和缓运动，第二学年分为 10 类，和第一学年基本相同，略有调整。第三学年 9 类，和第二学年同，略有调整，详细见表 4-1-8。

表 4-1-8　　　　　　　小学、初中、高中体育教材(1932 年)

小学	初中	高中
第 1、2 学年 4 类 1. 游戏:唱歌、故事、追逃模拟、竞技(如跳绳豆囊等)、乡土等游戏 2. 舞蹈 低年级:听琴动作、简易土风舞 3. 运动:模仿运动、远足、登山等 4. 其他:姿势训练、准备操等 第 3、4 学年 4 类 1. 游戏:追逃、竞技、竞争、模拟、乡土等游戏 2. 舞蹈:歌舞、土风舞 3. 运动:模仿、机巧、简单球类、田径(短跑、跳远、掷远、立定跳远、跳高)、远足、登山等 4. 其他:姿势训练、准备操等 第 5、6 学年 4 类 1. 游戏:竞技、竞争、乡土等游戏 2. 舞蹈:歌舞、土风舞 3. 运动:球类、田径、器械(低架高架各种跳法、垫上)、游泳、远足、登山 4. 其他:姿势训练、准备操等	第 1 学年 11 类 1. 游戏 2. 机巧运动 3. 活泼器械运动 4. 球类运动 5. 田径赛运动 6. 国术 7. 舞蹈 8. 天然活动(游泳、滑冰、爬山、骑乘、摇船及其他,课外尽量采用) 9. 改正体操,体格有缺点之学生选修 10. 基本练习,采用球类、田径、器械之基本动作,以自然之方法教授之 11. 和缓运动(不宜于激烈运动者选修之) 第 2 学年 11 类 除了第 1 学年中的"3. 活泼器械运动、10. 基本练习"分别改为"3. 团体混合连续器械运动、10. 自然体操"外,其他同第 1 学年 第 3 学年 11 类 除把第 2 学年的"3. 团体混合连续器械运动"改回同第 1 学年的"3. 活泼器械运动"之外,其余均同第 2 学年	第 1 学年 10 类 1. 游戏 2. 团体混合连续器械运动 3. 球类运动 4. 田径运动 5. 国术 6. 舞蹈 7. 天然活动,课外尽量采用 8. 改正体操,身体有缺陷者 9. 采取球类、田径、器械运动之基本动作,以自然之方法教导之 10. 和缓运动(不宜激烈运动者选修之) 第 2 学年 10 类 除第 1 学年中"2. 团体混合连续器械运动、7. 天然活动、9. 采取球类、田径、器械运动之基本动作,以自然之方法教导之"分别改为"2. 器械运动、7. 游泳、滑冰,课外练习、9. 基本练习"外,其他同第 1 学年 第 3 学年 9 类 去掉第 2 学年的"游泳、球类运动、基本练习",加"球戏、天然活动(游泳、滑冰、爬山、骑乘、摇船及其他,课外尽量采用)、团体混合连续器械运动",其余均同第 2 学年

资料来源:课程教材研究所编:《20 世纪中国中小学体育课程标准·教学大纲汇编·体育卷》,北京:人民教育出版社 2001 年版,第 17 页、第 405~406 页、第 411~412 页。

与暂行课程标准时期的体育课程内容相比,本时期体育课程内容有如下特点:

第一,体现了内容的层次性,更加符合学生身心发展的特点。各个学段内部不同年级的课程内容发生了变化。如小学分为一二学年、三四学年、五六学年三个层次;初中和高中三个学年的教学内容都有相应的变化。

第二,部分内容前置。从纵向上看,把田径运动、远足和登山提前安排在小学三、四年级开始。

第三,田径运动自成一类。在暂行课标期间,课程内容有"天演活动"一类,包括田径运动和游泳,野外运动包括远足、旅行、野外采集、登山、营宿、骑乘、渔猎等。此时期,田径运动自成一类。"天然活动"概念替代"天演活动"概念。

第四,课外体育更加受到重视。提出每天课外都要集体运动和个人自由活动。

3. 修正课程标准时期的体育课程内容。

此时期小学体育课程的政府文件主要有《小学课程标准总纲》、《小学中高年级体育课程标准》和《小学体育教授细目》[①]。中学体育课程的政府文件主要有《初级 高级中学课程标准总纲》[②]、《初级中学体育课程标准》[③]、《高级中学体育课程标准》[④]和《高级中学军事看护(女生)课程标准》[⑤]。从严格意义上讲,军事看护不能算作体育课程,这里不作讨论。

小学阶段课程内容分为游戏、韵律活动、体操、运动、其他 5 类。

初一学年课程内容包括体操、机巧运动、活泼器械运动、器械运动、田径、球类、天然活动、国术、舞蹈、游戏、改正体操、和缓运动 12 类,初二取消"器械运动",有 11 类,初三改初二的"活泼器械运动"为"团体混合器械运动",有 11 类。

高一学年课程内容分为体操、器械运动、团体混合器械运动、田径、球类、天然活动、国术、舞蹈、游戏、改正体操、和缓运动 11 类,高二学年取消"团体

---

① 王华倬著:《中国近现代体育课程史论》,北京:高等教育出版社 2004 年版,第 99 页。

② 课程教材研究所编:《20 世纪中国中小学课程标准·教学大纲汇编·课程(教学)计划卷》,北京:人民教育出版社 2001 年版,第 127~131 页。

③ 课程教材研究所编:《20 世纪中国中小学课程标准·教学大纲汇编·体育卷》,北京:人民教育出版社 2001 年版,第 417~422 页。

④ 课程教材研究所编:《20 世纪中国中小学课程标准·教学大纲汇编·体育卷》,北京:人民教育出版社 2001 年版,第 423~427 页。

⑤ 课程教材研究所编:《20 世纪中国中小学课程标准·教学大纲汇编·体育卷》,北京:人民教育出版社 2001 年版,第 429~432 页。

混合器械运动",有 10 类,高三同高二。详细内容见表 4-1-9:

表 4-1-9 　　　　　　　**小学、初中、高中体育教材(1936 年)**

小学	初中	高中
第 1、2 学年 5 类	第 1 学年 12 类	第 1 学年 11 类
1. 游戏:故事、追逃、竞技、球类、杂项等游戏	1. 体操	1. 体操
2. 韵律活动:唱歌、游戏、舞蹈、故事式的表演	2. 机巧运动	2. 器械运动
3. 体操:准备操、模仿操	3. 活泼器械运动	3. 团体混合器械运动
4. 运动:垫上、简单器械(跷板、滑板摇椅等)	4. 器械运动	4. 田径
5. 其他:远足、登山	5. 田径	5. 球类
第 3、4 学年 5 类	6. 球类	6. 天然活动(游戏、滑冰、爬山、骑乘、摇船及其他)课外尽量采用
1. 游戏:追逃、竞技、球类等游戏	7. 天然活动(游戏、滑冰、爬山、骑乘、摇船及其他)课外尽量采用	7. 国术(刀枪剑棍、石担、石锁及攻守法等)
2. 韵律活动:唱歌游戏、舞蹈、故事式的表演	8. 国术	8. 舞蹈
3. 体操:准备操、模仿操	9. 舞蹈	9. 游戏
4. 运动:垫上、简单器械、机巧、简单球类、田径(短跑、跳远、掷远、立定跳远、跳高)	10. 游戏	10. 改正体操(身体有缺陷者行之)
5. 其他远足、爬山、游泳、划船、滑冰	11. 改正体操(身体有缺陷者行之)	11. 和缓运动(不宜剧烈运动者选修之)
第 5、6 学年 5 类	12. 和缓运动(不宜剧烈运动者选修之)	第 2 学年 10 类
1. 游戏:竞技、球类等游戏	第 2 学年 11 类	去掉第 1 学年的"3. 团体混合器械运动",其余与第 2 学年相同
2. 韵律活动:唱歌游戏、舞蹈、故事式的表演、步伐	去掉第 1 学年的"4. 器械运动",其余与第 2 学年相同	第 3 学年 10 类
3. 体操:准备操、模仿操及普通体操、太极操	第 3 学年 11 类	同第 2 学年
4. 运动:垫上、简单器械、简单球类、简单田径运动	除把第 2 学年的"3. 活泼器械运动"改为"团体混合器械运动"外,其余同第 2 学年	
5. 其他:远足、爬山、游泳、划船、滑冰		

资料来源:课程教材研究所编:《20 世纪中国中小学课程标准·教学大纲汇编·体育卷》,北京:人民教育出版社 2001 年版,第 20 页、第 417~418 页、第 423~424 页。

修订课程标准时期的体育课程内容有如下的特点：

第一，规定高中女生进行"每周3学时，共1学年"的军事看护训练，以养成军事看护技术及其应用能力。

第二，减少了课时数。虽然这不是课程内容的变化，但却与课程内容的容量有关。1932年课程标准颁行后，各地学校，特别是中学普遍认为教学总时数过多，学生负担过重。因此，初、高中体育课时由原来的每周3小时减少到2小时；小学四、五、六年级保持原有课时，小学三年级减少到每周2小时。

4. 重新修正课程标准时期的体育课程内容。

在本时期，1940年教育部发布了《修正初级中学体育课程标准》、《修正高级中学体育课程标准》。1941年发布了在部分学校实验的《六年制中学体育课程标准草案》。1942年，教育部修订颁布了《小学体育科课程标准》。

1940年发布的《修正初级中学体育课程标准》中，规定了教材种类为体操、韵律活动、游戏运动、技巧运动、球类运动、竞技运动、自卫运动、水上及冰上运动和其他运动。具体"教材之选配以部颁初中体育教授细目为标准，教员得自选适当教材加以补充"①。研究者没有检索到"部颁初中体育教授细目"，故无法讨论具体的课程内容。《修正高级中学体育课程标准》与此相同，具体课程内容不论。

这里仅以1941的《六年制中学体育课程标准草案》和1942年的《小学体育科课程标准》为例，讨论本时期的体育课程内容。

小学中低年级体育课程内容分整队与走步、体操、韵律活动、游戏与运动等4大类，小学高年级分为整队与走步、体操与韵律活动、游戏与运动、国术（男）等五类（女4类）。

中学规定了体操、韵律体操、游戏运动、机巧运动、球类运动、竞技运动、自卫活动、水上及冰上运动、其他运动等9类。

详见表4-1-10、表4-1-11、表4-1-12：

---

① 课程教材研究所编：《20世纪中国中小学课程标准·教学大纲汇编·体育卷》，北京：人民教育出版社2001年版，第434页。

表 4-1-10   **小学中低年级体育教材(1942 年)**

类别	教材大纲	第1学年	第2学年	第3学年	第4学年
整队与走步	整队	1. 单双横队排列 2. 立正 3. 稍息 4. 向左(右)看齐 5. 报数(一二报数) 6. 向左(右)转	1. 继续前学年教材 2. 单双行纵队排列 3. 报数 4. 向后转 5. 向前看齐 6. 单双行分队 7. 向左(右)成2路走(原地由1路纵队成2路纵队) 8. 各2左(右)转弯走	1. 继续前学年教材 2. 4 路纵队分队 3. 半面向左(右)转 4. 向左(右)成4路走(原地由2路纵队成4路纵队) 5. 各4左(右)转弯走	1. 复习前学年教材 2. 各种基本整队联合练习
	走步	1. 踏步 2. 便步 3. 正步 4. 跑步 5. 立定 6. 左(右)转弯走 7. 换脚走	1. 继续前学年教材 2. 向左(右)转走 3. 向后转走 4. 向左(右)横步走 5. 向左(右)成2路走	1. 继续前学年教材 2. 向左右转立定 3. 左右成2路走 4. 左右2路转弯 5. 各2左右转弯走	1. 继续前学年教材 2. 向后转立定 3. 左(右)成4路走 4. 各4左(右)转弯走 5. 各种基本步伐联合练习
体操	徒手操	模仿操4种	模仿操4种	简易徒手操6种	简易徒手操6种
韵律活动	听琴动作	听琴动作6种	听琴动作6种		
	基本步伐舞蹈	听琴动作6种 1. 跑步 2. 跑跳步 3. 跑马步	听琴动作6种 1. 点步 2. 滑步 3. 踵趾步	1. 派克步 2. 通步 3. 踏跳步 4. 交换步 5. 舞蹈4种	1. 华士步 2. 华士跳步 3. 沙底士步 4. 绕跳步 5. 舞蹈4种

续表

类别	教材大纲	第1学年	第2学年	第3学年	第4学年
游戏与运动	游戏	1. 故事游戏8种 2. 追逃游戏4种 3. 竞争游戏4种	1. 故事游戏8种 2. 追逃游戏4种 3. 竞争游戏4种	1. 追逃游戏6种 2. 竞争游戏6种	1. 追逃游戏6种 2. 竞争游戏6种
	简易垫上运动	1. 单脚跳 2. 双脚跳 3. 单跳双落 4. 弯体画地 5. 分膝全蹲	1. 继续前学年教材 2. 连续单跳双落 3. 双手—脚行走 4. 膝行 5. 对立推 6. 侧滚翻	1. 继续前学年教材 2. 跳起空中击踵 3. 坐地起立 4. 对蹲双腿交换屈伸 5. 虎跳 6. 手撑地向前滚翻 7. 蹲身跳扑	1. 继续前学年教材 2. 向前滚翻抱腿起立 3. 仰卧起坐 4. 横立弯体 5. 连续向前弯翻 6. 向前弯翻 7. 蛇脱谷
	竞技运动			1. 30米赛跑 2. 立定跳远 3. 立定跳高 4. 垒球掷远	1. 50米赛跑 2. 跳远 3. 跳高 4. 垒球掷远及掷准

资料来源:课程教材研究所编:《20世纪中国中小学课程标准·教学大纲汇编·体育卷》,北京:人民教育出版社2001年版,第23~24页。

表 4-1-11　　　小学高年级体育教材(1942年)

类别	教材大纲	第5学年（男生）	第5学年（女生）	第6学年（男生）	第6学年（女生）
整队与走步	走步	1. 继续前学年教材 2. 左右转弯走 3. 向左(右)成横排走 4. 各种基本走法联合练习	同男生	1. 继续前学年教材 2. 单4左(右)转弯双4右(左)转弯走 3. 各4中轴左(右)转弯走 4. 基本走法联合练习	同男生

续表

类别	教材 大纲	第 5 学年 （男生）	第 5 学年 （女生）	第 6 学年 （男生）	第 6 学年 （女生）
体操	徒手操	徒手操 6 种	徒手操 6 种	徒手操 6 种	徒手操 6 种
韵律 活动	基本步 伐与舞 蹈	1. 基本步伐练习 2. 舞蹈 2 种	1. 基本步伐练习 2. 舞蹈 8 种	1. 基本步伐练习 2. 舞蹈 2 种	1. 基本步伐练习 2. 舞蹈 6 种
游戏 与运动	游戏	1. 追逃游戏 6 种 2. 竞争游戏 6 种	1. 追逃游戏 6 种 2. 竞争游戏 6 种	1. 追逃游戏 6 种 2. 竞争游戏 6 种	1. 追逃游戏 6 种 2. 竞争游戏 6 种
	垫上 运动	1. 继续前学年教材 2. 仰卧起坐 3. 蛙式跳 4. 分腿腾跃过背 5. 交换俯卧仰卧 6. 跳起手击足尖 7. 直体倒地 8. 背上滚翻 9. 连续向后滚翻	1. 继续前学年教材 2. 踏自由车 3. 蟠腿下蹲 4. 衡立屈膝 5. 双人钩背坐地起立 6. 仰卧起立 7. 跳起手击足尖 8. 携手翻身	1. 继续前学年教材 2. 蹲立鱼越滚翻 3. 倒立足爬墙 4. 头手倒立 5. 双人前后滚翻 6. 连续向前后滚翻 7. 提手前翻 8. 提手后翻 9. 钩肘背上滚翻	1. 继续前学年教材 2. 蹲立鱼越滚翻 3. 单足绕转 4. 单足跳画地 5. 蹲立握踝互撞 6. 双人摇椅 7. 鱼越滚翻 8. 分腿腾跃过背
	叠罗汉	叠罗汉 2 种	叠罗汉 2 种	叠罗汉 2 种	叠罗汉 2 种
	竞技 运动	1. 复习第 3、4 学年教材 2. 掷篮球 3. 跳栏 4. 爬绳 5. 爬杆	1. 复习第 3、4 学年教材 2. 掷篮球	1. 复习第 3、4、5 学年教材 2. 推铅球（6 磅） 3. 撑竿跳高	1. 复习第 3、4、5 学年教材 2. 推铅球（6 磅） 3. 撑竿跳远
	球类 运动	1. 篮球基本练习 2. 低网排球 3. 小橡皮球 4. 垒球基本练习 5. 圈网球	1. 篮球基本练习 2. 低网排球 3. 垒球基本练习 4. 圈网球	1. 篮球 2. 低网排球 3. 小足球 4. 垒球 5. 圈网球	1. 篮球 2. 低网排球 3. 垒球 4. 圈网球

续表

类别	教材大纲	第5学年（男生）	第5学年（女生）	第6学年（男生）	第6学年（女生）
国术	国术基本动作及简易国术	国术基本动作练习		简易国术2种	

资料来源：课程教材研究所编：《20世纪中国中小学课程标准·教学大纲汇编·体育卷》，北京：人民教育出版社2001年版，第25～26页。

表 4-1-12　　　　　　　　　中学体育教材（1941年）

类别	第1学年	第2学年	第3学年	第4学年	第5学年	第6学年	说明
	男女	男女	男女	男女	男女	男女	
体操	10 10	10 10	5 5	5 5	5 5	5 5	走步与各式体操，男女同
韵律	5 25	5 25	5 25	5 25	5 25	5 25	男：土风舞，踢踏舞；女：舞蹈与舞剧
游戏	20 15	15 10	10 10	10 10	5 5	5 5	各种非正式游戏，男女同
机巧	15 10	15 10	20 10	20 15	20 10	20 10	垫上、器械运动及叠罗汉，男女同
球类	10 10	15 15	15 15	15 15	20 20	20 20	各种通行球戏，男女同
竞技运动	15 10	15 10	20 15	20 15	20 15	20 15	男女：田径赛竞走等个人与团体竞技，男：越野及障碍、接力等
自卫活动	10 5	10 5	10 5	10 5	10 5	10 5	男：拳术、劈刺、击剑、角力、摔跤等女：拳术击剑等
水上及冰上	10 10	10 10	10 10	10 10	10 10	10 10	男：游泳、水球、救生、划船、滑冰等女：游泳、救生、划船、滑冰等
其他运动	5 5	5 5	5 5	5 5	5 5	5 5	男女：爬山、自由车、踢毽子、露营，男：骑射、驾驶、滑翔、跳伞

注：以上表中数据为课程内容的百分比。

资料来源：课程教材研究所编：《20世纪中国中小学课程标准·教学大纲汇编·体育卷》，北京：人民教育出版社2001年版，第443页。

本时期体育课程内容出现了如下新的特点：

第一，课程内容更加细化。两个课程标准都详细地规定了各年级各项课程内容的细目，男女生的学习内容比例。特别是小学课程标准对教学内容的规定更加详细、具体。

第二，男女生体育学习内容区别明显。这充分体现了对学生差异性的重视。

（二）国民党统治时期课程内容的选择特点

1. 课程内容的选择注重了自然性的活动。

自然主义体育思想作为一种较为先进、科学的体育思想，影响了我国体育课程的发展，在国民党统治的 22 年中，一直占有主导地位。自然主义体育思想其中两个观点，影响着课程内容的选择。一是自然主义体育思想推崇自然性体育活动，如游戏、舞蹈、户外竞技运动、野外活动和各种基本技巧（跑、跳、攀登、爬越、举重、搬运等）。体育课程内容尽量与天然活动相一致。二是否定"人为活动"。认为"形式化的体操和体育，是教育中的畸形现象"[1]，它"虽然对改正姿势有贡献，在教育上无大价值也……此种教材宜在摒弃之列"[2]。这两种观点影响了课程内容的选择，在课程内容的选择上，批判了军国民时期以兵操为主课程内容对人的约束性，引进了近代田径、球类等"包含许多人的自由在内"的运动，使近代体育项目进入学校体育课程内容，也促进了体育课程内容的近代化。

但是，在肯定国民党统治时期课程内容设置积极意义的同时，不能不看到它对我国课程内容的发展所带来的一些消极影响。受自然主义体育思想影响，课程内容的选择崇尚自然性体育活动，认为"形式化的体操和体育，是教育中的畸形现象"[3]，它"虽对改正姿势有贡献，在教育上无大价值也……此种教材宜在摒弃之列"[4]。受这种思想观念的影响，体育课程内容在摒弃"兵操"的同时，现代体操内容也被轻视，体操的意义被贬低，从而使体操项目的开展受到影响。

2. "学生为中心"的体育课程内容选择取向。

自然主义体育思想，以法国启蒙思想家卢梭为代表人物，其基本思想是：

---

① 威廉士：《体育组织与管理》，1922，见《大百科全书体育卷》，第 404 页。
② 吴蕴瑞，袁敦礼：《体育原理》，北京：勤奋书局 1933 年版，第 128 页。
③ 威廉士：《体育组织与管理》，1922，见《大百科全书体育卷》，第 404 页。
④ 吴蕴瑞，袁敦礼：《体育原理》，北京：勤奋书局 1933 年版，第 128 页。

以儿童为中心,让青少年儿童按照自然适应性原则去自主进行运动学习和体育锻炼,运动学习和体育锻炼的内容要符合儿童的兴趣和本能冲动,强调健康强壮的身体是对儿童进行智育和德育的物质基础,强调运用自然手段锻炼身体,通过身体运动来教育人,形成知识和技能,并从中获得乐趣。在自然主义体育思想指导下,体育教学中常常表现为学生的兴趣满足和启发模式,根据学生不同年龄、性别而选择不同的教学内容、方法和形式,以适应学生对体育活动的不同需要。但是,自然主义的"兴趣"教学,片面强调学生的中心地位,忽视了教师的主导作用,容易导致"放羊式"教学。

通过回顾近代以来到新中国成立前的体育课程内容的选择可清楚地看出,我国体育课程内容的选择始终受到国外的影响,先是引进德国、日本体现军国主义思想的兵式体操及普通体操,后又引进欧美体现自然主义思想的西方现代体育运动。引进和借鉴国外先进的体育课程理论来建立具有中国特色的课程理论是非常必要的,但是不能简单移植。我们既要重视对国外先进体育理论和内容的引进,同时也要重视我国的体育传统,根据我国实际情况的需要构建具有中国特色的体育课程内容体系。

第二节　新中国成立后体育课程内容的选择及特点

我国著名课程论专家白月桥先生提出:"新中国基础教育课程教材的发展历程,与新中国社会历史发展的阶段性是一致的。新中国基础教育课程发展分为五个时期:社会主义改造时期的课程(1949～1957);全面开始社会主义建设时期的课程(1958～1965);'文化大革命'时期的课程(1966～1976);拨乱反正全面恢复时期的课程(1977～1985);改革开放高速发展时期的课程(1985年至今)。"

李晋裕、腾子敬、李永亮在《学校体育史》中,参照中华人民共和国教育史的分期,结合学校体育的特点,将学校体育发展史划分为四个时期:建国初期的学校体育(1949～1956);社会主义探索时期的学校体育(1956～1966);"文化大革命"时期的学校体育(1966～1976);具有中国特色社会主义建设时期的学校体育(1976～1999),这时期包含三个过程:历史转变时期的学校体育(1976～1982)、改革开放初期的学校体育(1982～1992)、社会主义市场经济探索时期的学校体育(1992～1999)。

我们在前人观点的基础上,可将体育课程内容的发展历程划分为四个时期:建国初期的体育课程内容(1949～1957);社会主义建设探索时期的体育课程内容(1958～1965);"文化大革命"时期的体育课程内容(1966～1976);具有中国特色社会主义建设时期的体育课程内容(1977～至今)。具有中国特色社会主义建设时期体育课程内容又可分为四个过程:拨乱反正、全面恢复时期的体育课程内容(1977～1982)、改革开放初期的体育课程内容(1983～1992);社会主义市场经济探索时期的体育课程内容(1993～2000)、素质教育下改革探索时期的体育课程内容(2001～至今)。从体育课程内容结构变化的视角看,体育课程内容可以分"基本＋补充"、"基本＋选用"、"必修＋选修"和"目标统领内容"四个阶段。体育课程内容结构变化的阶段与学校体育发展的历史时期对应情况,见表4-2-1。

表4-2-1 新中国体育课程内容四个阶段所对应的学校体育发展历史时期

新中国体育课程内容的四个阶段	学校体育发展历史分期
"基本＋补充"课程内容结构	一、建国初期(1949～1957)
"基本＋选用"课程内容结构	二、社会主义建设探索时期(1958～1965)
	三、"文化大革命"时期(1966～1976)
	四、具有中国特色社会主义建设时期(1977～至今)
	(一)拨乱反正、全面恢复时期(1977～1982)
	(二)改革开放初期(1983～1992)
"必修＋选修"课程内容结构	(三)社会主义市场经济探索时期(1993～2000)
"目标统领内容"课程内容结构	(四)素质教育下改革探索时期(2001～至今)

一、"基本＋补充"课程内容结构阶段的课程内容

这一时期国家在1950年颁布了《小学体育课程暂行标准(草案)》,在1956年颁布了《小学体育教学大纲(草案)》和《中学体育教学大纲(草案)》。

(一)1950年《小学体育课程暂行标准(草案)》中课程内容的选择

主要包括七大类:整队和步伐、体操、舞蹈、游戏、技巧运动、球类运动、田径。一、二年级开设游戏、舞蹈、整队和步伐、体操四项内容,在三、四、五年级开设技巧运动、田径运动、球类运动。各种项目在各年级的分配比见表4-2-2:

表 4-2-2　　　**1950 年《小学体育课程暂行标准(草案)》**
各年级课程内容及百分比(％)

活动项目 \ 学年 百分比	游戏	舞蹈	整队和步伐	体操	技巧运动	田径运动	球类运动
一	40	30	20	10			
二	35	30	20	15			
三	25	20	15	15	5	7	13
四	10	10	20	20	10	10	20
五	5	10	20	20	13	12	20

资料来源:课程教材研究所编:《20 世纪中国中小学课程标准·教学大纲汇编·体育卷》,北京:人民教育出版社 2001 年版,第 34 页。

在《小学体育课程暂行标准(草案)》中,提出了教材编选要点,这相当于后面大纲所提出的教材选编原则。包括:(1) 切合儿童的身心发育程度,并配合时令和环境;(2) 充分把社会环境中劳动生产、日常生活所表现的动作,例如:摇船、推车、锄地、拔草、打椿等,当作教材;(3) 注意采取儿童天真生动的活动;(4) 内容最好具有爱国的思想教育的意义,并适合儿童的兴趣;(5) 要适当地联系其他学科(尤其要和音乐、卫生等互相配合),并适当地结合学校和社会的中心活动;(6) 内容和形式要多变化,以使儿童感兴趣,并且便于大肌肉活动;(7) 游戏活动应力求简单易行,并注意使全体儿童都有活动的机会;(8) 田径运动和球类运动,技巧和舞蹈,应多注意基本动作和最浅近的活动技术;(9) 体操和早操教材的难易,应按儿童的年龄和儿童各部分肌肉的平衡活动而定,并须适合季节性。[①]

这些教材选编要点就是我们现在理解的课程内容选择要点,教材选编要点体现出当时课程内容选择的特点:第一,注重课程内容的基础性。这一特点可从教材选择要点(7)(8)中体现出。第二,课程内容的选择注重了符合儿童的身心特点。这一点可从(1)(3)(4)(6)(9)中得出。第三,课程内容的选择注重了实用性。这一点可从(2)(5)要点中看出。第四,课程内容注重了全

[①]　课程教材研究所编:《20 世纪中国中小学课程标准·教学大纲汇编·体育卷》,北京:人民教育出版社 2001 年版,第 35 页。

面性。内容选择了七大类，与以往相比，内容多而且全面。

《小学体育课程暂行标准（草案）》是建国后第一个正式实施过的体育课程标准，规范了小学体育课程内容，对我国体育课程教材建设具有重要的意义。

（二）1956 年《小学体育教学大纲（草案）》、《中学体育教学大纲（草案）》课程内容的选择

1956 年 3 月，教育部正式公布了全国统一通用的《小学体育教学大纲（草案）》。这个大纲由"说明"和"大纲"两部分组成。"说明"部分规定了课程目标、教学内容、教学时数、教学的基本要求。"大纲"部分分别列出了小学一至六年级的教学内容、基本要求。

小学课程内容分为基本体操和游戏两大类，基本体操包括队列练习和体操队形练习的基本动作，一般发展和准备的练习，走和跑、跳跃、投掷、平衡、攀登、爬越等；游戏按活动量大、中、小分类编排。"小学一至六年级体育教育的主要手段是基本体操和游戏。一二年级是以极简单的基本体操结合起来进行的游戏为主。三四年级基本体操和游戏在教材中占有同样的地位。五六年级是以基本体操为主，游戏所占的分量较少。"①大纲并没有对理论知识提出要求。小学课程内容分类见表 4-2-3：

表 4-2-3　　　　　　1956 年小学体育教学大纲课程内容分类

课程内容	基本体操	队列练习和体操队形练习的基本动作
		一般发展和准备的练习
		走和跑、跳跃、投掷、平衡
		攀登、爬越、悬垂（四年级以上）、支撑（五年级以上）
		搬运重物（三年级以上）、滚翻（五年级以上）
	游戏	活动量大的游戏
		中等活动量的游戏
		活动量小的游戏

资料来源：参考王华倬著：《中国近现代体育课程史论》，高等教育出版社 2004 年版，第 140 页。

---

①　课程教材研究所编：《20 世纪中国中小学课程标准·教学大纲汇编·体育卷》，北京：人民教育出版社 2001 年版，第 37 页。

　　1956 年 5 月,教育部正式公布了《中学体育教学大纲(草案)》。"大纲本文包括基本教材和补充教材两部分:基本教材是全国中学必须贯彻执行的教材;补充教材是为适应地区不同,各地中学体育教育发展不平衡或其他条件而编订的。"①

　　基本教材包括体操、田径、游戏 3 大项。各项教材以发展学生身体基本活动能力为中心进行选择和编排,它是在小学体育教学大纲基础上按照教材的系统性循序渐进编定的。各年级教材包括队列练习和体操队形练习,一般发展和准备性练习,悬垂、支撑、攀登、爬越、平衡、技巧练习、搬运重物,走、跑、跳跃,投掷,游戏等类。各类教材按各年级逐渐加深的方式反复排列。为区别男女性别差异,高中体育教材则按男生和女生分别进行排列。

　　"大纲内补充教材中的滑雪、滑冰、游泳的教材,有条件的(包括场地设备、师资、安全设备等)学校可以采用。"②1956 年中学体育教学大纲内容见表4-2-4:

表 4-2-4　　　　1956 年中学体育教学大纲课程内容分类

课程内容	基本内容	体操	队列练习和体操队形练习
			一般发展和准备练习
			悬垂、支撑、攀登、爬越、跳跃、平衡
			技巧练习、投掷(初)、搬运重物(初)
		田径	走和跑、跳跃、投掷
		游戏	
	补充内容	体操、田径、游泳、速度滑冰	
		游戏	
		滑雪	

　　资料来源:参见王华倬著:《中国近现代体育课程史论》,高等教育出版社 2004 年版,第 141 页。

---

① 　课程教材研究所编:《20 世纪中国中小学课程标准·教学大纲汇编·体育卷》,北京:人民教育出版社 2001 年版,第 459 页。

② 　课程教材研究所编:《20 世纪中国中小学课程标准·教学大纲汇编·体育卷》,北京:人民教育出版社 2001 年版,第 460 页。

（三）1956 年教学大纲课程内容选择特点

此阶段处于我国社会主义课程建设的初期。任何新生的政权在初期都会革故鼎新，推翻旧政府所建立的旧制度，实行新的制度。教育作为意识形态领域的重要组成部分，对维护新政权的思想统一有着不可替代的作用，因此，随着政权的更换，教育体制、教育内容也必然会发生相应的转变。这一阶段的体育课程内容明显表现出与国民党统治时期不一样的特点。

1. 课程内容统一。

这阶段大纲规定的课程内容都是必修内容，是单一必修的课程结构。为了适应地区气候和各地学校体育发展的不平衡性，编定了补充教材，并指出在不影响学生掌握基本教材，或学生已全部学完并掌握大纲基本教材，条件许可的情况下，可采用补充教材。

2. "拿来主义"的课程内容选择特点。

中华人民共和国成立后，我党实行的是全盘苏化的策略。就体育教学来说，新中国成立后不久我国体育理论界就开始学习苏联的体育教学理论和经验，翻译、研究苏联的体育教学大纲和体育教材。此阶段，我国的体育教学大纲是在全面模仿苏联体育教育大纲的基础上制定的，因此体育教学内容也大多是直接照搬苏联。

在建国初期这样一个特定的历史阶段，重视学习苏联体育教育先进经验，以苏联体育教育理论指导我国体育课程编制工作，可以少走弯路，对加快体育课程建设有是有益的。但是，此阶段我们学习苏联先进经验有余，而结合我国学校体育实际却不够，出现了我国近现代体育课程发展史上第二次的"拿来主义"。在课程内容方面表现出生搬硬套苏联的体育课程内容，并没有体现我们自己的特点。无论小学还是中学，都存在着内容种类少、内容不全面，但每类内容却很多、很繁杂的情况。

二、"基本＋选用"课程内容结构阶段的课程内容

在社会主义建设探索时期（1958～1965）、"文化大革命"时期（1966～1976）、拨乱反正和全面恢复时期（1977～1982）和改革开放初期（1983～1992），我国体育课程内容结构都是"基本＋选用"的模式，体现出了诸多的相似性。

（一）社会主义建设探索时期的体育课程内容

体育课程内容建设在这阶段出现一个进入低谷到逐渐回升的发展过程。

1958 年 5 月，党的八大二次会议制定了"鼓足干劲，力争上游，多快好省地建设社会主义"总路线后，全国掀起了工、农业生产"大跃进"的高潮。这一

高潮也波及教育领域,教育上和体育上的"大跃进"浪潮不可避免地影响了课程内容的建设。

最早是"四红""双红"运动对体育课程内容带来了影响。1958 年 10 月,国家体委和教育部在徐州联合召开全国中小学体育工作经验交流会,总结交流各地"体育大跃进"的经验,提出:"要紧跟全国工农业大跃进的形势,争取更大的跃进。年底以前,在中学实现除病残外 100％的学生分别达到《劳卫制》一级、二级等级运动员和普通射手的标准(即四红)","在小学实现除病残外 100％的学生分别达到《劳卫制》少年级和少年运动员的标准(即双红)"。明确要求"在 12 月底以前,全国基本上普及'四红',在'四红'的基础上培养三级运动员多面手,全面进行锻炼,进而培养二级运动员,并产生一级运动员和运动健将,为大放'卫星'打基础。青少年是实现全面发展和培养体育运动多面手最好的对象,各省、市、县要根据具体情况,统一安排,制定规划"①。这种短期搞突击性的"四红""双红"达标,打乱了正常的体育课教学秩序,影响了体育课程内容的实施。

接着就是"以劳动代替体育"、"以军训代替体育",从而影响了正常的体育课程内容学习。由于"左"的错误思想影响,学生和老师频繁参加劳动,使很多学校以劳动代替体育;在"大办民兵师"的过程中,又出现了以军训代替体育的倾向。

突出"四红"和盲目追求不切实际的高指标以及"以劳动、军训代替体育"的做法,曾受到一些专家和教师的反对。在当时开展的所谓"插红旗、拔白旗"的政治运动中,有的专家因此受到批判,定为"白旗"被拔掉。在连续三年的自然灾害期间,体育教学基本瘫痪,课程内容建设更是无从谈起。1958 年至 1961 年这一阶段,体育课程内容的选择处于混乱状态。

1960 年 11 月,中央文教小组召开文教会议,研究贯彻中央指示,落实"调整、巩固、充实、提高"的方针,开始纠正教育工作中"左"的错误。教育部在 1956 年第一部中小学体育教学大纲的基础上,重新制定颁布了第二部中小学体育教学大纲:《小学体育教材》②和《中学体育教材》③。体育课程内容也

---

① 韦悫:《贯彻中央体育运动的方针,在中小学展开群众性的体育运动》,《体育文丛》1958 年第 12 期。转引自李晋裕、滕子敬、李永亮:《学校体育史》,海口:海南出版社 2000 年版。

② 课程教材研究所编:《20 世纪中国中小学课程标准·教学大纲汇编·体育卷》,北京:人民教育出版社 2001 年版,第 75～90 页。

③ 课程教材研究所编:《20 世纪中国中小学课程标准·教学大纲汇编·体育卷》,北京:人民教育出版社 2001 年版,第 520～553 页。

在总结过去经验的基础上，进行了调整和改革。

《小学体育教材》的教学内容包括体操、田径、武术、游戏（包括球类）、体育知识五大类。小学低年级以游戏为主，占总学时的50％；中、高年级以游戏、体操和田径为主。这本教材包括教材纲要和教材两部分。"教材纲要是按年级分项目编写的，教材部分则是按项目分年级编写的。"[①]

《中学体育教材》把教材分为基本教材和选用教材两部分。基本教材约占总授课时数的80％。教材内容为体操、田径、武术、游戏（球类）、体育基本知识共五大项，这是一般学校都应使用和都能使用的；选用教材约占授课时数的20％，照顾各地、各校不同条件，灵活地选用其中某些教材。中学课程内容及分类见表4-2-5。

表 4-2-5　　　　　　　1961年中学体育教材课程内容分类

课程内容	基本内容80％	体操	队列和体操队形
			一般发展动作
			悬垂、支撑、攀登
			支撑跳跃
			技巧
		田径	跑、跳跃、投掷
		武术	
		游戏（球类）	
		体育基础知识	
	选用内容20％	体操	悬垂、支撑、攀登、技巧 支撑跳跃
		田径	跑、跳跃、投掷
		武术	
		球类	

资料来源：参见王华倬著：《中国近现代体育课程史论》，高等教育出版社2004年版，第153页。

1961年教学大纲提出的课程内容选择标准，是以能增强学生体质的课

---

① 课程教材研究所编：《20世纪中国中小学课程标准·教学大纲汇编·体育卷》，北京：人民教育出版社2001年版，第76页。

程内容为首要标准,将体操、田径、武术、游戏(篮球)运动项目作为能增强学生体质的内容。这一时期体育课程内容以运动项目为分类标准,按运动项目构建内容体系。

为了适应各地不同情况,大纲除了规定全国统一通用教材外,还规定了选用教材,各地区各学校可以根据自己的实际,减少或增加教材和降低或提高要求,灵活性大大增强,提高了大纲教材的适应性。另外,首次把体育基础理论知识纳为课程内容,武术也作为课程内容的一部分。

这份大纲无论从课程内容,还是内容选择的统一性与灵活性相统一等多方面都有不少创新,基本摆脱了苏联模式。它是根据我国实际情况和经验编定的,是我国体育课程内容本土化探索的结果,标志着我国具有自己特色的体育课程内容体系的形成。

(二) 拨乱反正、全面恢复时期的体育课程内容

1966 年至 1976 年,"文化大革命"掀起的极左思潮,先是否定了"文革"前17 年的教育,完全废止了原先的体育课程。"复课闹革命"后,各地又自行编制体育课程教材,处于无政府状态,割断了课程内容发展正常的历史延续性。它是体育课程内容发展历史上的特殊阶段。

"文革"结束后,教育部于 1978 年制定并颁布了《全日制十年制学校小学体育教学大纲(试行草案)》[①]及《全日制十年制学校中学体育教学大纲(试行草案)》[②]。这套体育教学大纲是在党的十一届三中全会之后,教育领域拨乱反正,进行了全面的恢复和发展的历史背景下,在批判十年动乱中的"以军代体"、"以劳代体"等错误的内容选择观下,总结过去体育课程内容发展经验的基础上颁布实施的。这次大纲的颁布,不仅使体育课程内容建设恢复到常态,而且还有些发展。

这两个大纲所规定的体育课程内容力图打破以运动竞赛为中心的编排体系,即"不能只是围绕体育比赛用得上的运动技术来编排教材,使学校只抓少数运动尖子,而忽视大多数,背离体育教学面向全体学生的基本要求。'打破以运动竞赛为中心的编排体系'并不是不要竞赛,更不是否定运动项目作为中小学体育教学内容的重要性"[③]。

---

① 课程教材研究所编:《20 世纪中国中小学课程标准·教学大纲汇编·体育卷》,北京:人民教育出版社 2001 年版,第 91～114 页。

② 课程教材研究所编:《20 世纪中国中小学课程标准·教学大纲汇编·体育卷》,北京:人民教育出版社 2001 年版,第 554～590 页。

③ 王占春:《新中国中小学体育教材建设与体育教学改革》,《深化学校体育教学改革的研究》,北京:人民教育出版社 1994 年版,第 64 页。

小学和中学课程内容都分为基本内容和选用内容,也称"基本教材"和"选用教材"。

大纲规定"基本教材简单易学,需用器材不多,能够全面地锻炼学生的身体,是一般学校都能完成的。各学校应将这部分内容作为体育课的主要教材,教师要教好,学生要学好、练好。如按规定时数不能完成基本教材,可适当占用选用教材时数";"选用教材是在完成基本教材的前提下,根据各地具体情况,因地制宜灵活选用。为了确保全面地锻炼学生身体,使用选用教材时不要过分集中于某一项";"球类教材大部分以游戏形式出现,有条件的学校也可以选球类教材"。[1]

小学一至三年级选用教材占 16%,四、五年级占 20%;中学一至三年级选用教材占 20%,四、五年级占 30%。[2]

小学的基本教材包括:体育基本知识;走和跑、跳跃、投掷;队列和体操队形、基本体操、技巧、支撑跳跃、低单杆;游戏;武术等 5 类。小学的选用教材包括:小篮球、小排球、小足球、乒乓球、游戏、民间体育、室内游戏等。

中学的基本教材包括:体育基本知识;跑、跳跃、投掷;队列、基本体操、技巧、支撑跳、单杠、双杠;球类;武术 5 类。选用教材包括:技巧、支撑跳跃、单杠、双杠、排球、足球、手球、游戏、游泳、速度滑冰、民间体育、武术等。

具体内容见表 4-2-6 和表 4-2-7。

表 4-2-6　　　　1978 年小学体育教学大纲课程内容分类

体育课程内容	基本内容	体育基本知识
		走和跑、跳跃、投掷
		队列和体操队形、技巧、基本体操、支撑跳跃、单杠(低)
		游戏
		武术
	选用内容	小篮球、小排球、小足球、乒乓球、游泳、室内游戏
		民间体育

资料来源:课程教材研究所编:《20 世纪中国中小学课程标准·教学大纲汇编·体育卷》,北京:人民教育出版社 2001 年版,第 93 页。

---

[1]　课程教材研究所编:《20 世纪中国中小学课程标准·教学大纲汇编·体育卷》,北京:人民教育出版社 2001 年版,第 92 页。

[2]　参见王华倬著:《中国近现代体育课程史论》,北京:高等教育出版社 2004 年版,第 165 页。

表 4-2-7　　　　　1978 年中学体育教学大纲课程内容分类

体育课程内容	基本内容	体育基本知识
		跑、跳跃、投掷
		队列、基本体操、技巧、支撑跳跃、单杠、双杠
		球类
		武术
	选用内容	技巧、支撑跳跃、单杠、双杠、排球、足球、乒乓球、手球、游戏、速度滑冰、武术、民间体育

资料来源：参见王华倬著：《中国近现代体育课程史论》，北京：高等教育出版社 2004 年版，第 153 页。

（三）改革开放初期的体育课程内容

1983 年 10 月 1 日，邓小平为北京景山学校题词："教育要面向现代化，面向世界，面向未来。""三个面向"为教育改革指明了方向。1985 年教育部改为"国家教育委员会"。1986 年公布了《中共中央关于教育体制改革的决定》，明确指出："在教育思想、教育内容、教育方法上，从小培养学生独立生活和思考能力很不够……不少课程内容陈旧、教学方法死板，实践环节不被重视……不同程度地脱离了经济和社会发展的需要，落后于当代科学文化的发展。"由此，开始了一场新中国教育体制改革和课程改革。1986 年成立了"全国中小学教材审定委员会"，提出"要积极、坚决地改革同社会主义现代化不相适应的教育思想、教育内容、教育方法，不误时机地抓好教材改革和建设"。1987 年国家教委颁发了《全日制小学体育教学大纲（六年制）》[①]和《全日制中学体育教学大纲》[②]。这套大纲是在 1978 年大纲的基础上修改而成的，是经过"全国中小学教材审定委员会"审定通过后，由国家教委颁布实施的，它是九年义务教育体育教学大纲颁布前的过渡性大纲。

---

① 课程教材研究所编：《20 世纪中国中小学课程标准·教学大纲汇编·体育卷》，北京：人民教育出版社 2001 年版，第 115～157 页。

② 课程教材研究所编：《20 世纪中国中小学课程标准·教学大纲汇编·体育卷》，北京：人民教育出版社 2001 年版，第 591～644 页。

1. 1987 年大纲所规定的体育课程内容。

1987 年《全日制小学体育教学大纲（六年制）》在第二部分"确定体育教学内容的原则"中规定了体育教学内容的确定原则，即思想性原则、增强体质的原则、科学性原则、理论联系实际的原则、全面性和兴趣性原则、统一性和原则性结合的原则、体育教材与《国家体育锻炼标准》相结合的原则七大原则。①

在"确定体育教学内容原则"的指导下，大纲规定教学内容分为体育常识和身体锻炼的实践教材两部分。所有教材分为基本教材和选用教材。基本教材占教学时间的 70%，选用教材占教学时间的 30%。

"基本教材面向全体学生，并力求全面而有效地锻炼学生的身体。这部分教材，难度不大，对场地、器材的要求也不高，各地区的学校都要积极创造条件，教好这部分教材。选用教材主要是为适应各种不同的条件，因地、因校，从实际出发灵活地选用。"②

对这些教材内容，小学低年级倾向于按人体基本活动能力分类，高年级则按运动项目分类。小学的基本教材包括体育常识和实践两部分，实践部分包括基本动作、游戏、唱游、田径、基本体操、技巧与器械体操、韵律活动、武术、小球类。

值得注意的是基本教材实践部分的"唱游"项目，是全日制小学教学计划中根据低年级儿童年龄特点规定的一门教学科目。它把唱歌（包括儿歌、对话）游戏结合起来，是一种促进儿童身心发展的手段和方法。由于它的教学任务、内容和方法大体与体育教学相似，不再单独制订唱游教学大纲，而是在小学体育教学大纲中包括了唱游教材的内容，小学体育课程内容及分类见表4-2-8。

---

① 课程教材研究所编：《20 世纪中国中小学课程标准·教学大纲汇编·体育卷》，北京：人民教育出版社 2001 年版，第 116~117 页。

② 课程教材研究所编：《20 世纪中国中小学课程标准·教学大纲汇编·体育卷》，北京：人民教育出版社 2001 年版，第 117 页。

表 4-2-8　　　　　**1987 年小学体育教学内容分类体系**

		理论部分	体育常识(1～6 年级)	
体育课程内容	基本教材	实践部分	基本动作(1～2 年级)	走和跑、跳跃、投掷、基本体操、技巧
			游戏(1～6 年级)	队列游戏、奔跑游戏、跳跃游戏、投掷游戏、对抗与负重游戏、球类游戏
			唱游(1～2 年级)	
			田径(3～6 年级)	走和跑、跳跃、投掷
			基本体操(3～6 年级)	队列和体操队形、徒手操、沙袋操、跳绳、攀登和爬越
			技巧与器械体操(3～6 年级)	技巧、支撑跳跃、低单杠
			韵律活动(3～6 年级)	律动、表情歌舞、集体舞、韵律体操
			武术(3～6 年级)	武术操、基本动作、少年拳
			小球类(4～6 年级)	小篮球、小排球、小足球、乒乓球
		选用教材:各地区根据本地实际情况自行选用		

资料来源:参见王华倬著:《中国近现代体育课程史论》,北京:高等教育出版社 2004 年版,第 182 页。

1987 年《全日制中学体育教学大纲》规定的中学体育课程内容确定原则与小学基本相同,只是第 4 条变成了"理论与实践相结合原则",第 5 条变成了"教材多样性和兴趣性原则",大同小异。

中学大纲对教材基本上按运动项目进行分类。基本教材分为体育基础知识和实践两部分,实践部分包括田径、基本体操、技巧与器械体操、球类、武术、舞蹈与韵律体操。选用教材也包括实践部分和理论部分。理论部分除规定教材外,可自选;实践部分包括技巧、支撑、单杠、排球、足球、乒乓球、手球、游戏、游泳、速度滑冰、民间体育和武术,供选择时参考。课程内容及分类见表 4-2-9。

表 4-2-9   1987 年中学体育课程内容分类体系

		理论部分	体育基础知识	
体育课程内容	基本教材	实践部分	田径	跑、跳跃、投掷
			基本体操	队列和体操队形、徒手操和轻器械操（轻器械操仅 6 年级）、棍棒操（1～3 年级）、跳绳（1～3 年级）、攀登和爬越、负重搬运、角力、球操或沙袋操（4～5 年级）
			技巧与器械体操	技巧、支撑跳跃、单杠（5 年级后仅男生）、双杠
			篮球	熟悉球性练习（1 年级）、基本技术、教学比赛、简单战术（4 年级以上）
			武术	武术操、基本动作和组合动作、少年拳、攻防动作（4 年级以上）、棍术一套（男 6 年级）、剑术一套（女 6 年级）
			舞蹈与韵律体操	
	选用教材	理论部分	除规定内容外，可自选	
		实践部分	技巧、支撑跳跃、单杠、排球、足球、乒乓球、手球、游戏、游泳、速度滑冰、民间体育和武术	

资料来源：参见王华倬著：《中国近现代体育课程史论》，北京：高等教育出版社 2004 年版，第 183 页。

1987 年大纲对教学内容的规定明显表现出两个特点。一是灵活性。大纲提高了选用教材的比重，小学 30％，初中 40％，高中 50％，并规定了上下浮动的幅度。除此之外，大纲还规定选用教材可"因地、因校，从实际出发灵活地选用"①。二是时代性。适时增加了时代感较强的"韵律体操和舞蹈"内容，而武术的内容稍有下降。

2. 1992 年大纲所规定的体育课程内容。

1986 年颁布了《中华人民共和国义务教育法》，新中国基础教育开始进入义务教育时期。根据《九年义务教育教学计划》，国家教委组织编写了九年义务

---

① 课程教材研究所编：《20 世纪中国中小学课程标准·教学大纲汇编·体育卷》，北京：人民教育出版社，2001 年版，第 593 页。

教育全日制小学、初级中学体育教学大纲。这套大纲于 1988 年完成初审稿，1990 年经过"全国中小学教材审定委员会"审定，在 1992 年 11 月开始试用。

1992 年大纲确定体育教学内容的原则有 7 条，即教育性原则、符合生理特征的原则、适应学生心理特征的原则、理论与实践相结合的原则、继承和发扬民族传统体育的原则、统一性和灵活性相结合的原则、与《国家体育锻炼标准》相结合的原则。这一原则体系与 1987 年大纲的原则体系相比较，主要变化是提出了"符合生理特征的原则"、"适应学生心理特征的原则"，而没有提"增强体质原则"和"科学性原则"；把"继承和发扬民族传统体育"确定为一条原则。这反映了对体育学科功能认识的拓宽，体现了通过体育全面育人的思想。

小学整个教学内容分为基本部分和选用部分。基本部分分为理论教学内容和实践教学内容。在实践部分，根据小学生不同年龄阶段身心发展的特点，低年级以发展儿童身体的基本活动能力为主，教学内容分为基本运动、游戏以及韵律活动和舞蹈三项；中高年级将各项运动的基本教学内容与发展身体素质练习教学内容分别排列，以保持运动项目的固有特点和增加锻炼身体的实效性。发展身体素质练习的教学内容与运动项目的基本技术相互配合。

小学一、二年级强调以基本动作为主，教材内容不做过细划分，分类结构简化，省去不论。三至六年级教材分类体系见表 4-2-10：

表 4-2-10 九年义务教育体育教学大纲小学 3～6 年级教材分类体系

教材内容	基本部分	体育卫生保健常识		
		身体锻炼内容	发展身体素质教材内容	灵巧、速度、耐力、力量、柔韧
				游戏
				韵律与舞蹈
			简单的运动项目	田径
				体操
				小球类
				民族传统体育
	选用部分（略）			

资料来源：参见王华倬著：《中国近现代体育课程史论》，北京：高等教育出版社 2004 年版，第 189 页。

小学体育大纲的"本文"部分详细地规定了各年级的教材内容。三至六年级,身体锻炼部分的内容,基本上按运动项目排列,但球类教材是以小球类为主,田径只是项目的名称与竞技体育相同,具体内容都经过再创造,体操从内容到形式,都是以身体锻炼为目标,编选比较简单的动作,与竞技体操只是有的器械名称相同,并把身体素质的动作单独分一类,与运动项目配合,以更好地实现体育教学目标。①

初中教材内容的分类方法、教材确定原则与小学相同。教材内容方面加大了选用教材的比重,拓宽选用教材的幅度,强调发展学生的身体素质,并把发展身体素质教材单独作为一类,强调"课课练"。具体分类体系见表 4-2-11。

表 4-2-11　　九年义务教育体育教学大纲初中体育教材分类体系

教材内容	基本部分	体育基础知识
		身体锻炼内容：田径、体操、球类、民族传统体育、韵律与舞蹈、身体素质
	选用部分	游泳、滑冰
		基本部分补充延伸
		地区、民族、民间体育
		其他

资料来源:参见王华倬著:《中国近现代体育课程史论》,北京:高等教育出版社 2004 年版,第 190 页。

1992 年两个义务教育体育大纲在体育课程内容方面表现出如下新特点。第一,在基本教材中,加大了理论教材的比重,着重于理论与实践的紧密结合。第二,把原来的"武术"教材拓展为"民族传统体育",编选了传统养生和健身等特色内容,体现了大纲在加强体育课程民族特点及中国特色方面的努力。第三,基本部分教材比重加大。与 1987 年大纲相比,提高了基本部分教材的比重,选用部分有所降低,选用部分的比重分别为:小学一～二年级 20%,三～六年级 30%;四年制初中一年级 30%,二～三年级 30%～16%;三年制初中 30%～16%。

---

① 参见王华倬著:《中国近现代体育课程史论》,北京:高等教育出版社 2004 年版,第 165 页。

（四）"基本＋选用"阶段体育课程内容的特征

"基本＋选用"阶段的体育课程内容呈现出如下特征。

1. 基本教材占统治地位。

1961年大纲首次设置了选修教材，约占总授课时数的20％，供各地、各校根据具体条件灵活选用，并规定：如果基本教材的授课时数不够，可以占用选用教材的授课时数。1978年颁布的中小学体育教学大纲分别规定了小学一～三年级选用内容占体育总课时16％，四、五年级占20％；中学一～三年级选用内容占体育总课时的20％，四、五年级占30％，同时规定基本内容是体育课的主要内容，如不能完成基本内容，可以适当占用选修内容的课时数。选修内容是在完成基本内容的前提下，根据各地具体情况，灵活选用。1987年大纲规定小学阶段，基本内容约占70％，选用内容约占30％；初中阶段，基本内容约占60％，选用教材约占40％，高中阶段，基本教材和选用教材各占50％。1992年大纲规定，小学阶段基本部分占全部教学内容的70％～80％，并规定"这部分内容是体现大纲统一性的主要构成部分，是保证全体学生全面、有效地锻炼身体的基本内容和基本要求。这部分内容……必须要面向全体学生，认真贯彻执行"。选用部分占全部教学内容20％～30％；初中阶段基本部分占整个教学内容的70％，选用部分占整个教学内容的30％。

从整体上看，此时期基本内容仍然占据着统治地位，是教材内容的主体。

2. 课程内容的选择以学科知识为基本取向。

从课程内容设置来看，除了小学一～二年级的课程内容是按人体基本活动能力进行分类外，小学高年级、初中、高中的体育课程内容都是以运动项目或以运动项目为主进行分类的。虽然1978年在中小学体育教学大纲的编写原则中明确提出，要打破以运动竞赛为中心的编排体系，但实际上并未打破，其教材体系基本上还是沿用了过去的模式，仍然以运动项目为主进行编排。1992年大纲内容采取综合分类的方法。所谓综合分类的方法就是在教材分类的第3层次上，将"发展身体素质练习"和"各项运动教学内容"并放在一起，目的是实现体育教学的综合效果。从实质看，此种分类还是以运动项目为主进行分类的，只不过增加了素质一项，把素质当成课程内容以引起人们对素质练习的重视。对于"综合分类"法，国内学者有不同的看法，这里不作详细的分析。

此阶段,伴随着每次大纲的颁布,课程内容都会有不同程度的变化。这种变化主要表现在课程内容量的增或删上,但以运动项目为主的分类体系没有本质上的变化,课程内容大部分仍然是运动项目的技术。因此,本时期体育课程内容的选择仍然是学科中心取向,忽视了学生的现实需要和未来工作生活的需要。

三、"必修+选修"阶段的体育课程内容

此时期是我国社会主义市场经济探索时期。1992年中国共产党第十四次代表大会确立了社会主义市场经济的新概念,并明确指出中国经济体制改革的目标是建立社会主义市场经济体制,进一步解放和发展生产力。如何使教育适合社会主义市场经济体制,更好地为社会主义建设服务,成为迫切需要解决的问题。1993年,中共中央国务院颁布《中国教育改革和发展纲要》,指出:"教育思想、教学内容和教学方法程度不同地脱离实际……进一步转变教育思想,改革教学内容和教学方法,克服学校教育不同程度存在的脱离经济建设和社会发展需要的现象。"1996年12月,国家颁发了与义务教育相衔接的《全日制普通高级中学体育教学大纲(供试验用)》。

(一)1996年《全日制普通高级中学体育教学大纲(供试验用)》的体育课程内容

此大纲在课程结构方面进行了新探索,第一次把课程分为学科类课程和活动类课程。明确规定"学科类课程是体育课程的主体,是实现体育教学目的和达到国家对高中学生体育基本要求的主要途径"[①]。学科类课程内容分为必选内容、限选内容和任选内容三部分。

必选内容是全体学生必须全部修习的内容,包括体育、保健基本理论知识和田径、体操、民族传统体育、发展身体素质练习。

限选内容是学校根据本校需要和可能,从大纲规定的限选项目中为学生选定修习的内容。限选内容包括韵律体操与舞蹈、足球、篮球、排球、游泳。大纲把限选内容分为初、中、高三个层次,各校可根据本校需要和可能选择限选内容中的一至三项,在三年内分别达到三个层次的要求。特别规定凡未选

---

① 课程教材研究所编:《20世纪中国中小学课程标准·教学大纲汇编·体育卷》,北京:人民教育出版社2001年版,第742页。

择韵律体操与舞蹈的学校,三年中应安排不少于 17 课时的时间进行该项教学。

任选内容是学校可以自行选定的内容,可以是必选内容和限选内容的拓宽,也可以是其他项目。

大纲强调"活动类课程是体育课程的有机组成部分,全体学生都必须参加学习"①。它的作用是与学科类课程相互联系,紧密结合,共同完成高中体育教学目的。主要内容包括巩固、提高学科类课程的部分内容,娱乐体育与民间体育以及多种多样体育活动。具体的体育课程内容结构见表 4-2-12。

表 4-2-12　　　　　普通高中体育课程结构(1996 年)

课程分类	类别		
学科类课程	必选内容	体育、保健基本理论部分	
		实践部分	田径
			体操
			民族传统体育
			发展身体素质练习
	限选内容	理论与实践	韵律体操和舞蹈、足球、篮球、排球、游泳
	任选内容	其他(包括实践教学内容的拓展和加深的内容)	
活动类课程	每周 1 课时		
课间操、眼保健操每天半小时			

资料来源:参见王华倬著:《中国近现代体育课程史论》,北京:高等教育出版社 2004 年版,第 191 页。

与此前各个时期的体育课程内容相比,此大纲在体育课程内容的选择上有两个明显的特点。

第一,内容选择的灵活性。大纲把学科类课程分成必选内容、限选内容和任选内容,更加符合实际。特别是任选内容的提出,为各学校根据自己的办学理念和办学条件选择体育课程内容提供了空间。

第二,把课外活动上升为活动类课程。把课外活动上升为活动类课程是

---

①　课程教材研究所编:《20 世纪中国中小学课程标准·教学大纲汇编·体育卷》,北京:人民教育出版社 2001 年版,第 742 页。

同期颁布的各科目教学大纲的共同特点,但对体育课程有着特别的意义。体育课外活动,其特质是课外的活动。既然是课外,活动不活动,活动多还是活动少都有很大的随意性。而作为课程却是不一样的,在某种意义就带有了法规的性质。学校必须要开展,学生必须要参加,这对保证学生每天足量的体育活动时间有着重要作用。

(二)2000 年体育与健康教学大纲的体育课程内容

1999 年第 3 次全国教育工作会议召开,《中共中央国务院关于深化教育改革全面推进素质教育的决定》颁布,极大地推进了我国学校的改革和发展。新形势下新修订的《九年义务教育全日制小学体育与健康教学大纲(试用修订版)》、《九年义务教育全日制初级中学体育与健康教学大纲(试用修订版)》、《全日制普通高级中学体育与健康教学大纲(试用修订版)》于 2000 年 12 月正式颁布,并在 2001 年 9 月 1 日起在全国正式实施。这套大纲仍然采用"必修+选修"的课程结构。

1.《九年义务教育全日制小学体育与健康教学大纲(试用修订版)》的体育课程内容。

《九年义务教育全日制小学体育与健康教学大纲(试用修订版)》将课程内容分为必修、选修(含限制性选修和任意选修)两大类。两者各占的比重,一至二年级为 7∶3;三至六年级为 6∶4。

大纲对必修教学内容的教学课时比重提出了参考标准,选修授课时数比重根据学校情况自行调节使用。限制性选修是指在必修教材的基础上,由学校根据学生的爱好和需要,结合学校实际情况,从大纲规定的限选内容中选一至二项教学内容。球类项目是限制性选修内容,每学期只能选修 1 至 2 项。任选内容包括民族、民间传统体育项目;现代科学的健身方法;新兴体育项目;必修内容的提高与拓宽;学校置换的其他内容。这样教学大纲对内容的规定就更具弹性和选择性,从而使之在具体的教学过程中更具有适应性和灵活性。

体育课程内容的序列安排,将原小学分 6 个年级构建的体系改为按照小学一二年级、小学三四年级、小学五六年级三个层次的序列安排。田径仍占教材的首位,体操教材是三至六级的重点内容之一,武术变成必修内容。课程内容体系见表 4-2-13。

表 4-2-13　　　　　小学各项课程内容结构（2000 年）

必修		体育与健康基础知识	
	实践内容	基本运动	
		游戏	
		田径	
		体操	
		武术	
选修	限选	球类	小足球、小篮球、软式排球，每学期或每学年 1～2 项
		韵律体操与舞蹈	可占用课时，也可利用准备活动或放松活动时间
		游泳	有条件的地区选用
	任选	1. 民族、民间传统体育项目 2. 现代科学的健身方法 3. 新兴体育项目 4. 必修内容的提高与拓宽 5. 学校置换的其他内容	

资料来源：参见王华倬著：《中国近现代体育课程史论》，北京：高等教育出版社，2004年版，第 199 页。

2.《九年义务教育全日制初级中学体育与健康教学大纲（试用修订版）》的体育课程内容。

初中与小学一样，课程体系为必修＋选修（限选与任选）的课程体系。在必修部分增加了一些环境与健康、心理健康和文明健康生活方式等方面的知识，同时压缩了必修内容，增加了选修教材的分量，选修教材的比重由原来的40％增加到50％，选修教材中主要充实了有较高锻炼价值和实用价值的健身方法，增添了部分民族民间传统体育项目、新兴体育项目等内容，体育教学内容比以往更加丰富多彩。

在教学内容的编排上改变了提纲式的体例和根据某项技术动作顺序及难易程度编排教学内容的格局，代之以间隔排列或层次排列，由教师决定从哪一层次或哪个项目学起，这就使教学内容有了较大的选择性。体育教学内容既有统一性，又加大了弹性，为各地的体育教学留出了充分选择的空间。具体的内容体系见表 4-2-14。

表 4-2-14   三(四)年制初中各项课程内容结构(2000 年)

必修		体育与健康基础知识	
	实践内容	田径	
		体操	
		武术	
选修	限选	球类	足球、篮球、排球,每学期或每学年 1～2 项
		韵律体操与舞蹈	可占用课时,也可利用准备活动或放松活动时间
		游泳	有条件的地区选用
	任选	1. 民族、民间传统体育项目 2. 现代科学的健身方法 3. 新兴体育项目 4. 必修内容的提高与拓宽 5. 学校置换的其他内容	

资料来源:参见王华倬著:《中国近现代体育课程史论》,北京:高等教育出版社 2004 年版,第 199 页。

3.《全日制普通高级中学体育与健康教学教学大纲(试验修订版)》的体育课程内容。

本大纲改变了以往体育课程内容确定原则的表述方法,改为"构建体育与健康课程内容的依据、指导思想和原则"的表述方式,分为构建内容的依据、构建内容的指导思想和构建内容原则三个部分进行表述。构建课程内容的依据是:根据国家和社会对培养社会主义建设人才的需要以及有关教育法规、高中生身心发展的规律和现状、体育与健康的学科特点,构建体育与健康课程。

构建课程内容的指导思想是:全面贯彻教育方针,以"健康第一"作为指导思想,以学生为主体,充分发挥体育与健康学科教育的综合功能,落实素质教育的要求,提高学生的综合素质,增强学生体质,促进学生的身心发展。

构建课程内容的原则是:教育性和发展性原则、理论和实践相结合的原则、科学性与可行性原则、健身性和文化性原则、统一性和选择性原则。

课程内容同样分必修和选修两大类。选修内容又分为限制性选修和任意性选修。选修内容占 60%，提倡选修游泳，要选修和拓展有效的健身方法和新兴体育项目，注意选修各地区、各民族丰富的体育健身方法。必修和选修要互相配合，两者统一安排，必修内容和选修内容可以采用多种形式教学，不必严格划分为必修课和选修课，有困难的学校一般可采用必修和选修兼容的形式。

关于教学内容的分类，虽然实践部分沿用了运动项目的名称，但大纲说明主要是根据其功能与意义及其文化性作为完成体育与健康教学目标而使用的，要避免"竞技化"倾向。具体的内容结构见表 4-2-15：

表 4-2-15　　全日制普通高级中学各项课程内容结构（2000 年）

		体育与健康基础知识	
必修	实践内容	田径	
		体操	
		武术	
		发展身体练习	
选修	限选	球类	
		韵律体操与舞蹈	
		游泳	
	任选	1. 民族、民间传统体育项目 2. 现代科学的健身方法 3. 新兴体育项目 4. 必修内容的提高与拓宽 5. 学校置换的其他内容	

资料来源：参见王华倬著：《中国近现代体育课程史论》，北京：高等教育出版社 2004 年版，第 200 页。

（三）"必修＋选修"课程内容结构阶段的内容特征

与以往的体育教学大纲相比，此时段的大纲进行了较有力度的改革，课程内容结构发生了明显的变化，由此带来了一些新的特征。

1. 选修内容得到高度重视。

1996 年大纲，是与 1992 年义务教育（小学初中）相衔接的（高中）教学大纲，又是处于"必修＋选修"课程结构改革阶段，所以 1996 年大纲兼有两阶段的特点,属于过渡大纲。2000 年大纲更能反映"必修＋选修"结构的课程内容选择特征。

2000 年大纲,小学阶段将课程内容划分为两大类,即必修和选修内容,选修内容的教学比重一～二年级为 30%,四～六年级为 40%;初中阶段必修和选修,两者各占 50%;高中阶段进一步提高了选修课的教学时数比重,占60%。从小学到高中,选修内容的比重越来越增加,在初中和高中超过了必修内容的学时比重,选修内容在中学得到重视。必修＋选修的课程内容结构模式,照顾到各地、各校体育教学发展的不均衡性,使课程内容更具弹性和选择性,有利于各校体育课程的改革。

2. 更加注重体育与健康学科的综合教育功能。

2000 年体育教学大纲提出了"健康第一"的指导思想,将体育课程更名为体育与健康课程。在体育课程目标中增加"增进学生身心健康"、"提高学生的体育与健康意识和能力"、"为终身体育奠定基础"、"明确正确的体育价值观"等内容。新的课程目标改变了教师为中心,以教学生运动技术为中心的做法,而是以学生为中心,教学生学会锻炼身体的方法。特别强调体育对学生身心健康发展的作用,教育学生热爱生命、关心健康、增进身体健康和心理的承受能力。

作为课程思想载体的课程内容也向着有利于促进学生健康的方向进行了筛选、改编、增添和重组。首先,对竞技项目进行了改造。虽然三个大纲必修的实践部分仍然是依运动项目名称进行陈述,但这些运动项目是经过重新筛选和简化的,它们排列也并不是按照技能的顺序由易到难简单排列的,而是根据其对实现健康目标的功能性和作用进行排列的,尽量避免竞技化倾向。第二,增加了"体育与健康基础知识"的教学,从而使学生掌握一定数量的健康基础知识,形成健康的概念、身体养护的基础知识。第三,提倡开发和选用我国丰富的健身方法。我国从古到今形成了许多富有成效的健康方法,是中国文化的瑰宝。体育与健康教学大纲倡导对这些健身方法的开发与利用,既是对中国传统文化的继承,同时也有利于学生终身体育能力的养成。

四、"目标统领内容"结构阶段的体育课程内容

1999 年 6 月,《中共中央国务院关于深化教育改革全面推行素质教育的决定》提出,要"调整和改革课程体系、结构、内容,建立新的基础教育课程体

系"。2001 年 6 月,《国务院关于基础教育改革与发展的决定》进一步明确了要"加快构建符合素质教育要求的基础教育课程体系"。2001 年 6 月,教育部制定颁发了《基础教育课程改革纲要(试行)》,研制了包括《全日制义务教育　普通高级中学:体育(1～6 年级)·体育与健康(7～12 年级)课程标准(实验稿)》(以下简称 2001 年体育与健康课程标准),并于 2001 年 9 月进行实验。

(一)2001 年体育与健康课程标准中的体育课程内容

2001 年体育与健康课程标准对体育课程内容的选择可以概括为"目标统领下的课程内容选择"。

在课标"三、课程标准的设计思路"中说:"体育与健康课程改变了传统的按运动项目划分课程内容和安排教学时数的框架,根据三维健康观、体育自身的特点以及国际课程发展的趋势,拓宽了课程学习的内容,将课程学习内容划分为运动参与、运动技能、身体健康、心理健康和社会适应五个领域,并根据领域目标构建课程的内容体系。"[①]这样在横向上就把体育课程内容分为五个学习领域,每个学习领域都有自己的目标。课程标准特别强调学习目标的具体性和可观察性,特别是在心理健康和社会适应两个领域,要求学生在掌握有关知识、技能的同时,强调学生应在运动实践中体验心理感受并形成良好的行为习惯,从而使情感、意志方面的学习目标由隐性变为显性,由原则性的要求变为可以观测的行为表征。

在纵向上,2011 年体育与健康课程标准根据学生身心发展的特征,将中小学的体育学习划分为六个水平,并在各学习领域按水平设置相应的水平目标。水平一至水平五分别相当于一～二年级、三～四年级、五～六年级、七～九年级和高中学段学生预期达到的学习结果。考虑到差异性,在五个学习领域都设立水平六,作为高中学段学生学习体育与健康课程的发展性学习目标,其他学段的学生也可以将高一级水平目标作为本阶段学习的发展性学习目标。

这样纵横交错,就形成了每一个水平(相对应的是学生的年级)上不同学习领域的阶段目标。学习领域的阶段目标导引课程内容的选择,各学习领域的阶段目标集合就构成了中小学体育课程内容体系。

---

① 　中华人民共和国教育部制订:《全日制义务教育　普通高级中学:体育(1～6 年级)·体育与健康(7～12 年级)课程标准(实验稿)》,北京:北京师范大学出版社 2001 年版,第 4 页。

这个体育课程内容体系并没有对教学内容做出明确、具体的规定,只是一个笼统的原则,但却统领着课程内容的选择。它所要统领的对象就是各省、自治区、直辖市的教育行政部门,各个学校,各位教师和各地的教材编写者。

课程标准规定,各省、自治区、直辖市教育行政部门应根据标准,并结合本地区的具体情况,制订出本地区的课程实施方案,报教育部备案并在本地区范围内组织实施。各学校要根据各省、自治区、直辖市实施国家课程标准方案,结合当地课程资源、本校特点和学生的兴趣爱好,编制符合本校实际的教学方案并组织实施。教师要在全面地学习和领会课标精神,理解每个学习领域水平目标以及达到水平目标的学习要求的基础上,从地区、学校和学生的实际出发,以学生的发展需要为中心,选择和设计教学内容。教材的编写要遵循教育性原则、健康性原则、兴趣性原则、发展性原则,内容要精选,要多样化、开放化,要注意培养学生的创造精神,要注意选择优秀的传统体育文化,要注意安全意识的培养,要注意各水平阶段的衔接。课程标准还对教材的类型及各类型教材的体例提出要求。

(二)2001 年体育与健康课程标准课程内容的特点

2001 年体育与健康课程标准在课程内容选择方面有两个主要特点:

1. 加大了课程内容的自主选择性。

一方面,各地方学校及教师有了选择教学内容的权利。新体育课程标准取消了具体的教学内容规定,而是划分了五个目标领域:运动参与、运动技能、心理健康、身体健康、社会适应,规定了每个领域要达成的目标,要求学校及教师根据应达成的学习目标,结合学生、教学条件、当地传统项目等实际情况,选择教学内容及安排教学时数,学校和教师在实施时有了更大的自由度和更多的灵活性。另一方面,学生对于学习的内容具有一定的选择权,学生可以在一定范围上选择适合自己兴趣和需要的学习内容。

2. 强调开发体育课程内容资源的重要性。

由于体育教学大纲有着统一的教学内容,从而忽视了各地经济、文化、教育和学生发展的不均衡性和特殊性,特别是原有的体育课程内容竞技化问题比较突出,缺乏地方、民族和学校特色的课程内容。新课标提出开发体育课程资源的理念,提倡各地、各校、广大教师根据地方的特点和学生的需要开发富有特色的体育课程内容。

　　总之,新中国成立后至"文化大革命"前,我国小学体育课程内容均是大纲统一规定的"基本教材",学校、教师、学生均没有选择教学内容的权利。"文化大革命"后,小学体育教学大纲出现了选用教材,从 1978 年大纲规定的 16％～20％增长到 2000 年的 30％～40％,然而,"选用教材"不是由学生自选的,而是供教师选用的。2001 年出台的新课程标准将课程内容选择权下放到了地方、学校与教师,然而小学生仍没有自主选择学习内容的权利。中学阶段,在新中国成立后就安排了补充教材或选用教材,而且随时间的推移,选用教材的比重越来越大,从 1961 年的 20％增长到 2000 年的 50％～60％。然而,选用教材是供学校或教师选择的,中学生也没有选择的权利,2001 年颁布的新课标,没有规定教材内容框架,将教学内容的选择权下放了。初中的体育课程内容由学校或教师选择,学生没有选择权。在高中阶段,学生有了一定程度的选择权。新中国成立以来,体育课程内容的选择经历了统一规定→学校、教师有一定的选择权→学生有一定的学习内容选择权的轨迹。体育课程内容的选择观由注重学科知识的系统性向尊重学生的主体性方向发展,体现出时代要求,具有历史合理性。

第三节　新中国体育课程内容增删情况统计与分析

　　上一节从宏观的角度对新中国成立以来体育课程内容的演化过程进行了系统梳理,使我们对新中国体育课程内容的变化有了一个概括的了解。但要对内容变化的具体情况深入的了解,仅仅进行这种梳理还是不够的。本节将对新中国成立后各具体项目的变化情况进行统计分析,从而使我们对体育课程具体内容变化趋势有所了解。

一、增多删少:新中国体育课程内容演化趋势

　　本部分将对新中国成立后所颁布的教学大纲和课程标准进行统计分析,具体包括 1956 年、1961 年、1978 年、1987 年、1992 年、1996 年和 2000 年大纲。之所以放弃 1951 年大纲和 2001 年体育与健康课程标准,是因为前者是一个过渡性的大纲,带有很多国民党统治时期的特点;后者采取的是目标统领下的课程内容选择策略,课程标准中并没有规定具体的课程内容。

　　统计分析从课程内容的种类、具体项目增删情况、具体项目的课时数三

个方面进行。

（一）课程内容种类越来越丰富

通过对 1956 年、1961 年、1978 年、1987 年、1992 年、1996 年和 2000 年大纲所规定课程内容的分析，发现小学与中学课程内容的种类是有区别的，其中小学低年级（一、二年级）与小学高年级（三～六年级）也有诸多不同。小学低年级（一、二年级）开设过的课程内容主要有：基本体操（体操）、游戏、田径、武术、基本知识、基本运动、唱游、韵律活动与舞蹈；小学高年级（三～六年级）开设过的课程内容主要有：体操、游戏、田径、武术、基本知识、韵律体操与舞蹈、小球类、素质练习；中学开设过的课程内容主要有：田径、体操、游戏、武术、体育基础知识、球类、舞蹈与韵律体操、素质。小学、中学体育课程内容种类变化情况，见表 4-3-1、4-3-2、4-3-3。

表 4-3-1 历届小学低年级（一、二年级）体育课程内容的选择情况

	基本体操（体操）	游戏	田径	武术	基本知识	基本运动	唱游	韵律活动与舞蹈
1956	√	√						
1961	√	√	√	√				
1978	√	√	√	√	√			
1987		√			√	√	√	
1992		√			√	√		√
2000		√			√			√

表 4-3-2 历届小学高年级（三～六年级）体育课程内容的选择情况

	体操	游戏	田径	武术	基本知识	韵律体操与舞蹈	小球类	素质练习
1956	√	√						
1961	√	√	√	√	√			
1978	√	√	√	√	√			
1987	√	√	√	√	√	√	√	
1992	√	√	√	√	√			√
2000	√	√	√	√	√	√	√	√

表 4-3-3 　　　历届中学体育教学大纲对体育课程内容的选择情况

	田径	体操	游戏	武术	体育基础知识	球类	舞蹈与韵律体操	素质
1956 年	√	√	√					
1961 年	√	√		√	√			
1978 年	√	√		√	√	√		
1987 年	√	√		√	√		√	
1992 年		√		√	√		√	√
1996 年	√	√		√	√		√	
2000 年	√	√		√			√	√

注:1992 年只修订了义务教育阶段小学和初中大纲,1996 年大纲只修订了高中教学大纲。

从表 4-3-1 中可以看出,小学低年级课程内容除了游戏内容保持不变,其他内容不断被调整:第一,增加了基础知识。第二,将新兴的韵律操与舞蹈内容纳入小学低年级内容。第三,1978 年之后,把武术、基本体操、田径调整出了小学低年级(一、二年级)的课程内容范围,以基本运动代替。第四,1987 年大纲中,体育课程内容包括"唱游"科目的教学内容,这是一个特例。

从表 4-3-2、表 4-3-3 中可以看出,从 1956 年第一个大纲到 2000 年大纲,课程内容的种类数只增不减,呈现上升趋势。统计结果说明从小学高年级(三~六年级)到高中,体育课程内容的种类越来越多。出现这种结果的原因,一方面是社会的发展,体育教育越来越正规化,学生的身体素质越来越好,能够学习掌握更多的运动知识,学会更复杂的运动技能;另一方面是新兴的内容不断兴起,受到社会和学生欢迎,把这些新兴内容补充到课程内容中来是时代的需要。

中华人民共和国的体育课程一直走着多样化的路线。早在新中国刚刚成立不久,政务院于 1951 年颁发了《关于改善各级学校学生健康状况的决定》,其中特别指出体育活动的内容应当是"多种多样"的。[①] 1956 年编订了第一部全国统一通用的《小学体育教学大纲》和《中学体育教学大纲》,关于教材选编原则就有全面性原则(全面锻炼学生的身体),多样化的内容选编策略

――――――――――

① 王占春:《新中国中小学体育教材史论纲(一)》,《中国学校体育》2009 年第 5 期。

就是这一原则的体现。

如何评价体育课程内容的多样化呢？体育学术界的观点是不一致的。一种观点认为,体育课程内容特别是小学体育课程内容应当是丰富多彩的,应当具有多样化的特点。另一种观点则提倡少而精。[①]

王占春先生持多样化的观点。他在《新中国中小学体育教材建设五十年》中认为:"几十年教材建设的理论和实践表明,少年儿童的体育不宜于搞单项教学,他们需要用多种多样的手段和方法来锻炼身体,满足他们多种尝试和兴趣要求,给他们有较大的选择性。而且少年儿童的兴趣是变化的,是在参与各种运动中,不断选择并逐渐形成自己运动倾向的。"[②]

赖天德先生认为教材多样化有如下的价值[③]。第一,教材多样化是全面锻炼学生身体的需要。第二,教材多样化有利于学生广泛接触和体验各种体育活动,丰富学生的体育知识和运动经验,培养学生的体育兴趣,激发学生体育学习的积极性。第三,教材多样化可以为学生以后进行选择性体育学习,或参加体育选项课学习,创造必要的知识、技能条件。如果学生接触的体育教材过少,将来他们都不知道应当选择什么项目学习或锻炼才符合自己的特点。第四,体育是一种社会文化。素质教育要求我们努力提高学生的体育文化素养,为此,就必须要有一定量的教材作保证。

提倡少而精的观点认为,"过去的教材容量过大,致使大纲规定的教材总也教不完、教不会、教不乐。学生从小学到大学上了十多年的体育课,好像什么都学了,结果什么都没有学会,更没有什么体育特长,因而也就缺乏成功和愉快的情感体验,致使学生的体育意识、兴趣、习惯,难以得到培养"[④]。为此主张体育教材宜少不宜多,宜精不宜泛。应及早开设选项课,发展学生的体育个性,培养学生的体育特长。

两种观点看起来针锋相对,但都有道理,也都有立论的不足。

体育教学是有系统、有步骤、有计划的文化教育活动,需要教给学生比较

---

① 参照赖天德著:《学校体育改革热点探究》,北京:北京体育大学出版社 2003 年版,第 156~157 页。

② 王占春:《新中国中小学体育教材建设五十年(上)》,《中国学校体育》,1999 年第 5 期。

③ 赖天德著:《学校体育改革热点探究》,北京:北京体育大学出版社 2003 年版,第 156~157 页。

④ 赖天德著:《学校体育改革热点探究》,北京:北京体育大学出版社,2003 年版,第 156~157 页。

多样化的体育文化、理论知识和一部分项目的技术技能,这是体育学科传承体育文化的本体价值所在。体育教学除了具有文化传承的价值以外,还具有多种育人的价值。不同的体育项目具有不同的育人价值,长跑在培养人的意志力方面非常突出,体操在培养人的勇敢、临危不惧方面很有成效。即使同类项目也有不同的育人价值,如篮球能够培养人的团结协作,而三人制篮球或街头篮球运动却恰恰相反,能培养人的个性和自我展示能力。一个人的成长在个体的完善方面是多样化的,需要多方面的教育训练。一个人接受多种运动的教育和接受一项运动所受到的教育是不能相提并论的。课程内容多样化的观点,无论从文化传承还是教育价值角度都是值得肯定的。

但课程内容的多样化观点也有自己的不足,需要用"少而精"的观点进行修正。体育课程内容并不是越多越好,在教学时数一定的情况下,教学的容量是有一定限度的,超过了这个"度",必然导致教学时间的紧张,进而影响课程内容的学习质量。

如果课程内容的种类增加,那么每一种类所包含的具体教材数量则应相对减少,以此保证课程内容的动态平衡。相反地,如果课程内容种类不断增多,每一种类包含的具体教材数量也在增多,则会造成课程内容的拥挤,影响技术的掌握。

新中国成立之后我国体育课程内容的种类不断增加,按逻辑,每种类下属分支的具体课程内容应同比减少,实际情况却并不是这样。

（二）具体课程内容增多删少总量增加

我们对建国后各教学大纲中基本教材纲要和选用教材纲要进行统计,小学一至二年级共选择过:队列和体操队形、徒手操、器械操（棒操、沙袋操）、跳绳、实心球、小布球、攀登和爬越、平衡、走、跑、跳跃、投掷、游戏、武术、唱游、技巧、韵律操与舞蹈、体育基础知识等 18 个小项目作为体育课程内容;小学三至六年级共选择过:队列和体操队形、徒手操、跳绳、实心球、小布球、器械操、舞步、攀登和爬越、平衡、搬运重物、武术、走、跑、跳跃、投掷、游戏、技巧、支撑跳跃、低单杠、韵律操与舞蹈、小球类、身体素质、基础知识等 23 个小项目作为体育课程内容;初中和高中共选择过:体育知识、走、快速跑、耐久跑、接力跑、障碍跑、跳高、跳远、三级跳远、手榴弹、铅球、垒球、实心球、游戏、篮球、排球、足球、武术、舞蹈与韵律操、素质、其他（任选）等 21 个小项目作为体育课程内容。

　　小学一至二年级情况相同,作为一个统计单元;小学三至六年级情况相同,作为一个统计单元;整个中学情况比较相同,作为一个统计单元。共三个统计单元。

　　每一个统计单元中,先统计每个大纲对各个项目的选择情况,再统计每个大纲具体增加哪些项目,删除了哪些项目。

　　1. 小学一～二年级具体项目增删情况。

　　表4-3-4是建国后历届大纲对小学一～二年级具体内容的选择情况,表4-3-5是对表4-3-4中内容删除与增加的统计结果。

表4-3-4　　　　　　小学一～二年级具体课程内容选择情况

	1956年	1961年	1978年	1987年	1992年	2000年
队列和体操队形	√	√	√	√	√	√
徒手操	√	√	√	√	√	√
器械操(棒操、沙袋操)			√	√	√	√
跳绳	√	√				√
实心球	√					
小布球		√				
攀登和爬越	√		√	√	√	√
平衡	√					
走	√	√	√	√	√	√
跑	√	√	√	√	√	√
跳跃	√	√	√	√	√	√
投掷	√	√	√	√	√	√
游戏	√	√	√	√	√	√
武术		√				
唱游				√		
技巧			√	√	√	√
韵律操与舞蹈					√	√
体育基础知识			√	√	√	√
	共11种	共11种	共12种	共13种	共13种	共13种

表 4-3-5 小学一～二年级课程内容增删情况统计

	删除项目	增添项目
1961 年大纲	实心球、平衡	小布球、武术
1978 年大纲	小布球、武术	器械操、技巧、基础知识
1987 年大纲		唱游
1992 年大纲	唱游	韵律操与舞蹈
2000 年大纲		

从表 4-3-4 中看出,增加和删除后,具体课程内容总数量由 11 项增加到 13 项。从表 4-3-5 中看出,增加的是两个大类即韵律操与舞蹈、基础知识,2 个小项,即器械操和技巧;而删除的是 2 个小项(实心球、平衡)。而且,增加的内容是学习起来会占用很多时间的内容。所以,增加的不仅是数量,而且也占用了教学时数,课程内容相对来说越来越拥挤。

2. 小学三～六年级具体项目增删情况。

表 4-3-6 是建国后历届大纲对小学三～六年级具体内容的选择情况,表 4-3-7 是对表 4-3-6 中内容删除与增加的统计结果。

表 4-3-6 小学三～六年级具体课程内容选择情况

	1956 年	1961 年	1978 年	1987 年	1992 年	2000 年
队列和体操队形	√	√	√	√	√	√
徒手操	√	√	√	√	√	√
跳绳	√	√	√	√	√	√
实心球	√					
小布球	√	√				
器械操	√	√		√		√
舞步	√					
攀登和爬越	√	√	√	√	√	√
平衡	√					
搬运重物	√					
武术		√	√	√	√(民传)	√
走	√	√	√	√		

续表

	1956 年	1961 年	1978 年	1987 年	1992 年	2000 年
跑	√	√	√	√	√	√
跳跃	√	√	√	√	√	√
投掷	√	√	√	√		√
游戏	√	√	√	√	√	√
技巧		√	√	√	√	√
支撑跳跃			√	√	√	√
低单杠			√	√	√	√
韵律操与舞蹈				√	√	√
小球类				√		√
身体素质					√	√
基础知识		√	√	√	√	√
	15	14	15	17	17	17

表 4-3-7　　　　小学 3～6 年级课程内容增删情况统计

	删除项目	增添项目
1961 年大纲	实心球、平衡、搬运重物、舞步	武术、技巧、基础知识
1978 年大纲	小布球	支撑跳跃、低单杠
1987 年大纲		韵律操与舞蹈、小球类
1992 年大纲	走	身体素质练习
2000 年大纲		

从表 4-3-6 中看出,增加和删除后课程内容总数量由 15 项增加到 17 项。从表 4-3-7 中看出,增加的是五个大类即韵律操与舞蹈、基础知识、身体素质练习、武术、基础知识,3 个小项,即技巧、支撑跳跃、低单杠。而删除的是 6 个小项,即实心球、平衡、搬运重物、舞步、走、小布球,增加的都是学习起来占用时间的,所以不仅数量增加,而且占用较多教学时数,课程内容相对来说更加拥挤。

3. 中学具体项目增删情况。

表 4-3-8 中学课程内容选择情况（一）

	1956	1961	1978	1987	1992	1996	2000
体育知识		✓	✓	✓	✓	✓	✓
走	✓						
快速跑	✓	✓	✓	✓	✓	✓	✓
耐久跑	✓	✓	✓	✓	✓	✓	✓
接力跑	✓	✓	✓	✓	✓	✓	✓
障碍跑	✓	✓	✓	✓	✓	✓	✓
跳高	✓	✓	✓	✓	✓	✓	✓
跳远	✓	✓	✓	✓	✓	✓	✓
三级跳远			✓	✓	✓	✓	✓
手榴弹	✓	✓	✓	✓			
铅球	✓	✓	✓			✓	
垒球	✓				✓		
实心球				✓	✓	✓	✓
游戏	✓	✓					
篮球			✓	✓	✓	✓	✓
排球					✓	✓	✓
足球					✓	✓	✓
武术		✓	✓	✓	✓	✓	✓
舞蹈与韵律操				✓	✓	✓	✓
素质					✓	✓	✓
其他（任选）						✓	✓
	11	11	12	14	17	17	16

表 4-3-9 中学课程内容选择情况（二）

	1956	1961	1978	1987	1992	1996	2000
队列	✓	✓	✓	✓	✓	✓	✓

	1956	1961	1978	1987	1992	1996	2000
徒手操	√	√	√	√	√	√	√
小球和大球	√						
实心球	√	√					
体操棒（器械操）	√	√	√	√	√	√	√
体操凳	√						
肋木	√						
对抗和角力	√		√	√	√		√
舞蹈	√						
单杠（悬垂、支撑）	√	√	√	√	√	√	√
双杠（悬垂、支撑）	√	√	√	√	√	√	√
攀登	√	√	√	√	√	√	√
爬越	√	√	√	√	√	√	√
支撑跳跃	√	√	√	√	√	√	√
投掷	√						
平衡	√						
技巧	√	√	√	√	√	√	√
搬运重物	√		√	√	√	√	√
跳跃（绳）	√	√	√	√	√	√	√
	19	11	12	12	12	12	12

　　表 4-3-8 和表 4-3-9 都是对中学课程内容选择状况的统计，由于篇幅大，把内容分成两部分，从表 4-3-8 中看出，增加和删除后课程内容总数量由 11 项增加到 16 项。从表 4-36 中看出，1956 年体操项目群的种类数 19 项，自 1961 年后到 2000 年课程内容数量略有增加，由 11 项增加到 12 项。1956 年是新中国成立后第一部大纲，这部大纲内容偏多、偏繁杂，有些内容存在机械、刻板、不符合学生身心特点的问题。1961 年大纲进行了改革，1956 年大纲是个特例，课程内容选择的统计应该从 1961 年开始，总体上看课程内容的数量略有增加。综合表 4-3-8、表 4-3-9，课程内容总体数量是增加的。表 4-3-10 是对表 4-3-8、表 4-3-9 的增删内容统计的结果：

表 4-3-10 中学课程内容增删情况统计

	删除项目	增添项目
1978 年大纲	游戏	三级跳远、篮球
1987 年大纲		实心球、舞蹈与韵律体操
1992 年大纲	手榴弹、实心球	垒球
1996 年大纲		排球、足球、素质、任选内容
2000 年大纲	铅球	任选内容

通过对增删内容对比可以看出,增加的项目是难度大、学习起来占用学时多的运动项目,而删除的项目都是些健身性的,技术不是很难,学习起来不占用很多学时的小项目。

总之,通过以上对具体项目增删情况的统计,可以发现新中国成立后的体育课程内容增多删少,总体数量增多。增加的是难度大、学习起来占用学时多的运动项目;删除的是技术不是很难,学习起来不占用很多学时的小项目。此诸种情况势必造成课程内容的拥挤。

(三)具体课程内容教学时数比重分析

教学时数比重指某项内容学时数占体育课总学时数的百分比。一般来说,某项内容教学时数比重大,说明用于该项的教学时间多,充裕的时间可以保障学生掌握更多的知识和技术;某项内容教学时数比重小,说明用于该项的教学时间少,意味着只能了解到浅显的知识和掌握简单的技术。

小学阶段,学生的身体处于发育阶段,身体素质还不完全达到学习体育技术的要求,课程内容的选择倾向于身体的基本活动和游戏,通俗一点说就是为孩子的玩。因此小学具体项目教学时数比重与体育课程内容之间的统计学意义不大。

中学阶段是体育技术掌握的黄金时期,这时期学生的生理和心理都处于学习的最佳时期,技术的传授是非常有必要的。体育技术的学习需要讲解、练习和评价,这些教学与学习活动都是在时间中完成的,体育技术的学习与教学时数就有了统计学的意义。本部分关于教学时数比重的分析以中学为对象,通过分析中学体育各项课程内容所占的教学时数比重,间接地分析课程内容的"多"或"少"状况。

从 1956 年我国编制的第一部中学《体育教学大纲》开始,到 2000 年《九年义务教育全日制初级中学体育与健康教学大纲》(试用修订版)、《全日制普通高级中学体育与健康教学大纲》(试验修订版),我国中学教学内容的教学时数比重在纵向上是变化的,初一、初二、初三在各内容的教学时数分配相差不大,且变化趋势相同;高一、高二、高三在各内容的教学时数分配相差不大,且变化趋势相同,我们以初一和高一为例进行统计,见表4-3-11和表4-3-12。

表 4-3-11 初一年级体育课程必修内容在各个大纲时期的时数比重(%)

	田径	体操	武术	体育基本知识	球类	韵律体操
1956 年	35	41				
1961 年	24	24	12	6		
1978 年	26	26	8	6	14	
1987 年	16~18	14~16	4~6	6~8	8~10	5~7
1992 年	16	17	6	8	6	4
2000 年	16	17	8	8		

注:表中各课程内容时数比重的数据以体育教学大纲汇编为依据。1956年、1961年的大纲只提供了各内容的分配时数,时数比重由分配时数除以总学时数而得。

表 4-3-12 高一年级体育课程必修内容在各个大纲时期的时数比重(%)

	田径	体操	武术	体育基本知识	球类	韵律体操
1956 年	35	47				
1961 年	26	21	12	5		
1978 年	24	22	8	9	14	
1987 年	14~16	14~16	4~6	6~8	7~9	4~6
1996 年	13	10	9	7		
2000 年	9	8	6	6		

注:表中各课程的时数比重的数据以体育教学大纲汇编为依据。1956年、1961年的大纲只提供了各内容的分配时数,时数比重由分配时数除以总时数的结果而得。

从表4-3-11、表4-3-12中看出,随着大纲的更替,教学内容的教学时数比重也是变化的,除了体育基本知识的教学时数有增加趋势外,初中和高中技术的教学时数都有下降的趋势:初中田径的教学时数的比重由35%减少到16%;体操的教学时数比重由41%减少到17%;武术由12%减少到8%;球类由14%减少到6%;韵律体操略有减少。高中田径的教学时数的比重由35%减少到9%;体操的教学时数比重由47%减少到8%;武术由12%减少到

6%；球类由 14%减少到 7%～9%；基本知识由 5%增加到 6%。

2000 年教学大纲，规定教学内容的教学时数比重已经减到了自 1956 年以来最低水平。这样的教学时数能否满足教学的正常需要呢？我们以初一田径为例进行分析。初一田径学时比重为 16%，以一学年 68 学时来计算，16%学时比重相当于 10.88 学时，即 11 节课，也就是说在初一学年里，有 11 节课用于田径的教学。体育教学大纲里规定了初一田径要学习快速跑、耐久跑、跳高（或跳远）、抛实心球，测验项目为 50 米跑、400 米跑、跳高（或跳远）、双手向前抛实心球。测验项目至少需要占用 2 个学时，还剩下 9 个学时用于快速跑、耐久跑、跳高、抛实心球四个项目的技术学习，平均每 2 个学时即两节课结束一个项目的学习。一节 45 分钟的课，去除准备活动 8 分钟、放松活动需 5 钟，教师讲解、指导需要 3 分钟、素质练习需要 8 分钟，一节课练习技术的时间剩下 21 分钟，像跳高这样的技术，60 人一个班，一般分男女 2 个练习组，30 人在 21 分钟里最多能跳 2 次，设想 2 个学时里一个学生跳 4～5 次就结束跳高技术的学习，能说是熟练掌握技术吗？这样的教学只能形容为"蜻蜓点水"、"水过地皮湿"，讲解不透、练习次数不够、技术掌握不深入。中学是体育技术学习的黄金时段，技术教学的状况如此，可以想象整个体育教育质量的情况。造成这种现象的原因是多方面的，但教学大纲时期只注重新课程内容的引进，忽略不合理教学内容的删除，从而造成教学内容繁多是影响教学质量的主要原因之一。

（四）造成体育课程内容拥挤问题反思

同任何科目的课程内容一样，体育课程内容也有"吐故纳新"的必要，而且由于体育课程内容的丰富性和体育课程内容的时尚性，体育课程内容的更迭就显得更强烈一些。理想的体育课程内容更迭状态是淘汰失去合理性的内容，增添更能适合时代需要和学生需要的内容，使体育课程内容处在一种最优化的动态平衡状态中。

但新中国成立以来，我国体育课程内容的种类越来越丰富，具体项目的数量越来越多，每一项目的教学时数越来越少，体育课程内容越来越拥挤。

为什么我国体育课程内容的更迭会出现拥挤现象呢？一是课程内容确定的指导原则虚化，二是缺少体育课程内容选择动态平衡的相关理论。

1. 确定体育课程内容的指导原则虚化。

新中国成立以来的所有体育教学大纲都是先提出确立体育课程内容的原则，然后再进行具体内容的叙述。这种叙述方式表明，我国的体育课程内容确定都是在这些原则的指导下进行的。

所谓选择原则就是指选择课程内容的基本要求。1956年、1961年、1978年、1987年、1992年、1996年、2000年,每次教学大纲都提出几条选择课程内容的原则,对这些原则归纳合并后,共有13条。

(1) 全面性原则;

(2) 选编教材首先从增强学生体质出发;

(3) 根据学生年龄特征和教材自身的系统性选编教材;

(4) 选编教材从实际出发,力求适合一般学校和学生的情况;

(5) 思想性和教育性原则;

(6) 教材与劳卫制、民兵训练相结合;

(7) 教材要体现科学性;

(8) 体现民族特点;

(9) 理论与实践相结合的原则;

(10) 统一性与灵活性相结合的原则;

(11) 体育教材与《国家体育锻炼标准》相结合的原则;

(12) 继承性与时代性相结合;

(13) 健身性和文化性原则。

作为内容选择的原则,既不能失之过"窄",也不能失之过"宽"。不能把具体的选择方法视为原则,否则便失之过"窄";也不能把一般认识论原理直接搬来作为选择原则,否则便失之过"宽"。

以上体育课程内容选择原则存在着失之过"宽"的问题。如"理论与实践相结合的原则"是认识论中的一般原理,不但能够指导课程内容的选择,也能够指导整个教育工作,其实它是一切工作的原则。"理论与实践相结合"在各个领域必有其进一步具体化的内容,不能一概论之。显然"理论与实践相结合的原则"不宜直接当做选择内容的原则。"思想性和教育性原则"、"继承性和时代性相结合"原则实质上是一种精神和方针,其含义相当抽象,包含的意思也很多。"统一性与灵活性相结合原则"是教学大纲的理念,实质上不是针对选择课程内容,而是选择后的内容如何把握教材选择权限的要求。还有些原则需要更具体的阐述,如"与《国家体育锻炼标准》相结合的原则"只说了要结合,但结合到哪种程度,在哪些内容上必须结合等都没有表述。

我国体育课程内容确定的指导原则是虚化的,这些虚化的原则对指导体育课程内容的选择是无力的。从某种程度上说,体育课程内容确定的指导原则是虚设的,体育课程内容的确定带有很强的主观性和随意性。

2. 体育课程内容选择平衡理论缺失。

体育教学大纲中只有选择课程内容的原则,有关课程内容的删除理论研究长期处于说不清楚状态,也是造成体育课程内容过于拥挤的原因之一。毛振明在讨论体育教材的选编时,提出了课程内容的增删应该是对等和平衡的观点。他认为,这种平衡既表现在锻炼身体效果的平衡上,也表现在教学时间的平衡上,还表现在教学设备经费的平衡上、教师培养工作量的平衡上以及运动项群的平衡上。[①] 见表 4-3-13。

表 4-3-13　　　新旧教材调整时要注意的平衡性

平衡性	注 意 事 项
锻炼身体效果的平衡性	不要因为运动项目的增减使身体各部位锻炼的均衡性受到破坏
教学时间的平衡性	不要因为运动项目的增减使所需教学时间的总量有大的变化
运动项群的平衡性	不要因为运动项目的增减使原有的运动项目布局有太大的变化
教师培养工作量的平衡性	不要因为运动项目的增减使教师的培养和培训突然加大难度或减少难度
教学设备经费的平衡性	不要因为运动项目的增减使所需教学经费有不可承受的增加

以课程内容增删平衡的观点来审视教学大纲时期课程内容的变化,自1956 年教学大纲以来,课程内容一直保持增长的势头,势必打破增删的平衡性,从而造成课程内容的拥挤。第八轮课程改革中,体育课程以目标统领课程内容的选择,课程标准只是提出了笼统的原则性的规定,具体内容的选择权下放给地方、学校和教师。

体育课程内容选择权的下放,极大地激发了地方、学校和广大教师研究、开发体育课程内容的积极性。目前体育课程内容的开发方式,既有对教学大纲时期体育教学内容的改造,又有新兴体育项目的引进;既有对民族传统体育的继承,又有乡土教材的拓展。课程内容的选择和开发

---

① 毛振明:《论体育教材的选编》,《天津体育学院学报》2002 年第 4 期。

呈现出繁荣的局面。但体育课程内容并不能无限度地扩充,还要考虑适量的问题。体育课程资源的开发要有一个基本的尺度,注重开发的质量,教学内容要有进有出,要朝着合理优化的方向发展,要达到动态平衡。

二、竞技化:新中国成立后至 2000 年体育课程内容演化趋势

上一部分,从课程内容容量的视角对新中国成立后至 2000 年体育课程内容演化趋势进行了统计分析,发现我国体育课程的容量越来越大,体育课程内容增多删少,体育课程出现了教不完、教不会、教不乐的局面,我国体育课程内容选择必须建立有增有删、动态平衡的理论与机制。

本部分对主要课程内容体操、田径、球类项目下属分支的具体内容进行统计,发现新中国成立后至 2000 年这一段时间,体育课程内容去掉了游戏性、简易性、健身性成分较多的小项,增加了正规性、竞技性成分较多的运动项目。所选各运动项目本身也去掉了一些健身性的内容,使体育课程内容出现竞技化演化趋势。

下面以体操、田径、篮球为例看看这些运动项目本身是如何逐渐竞技化的。

（一）体操项目具体内容的演化

新中国成立后历次体育教学大纲对体操内容的规定见表 4-3-14、表 4-3-15、表 4-3-16、表 4-3-17、表 4-3-18。

表 4-3-14　　　　　1956 年教学大纲中体操内容分类

	队列练习和体操队形	
体操	一般发展和准备练习	徒手操、跳跃(绳)、小球和大球、实心球、体操棒、体操凳、肋木、对抗和角力、舞蹈
	悬垂、支撑、攀登、爬越	
	跳跃	
	投掷	
	平衡	
	技巧练习	
	搬运重物	

表 4-3-15 **1961 年教学大纲体操内容分类**

体操	队列和体操队形	
	一般发展动作	徒手操、体操棒、肋木、实心球、跳绳
	悬垂、支撑、攀登、爬越	低单杠、低双杠、爬绳、技巧
	支撑跳跃	

表 4-3-16 **1978 年教学大纲体操内容分类**

体操	队列和体操队形	
	基本体操	徒手操、棍棒(绳)操、跳绳、攀登和爬越、负重搬运、角力
	技巧	
	支撑跳跃	
	单杠	
	双杠	

表 4-3-17 **1987 年、1992 年、1996 年教学大纲体操内容分类**

体操	基本体操	队列和体操队形 徒手操、棍棒(绳)操、跳绳、攀登和爬越、负重搬运、角力
	技巧与器械体操	技巧、支撑跳跃、单杠、双杠

表 4-3-18 **2000 年教学大纲体操内容分类**

体操	队列和徒手体操 器械体操	单杠、双杠、支撑跳跃
	技巧	
	使用各种健身器械发展身体素质的练习	

资料来源:参见课程教材研究所编:《20 世纪中国中小学课程标准·教学大纲汇编·体育卷》,北京:人民教育出版社 2001 年版,第 461～466 页、第 522～524 页、第 558～561 页、第 599～601 页、第 700～701 页、第 753～755 页、第 805～806 页。

从 1956 年教学大纲体操分类可看出,体操最初由队列练习和体操队形,一般发展和准备练习,悬垂、支撑、攀登、爬越,跳跃,投掷,平衡,技巧,练习搬运重物八类构成。内容简单易学,以培养人的基本活动能力为主,健身性很强。竞技体操的四项内容(单杠、双杠、技巧、支撑跳跃)最初孕育在悬垂、支撑、攀登、爬越,跳跃,技巧三类发展身体能力的练习中。1961 年大纲中,体操进一步调整。1978 年大纲体操内容演化成竞技体操的单杆、双杆、技巧、支撑跳跃四项内容。1987 年、1992 年和 1996 年大纲中,体操内容基本上没有变化,由基本体操、技巧和器械体操构成。在体操教学中,基本体操内容通常被放在课的准备部分里进行,一般不被放在课的基本部分。技巧和器械体操是典型的竞技体育内容,通常被放在体育课的基本部分中学习。新中国成立后的体操课程,无论从内容的选择到教学过程都呈现出了逐渐竞技化的特点。

2000 年大纲开始出现变化,体操增添了使用各种健身器械发展身体素质的内容,开始注重健身性课程内容的补充。

(二) 田径项目的演化

表 4-3-19　　　　　1956 年教学大纲田径内容分类

田径	走和跑	各种姿势的走、加速跑、耐久跑、接力跑、障碍跑
	跳跃	跳高、跳远(三级跳)
	投掷	铅球、手榴弹、垒球

表 4-3-20　　　　1961 年、1978 年教学大纲田径内容分类

田径	跑	加速跑、耐久跑、接力跑、障碍跑
	跳跃	跳高、跳远(三级跳)
	投掷	铅球、手榴弹

表 4-3-21　　　　　1987 年教学大纲田径内容分类

田径	跑	加速跑、耐久跑、接力跑、障碍跑
	跳跃	跳高、跳远(三级跳)
	投掷	铅球、手榴弹、实心球

表 4-3-22　　　　　1992 年教学大纲田径内容分类

田径	跑	加速跑、耐久跑、接力跑、障碍跑
	跳跃	跳高、跳远(三级跳)
	投掷	铅球、实心球

表 4-3-23　　　　　**1996 年教学大纲田径内容分类**

田径	跑	加速跑、耐久跑、接力跑、障碍跑
	跳跃	跳高、跳远（三级跳）
	投掷	铅球、实心球

表 4-3-24　　　　　**2000 年教学大纲田径内容分类**

田径	跑	加速跑、耐久跑、接力跑、障碍跑
	跳跃	跳高、跳远（三级跳）
	投掷	实心球

资料来源：参见课程教材研究所编：《20 世纪中国中小学课程标准·教学大纲汇编·体育卷》，北京：人民教育出版社 2001 年版，第 466～467 页，第 525～526 页、第 558～559 页、第 597～599 页、第 699～700 页、第 751～752 页、第 804～805 页。

从田径内容演化过程来看，1961 年大纲删除了健身性较强的"走"这一项目，保留了三大类：跑、跳跃、投掷。从三类的具体项目来看，加速跑（100 米）、耐久跑（800 米、1500 米）、接力跑、障碍跑（跨栏）、跳高、跳远、铅球是典型的竞技运动项目。在以后的大纲演变中，跑、跳内容没有变化，只有投掷内容有些调整，如 1987 年增加实心球，1992 年删除了手榴弹，但竞技运动项目铅球始终保留着，直到 2000 年大纲铅球才被删除，从而使"投掷"类项目有了更多的健身性特点。2000 年之前的大纲，田径内容体现了很强的竞技性。

（三）球类项目的演化

表 4-3-25　　　　　　　**球类项目的演化**

1956 年	1961 年	1978 年 1987 年	1992 年 1996 年	2000 年
游戏	球类（篮球）	球类（篮球）	球类：篮球、排球、足球	球类：篮球、排球、足球、乒乓球、网球、羽毛球

资料来源：参见课程教材研究所编：《20 世纪中国中小学课程标准·教学大纲汇编·体育卷》，北京：人民教育出版社 2001 年版，第 468 页，第 526 页、第 561～562 页、第 601～602 页、第 702～703 页、第 772～778 页、第 814～815 页。

从上面球类项目的演化中可看出，最初的球类项目是孕育在游戏中，通过演变最终形成篮球、排球、足球、乒乓球、网球、羽毛球等竞技运动项目。

竞技运动是一种以挖掘人的最大潜力为目的的运动形式。虽然从体现个人价值、培养人的竞争精神等方面来看,具有特殊的重要意义,但是它有一个不可避免的致命弱点,即可能损害人的健康。另外竞技运动是属于少数人的运动,而中小学体育课程是面向全体学生的。我们中小学体育课程与教学的主要目的和任务并不是把所有学生都培养成运动员,而是将学生培养成社会主义建设的健康人才。因此,面向全体学生的体育教学不应该以竞技运动项目为主要内容,竞技运动项目必须在"健康第一"思想的指导下经过改造才可纳入体育课程内容体系。

总之,新中国成立以来的体育课程内容在逐渐科学化、系统化的同时也出现了一些缺陷。主要的表现就是课程内容增多删少过于拥挤,学生对课程内容的掌握不能深入;同时课程内容竞技化趋向,不利于学生身心的健康发展。

第四节　体育课程内容的组织

课程内容的组织是指对课程各内容要素进行合理、有效的安排,从而建构出一个科学、合理的课程内容知识体系。对于体育课程而言,课程内容的组织包括横向组织和纵向组织。横向组织是指各种体育课程内容要素按水平关系进行组织。纵向组织是依据不同年龄阶段学生的身心发展特点,并按照体育学科知识的内在逻辑演进顺序,对各种体育课程内容要素进行针对性的组合与安排。

在体育课程文本中最能反映体育课程内容组织问题的当然是各种体育教材,但在我国的课程体制下,所有的体育教材都是在课程标准(教学大纲)的指导下编订的,因此,体育课程标准关于体育课程内容组织的规定最具权威性。

我国的体育课程标准的名称从清朝末年到现在经历了学堂章程→课程纲要→课程标准→教学大纲→课程标准的过程。本节主要研究新中国成立后的体育课程内容的变化,即"教学大纲"教学文件指导下的课程内容组织。教学大纲时期,体育教学大纲中详细地规定了体育课程的内容,教学大纲是研究体育课程内容组织的典型文本。

体育教学大纲是由国家行政部门制订颁发的教学指导文件,教学大纲由说明、教材纲要和考核项目标准三部分组成,其中,教材纲要以简洁的形式概括着每个年级要学习的课程内容的先后顺序。教学大纲中各年级课程内容的安排序列,在某种程度上反映了当时体育课程内容组织理论的发展状况。目前,体育教学大纲正逐渐被目标统领内容的体育与健康课程标准所取代,体育课程内容正朝着"开放"与"放开"的方向改革,但体育课程内容的组织问题依然存在,因为与课标配套的体育教材的编写依然会遇到课程内容的组织问题,而且课程内容越是"开放"和"放开",课程内容组织的理论就越彰显其重要性。

一、体育课程内容纵向组织中的重复问题

纵向组织是体育课程内容设计的一种基本组织形式。在体育课程内容的纵向组织中,存在三个基本问题:一是如何让不同深度的课程内容科学合理地在不同学段中出现;二是如何将选出的各种体育课程内容要素科学、合理地在不同学段予以重复;三是如何保持体育课程内容在不同学段间良好的衔接。其中第二个问题,体育课程内容组织的重复问题是纵向组织中最重要的问题。

（一）体育课程内容重复的本质

不同学科课程内容的组织是不同的,有的学科宜采用直线式,有的学科宜采用螺旋式,有的学科还可以采用混合式。直线式排列是指课程按某种规律直线排列,某一体育运动项目和身体练习的相同内容基本上不再重复出现;螺旋式排列是指某一体育运动项目和身体练习的相同内容在不同的水平上或年级中重复出现,并逐步提高要求。① 就体育课程而言,它的目标不以掌握事实、概念、理论、原理为主,而主要通过身体练习,掌握锻炼的方法,增强体能与健康,养成锻炼的习惯和健康的生活方式,在活动中培养良好的心理品质、人际交往能力和合作精神。它的特点决定了它的排列以螺旋式排列为主。王占春先生在《新中国中小学体育教材建设五十年》中认为,"有的体育教材内容就必须重复,这是体育的特点,几乎没有一项活动只学一次,因为练一次既锻炼不好身体,也掌握不了运动技术,一套拳术

---

① 　季浏主编:《课程与教学论》,杭州:浙江教育出版社 2003 年版,第 62 页。

只有经常练习,才能获得锻炼身体的实际效果。……螺旋式排列教材内容,通过不断地重复,以提高技术水平,取得理想的锻炼身体的实际效果,这是体育教材和体育教学的特点之一"①。真正合理的、科学的重复在本质上仍然是一种递进,"反复研究同一对象不是单纯的反复,它应当一次比一次更详尽、更广泛、更深入,不断增加新的知识素材,使圆环不断扩大或者形成螺旋形上升运动"②。因此,我们可以说,体育课程内容的递进是在不断地重复与发展过程中实现的。

(二)大小循环的辩证理论

螺旋式排列具体有三种方式:水平(学段)单位的螺旋;学年单位的螺旋;学期(单元)单位的螺旋。螺旋式排列有循环周期的大小之分。"大循环的重复是指同一教学内容在不同的学年、学段范围内的重复安排"③。如高一安排100米跑,高二再安排100米跑,这种重复是的间隔单位是"学年"。这种重复安排是由体育教学大纲决定的,体育教学大纲中规定着某一内容跨度几个学年。"小循环的重复是指同一教学内容在一个教学单元或学期、学年内的重复"。如高一年级的100米在第一学期安排4学时,在第二学期安排3学时这样的重复。这种重复是由学校或体育教研组决定的,但这种重复的安排受体育教学大纲的制约,又受场地、气候、学生条件的影响,如雨雪天不能上实践课,只能缩短小循环。大小循环的两种重复在教学时数固定、教学内容相对稳定的条件下,是相互制约的。如果小循环的重复安排得多,所占时数就多,那么单位教材数量就会受到限制,因此大循环上重复就不能多;相反,如果在大循环上重复许多内容,单位时间内的教材量增多,那么小循环重复就会变少,学生就很可能学不会动作。学生对技能的掌握是靠这两种不同重复的合理搭配与相互作用而实现的。小循环内重复可以有效地帮助学生掌握局部性的知识和技能,合理的重复使学生尽快地通过泛化、分化、自动化的三个阶段去掌握技术;大循环的重复可以在更大的范围内使学生发展某一方面的技能群并使之联结起来,同时具有"温故知新"和再次享受某个项目乐趣的

---

① 王占春:《新中国中小学体育教材建设五十年(下)》,《中国学校体育》1999 年第 6 期。
② 张勤:《论体育课程内容纵向组织过程中的基本设计向度》,《成都体育学院学报》2006 年第 4 期。
③ 张勤:《论体育课程内容纵向组织过程中的基本设计向度》,《成都体育学院学报》2006 年第 4 期。

意义。

（三）体育课程内容重复排列方法的单一性

王华倬[1]将建国以来的体育课程标准划分为三代。1978 年以前的大纲为第一代体育课程标准；1985 年后编定的体育教学大纲，是第二代体育课程标准；以过渡性《体育与健康教学大纲》的颁发试用和《体育与健康课程标准》的研究与实验为主要标志，新中国第三代体育课程开始进入了起步阶段。体育理论界普遍认为 1978 年大纲是第一代课程标准中最成熟的课程标准，2000 年大纲是第二代课程标准中最成熟的课程标准。本部分将以 1978 年大纲和 2000 年大纲作为考查对象，考查我国体育课程内容排列状况。

表 4-4-1　　　　1978 年体育教学大纲（中学）学年排列情况

	跑				跳	投	体操					武术	球类
	短跑	长跑	接力	障碍	跳跃	投掷	基本	单杠	双杠	技巧	跳跃		
初 1	√	√	√	√	高远	√	√	√	√	√	√	√	√
初 2	√	√	√	√	高远	√	√	√	√	√	√	√	√
初 3	√	√	√	√	高远	√	√	√	√	√	√	√	√
高 1	√	√	√	√	高远	√	√	√	√	√	√		√
高 2	√	√	√	√	高远	√	√	√	√	√	√		√

注："√"代表开设的课程内容，"高远"代表跳高、跳远。

资料来源：参见课程教材研究所编：《20 世纪中国中小学课程标准·教学大纲汇编·体育卷》，北京：人民教育出版社 2001 年版，第 258～580 页。

从表 4-4-1 中看出，1978 年中学学制是五年，每一项目（共 13 项）在初一、初二、初三、高一、高二五学年里都进行了重复排列。设计者对课程内容没有进行区分，对所有内容一视同仁，都进行大循环重复排列，编排方法很单一。根据大小循环的辩证关系，在大循环上重复许多内容，单位时间内的教材量增多，那么小循环重复就会变少，学生就很可能学不会动作。大循环中循环多少内容合适，我们的理论研究还没有具体到这一步，我们无法从理论上考究 1978 年大纲大循环重复排列的内容是否多，但在实际的教学实践中出现的"一跑到底"即大学生和小学生都在学蹲踞式起跑，"一滚到底"即大学

---

[1]　王华倬：《中国近现代体育课程史论》，北京：高等教育出版社 2004 年版，第 206～210 页。

生和小学生都在学前滚翻的现象。这与大循环排列内容过多,导致小循环重复内容少,学生学不会,来年再学的低级重复是有很大关系的。体育技能的掌握需要重复,但不能说体育需要重复就是要每样内容在每个年级都要安排同样的教材,重复安排不好不但失去重复的意义还会起到截然相反的结果。这个问题无论对体育课程理论建设,还是对学生运动技能的掌握效果都是非常重要的。

第二代体育课程标准排列情况是怎样的呢? 我们以 2000 年体育与健康大纲为例。

表 4-4-2　　　2000 年体育与健康大纲课程内容学年排列情况

	跑				跳	投	体操					武术
	短跑	长跑	接力	障碍	跳跃	投掷	基本	单杠	双杠	技巧	跳跃	
初一	√	√	√		高	√	√	√		√		√
初二	√	√	√		远	√			√	√		
初三	√	√	√	√	高远	√		单双	单双	技跳	技跳	√
高一		√		√	高	√	√男	√男		√		
高二		√		√	远	√	√男	√男		√		
高三	√	√	√		高远	√	√男	√男		√		

注:"√"代表开设的课程内容。

资料来源:参见课程教材研究所编:《20 世纪中国中小学课程标准·教学大纲汇编·体育卷》,北京:人民教育出版社,2001 年版第 803~814 页。

从表 4-4-2 中看出,设计者对课程内容的排列是有所区分。在初中三年里,重点对短跑进行了重复;跳跃中的跳高和跳远是隔学年编排;体操的单杠和双杠在高中阶段只对男生开设;初中体操中的单杠与支撑跳跃、双杠与技巧是隔学年进行安排。这样排列减少了大循环重复的内容,缓和了大小循环的矛盾关系,可以说第二代课程内容的排列与第一代课程内容的排列相比有一定的进步。但是这两代的课程内容的排列都是采用循环排列,只不过某些内容循环的周期有所变化。

单一循环排列一直占主导地位的原因有两个:一是缺少对课程内容本身的研究。体育课程内容繁多,如何区分是目前研究的盲点。二是排列理论研究不成熟。课程内容的排列理论只说明了有"螺旋式排列"和"直线式排列"

两种课程内容的排列方式。但对什么样的课程内容适合螺旋式排列,什么样的课程内容适合直线式排列,并没有研究。教学大纲教材内容纲要中,只有理论课内容是直线式排列,实践课教学内容的排列方式都是采用螺旋式排列,没有直线式排列。在各种体育理论的书籍中,很难找出,什么样的体育实践课教学内容适合直线式排列,什么样的教材内容适合螺旋式排列,哪些教材内容是要反复练习的,哪些教材内容不需要反复练习。什么都一样地强调重复,什么都按一定的间隔进行重复,最终导致课程内容排列的单一性。

二、横向排列中的非逻辑性

在基础教育课程群中,有些课程由于其所依托的母学科比较成熟,内容要素之间有着比较严格的逻辑关系,这种逻辑关系表现在教材内容的先后顺序上就是不允许有所遗漏,必须按部就班,一环紧扣一环。这种课程必须严格按照其所依托母学科的逻辑顺序进行内容排列,任意增加内容和加快教学速度,都是不行的。例如,数学中的加减法和乘除法、代数和立体几何之间逻辑关系,是完全不能前后相互取代的。体育是一门较为特殊的学科。首先,体育知识脱胎于庞杂少序的竞技运动,如体操、篮球、田径、游泳、射击等,这些项目的起源,来自生产、娱乐、军事、宗教等多项人类活动。这种"多起源"性使体育项目之间缺少历史的联系,各项目之间并不存在彼此严格制约的因素。例如,学跑的技术之前,并不需要有投掷技术做基础;学练投标枪技术之前,也不需要有推铅球技术做基础。一般情况下各项目之间通常反映为平行的关系,也称非阶梯性。非阶梯性特征加大了课程内容横向组织排列难度。其次,体育课程内容也不能够按内容的难易程度进行横向组织。体育不同于智育,并不是越难的内容越要往后排,相反有些技术越难越要向前排。如体操的某些动作,年龄越大学习起来越困难。这些都是影响教学内容横向组织的根本性问题。因此,体育学科比其他学科更面临着"课程内容组织方法论"的重大课题。

在教学大纲的课程内容纲要中,只列出了每个年级要学习的内容,对于这些内容的先后顺序,即课程内容的横向组织,大纲没有明确规定,也就是说大纲对项目之间横向组织没有作出指导。教材内容的排列由学校或教研组决定,需要教师在项目配置上进行再排列。现实中,学校对课程内容的横向组织,主要考虑的不是课程内容之间的联系,而是基于学校教学条件和季节等教学内容本身以外的外在条件。如果是排球课,同一级的两个班或三个班是不能同时上课的,因为场地条件和球的数量满足不了需求,只能间隔进行排球教学。一个班在学期开始进行排球教学,另一个班则可能在学期末安排,第三个班有可能在学期中安排。季节也是影响学校排列教材的重要因素,游泳尽量安排春夏较暖的时候上,铅球尽量避免冬季上课等。至于体操、篮球、武术各课程内容之间的联系,通常则按并列的关系来对待。

认知理论的迁移观认为,"一切新的有意义的学习都是在原有学习的基础上产生的,一切有意义的学习必须包括迁移"。从迁移理论角度来看,理想的体育课程内容体系,无论纵向组织还是横向组织,课程内容的联系应该表现出很强的制约性,而不是并列的关系。对并列性关系教材内容的学习是无意义学习。张洪潭先生把教育心理学中的迁移理论作为更新编制体育教材纲要的理论依据,他认为教学大纲中的教材内容应当采取由浅入深,由易到难,由简单逐步提高的序列,排成一个有层次、有关联的系统,使前一部分的学习为后一部分的学习提供基础。但这仅仅是一种理论构思,是一种理想的课程内容组织理论,他的健身教学论也并没有提出如何做的处方。

按照理想的教材排列逻辑性关系去审视,目前教学大纲的横向组织还有大量的工作需要去做。例如田径、体操、篮球、武术之间的逻辑起点问题。毛振明先生曾提出体育学科教材内容中何为"基础"和"基本"知识的问题。[①] 基础知识和基本技能是各学科课程教材中相对稳定的部分,也是新的科学知识赖以存在的基础。进行基础知识技能的传授,是各国基础教育课程建设和改革的重要研究课题。至于基础教育阶段的体育学科,在《学校体育工作条例》和各级各类学校的体育教学大纲中,都明确地提出了培养"三基"的体育教学任务。但是,由于体育学科教学内容各项目之间非阶梯性和非逻辑性,在遵循各个学科都必须遵守的基本规律时却遇到了麻烦,在面对别的学科中几乎不成为问题的问题,却回答不出什么是体育学科的基本基础知识。连体育学科的逻辑起点都找不到,项目之间逻辑性从何而谈?

有关课程内容之间横向关联的研究很少,但也取得了一定进展。例如,目前的有关理论认为:学习定势对于先后两项教材的教学,有时能产生助长性迁移效应,有时则表现出抑制性迁移作用。[②] 这是一个有意义的研究成果,

---

① 毛振明:《体育教学科学化探索》,北京:高等教育出版社 1999 年版,第 37~43 页。
② 张洪潭:《技术健身教学论》,上海:华东师范大学出版社 2000 年版,第 109 页。

对排列体育课程内容就有着较大的指导意义。支撑跳跃的踏板起跳用双脚，排球扣杀拦网的起跳也用双脚；跳高的起跳用单脚，篮球的起跳动作也多用单脚。在双脚起跳的动作之间或在单脚起跳的动作之间，可能会分别产生助长性迁移效应；而在双脚起跳的动作与单脚起跳的动作之间，可能会直接发生抑制性迁移作用。运用定势与迁移理论，就可以自觉地避免项目配置方案的不和谐，甚至可以利用定势与迁移作用，在一项新教材开始之前，安排一些辅助性练习，以抑制某些与新教材动作性质相抵触的先前定势而诱导即将展开的新教材的学练。

再如，在横向课程内容组织中，利用体育课程内容的互补性对课程内容进行整合。不同的运动项目之间存在差异性，这些差异性的存在对于体育课程内容体系的整合来说是个难题。要解决这个问题，应当重视课程内容之间的互补性。例如篮球运动，被人们认为是对身体影响最为全面的运动项目，但是它缺少锻炼上肢的悬垂和支撑能力的作用，而体操类内容素材中却存有锻炼上肢悬垂和支撑能力的练习内容。因此，在篮球教学单元中，设计者可以把体操项目单双杠的部分练习作为篮球主项的副项内容。这种横向关联设计，能充分利用运动项目间的功能差异进行互补，以最少的内容换取最大的教学效果。

这些研究只是零星的点的探索，是否能从这些平行的项目中找出线性关系还是未知的。加强对体育课程内容横向组织的研究，对于我们建构科学、完善的体育课程内容知识体系有着重要的意义。

总之，课程内容的组织是指对课程各内容要素进行合理、有效的安排，从而建构出一个科学、合理的课程内容知识体系。对于体育课程而言，课程内容的组织包括横向组织和纵向组织。横向组织是指各种体育课程内容要素按水平关系进行组织。纵向组织是依据不同年龄阶段学生的身心发展特点，并按照体育学科知识的内在逻辑演进顺序，对各种体育课程内容要素进行针对性的组合与安排。

纵向组织是体育课程内容设计的一种基本组织形式，包括直线排列和螺旋排列。在体育课程内容的纵向组织中，存在三个基本问题：一是如何让不同深度的课程内容科学合理地在不同学段中出现；二是如何将选出的各种体育课程内容要素科学、合理地在不同学段予以重复；三是如何保持体育课程内容在不同学段间良好的衔接。其中，体育课程内容组织的重复问题是纵向组织中最重要的问题。体育课程螺旋式排列最直接的表现就是大循环和小循环的问题,两者必须保持一定的平衡。

横向排列就是不同体育项目之间的排列关系。体育项目的"多源性"使各体育项目之间很难找到严密的逻辑关系,如何进行不同项目的横向排列是体育课程理论亟待解决的问题。

本章小结

课程内容最能反映课程的基本面貌,课程演变最直观的体现就是课程内容的变化。虽然早在西周奴隶主贵族子弟学校里我国就设立了"射"、"御"等体育性质的教育内容,但在重文德轻武勇思想的影响下我国古代学校教育中始终没有正式的体育课程。直到清朝末年癸卯学制时期学校设立"体操"科,我国才有了真正意义的体育教育内容。

1904 年到 1922 年,我国学校体育以兵式体操和普通体操为主要课程内容,学习模仿德国和日本。1922 年新学制之后,体操改为体育,开始以田径、体操、球类、游戏等为主要内容,主要学习欧美。新中国成立后,我国的体育课程内容主要是模仿苏联,重视竞技项目。直到 1961 年大纲的颁布,我们才基本摆脱了苏联模式,根据我国的实际情况和经验选定教学内容,开始形成具有自己特色的体育课程内容体系。

按内容的结构,新中国的体育课程内容可分为"基本＋补充"结构阶段(1949～1957)、"基本＋选用"结构阶段(1958～1992)、"必修＋选修"结构阶段(1993～2000)和"目标统领内容"结构阶段(2001～至今)。新中国建立以来,体育课程内容的选择经历了从国家统一规定到学校、教师有一定的选择权,再到学生有一定的学习内容选择权的发展过程。体育课程内容的选择观由注重学科知识的系统性向尊重学生的主体性方向发展。

新中国成立以来的体育课程内容选择,在逐渐科学化、系统化的同时也出现了一些缺陷。就课程内容的容量来说,主要表现在课程内容增多删少过于拥挤,学生对课程内容的掌握不能深入;就课程内容的性质来说,纵向组织的大小循环没有达到动态平衡,横向组织的排列关系没有找到逻辑顺序。体育课程内容选择、组织和编排的理论研究有待进一步深化,任重而道远。

第五章　体育课程评价问题

课程评价是一个既古老又年轻的领域。较为正规的教育评价其渊源可以追溯到 1400 年前中国隋朝出现的科举制度,而对课程与教学活动评价展开的系统研究则是从 19 世纪末美国的课程与教学改革运动开始,至今才百余年的历史。课程评价(包括体育课程评价)研究在我国有组织、成体系的研究是随着基础教育改革和我国课程理论研究的发展而发展起来的,约十余年。目前,人们普遍认为体育课程评价不应该局限于学生对体育课程的学习,应该是对体育课程整体的评价,包括体育课程设计的评价、体育课程效果的评价、体育课程建设的评价。有关体育课程评价的整体研究正在兴起,而我国以往体育课程评价领域的研究成果主要集中在学生体育课成绩考核方面。

与我国体育课程发展的分期相对应,我国体育课程评价的发展也可分为四个时期:清朝末期的体育课程评价(1840～1911)、辛亥革命后北洋军阀时期的体育课程评价(1912～1926)、国民党统治时期的体育课程评价(1927～1949)、新中国成立后的体育课程评价(1949～2003)。清朝末期和辛亥革命后北洋军阀两个时期的体育课程标准中,对学生成绩没有统一的规定和要求,国民党统治时期的体育课程标准中才开始有了统一的规定和要求。

本章就国民党统治时期和社会主义建设时期学生成绩的考核问题进行研究,拟以不同时期颁布的体育课程标准(教学大纲)中关于成绩考核的有关规定为主要研究对象,对考核内容以及方式方法的演变与发展进行剖析。

第一节　国民党统治时期体育成绩考核

国民党统治时期,教育部于 1929 年、1932 年、1936 年、1940 年(小学1942 年)、1948 年分别进行了 5 次课程标准的修订,其中,1948 年的课程标准没有实施。1929 年的课程标准称为"暂行课程标准",1932 年的课程标准称为"正式课程标准",1936 年的课程标准称为"修正课程标准",1940 年只修订了中学的课程标准,称为"重新修订课程标准"。

一、暂行课程标准时期学生成绩考核

暂行课程标准中对学生成绩考核只规定了体育课最低限度,其他等级的标准没有规定。"最低限度"中规定了学生成绩考核内容,标准中零星地涉及对考核方式方法的要求,并没有具体系统的规定,因此它还是体育成绩考核系统的雏形。

(一)1929 年暂行课程标准中学生成绩考核规定

1. 小学课程暂行标准中对学生的最低限度要求①。

"戊辰学制"中小学校仍然分为初级和高级,故课程标准中对初级结束和高级毕业分别规定了标准。

初级结束:

(1)能注意保持良好姿势。

(2)知道自己的身高和体重。

(3)娴熟三种以上的团体游戏(如追、逐、跑、躲、替换赛跑等)。

(4)能够作下列两种以上的活动,并且明了每种活动的方法。

(甲)踢毽子　(乙)造房子　(丙)滚铁环　(丁)跳绳　(戊)一二项器械活动(如秋千,轩轩板,滑梯等)。

(5)关于引体向上、双臂屈伸、50 码赛跑、立定跳远、急行跳高各项测验,须达到麦克乐氏所定的"运动技能标准"最低限度(原称入学分数)。

---

① 课程教材研究所编:《20 世纪中国中小学课程标准·教学大纲汇编·体育卷》,北京:人民教育出版社 2001 年版,第 14~15 页。

高级毕业：

(1) 保持良好姿态,并明了姿势对于身心健康的重要。

(2) 知道自己的体重身高,明了自己身体的发育状况。

(3) 娴熟五种以上的团体游戏(如追、逐、跑、躲、替换赛跑等)。

(4) 能够作下列六种活动中,三种以上的活动,并且明了每种活动的方法。

(甲)踢毽子 (乙)造房子 (丙)滚铁环 (丁)跳绳 (戊)拍皮球

(己)三四项器械活动(秋千,轩轾板,滑梯,吊绳,平均台,巨人木等)。

(5) 下列九种球戏中,至少能够做五种,并明了每种球戏的规则和方法。

(甲)司令球 (乙)踢小皮球 (丙)队长球 (丁)低网排球

(戊)男生足球,女生游戏舞三种 (己)篮球 (庚)室内棒球 (辛)队球

(壬)网球

(6) 关于引体向上、双臂屈伸、50码赛跑、立定跳远、急行跳高、掷接

(14吋)棒球各项测验,须达到麦克乐氏所定的"运动技能标准"最低限度。

2. 初级中学体育暂行课程标准对学生毕业最低限度的规定①。

(1) 保持良好姿势,并明了姿势对于身心健康之关系。

(2) 明了自己身高,体重,及与标准相差之百分数。

(3) 娴熟十五种团体游戏。

(4) 关于引体向上、双臂屈伸、仰卧起坐、五十米跑、立定跳远、急行跳高、掷6磅铅球,能达到麦克乐之运动技术之最低标准。

(5) 娴熟十五种舞蹈。

(6) 娴熟下列球戏中的两种:网球,足球,手球,垒球,篮球,排球(附注:女生与男生同,惟须按照以上各项,采取适用于女子的各种游戏)。

(7) 娴熟一套国术中的基本攻守动作。

(8) 了解一切生活的健康习惯与体格强健有密切的关系。

---

① 课程教材研究所编:《20世纪中国中小学课程标准·教学大纲汇编·体育卷》,北京:人民教育出版社2001年版,第395～396页。

3. 高级中学普通科体育暂行课程标准对学生毕业最低限度的规定[①]。

(1) 保持良好姿势，并明了姿势对于心身健康之重要。

(2) 知道自己的体高体重及与标准相差的百分数。

(3) 知道至少十个团体游戏，并且能作各该游戏的领导人。

(4) 对照麦克乐的运动技术标准，要能达到最低标准（原称入学分数）。

(5) 男生以下活动中至少能作四种，并且知道它们的规则和方法。

篮球、足球、排球、网球、垒球、手球、拳术一套、游泳、滑冰、田径运动中三项。

女生以下十种活动中至少能作三种，并且知道它们的规则和方法。

篮球、足球、排球、网球、垒球、手球、舞蹈八个、拳术一套、游泳、滑冰、田径运动中三项。

(二) 暂行课程标准时期学生成绩考核的特点与评价

1. 考核内容的单一维度特点。

小学低年级体育课最低限度从身体形态、游戏、身体素质三个方面制定；小学高年级体育课最低限度从身体形态、游戏、球戏、身体素质四个方面制定；初级中学毕业最低限度从身体形态、游戏、身体素质、球戏、国术五方面进行考核；高级中学毕业最低限度从身体形态、游戏、身体素质、各种运动四个方面进行规定和要求。从考核内容来看，都是针对体育单一维度的考核。在考核内容中，第一次将身高、体重纳入考核内容。身体姿势纳入考试内容是前所未有的。身高、体重、身体姿势和人的身体健康是息息相关的，体现了这阶段注重学生身体健康的考核理念。

2. 考核方式方法呈现多样化特点。

这阶段对考核方法方式没有专门的规定，但课程标准中零星地涉及一些要求。

小学课程标准中教学方法要点第十二条指出："鼓励儿童保持好姿势，举行姿势比赛：每日于儿童作文写字等作业时，暗查姿势一次，每周明查一次，每月每学期结算，比较团体或个人的优劣。教练员也应时时注意好姿势的保

---

① 课程教材研究所编：《20 世纪中国中小学课程标准・教学大纲汇编・体育卷》，北京：人民教育出版社 2001 年版，第 403～404 页。

持,以为儿童模范。"①这表明小学对姿势的考查注重过程性。

小学课程标准中教学方法要点第十三条指出:"应采用适宜的测验方法,如麦克乐氏'运动技术标准'考查儿童的成绩,是否因为身体的发展而进步,并使儿童自己知道进步的度量而努力学习;教练员也可审查教授的效果而求教学方法的改良。"②从这段文字中可看出,对运动技能的考查采用的结果评价和相对评价相结合的评价方法,注重学生的进步。

小学课程标准中教学方法要点第十六、十七条指出:"应每日举行健康视察一次,每月举行身高体重检查一次,每年举行体格总检查一次。参考卫生部所颁发学校卫生实施方案及各种表格。"③"指导儿童身体发育记录,以使儿童努力图谋身高体重等的正当发育。"④对身高和体重注重过程性评价方法,评价的形式是采用记录表。

初级中学课程标准中教学方法要点第四条指出:"每学期至少举行技能测验,以觇教学之结果,并鼓励学生之运动之精神。"⑤要求能达到麦克乐之运动技术的最低标准。初中阶段注重结果性评价。

高级中学课程标准中教学方法要点第六条指出:"各种技能的测验,不独可用来分级,并且是测验教学效果所必要的。有时也可以用来作教材,鼓励学生的努力。"⑥从要求中看出,这阶段的测验用来分组进行教学,对于教学后学生成绩的考核没有规定。

从以上列举我们可以看出,小学阶段考核方式和方法非常丰富,它提倡不同的评价内容,采取不同的评价方法。如姿势和身高、体重的考核采用过程性评价方法,对技能的考核采用结果评价和相对评价相结合的评价方法。这些方法与现代所提倡多元评价的思路是一致的。小学阶段考核方法、方式

---

① 课程教材研究所编:《20世纪中国中小学课程标准·教学大纲汇编·体育卷》,北京:人民教育出版社2001年版,第13页。

② 课程教材研究所编:《20世纪中国中小学课程标准·教学大纲汇编·体育卷》,北京:人民教育出版社2001年版,第13页。

③ 课程教材研究所编:《20世纪中国中小学课程标准·教学大纲汇编·体育卷》,北京:人民教育出版社2001年版,第14页。

④ 课程教材研究所编:《20世纪中国中小学课程标准·教学大纲汇编·体育卷》,北京:人民教育出版社2001年版,第14页。

⑤ 课程教材研究所编:《20世纪中国中小学课程标准·教学大纲汇编·体育卷》,北京:人民教育出版社2001年版,第395页。

⑥ 课程教材研究所编:《20世纪中国中小学课程标准·教学大纲汇编·体育卷》,北京:人民教育出版社2001年版,第404页。

规定的比较全面,而中学考核方式方法则相对粗疏。

二、正式课程标准时期和修正课程标准时期体育成绩考核

此两时期课程标准只对小学的成绩考核进行了规定,中学课程标准没有对考核进行规定。

1932 年课程标准中小学成绩考核要求是这样表述的:"应采用适宜的测验方法,如麦克乐氏'运动技术标准'等,考查儿童的成绩,是否因身体的发展而进步,并使儿童自己知道进步的度量而努力学习;教员也可审查教授的效果而求教学方法的改良。"[①]

1936 年修正课程标准中小学成绩考核是这样表述的:"每年至少应举行体格检查一次,以考核过去的体育成绩,并且为改进将来的体育做准备。检查的项目,可分年龄、体高、上体高、胸围、肺量、脉搏、运动等。"[②]测验只是体格检查的一项。

1932 年课程标准和 1936 年的修正课程标准虽然都对小学成绩考核进行了上述规定,但这种规定只是原则性的,并没有对具体的考核标准进行描述。

三、重新修正课程标准时期的学生成绩考核

(一)重新修正课程标准(1942 年)学生成绩考核规定

1. 小学阶段体育成绩考核规定[③]。

(1)各年级的体育成绩,应根据下列项目评定之;体育成绩不及格者,不得毕业。

① 体育正课早操及课外运动出勤情况(占 30%)。

② 体育测验(占 50%)。

③ 从事体育活动时所表现之态度与行为(占 20%)。

(2)各年级体育测验项目如下:

① 低年级不必举行测验,由任课教师根据平日观察所得酌给分数,惟平日成绩应备详细的记录表,随时记录,以便于学期终了时结算其总成绩。表

---

① 课程教材研究所编:《20 世纪中国中小学课程标准・教学大纲汇编・体育卷》,北京:人民教育出版社 2001 年版,第 18 页。

② 课程教材研究所编:《20 世纪中国中小学课程标准・教学大纲汇编・体育卷》,北京:人民教育出版社 2001 年版,第 22 页。

③ 课程教材研究所编:《20 世纪中国中小学课程标准・教学大纲汇编・体育卷》,北京:人民教育出版社 2001 年版,第 29~30 页。

式由各校自订(此种记录表于成绩揭晓前应保守秘密)。

② 中年级之测验项目如下:

韵律活动——就所习的基本步伐及舞蹈,表演其熟练度(占总成绩15%)

简易垫上运动——就所习的机巧运动,表演其熟练度与正确度(占总成绩15%)。

竞技运动——30米/50米赛跑、立定跳远、垒球掷远三项(占总成绩20%),给分标准暂由各校自订。

③ 高年级之测验项目如下:

男生

韵律活动——就所习的舞蹈,表演其熟练度(占总成绩10%)。

简易垫上运动——就所习的机巧运动,表演其熟练度与正确度(占总成绩20%)。

球类运动——篮球掷篮、排球发球、小足球盘球三项(占总成绩10%)。给分标准暂由各校自订。

竞技运动——50公尺赛跑、立定跳远、篮球掷远或6磅铅球三项(占总成绩10%),评分标准暂由各校自订。

国术——就所习的简易国术表演其熟练度与正确度。(占总成绩10%)。

女生

韵律活动——就所习的舞蹈,表演其熟练度(占总成绩15%)。

简易垫上运动——就所习的机巧运动,表演其熟练度与正确度(占总成绩10%)。

球类运动——篮球投篮、排球发球二项(占总成绩10%)。给分标准暂由各校自订。

竞技运动——50米赛跑、立定跳远、篮球掷远或六磅铅球三项(占总成绩15%),给分标准暂由各校自订。

(3) 从事体育活动时所表现的精神态度与行为的给分,应根据平日观察所得而评判之,惟平日应备适当的记录表,指定负责人员随时记录,以便于学期终了时,结算其总成绩(此种记录表于成绩揭晓前应保守秘密)。至于考查项目如下:

① 是否服从师长、队长及裁判员之命令?

② 是否忠实遵守一切规则?

③ 是否能诚实、公正、守信、合群？

④ 是否有创造、积极、进取的精神？

⑤ 是否有领袖的才能？

2. 中学阶段体育成绩考核规定。

为适应学制的要求，1941 年国民政府教育部颁布了《六年制中学体育课程标准草案》①，初中和高中合为一个阶段，初中和高中的体育成绩考核规定相同。

① 测验项目与成绩标准暂由各校自订，但以学生最低限度应能做到或应行学习者为原则。

② 测验时一切规则与方法务求准确执行。

③ 测验成绩应加以统计，逐期列表比较。②

（二）重新修正课程标准时期学生成绩考核的特点与评价

这阶段考试系统比较完善，较以往有了大的发展。具体体现出以下几点：第一，规定体育成绩不及格者，不得毕业。第二，考核内容的多维度性。小学阶段的考核内容较以往有了很大的变化，考核内容由单一体育测验维度，发展到由体育正课、早操及课外运动出勤情况、体育测验、从事体育活动时所表现之态度与行为三个维度构成，并且还规定了三部分的权重，这是考核内容变化的一个重要标志。关于态度行为维度的测评，提出从五个方面进行测验，并注重过程性评价，根据平时的记录结算总分，这一维度的测评方式方法有其先进性。体育测验维度，规定了测评内容及权重，给分标准由各校自订。规定低年级不必举行测验，由任课教师根据平日观察酌给分数。考核内容维度的增加，使体育课成绩考核更加公平。第三，初级中学和高级中学阶段各校有很大的自主权，考试项目、标准自订。

总之，国民党统治时期的学生成绩考核的指导思想是自然主义和实用主义，较为重视过程性评价。但总体上讲，此时期体育成绩考核并没有受到很大的重视，不论对成绩考核作用的认识，还是考试内容的系统性、考核方法的科学性都有待于提高。

---

① 课程教材研究所编：《20 世纪中国中小学课程标准·教学大纲汇编·体育卷》，北京：人民教育出版社 2001 年版，第 442 页~446 页。

② 课程教材研究所编：《20 世纪中国中小学课程标准·教学大纲汇编·体育卷》，北京：人民教育出版社 2001 年版，第 446 页。

第二节　新中国体育成绩考核内容演化

关于新中国成立后的体育成绩考核，我们将主要研究两个问题，即体育成绩考核内容的演化、体育成绩考核方式方法的演化。本节将研究新中国成立以来体育成绩考核内容的演化。

1949年新中国成立以来至今，体育课成绩评定大体分为三个阶段：第一阶段，为单一成绩评定阶段（1949～1986）；第二阶段，为综合成绩评定阶段（1987～2000）；第三阶段，从新课标颁布至今（2001～至今），为多元成绩评定阶段。每个阶段所对应的学校体育发展历史时期见表5-2-1：

表5-2-1　新中国体育课成绩评定三个阶段所对应的学校体育发展历史分期

新中国体育课程评定三个阶段	学校体育发展历史分期
单一成绩评定阶段	一、建国初期（1949～1957） 二、社会主义建设探索时期（1958～1965） 三、"文化大革命"时期（1966～1976） 四、具有中国特色社会主义建设时期（1977～至今） 　（一）拨乱反正、全面恢复时期（1977～1982） 　（二）改革开放初期（1983～1986）
结构考核评定阶段	（二）改革开放初期（1987～1992） （三）社会主义市场经济探索时期（1993～2000）
多元评定阶段	（四）素质教育下改革探索时期（2001～至今）

一、单一成绩评定时期体育成绩考核内容及反思

单一成绩评定是指对学生成绩评定只局限于对体育技术、技能的评定。1956年第一套体育教学大纲到1978年的体育教学大纲，对体育成绩考核都属于单一成绩评定。这一阶段国家共颁布了三个小学体育教学大纲和三个中学体育教学大纲。三个小学教学大纲为1956年颁布的《小学体育教学大纲（草案）》，1961年颁布的《小学体育教材》，1978年颁布的《全日制十年制学校小学体育教学大纲（试行草案）》。三个中学教学大纲为1956年颁布的《中学体育教学大纲（草案）》，1961年颁布的《中学体育教材》，1978年颁布的《全日制十年制学校中学体育教学大纲（试行草案）》。这些大纲对成绩评定内容

327

都作了规定和要求。

（一）单一成绩评定时期体育成绩考核内容规定

1. 小学评定内容的规定。

（1）1956 年《小学体育教学大纲（草案）》对小学考核内容规定。

1956 年的《小学体育教学大纲（草案）》中，对各年级应要考查的具体项目及参考标准有明确的规定，见表 5-2-2。

表 5-2-2　　1956 年《小学体育教学大纲（草案）》中成绩考核项目

项目名称	一年级	二年级	三年级	四年级	五年级	六年级
队列练习			会由左脚开始走步	会保持正确姿势走齐步伐		
一般发展和准备的练习	跳长绳	跳长绳	自己抛接小球，接球前在体后拍手一次，双手在体前接球，连续抛接	自己抛接小皮球，接球前拍手半蹲拍腿然后双手接球，连续抛接		
跑	全班或分组有组织、不拥挤、安静地从运动场的这条线跑到另一条线	直线地、轻松而自然地向前跑 20 米	30 米快速跑	40 米快跑	50 米快跑	60 米快跑
跳	由 40 厘米高处跳下，能轻松地落地	立定跳远	急行跳远急行跳高	急行跳远急行跳高	急行跳远急行跳高	急行跳远急行跳高
投掷	能用正确的姿势把小球（或其他小物件）投向指定方向	用小布球投竖立的标靶	用小皮球投竖立的标靶	用小皮球投竖立的标靶	垒球掷远	垒球掷远

续表

项目名称	一年级	二年级	三年级	四年级	五年级	六年级
攀登					爬斜放的体操凳	爬杆
平衡					在70厘米高的平衡木上行进,套过手中80厘米直径的圆圈	在体操凳上做"燕式"平衡动作(女)
滚翻						连续两次向前滚翻

资料来源:参考课程研究所编:《20世纪中国中小学课程标准·教学大纲汇编·体育卷》,北京:人民教育出版社,2001年版,第72～73页。

考核标准:

以上考核内容大纲中都设有相应的完成标准,教师根据练习情况评定成绩。

考查项目的参考标准最低成绩是3分、最高成绩是5分。

具体项目:

小学1、2年级主要从跑、跳、投、一般发展和准备练习四个方面进行考查;小学3、4年级主要从跑、跳、投、一般发展和准备练习、队列五个方面进行考查;小学5、6年级主要从跑、跳、投、攀登、平衡、滚翻六个方面进行考查。

(2) 1961年《小学体育教材》对考核内容的规定。

考核内容:1961年的《小学体育教材》中,选择出主要的项目,建议作为考查项目,供各地区在制定考查项目、标准时参考。

建议考查项目:

小学一、二年级考核:大纲对一、二年级没有规定考查内容。

小学三年级考核内容:40米快速跑、急行跳远、投掷短木棒。

小学四年级考核内容:手脚并用地爬杆、前滚翻、50米快速跑、急行跳高、急行跳远、投掷短木棒或手榴弹。

小学五年级考核内容:手脚并用地爬杆/爬绳、前滚翻、50米/60米跑、急行跳远、急行跳高、手榴弹。

小学六年级考核内容：手脚并用地爬杆/爬绳、技巧（单个或联合动作）、分腿腾跃、60 米跑、400 米跑、急行跳远、急行跳高。

考核标准：

大纲中只选择了最主要的项目，建议作为考查项目，供各地在制定考查项目、标准时参考。可见，标准由各地制定。

(3) 1978 年《全日制十年制学校小学体育教学大纲（试行草案）》对考核内容的规定。

大纲规定了考核的具体项目及标准，要求各地区学校都应认真试行。

考核内容：

小学一年级：前滚翻、30 米跑、立定跳远、投沙包/轻物体。

小学二年级：前滚翻起立滑成纵叉、跳短绳、30 米跑、立定跳远、投沙包/轻物体。

小学三年级：后滚翻、跳短绳、爬杆/绳、立卧撑、60 米跑、跳高、跳远、掷垒球。

小学四年级：分腿腾跃、技巧（《国家体育锻炼标准》儿童组规定动作）、跳短绳、爬杆/绳、立卧撑、60 米跑、400 米跑、跳高、跳远、掷手榴弹。

小学五年级：分腿腾跃、靠墙手倒立、跳短绳、爬杆/绳、立卧撑、60 米跑、400 米跑、跳高、跳远、掷手榴弹。

对上述具体考核内容进行归类、整理见表 5-2-3：

表 5-2-3　　　　单一成绩评定阶段小学教学大纲规定的考查内容

		田径			体操	素质
1956 年大纲	一、二年级	跑	跳	投	一般发展和准备练习	
	三、四年级	跑	跳	投	队列　一般发展和准备练习	
	五、六年级	跑	跳	投	攀登　平衡　滚翻	
1961 年大纲	三年级	跑	跳	投		
	四、五年级	跑	跳	投	攀登　技巧	
	六年级	跑	跳	投	攀登　技巧　支撑跳跃	
1978 年大纲	一、二、三年级	跑	跳	投	技巧	素质
	四、五年级	跑	跳	投	技巧　支撑跳跃	素质

资料来源：参见课程教材研究所编：《20 世纪中国中小学课程标准·教学大纲汇编·体育卷》，北京：人民教育出版社 2001 年版，第 72～73 页、第 77～90 页、第 113～114 页。

2. 中学评定内容的规定。

(1) 1956 年《中学体育教学大纲（草案）》对考核内容规定。

考核内容：

初一年级考核内容：爬绳或爬杆、60 米跑、500 米跑（400 米女）、跳高、跳远、投掷垒球。

初二年级考核内容：爬绳或爬杆、跳跃、单杠、60 米跑、500 米跑、跳高、跳远、投手榴弹或投掷垒球。

初三年级考核内容：爬绳或爬杆、低单杠、跳跃、100 米跑、800 米跑（500米女）、跳高、跳远、投手榴弹或推铅球。

高一男生考核内容：爬杆/绳（或引体向上）、单杠/双杠、分腿腾跃、100米跑、1000 米跑、跳高、跳远、投手榴弹/推铅球。

高二男生考核内容：爬杆/绳（或引体向上）、单杠/双杠、蹲腾跃（横放器械）、100 米跑、1500 米跑、跳高、跳远、投手榴弹/推铅球。

高三男生考核内容：爬杆/绳（或引体向上）、单杠/双杠、分腿腾跃（纵放跳箱）、100 米跑、1500 米跑、跳高、跳远、投手榴弹/推铅球。

高一女生考核内容：爬杆/绳、单杠/双杠/高低杠、蹲腾跃、100 米跑、500 米跑、跳高、跳远、投手榴弹/推铅球。

高二女生考核内容：单杠/双杠/高低杠/劳卫制一级高低杠、分腿腾跃（横）、100 米跑、800 米跑、跳高、跳远、投手榴弹/推铅球。

高三女生考核内容：单杠/双杠/高低杠的三个联合动作、背腾跃（纵）、100 米、800 米、跳高、跳远、投手榴弹/推铅球。

考核标准：

大纲中的初、高中考核项目，都适当地结合"劳动和卫国"体育制度（草案）各相应级的及格标准。

(2) 1961 年《中学体育教材》对考核内容的规定。

1961 年《中学体育教材》选择了主要的项目，建议作为考查项目，供各地区在制定考查项目、标准时参考。

考核内容：

初一、初二考核内容：单杠、爬绳/爬杆、技巧、支撑跳跃、60 米跑、400 米跑、跳高、跳远、投手榴弹、推铅球。

初三考查的内容：单杠、双杠、爬绳/爬杆、技巧、支撑跳跃、60 米跑、800

米跑、跳高、跳远、投手榴弹、推铅球。

高一考核内容：单杠、双杠、技巧、支撑跳跃、爬绳、100 米跑、1500 米跑（800 米跑）、跳高、跳远、推铅球、投手榴弹。

高二、高三考查的主要项目同高一基本相同。

考核标准：

大纲中只选择了最主要的项目，建议作为考查项目，供各地在制定考查项目、标准时参考。可见，标准由各地制定。

（3）1978 年《全日制十年制学校中学体育教学大纲（试用草案）》对考核内容的规定。

大纲明确规定了考核项目和考核项目要达到的标准，要求各地区学校都应认真试行。

田径考核内容：

初一、初二考核内容：60 米跑、400 米跑、800 米跑、跳高、跳远、推铅球、投手榴弹等项目。

初三考核内容：60 米跑、100 米跑、400 米跑、800 米跑、跳高、跳远、推铅球、投手榴弹等项目。

高一、高二考核内容：100 米跑、1500 米（女 800 米）跑、跳高、跳远、推铅球、投手榴弹等项目。

体操考核内容：

在体操项目上要求初中三年、高中两年要考核支撑跳跃、技巧、单杠、双杠四项，其每项的具体内容各不相同。

在支撑跳跃项目中，初一跳山羊，初二、初三分腿腾跃（横放器械），高中分腿腾跃（男纵放器械，女横放器械）。

在技巧项目中，初一考核《国家体育锻炼标准》少年一组男女规定动作，初二考核鱼跃前滚翻，初三考核侧手翻，高一考核《国家体育锻炼标准》少年二组男女规定动作，高二考核直腿后滚翻（男）、单肩后滚翻（女）。

在单杠项目中，初一考核跳上成支撑—后摆下，初二考核《国家体育锻炼标准》少年一组男女规定动作，初三考核《国家体育锻炼标准》少年二组男女规定动作，高一考核支撑后回环（男）和骑撑后倒挂膝摆动三次上（女），高二考核《国家体育锻炼标准》青年组男女规定动作。

在双杠项目上，初一考核杠端跳起成分腿坐—分腿坐前进至远端前摆转体 90 度下,初二考核《国家体育锻炼标准》少年一组男、女规定动作,初三考核支撑摆动后摆挺身下,高一考核《国家体育锻炼标准》少年二组男、女规定动作,高三考核《国家体育锻炼标准》青年组男、女规定动作。

身体素质练习项目考核:

初一考核仰卧起坐、仰卧悬垂臂屈伸、俯卧撑臂屈伸(男生)、俯卧撑臂屈伸(手撑高处)(女生);初二考核仰卧起坐同时举腿、引体向上或爬绳(男生)、俯卧撑臂屈伸(男生)、仰卧悬垂臂屈伸或爬绳(女生)、俯卧撑臂屈伸(手撑高处)(女生);初三考核仰卧起坐同时举腿、引体向上或爬绳(男生)、双杠支撑臂屈伸、仰卧悬垂臂屈伸或爬绳(女生)、俯卧撑臂屈伸(女生);高一考核立卧撑、引体向上或爬绳(男生)、双杠支撑摆动臂屈伸(男生)、爬绳(女生)、俯卧撑臂屈伸(女生);高二考核同高一。

对上述具体考核项目进行归类、整理见表 5-2-4:

表 5-2-4　　　单一成绩评定阶段中学教学大纲规定的评定内容

		田径	体操	素质
1956 年大纲	初一	跑　跳　投	爬绳	
	初二、三	跑　跳　投	爬绳　单杠　跳跃	
	高中	跑　跳　投	爬绳/引体　跳跃　单/双杠	
1961 年大纲	初一、二	跑　跳　投	爬绳　技巧　单杠　跳跃	
	初三	跑　跳　投	爬绳　技巧与器械体操	
	高中	跑　跳　投	爬绳　技巧与器械体操	
1978 年大纲	初、高中	跑　跳　投	技巧与器械体操	素质项目

资料来源:参见课程教材研究所编:《20 世纪中国中小学课程标准·教学大纲汇编·体育卷》,北京:人民教育出版社 2001 年版,第 461～502 页、第 524～541 页、第 589～590 页。

从表 5-2-3、表 5-2-4 可以看出,1956 年大纲和 1961 年大纲规定的评定内容是田径项目中的跑、跳、投,以及体操项目中的部分项目;1978 年大纲在内容上除了考核田径的跑、跳、投和体操项目外,增添了素质大项。这一阶段的评定内容从大范围来讲就是田径、体操和素质三大类,这三类成绩的复合就是学生体育课学习的成绩。

（二）单一成绩评定时期学生成绩考核的反思

单一成绩评定时期的学生成绩考核的内容只局限于体育技能维度，表现出考核内容的单一性特点。每一项评定内容都有相应地客观标准，操作性强，尺度统一，体现出考试面前人人平等的理念。这种单一性的成绩评定系统表面上看客观、公平，但忽视了学生的基础和成绩考核的多功能性，具有多种弊端。

1. 成绩评定的不公平性。

单一成绩评定阶段，评定内容只涉及体育技术、技能的掌握，评定的标准使用统一的客观标准。这种剔除了主观评价的单一性成绩评定，表面看体现出了考试面前人人平等的理念，但实际上背后却包含着不公平，因为学生在运动能力方面的差异远远大于智力上的差异。学生的运动能力受遗传素质、身高、肌肉类型、心肺功能、神经类型等多种先天因素的影响，差异很大。有些先天条件好的人，在体育课上不用怎么努力，甚至不用上体育课，其体育成绩便可达到优秀。有些学生天分较差，虽然体育课上十分努力，但成绩依然达不到优秀，甚至可以说永远达不到优秀。当我们基于绝对标准去评定学生在体育技术、技能方面的表现时，显然不是主要指向学生在体育课学习中的努力程度和学习效果，而更多的是指向学生的先天身体条件，其实际结果是给学生评定的学习成绩在体育课学习前就已经划分好了。先天的身体条件是不能随便选择的，但先天身体条件与学生的自尊心是紧密相连的，因为来自对人的外表和先天身体条件方面的不合理评定会使人感到沮丧和失落。

2. 成绩评定内容的片面性。

体育课程内容很多，都作为评定内容也不现实。考试的目的是促进教学质量的提高，过多的考试内容占用了学习时间，反而影响了教学质量，造成适得其反的后果。作为评定内容应具备代表性特征，或内容能反映体育课程目标的达成程度。

评定内容的代表性是指评定内容成绩的高低能反映学生体育课学习的其他内容的掌握情况。田径、体操、素质项目是否具有代表性呢？事实上，体育课程中的内容都是平行的关系，逻辑性很差，田径成绩代表不了武术，体操成绩也代表不了篮球。田径、体操是现代体育的两大基石，素质是一个人活动能力的基础，将三项作为成绩评定内容，注重学科内容的基础性也是无可厚非的。但这只能说明田径、体操、素质的重要性，而不能说明它们具有代表性特征。其他项目也应该在评定内容中有所体现，当然权重的大小可以适当考虑。而这一阶段的教学大纲中,始终没有把其他项目列入成绩评定内容范围内,评定内容具有很强的片面性,这不能不说是一种缺憾。

田径、体操、素质指标能否反映体育课程目标的达成程度呢? 体育课程的目标和任务主要包括三项:一是增强体质;二是传习"三基";三是进行思想教育。田径、体操、素质的各项练习,对体质的增强有促进作用,但反过来能否作为体质强弱的测试指标,则是值得反思的。"三基"指基本知识、基本技术和基本技能,而这一阶段评定内容里没有对基本知识进行考核,基本技术和基本技能也是部分内容进行考核。思想教育是体育教育目标之一,评定内容里没有对思想教育目标进行评定的指标,使得思想教育目标成为虚设。所以这阶段评定内容不能很好地全面地反映课程目标的达成程度。

3. 成绩评定内容的误导性。

从单一成绩评定阶段所规定的评定内容来看,田径和体操只是体育教学大纲所规定的教学内容的一小部分,体育基础知识、武术、球类、韵律体操、游戏等项目都不在成绩评定的范围内。"分分,学生的命根",他们总是对那些被列入考核内容的部分较为关注的。评定内容的设置与学生体育学习和锻炼的积极性有着密切联系,起着导向和控制作用。成绩评定只对田径、体操和素质进行评定,其结果会引起学生对这三项内容过度关注,体育基础知识、武术、球类等内容的教学质量当然就会受到影响。

二、综合成绩评定时期体育成绩考核内容及反思

综合成绩评定又称结构考核。它不再是对体育技术掌握程度的单一评定,而是对学生所学内容及学习态度进行全面综合的评定。在综合评定阶段,我们国家共颁布了三个小学体育教学大纲和四个中学体育教学大纲。三个小学教学大纲为:1987 年颁布的《全日制小学体育教学大纲》、1992 年颁布的《九年义务教育全日制小学体育教学大纲(试用)》、2000 年颁布的《九年义务教育全日制小学体育与健康教学大纲(试用修订版)》。四个中学教学大纲为:1987 年颁布的《全日制中学体育教学大纲》、1992 年颁布的《九年义务教育全日制初级中学体育教学大纲(试用)》、1996 年颁布的《全日制普通高级中学体育教学大纲》(供试验用)、2000 年颁布的《九年义务教育全日制初级中学体育与健康教学大纲(试用修订版)》、《全日制普通高级中学体育与健康教学大纲(试验修订版)》。这些大纲对评定内容都作了规定和要求。

（一）综合成绩评定时期评定内容的规定

1. 小学阶段体育课成绩评定内容。

（1）1987年《全日制小学体育教学大纲》评定内容及各部分内容评分标准。

为了克服单一成绩评定的种种弊端，1987年大纲对考核内容进行了调整，见表5-2-5。

表5-2-5　　1987年《全日制小学体育教学大纲》评定内容及权重

考核构成部分	一、二年级	三～六年级
体育课出勤及课堂表现	10％	10％
体育常识		10％
身体素质和运动能力	40％	40％
运动技能、技巧	50％	40％
合计	100％	100％

资料来源：此表选自课程教材研究所：《20世纪中国中小学课程标准·教学大纲汇编·体育卷》，北京：人民教育出版社2001年版，第144页。

第一部分　体育课出勤及课堂表现（10分）

考核内容：包括上体育课的出勤率、学习态度、课堂纪律、作风等。

考核方式：根据教师对学生上课的考勤和在课堂上的表现记载，参考班主任和体育课学习小组的意见，由体育教师评定。各校还可以根据本校实际情况，制订评分细则。

凡上体育课缺席（含病、事假）次数，占实际总授课时数三分之一者，不予评定本部分成绩。

第二部分　体育常识（10分，一、二年级不考核）

考核内容：本大纲规定的体育常识讲授内容，或教师补充的讲授内容。

考核方式：对三、四年级的学生，可用填空、简单的问答或是非判断等方式，用15～20分钟的笔试；五、六年级的学生，可适当提高要求，但是，考试时间不超过30分钟。

第三部分　身体素质和运动能力（40分）

考核内容：

一年级考核内容包括：30米跑、立定跳远、沙包掷远。

二年级考核内容包括：30 米跑、立定跳远、沙包掷远、跳短绳。

三年级考核内容包括：50 米跑、跳高、跳远、垒球掷远/掷沙包、跳短绳、爬绳/杆、立卧撑。

四年级考核内容包括：50 米跑、400 米跑、跨越式跳高、蹲踞式跳远、投手榴弹/掷垒球/掷沙包、跳短绳、爬绳/杆、立卧撑(20 秒)/1 分钟仰卧起坐。

五年级考核内容包括：50 米/10 秒 25 米往返跑、400 米/2 分钟 25 米往返跑、跨越式跳高、蹲踞式跳远、投手榴弹/掷垒球/掷沙包、跳短绳、立卧撑/仰卧起坐、爬绳/杆。

六年级考核内容和五年级考核内容相同。

考核标准：

以上考核内容在大纲中都附有相对应的评分标准。

计分办法：

每学年考核项目不超过四项，其中必须包括跑、跳、投，每项得分满分为 100 分，四项得分之均数乘以 40％，即为本部分分数。

第四部分　运动技能、技巧(一、二年级占 50 分；三至六年级占 40 分)

考核内容：

一年级考核内容包括：前滚翻、30 米跑、立定跳远、沙包掷远。

二年级考核内容包括：前滚翻起立——一脚前滑成纵叉、徒手操、30 米跑。

三年级考核内容包括：后滚翻、支撑跳跃、武术操。

四年级考核内容包括：技巧联合动作、分腿腾跃、低单杠(跳上支撑——前翻下)。

五年级考核内容包括：技巧(靠墙手倒立，停 20 秒)、分腿腾跃、韵律活动。

六年级考核内容包括：技巧(侧手翻)、分腿腾跃、低单杠(一脚蹬地翻身上)。

考核标准：

以上考核内容在大纲中都附有相对应的评分标准。

计分办法：

每学年考核项目不超过三个项目，每项得分满分为 100 分。三项得分之均数乘以 50％(一、二年级)或 40％(三至六年级)，即为本部分的分数。

体育课成绩的计算：

一、二年级学年成绩＝出勤和课堂表现＋身体素质和运动能力＋运动技能、技巧。

三至六年级学年成绩＝出勤和课堂表现＋体育常识＋身体素质和运动能力＋运动技能技巧。

(2) 1992年《九年义务教育全日制小学体育教学大纲(试用)》评定内容。

1992年《九年义务教育全日制小学体育教学大纲(试用)》所规定的考核内容与权重整理为表5-2-6。

1992年《九年义务教育全日制小学体育教学大纲》

表 5-2-6 　　　　　　　　　各评定内容及权重

考核构成部分	权重	
	一、二年级	三～六年级
体育课出勤及课堂表现	10％	10％
体育、卫生保健常识		20％
身体素质和运动能力	40％	40％
运动技能	50％	30％
合计	100％	100％

资料来源：参见课程教材研究所编：《20世纪中国中小学课程标准·教学大纲汇编·体育卷》，北京：人民教育出版社，2001年版，第227页。

从上表可看出，学生成绩评定内容由体育课的出勤率和课堂表现、体育卫生保健常识、身体素质和运动能力、运动技能四部分组成。

第一部分　体育课出勤及课堂表现(占10分)

考核内容：

体育课的出勤率、学习态度、课堂纪律和体育道德作风等。

考核方式与依据：

上课进行考勤，并登记考勤簿，凡全学年无故旷课三次以上(含三次者)不予评定本部分成绩；病、事假过多者酌情减分，直至不予评定本部分成绩。病假应有医生证明，事假需经任课教师批准。旷课、病事假累计超过全学年总授课时数三分之一者，按体育课不及格论。学生的学习态度、纪律等表现，由任课教师评定。

第二部分　体育、卫生保健基础常识(占 20 分)

考核内容：

本大纲中规定的体育、卫生保健基础常识的基本部分和本校选用部分。

考核方式：

一、二年级不考试。三、四年级可用填空、是非判断或简单问答等方式，进行不超过 15 分钟的笔试。五、六年级可适当提高要求，但是答题不超过 20 分钟。教师的命题要清楚、准确，答案简明扼要。

第三部分　身体素质和运动能力(占 40 分)

考核内容：

一年级考核内容包括：30 米跑、立定跳远、跳短绳、沙包掷远。

二年级考核内容包括：30 米跑、立定跳远、沙包掷远、跳短绳。

三年级考核内容包括：50 米跑、400 米跑、跨越式跳高、沙包掷远、立定跳远、1 分钟跳短绳、立卧撑(20 秒)/仰卧起坐(1 分钟)。

四年级考核内容包括：50 米跑、400 米跑、蹲踞式跳远、上步沙包掷远、立定跳远、1 分钟跳短绳、立卧撑(20 秒)/仰卧起坐(1 分钟)。

五年级考核内容包括：50 米跑、400 米跑、跳高/跳远、助跑沙包掷远、蹲踞式跳远、投手榴弹/掷垒球/掷沙包、1 分钟跳短绳、立卧撑(20 秒)/仰卧起坐(1 分钟)。

六年级考核内容和五年级考核内容相同。

考核标准：

以上考核内容在大纲中都附有相对应的评分标准。

第四部分　运动技能(一、二年级占 50 分，三至六年级占 30 分)

考核内容：

一年级考核内容包括：前滚翻、纵叉、拍手操。

二年级考核内容包括：连续前滚翻、横叉、儿童广播韵律体操。

三年级考核内容包括：后滚翻、跳箱(跳上成蹲撑——起立——向前挺身跳下)、穿臂前后翻。

四年级考核内容包括：跪跳起、跳箱(跳上成跪撑——跪跳下)(箱高 80～90 厘米)、单杠(跳上正撑——前翻下)。

五年级考核内容包括：肩肘倒立、山羊分腿腾跃(高 80～90 厘米)、单挂膝摆动上。

六年级考核内容包括：技巧联合动作、斜向助跑直角腾越、一脚蹬地翻身上。

考核标准：

以上考核内容在大纲中都附有相对应的评分标准。

（3）2000年《九年义务教育全日制小学体育与健康教学大纲》成绩评定内容的组成。

2000年《九年义务教育全日制小学体育与健康教学大纲》中，成绩评定内容由五部分内容组成，其中第五部分不计入成绩，仅供参考。

第一部分　体育课出勤及课堂表现

大纲对这部分的内容要求是："严格考勤制度，学生要遵守体育与健康课的教学常规，教师根据学生遵守制度与常规和课堂上的学习态度与表现，评定学生的成绩。"①

从要求中看出，考核内容从考勤、纪律、课堂上的学习态度和表现进行评定。

第二部分　体育与健康基础常识

大纲指出："体育与健康基础常识是指导学生科学地进行体育锻炼，学习体育文化，提高体育文化素养不可缺少的教学内容。学生的学习情况，可以通过适当的方法进行考查，供综合评定成绩时参考。"②

体育与健康基础常识的考核由各个学校或教师选择适当的方法进行考核，成绩仅供参考。

第三部分　运动技能

大纲中要求教师对必修教学内容中的体操、武术和限选教学内容中的球类（当年选修的项目）、韵律体操和舞蹈（已教授过的成套韵律体操和舞蹈）进行成绩评定，要求教师在教学过程中认真观察学生的学习状况，根据掌握动作的质量评定成绩。

大纲中，对球类、韵律体操和舞蹈的考核内容没有涉及，对小学一、二年级的考核没做规定和要求，只提供了三～六年级体操和武术的考试内容见表

---

① 课程教材研究所编：《20世纪中国中小学课程标准·教学大纲汇编·体育卷》，北京：人民教育出版社2001年版，第361页。

② 课程教材研究所编：《20世纪中国中小学课程标准·教学大纲汇编·体育卷》，北京：人民教育出版社2001年版，第361～362页。

5-2-7。

表 5-2-7 　　　 2000 年九年义务教育体育与健康教学大纲
小学三～六年级体操和武术考试

年级	技巧	支撑跳跃	低单杠	武术
三、四年级	蹲跳起或侧手翻（由学生任选）	跳上成蹲撑，向前跳下接前滚翻	跳上成支撑，前翻下	拳术组合动作（由学生任选一套）
五、六年级	肩肘倒立	分腿腾跃	一脚蹬地翻身上	拳术套路（由学生任选一套）

资料来源：参见课程教材研究所编：《20 世纪中国中小学课程标准·教学大纲汇编·体育卷》，北京：人民教育出版社 2001 年版，第 378 页。

以上考核内容大纲中都有相应的评分标准。

第四部分　身体素质和运动能力

大纲要求田径、游泳（指有条件上游泳课，并选作教学内容），应进行阶段性的测验，认真记录成绩（速度、远度、高度），并根据学生进步的程度，评定学生成绩。大纲提供了小学生运动能力（跑、跳、投）和身体素质的考核内容，见表 5-2-8。

表 5-2-8 　2000 年《九年义务教育全日制小学体育与健康教学大纲
（试用修订版）》身体素质和运动能力考试内容

年级	跑	跳跃	投掷	身体素质
三、四年级	50 米跑 400 米跑（或定时跑）	蹲踞式跳远或跨越式跳高（由学生任选一）	助走或助跑投掷沙包或垒球	1 分钟跳绳 1 分钟仰卧起坐（结合跑、跳、投、体操等测验进行考核）
五、六年级	50 米跑 400 米跑	跳高或跳远（姿势由学生自选）	同上	同上

资料来源：参见课程教材研究所编：《20 世纪中国中小学课程标准·教学大纲汇编·体育卷》，北京：人民教育出版社 2001 年版，第 378 页。

以上考核内容大纲中都有相应的评分标准。

第五部分　任选教学内容

大纲规定对任选教学内容不评定成绩,学生的表现和学习的结果仅供综合评定成绩时参考。

2000年大纲对小学一、二年级的考核没做规定,对评定成绩的五个方面的权重没有规定。

2. 中学阶段体育课成绩评定内容。

(1) 1987年《全日制中学体育教学大纲》成绩评定内容。

学生成绩评定内容由体育课的出勤率和课堂表现、体育基础知识、身体素质和运动能力、运动技能和技巧四部分组成。见表5-2-9。[①]

表 5-2-9　　1987年《全日制中学体育教学大纲》评定内容及权重

考核构成部分	各年级比重	满分
体育课出勤及课堂表现	10%	10分
体育基础知识	20%	20分
身体素质和运动能力	40%	40分
运动技能、技巧	30%	30分
合计	100%	100分

第一部分　体育课出勤及课堂表现(10分)

考核内容:

包括上体育课的出勤率、学习态度、课堂纪律、作风等。

考核方式:

根据教师对学生上课的考勤和在课堂上的表现记录,参考班主任和体育课学习小组的意见,由体育教师评定。各校还可以根据本校实际情况,制订评分细则。凡上体育课缺席(含病、事假)次数,占实际总授课时数三分之一者,不予评定本部分成绩。

第二部分　体育基础知识(20分)

考核内容:

本大纲规定的体育基础知识或教师补充讲授的内容。

---

　　① 课程教材研究所编:《20世纪中国中小学课程标准·教学大纲汇编·体育卷》,北京:人民教育出版社2001年版,第634页。

考核方式：

15～20分钟笔试，教师命题要清楚、准确，答案应简明、扼要。不能过分增加学生负担。

第三部分 身体素质和运动能力（40分）

考核内容：

初一考核内容：50米跑、800米跑（女）、1000米/1500米跑（男）、跳高、跳远、手榴弹/铅球/实心球、1分钟仰卧起坐、仰卧悬垂臂屈伸（单杠，女）、俯卧撑臂屈伸（手撑高处）。

初二考核内容：50米/100米跑、800米跑（女）、1000米/1500米跑（男）、跳高、跳远、手榴弹/铅球/实心球、1分钟仰卧起坐、引体向上（男）、仰卧悬垂臂屈伸（女）、杠上俯卧撑臂屈伸（男）、手撑高处俯卧撑臂屈伸（女）。

初三考核内容：50米/100米跑、800米跑（女）、1000米/1500米跑（男）、跳高、跳远、掷手榴弹/铅球/实心球、1分钟仰卧起坐（女）、引体向上（男）、仰卧悬垂臂屈伸/1分钟仰卧起坐（女）、支撑臂屈伸（男）、杠上俯卧撑臂屈伸。

高一考核内容：100米、1500米（男）、800米跑（女）、跳高、跳远/三级跳远（男）、跳远（女）、投手榴弹、推铅球/实心球、立卧撑（男）、1分钟仰卧起坐（女）、引体向上（男）、支撑摆动臂屈伸（男）、杠上俯卧撑臂屈伸（女）。

高二考核内容：100米、1500米（男）、800米跑（女）、跳高、跳远/三级跳远（男）、跳远（女）、投手榴弹、推铅球/实心球、立卧撑（男）、1分钟仰卧起坐（女）、引体向上（男）、支撑摆动臂屈伸（男）、杠上俯卧撑臂屈伸（女）。

高三考核内容：100米跑、1500米跑（男）、800米跑（女）、跳高、跳远/三级跳远（男）、跳远（女）、投手榴弹、推铅球/实心球、立卧撑（男）、1分钟仰卧起坐（女）、引体向上（男）。

考核标准：

以上考核内容大纲中都设有相应标准。

记分办法：

每学年考核不少于四个项目，其中必须包括跑、跳、投，每项得分满分100分，四项得分之均数乘以40％，即为本部分的得分。

第四部分 运动技能、技巧（30分）

考核内容：

大纲规定了体操项目内容，对武术、球类、基本体操和舞蹈与艺术体操没

有具体规定,但有一定的要求,要求这些项目以考核基本技术为主,应在单元教学完成后进行考核。体操项目内容规定如下:

初一考核内容:技巧、分腿腾跃(山羊)、单杠、双杠。

初二考核内容:技巧、支撑跳跃(横放器械)、单杠、双杠。

初三考核内容:技巧、支撑跳跃(横放器械)、单杠、双杠。

高一考核内容:技巧、支撑跳跃(男生纵放器械,女生横放器械)、单杠、双杠。

高二考核内容:技巧、支撑跳跃(男生纵放器械,女生横放器械)、单杠、双杠。

高三考核内容:技巧、支撑跳跃、单杠、双杠。

考核标准:

以上考核内容大纲都设有相应标准。

计分办法:

每学年考核不少于三个项目,每项得分满分 100 分。三项得分之均数乘以 30%,即为本部分的得分。

学期成绩=出勤和课堂表现+体育基础知识+身体素质和运动能力+运动技能、技巧

(2) 1992 年《九年义务教育全日制初级中学体育教学大纲(试用)》成绩评定内容。

1992 年大纲沿袭了 1987 年大纲的考核结构,考试内容由体育课出勤及课堂表现、体育卫生保健知识、运动技能技巧、身体素质和运动能力四部分组成,而四部分内容的评分权重也相同,即体育课出勤及课堂表现占 10%;体育卫生保健知识占 20%;运动技能技巧占 30%;身体素质和运动能力占 40%。只是 1992 年大纲考核内容中的体育卫生保健知识替换了 1987 年大纲的体育基础知识,而且运动技能技巧、身体素质和运动能力两部分内容也略有调整。

第一部分　体育课出勤率及课堂表现(占 10 分)

考核内容:

体育课的出勤率、学习态度、课堂纪律和体育道德作风等。

考核方式与依据:

上课进行考勤、登记,凡全学年无故旷课三次以上(含三次)者,不予评定

本部分成绩;病、事假过多者,可酌情减分,直至不予评定本部分成绩。病假应有医生证明,事假需经任课教师批准。旷课、病事假累计超过全学年体育总授课时数三分之一者,按体育课不及格论。学生的课堂表现,由任课教师评定。

第二部分 体育、卫生保健知识(占20分)

考核内容:

本大纲中规定的体育、卫生保健基础知识基本部分的教学内容和本校选用部分的教学内容。

考核方式:

笔试,教师命题要清楚、准确,答案应简明扼要,答题量不超过30分钟。

第三部分 运动技能、技巧(占30分)

考核内容见表5-2-10。

表 5-2-10 初中(学制三年和学制四年)运动技能、技巧考核内容

初(一)	初(二) 初一	初(三) 初二	初(四) 初三
技巧:联合动作 支撑跳跃:直角侧腾跃 低单杠:一脚蹬地翻身上	技巧:鱼越前滚翻(男)后滚翻成半劈腿 低单杠:双脚蹬地翻身上(男),一脚蹬地翻身上(女)	支撑跳跃:屈腿腾跃 双杠:支撑摆动,前摆挺身下或后摆挺身下	技巧:有人扶持手倒立或正面助跑侧腾跃(男);肩肘倒立经单肩后滚翻成单腿跪撑或分腿腾跃(女) 支撑跳跃:单杠/双杠联合动作。

资料来源:参见课程教材研究所编:《20世纪中国中小学课程标准·教学大纲汇编·体育卷》,北京,人民教育出版社2001年版,第726页。

考核标准:

以上考核内容大纲中都设有相应的评分标准。

第四部分 身体素质和运动能力(占40分)

考核内容见表5-2-11。

表 5-2-11　初中(学制三年和学制四年)身体素质和运动能力考核内容

	达标项目			
	跑	跳	投	素质
(初一)	50 米跑 400 米跑	跳远	助跑 垒球掷远	1 分 30 秒跳短绳;立卧撑(20 秒)或 1 分 钟仰卧起坐 手脚并用爬绳/杆
(初二) 初一	50 米/100 米跑 800 米跑(女) 1000 米/ 1500 米跑(男)	跳高	推铅球	引体向上(男) 仰卧悬垂臂屈伸(女) 双杠臂屈伸(男) 1 分钟仰卧起坐 立定跳远 掷实心球(规则同《国家体育锻炼标准》
(初三) 初二	100 米/50 米跑 800 米跑(女) 1500 米跑(男)	跳远	同一年级	同一年级
(初四) 初三	同二年级	跳高或 跳远	同一年级	

资料来源:参见课程教材研究所编:《20 世纪中国中小学课程标准·教学大纲汇编·体育卷》,北京:人民教育出版社 2001 年版,第 726 页。

考核标准:

以上考核内容大纲中都设有相应评分标准。

体育课成绩计算:

体育课成绩评定以学年为一个周期,把全部考核项目分配在两个学期内。

学期考核:

包括体育课出勤率、课堂表现和体育卫生保健基础知识。根据学年教学计划合理安排有关运动技术和身体素质、运动能力的考核测验项目。

学年考核:

在一年内考核项目不少于四项身体素质和运动能力、三项运动技术的内容。身体素质和运动能力的考核,必须包括跑、跳跃和有发展上肢力量在内的身体素质项目。运动技术的考核,以大纲中规定的器械体操项目为主。但是,民族传统体育项目、球类和韵律体操与舞蹈,教完一个单元都应有选择地检查学习成绩,作为综合评定学生体育成绩时参考。身体素质和运动能力的考核项目,凡与《国家体育锻炼标准》相同的项目,体育课的考核成绩与"达标"测验成绩应相互承认。学年成绩＝(第一学期成绩＋第二学期成绩)÷2。

(3) 1996 年《全日制普通高级中学体育教学大纲(供实验用)》成绩评定内容。

1996 年《全日制普通高级中学体育教学大纲(供实验用)》中,虽然在评分权重上有所调整,但总体上看仍然采用的是四合一评分法。各项内容及权重见表 5-2-12。

表 5-2-12　1996 年《全日制中学体育教学大纲》评定内容与权重

考核构成部分	各年级比重	满分
体育课出勤及课堂表现		
体育、保健基本理论知识	20％	20 分
基本运动能力	32％	32 分
运动技能	48％	48 分
合计	100％	100 分

资料来源:参见课程教材研究所编:《20 世纪中国中小学课程标准·教学大纲汇编·体育卷》,北京:人民教育出版社 2001 年版,第 747～748 页进行整理。

从表 5-2-12 我们可以看出,学生成绩评定内容由体育课的出勤率和课堂表现,体育、保健基本理论知识,基本运动能力,运动技能四部分组成。

第一部分　体育课出勤及课堂表现

考核内容:

学生体育课出勤情况、学习态度和课堂表现等。

考核办法:

对学生体育课出勤率和课堂表现的考核纳入学籍管理。对有特殊表现的学生,任课教师应写出评语,作为班主任对学生进行操行评定的参考。对每学期无故旷课 4 次以上或病事假超过总课时三分之一的学生,不计体育课成绩。

第二部分　体育、保健基本理论部分(占 20％)

考核内容:

本大纲必选内容规定的体育、保健基本理论部分以及限选内容中的基本理论部分。

考试方法：

本部分内容考核分笔试和作业评定两种。笔试：由教师命题，答题量不超过 20 分钟。命题要清楚、准确，标准答案要简明扼要。教师根据学生答题情况予以评分。作业评定：由教师根据大纲中的有关内容，向学生布置作业（如制定锻炼计划、设计运动处方等），教师根据学生完成情况予以评分。以上两种方式可根据实际情况灵活掌握。

第三部分　基本运动能力（占 32%）

考核内容：

高一考核内容：100 米、1500 米（男）/800 米（女）、跳高、推铅球。

高二考核内容：50 米跨栏跑、1500 米（男）/800 米（女）、三级跳远（男）/跳远（女）、推铅球。

高三考核内容：100 米跑、1500 米跑（男）/800 米跑（女）、跳高/三级跳远（男）、跳高/跳远（女）、推铅球。

考核方法和记分：

以上考核内容，大纲中都设有考核标准。每学期考核两项。

第四部分　运动技能（占 48%）

考核内容：

从体操、民族传统体育和限选内容中选择。大纲中规定的考核内容见表5-2-13。

表 5-2-13　　　　　体操和民族传统体育考核项目

年级	单杠	双杠	技巧	支撑跳跃	民族传统体育
高一	支撑或回环（男）骑撑后倒挂膝摆动 2～3 次上成骑撑（女）	挂臂摆动前摆上成分腿坐（男）支撑摆动前摆下（女）	直腿后滚翻（男）单肩后滚翻成单膝跪撑平衡（女）	分腿腾越（纵放器械）（男）分腿腾跃（横放器械）（女）	形神拳或少年拳第三套（试验）

续表

年级	单杠	双杠	技巧	支撑跳跃	民族传统体育
高二	慢翻上（高杠）（男）联合动作：跳上正撑——左/右腿摆越成骑撑——后倒挂膝摆动2～3次上——左/右手换成反握,后腿向前摆越转体90度挺身下（女）	挂臂摆动屈伸上（男）越两杠挺身下（女）	联合动作：向左/右侧手翻——左/右转体90度后腿前并成直立——直腿后滚翻——挺身跳（男）后滚翻直腿坐——后倒成肩肘倒立——单肩后滚翻成单腿跪撑——跪立——跪跳起（女）	分腿腾越（纵放器械）（男）侧腾跃（横放器械）（女）	刀术（男）剑术（女）
高三	联合动作：双脚蹬地翻身上成正撑——左/右腿向前摆越成骑撑——双手同时换成反握——前回环——左/右腿向前摆越同时向右/左转体180度成支撑——后摆转体90度下（男）女生同高二年级	支撑前摆转体180度下（男）支撑摆动后摆转体180度成分腿坐——前摆下（女）	手倒立前滚翻（男）女生同高二年级	分腿腾越（预先后摆）（男）分腿腾越/侧腾跃（任选一项）（女）	太极十二动

资料来源:参见课程教材研究所编:《20世纪中国中小学课程标准·教学大纲汇编·体育卷》,北京:人民教育出版社2001年版,第782页。

表 5-2-14　　　　　　　　限选内容考核项目

层次	韵律体操和舞蹈	足球	篮球	排球	游泳
一	韵律操一套 舞蹈组合和集体舞任选一套	接球——运球——射门	行进间传接球 接单手肩上投篮	正面双手垫球或侧面下手发球	蛙泳 踩水
二	青年健美操或持轻器械操任选一套 民族民间舞蹈动作素材组合和集体舞任选一项	运球越过 3 个障碍物射门	运球行进间单（双）手低手投篮	正面上手传球	蛙泳 水中救护
三	双人或六人健美韵律操自选一套 舞蹈即兴表演或作品汇报表演 1～2 分钟	运球——传球——接球——运球越过障碍物射门	运球急停跳起肩上投篮	正面屈体扣球	自由泳

资料来源:此表选自课程教材研究所编:《20 世纪中国中小学课程标准·教学大纲汇编·体育卷》,北京:人民教育出版社,2001 年版,第 786 页。

考核方法和记分:

每学期体操、民族传统体育和限选内容各考一项,以上考核内容在大纲中都设有相应标准。

学期、学年体育成绩计算:

每学期考核两项基本运动能力和三项运动技能(含限选内容)。每项满分为 20 分,五项成绩总计 100 分,将五项成绩相加乘以 80% 即为实践项目的考核成绩。将实践项目的考核成绩加上体育、保健基本理论部分考核成绩即为学期考核成绩。学年成绩是两个学期成绩的平均值。

(4) 2000 年九年义务教育全日制初级中学和高级中学体育与健康教学大纲成绩评定内容。

2000 年颁布的《九年义务教育全日制初级中学体育与健康教学大纲(试

用修订版)》[①]对学生体育成绩评定的规定为：

第一，严格考勤制度，学生要遵守体育与健康课的教学常规，教师根据学生遵守制度与常规和课堂上的学习态度与表现，评定学生的成绩。

第二，必修教学内容中的体操、武术和限选教学内容中的球类(当年选修的项目)、韵律体操和舞蹈(已教授过的成套韵律体操和舞蹈)，在教学过程中通过教师认真观察学生的学习状况，根据掌握动作的质量，评定成绩。

第三，田径、游泳(指有条件上游泳课，并选作教学内容)，应进行阶段性的测验，认真记录成绩(速度、远度、高度)，并根据学生学习的情况，评定学习成绩。

第四，任选教学内容不评定成绩，学生的表现和学习的结果仅供综合评定成绩时参考。

第五，体育与健康课是理论与实践相结合、并以身体活动为主要特征的必修课程。体育与健康的基础知识是指导体育锻炼和必须掌握的文化内容，是学生应具有的文化素养。应认真教与学。可以通过多种方法了解学生的学习情况，作为综合评定成绩时的参考。

2000 年颁布的《全日制普通高级中学体育与健康教学大纲(试验修订版)》对学生体育成绩评定的规定与初中基本相同，只是要求更高一些。

从 2000 年大纲对考试的要求来看，中学体育课成绩评定从考勤和学习态度、运动技能、运动能力、体育与健康基础知识四个方面进行评定，但四个方面的权重没有规定。

从以上陈述我们可以看出，1987 年到 2000 年所颁布的一系列大纲关于学生成绩评定的规定，虽然在评分权重上有所调整，但总体上考核内容组成都是相同的，都由体育课的出勤率和课堂表现、体育基础知识、身体素质和运动能力、运动技能和技巧四部分组成。综合成绩评定内容较单一成绩评定内容，增加了两部分内容，一是增加了体育基础知识，二是增加了对体育课出勤及课堂表现。

(二)综合成绩评定时期体育成绩考核的反思

综合成绩评定时期对学生成绩的考核相对于单一评定时期来说更加全面合理，但在关注学生的主体性、差异性和发展性方面仍存在一定缺陷。

---

① 　课程教材研究所编：《20 世纪中国中小学课程标准·教学大纲汇编·体育卷》，北京：人民教育出版社 2001 年版，第 798～799 页。

1. 运动技能、素质考核内容不断丰富和完善。

关于运动技能的评定内容,新中国成立后的大纲不断变化。1956年第一个教学大纲颁布,规定运动技能考核只评定体操,到1992年大纲增添了对民族传统体育项目、球类和韵律体操与舞蹈的考核,但没有规定其具体的考核内容,建议这些项目的考核作为综合评定学生体育成绩时参考。1996年教学大纲将篮球、排球、足球、韵律体操与舞蹈纳入技评项目考核,规定了具体的考核内容和标准,从此打破了技评项目只局限于评定体操的局面,使多年来被考核冷落的篮球、排球、足球、韵律体操与舞蹈等诸多项目,纳入到技能评定内容中,实现了考核内容和教学内容的对应,较单一成绩评定阶段,内容设置较全面。

综合成绩评定时期的考核内容归纳起来看其实质是"教什么考什么"。这种教什么考什么的思路同样存在严重的缺陷,它与"考什么教什么"在实质是一样的,最终脱离不了应试教育的影响。

2. 质性评定内容开始得到关注,但其学理有待考究,操作方法有待进一步完善。

综合评定阶段评定内容增加了体育课考勤和学习态度,评定内容由过去只注重可以量化的评定内容,开始关注质性内容的评定。评定内容增加质性评定内容是在1987年大纲中出现的,但关于这一方面的争论早在1987年大纲颁布之前已经开始。

1980年代初,随着体育教学科学化研究的发展,关于学生体育成绩考核的内容问题引起人们的关注。全国各地不少学校对体育课考核内容进行了改革、实验。有的主张以体质情况作为主要的评定内容,而以运动能力为辅;有的认为体育课成绩的评定应以运动能力为主,加上一定的身体素质指标;还有的提出应以运动技能为主,兼顾体质情况以及学生参加体育教学活动的态度;还有的提出应该把学生体育课成绩评定和学校各项体育工作有机地结合起来等等,体育课考核内容呈现扩大的趋势。许多学校体育课的考核内容越来越多,而且全部考核内容都参与最后的成绩评定。例如,一些学校体育课的考核内容包括:第一,《大纲》规定的教学内容;第二,学生上体育课及参加早操、课间操、课外体育活动的出勤情况;第三,学生运动成绩的增长幅度;第四,是否通过了《国家体育锻炼标准》;第五,各项身体素质的增长值;第六,参加校内外各种比赛的成绩。如此等等，几乎是无所不包了，而且上述各项内容都逐一给分或减分，最后评定出体育课考核的总成绩。

在体育课考核内容不断扩充之时，许多研究开始思考体育课考核内容的依据是什么这一问题。

刘瑞武[1]认为，体育教学任务是确定体育课考核的根本依据，体育课考核考什么，怎么考，这是由支配体育课考核的根本依据所确定了的。确定体育课考核根本依据，只是相应学期大纲教材所规定了的主要内容，这种观点难以使人悦服。体育课成绩的考核实质上是体育教学工作考核的一个重要部分，它同样应该体现增强学生体质这一中心任务，体现"四个为主"（即增强体质为主，面向全体学生普及为主，经常锻炼为主和卫生工作中以预防为主）的指导思想，因此，确定体育课考核的根本依据应该是体育教学的目的任务，在评定学生体育成绩时必须从三条基本任务（即教育、教养和发展）着眼，不能仅仅就教材考教材，单从运动成绩一个方面来评价。体育课考核内容只能是相应教学内容中赖以反映体质状况的身体指标，以及贯穿于相应教学过程中的个性行为表现。

培抄[2]等学者认为：传播体育的基础知识，增强学生体质是体育课的基本任务，但不是唯一的任务。品德教育是体育教学大纲中规定的基本任务之一，体育教学主要有教育、教养两个方面，学生在品德方面的表现，对体育的认识、态度及课上的表现都属于教养的范畴。所以学习态度等思想品德方面的内容应该参与体育课成绩评定。

尹贞[3]等学者反对这种观点。他们认为：把学习态度作为评分内容不是调动学生学习积极性的根本方法。如果把学生的学习态度、出勤情况、进步的幅度等因素都包含进去，参加成绩评定，那么就势必导致某些掌握知识、技术、技能程度较高的学生的考核成绩反而低于程度较低的学生。学生甲体育知识技术、技能的考试成绩为 80 分，而学生乙只得 75 分。但由于学生甲因缺勤等因素被扣去 5 分，而学生乙由于学习态度好等因素加了 5 分，其结果两人的成绩就颠倒过来了。这样，体育课的考核成绩就不符合原来的含义了，也无法被社会所理解。因为它已不能客观地反映学生掌握知识、技术、技

---

[1] 刘瑞武：《对体育课考核的几点看法》，《课程·教材·教法》1986 年第 8 期。

[2] 培抄：《品德考核应参与评分》，《中国学校体育》1984 年第 3 期。

[3] 尹贞：《确定体育课考核内容与评分方法的依据是什么？》，《中国学校体育》1983 年第 6 期。

能的实际水平了。尹贞认为这种考核办法只能"治标",不能"治本"。因为,采用这种办法来调动学生的积极性,说白了,无非是"你好好上体育课,我就给你加分;你若不好好上体育课,我就扣你的分"。有些学生害怕扣分,或为了加分,即便不喜欢上体育课,可能也会硬着头皮上,思想问题并没有解决,对体育锻炼的兴趣和爱好也难以得到培养,表面上看来"积极",实际上是"被动的"、"被迫的",并不符合"自觉积极性"的教学原则。尹贞认为对学生的品德(包括出勤情况、学习态度等)考核结果,还是采用评语的方式来表达比较客观、明确、具体。学生有什么优点,有什么缺点,一看评语就清清楚楚。另外,学生对体育课的态度以及出勤情况等十分复杂,除个人因素外,还受其他因素(如社会、家庭、学校、环境)影响,这些因素与体质完全是两回事,不能相互替代,而且对学习态度等行为表现方面的评价没有统一的客观标准,工作量大,不易实施。

关于思想品德(考勤、学习态度)是否应该参与评分的争论说明当时的体育课成绩评定内容的研究已经涉及质性评价及标准的研究。

1987年大纲出台后,将出勤和课堂表现、基本知识两项纳入考试内容中。但关于评定内容增加质性评定内容问题的讨论仍然不断。

张洪潭[①]在2000年出版的《技术健身教学论》中提出过于扩大考核范围有违考试的要旨。他的依据是根据《教育大辞典》中对考试这种教育测量工具的定义来推敲的。"考试是检查、评定学业成绩和教学效果的一种方法,根据一定的考核目的,让被试者在规定时间内,按指定的方式、要求来解答试题,并对其解答结果评等级、记分"。体育考核把出勤情况及课上表现参混在学业成绩中,是模糊了考试要旨的。出勤率及积极性确实会影响体育课教学效果,但它毕竟是教学的外在内容,与实际学业并非同质事物。他提议将出勤及表现合格作为先决条件,出勤及表现合格,准予考核,对于不及格者不予考核。另外,他对四合一考核体系自身的科学性提出质疑。成绩考核是教育测量的一个方面或一项内容,凡教育测量都必须以可靠的效度信度为前提。四合一考核体系是否得以效度检验呢?学生的课堂表现10分,体育基础知识20分,运动技术占30分,身体素质和运动能力占40分,此分值比例是依据什么来分配的呢?并且他认为四合一考核体系的操作上也存在欠缺,考察

---

① 张洪潭:《技术健身教学论》,上海:华东师范大学出版社2000年版,第162~170页。

学生出勤率及表现这一程序,学生人数太多,仅靠教师根本无法准确记分。张洪潭提出考核的问题在当下是非常现实的问题,为考核内容进一步科学化合理化发展提供了建设性意见。

3. 虽为综合成绩评定但并不全面。

综合成绩评定内容并不全面,有些内容还没有体现。毛振明[①]认为:结构考核从根本上讲是一种"希望学生积极地学什么、希望教师重视什么、希望运动技能与什么结合,就往考试里装什么"的思维方法论和实践方法论。"有些要培养的东西是无论什么样的考核结构都难以装进体育考试的。如与运动有关的心理素质、体育的道德和观念、终身参加体育活动的态度、体育实践能力、体育文化修养、学生对运动乐趣的理解和体验,还有学生在体育课中形成的自信和成功的体验等等。"第二,结构考试的"教什么考什么"实质上与"考什么教什么"是同一思路。因此它无法克服"考什么教什么"的弊病,反而会助长这种错误观念的形成。第三,在"结构考核"中增加的都是一些以老师主观评定为主的内容。这些内容对体育教师的工作态度和公正精神有很强的依赖性,从而使评价学生的客观性更具有不稳定性。

三、多元成绩评定时期体育成绩考核内容及反思

2001 年国家启动了第八轮课程改革,"课程学习评价是新一轮的基础教育课程改革的重点"[②]。《基础教育课程改革纲要(试行)》明确指出要"建立促进学生全面发展的评价体系"。本轮改革"课程标准"概念替代了"教学大纲"概念,"课程评价"概念也顶替了"学习成绩考核"等概念。课程评价"包括对学生的学习、教师的教学和课程建设三方面的评价"[③]。教师教育评价和课程建设评价正处于研究探索过程中,并没有形成被普遍接受的理论和体系。为保持写作体例的一致性,本部分只探讨学生体育学习评价。

新课改倡导体育学习评价的多元化,体育成绩考核随之进入多元评定时期。评定内容的多元化是实施学习评价多元化的其中一个具体体现。

(一) 多元成绩评定时期评定内容的规定

2001 年颁布的《全日制义务教育·普通高级中学:体育(1～6 年级)·体

---

① 毛振明:《对现行体育教学大纲的"考核改革"及问题讨论》,《体育教学》2001 年第 1 期。

② 体育(与健康)课程标准研制组:《全日制义务教育　普通高级中学体育(与健康)课程标准(实验稿)解读》,武汉:湖北教育出版社 2002 年版,第 41 页。

③ 中华人民共和国教育部制订:《全日制义务教育　普通高级中学:体育(1～6 年级)·体育与健康(7～12 年级)课程标准(实验稿)》,北京:北京师范大学出版社 2001 年版,第 41 页。

育与健康(7～12年级)课程标准(实验稿)》①和2003年颁布的《普通高中体育与健康课程标准(实验)》②,从体能、知识与技能、学习态度、情意表现和合作精神(高中除了四方面外,还有健康行为),对学生体育学习评价内容进行了规定。

体能的评定:

发展体能既是体育与健康课程重要的学习内容,也是体育与健康课程的重要目标。依据我国学校体育要贯彻"健康第一"的指导思想,并考虑到目前我国青少年学生的健康现状,《课程标准》将体能作为学生学习成绩的评定内容。《课程标准》中所指的体能的评定与以往体育课中的身体素质与运动能力的考核是既有联系,又有明显差别的。《课程标准》更强调对与健康有关的体能进行评价,如心肺耐力、柔韧性、肌肉力量、肌肉耐力、身体成分等。学生的体能评价可根据相应水平的体能发展目标与内容框架,选择几项体能指标进行评定。在对学生的体能成绩进行评定时,建议结合各水平学生的年龄特点,参照《中国学生体质健康测试标准》,并结合学生的个体基础与进步幅度进行成绩评定。

《中国学生体质健康测试标准》要求学生需要完成六项测试,分别是身高、体重、肺活量、台阶实验或耐力跑、50米跑或立定跳远、握力或仰卧起坐(女生)或坐位体前屈。

知识与技能的评定:

对学生体育与健康知识学习成绩的评定内容主要包括:对于体育与健康的认识,体育与健康对于人、社会的价值和重要性;掌握体育与健康的相关知识并能运用于实践的情况;掌握符合一定学习水平目标要求的运动技能以及运用于实践的情况。

学习态度的评定:

从终生体育的角度来看,体育与健康课程的重要目标就是要树立学生对体育与健康的正确认识,使学生形成正确积极的体育态度,所以,学生对待体育学习与练习的态度应是体育与健康学习成绩评定的重要内容。体育学习

① 中华人民共和国教育部制订:《全日制义务教育·普通高级中学:体育(1～6年级)·体育与健康(7～12年级)课程标准(实验稿)》,北京:北京师范大学出版社2001年版,第42页。
② 中华人民共和国教育部制订:《普通高中体育与健康课程标准(实验)》,北京:人民教育出版社2003年版,第44页。

态度的评定指标可以包括以下几个方面：能否主动、自觉地参与体育活动；在体育活动过程中能否全身心地投入；能否积极主动思考，为达到目标而反复练习；能否认真接受老师的指导。

情意表现与合作精神的评定：

情意表现与合作精神的评定主要针对心理健康和社会适应目标领域而设置的。学生的心理健康主要表现在能否战胜胆怯、自卑，充满自信地进行学习与练习；能否敢于和善于克服各种主观、客观的困难与障碍，挑战自我、战胜自我，坚持不懈地进行学习与练习；能否善于运用体育活动等手段较好地调控自己的情绪。学生的社会适应能力主要表现在能否对其他同学和老师理解与尊重，并在学习过程中表现出良好的人际交往能力和合作精神，努力承担在小组学习与练习中的责任；能否遵守规则、尊重裁判；能否不计较胜负，赞扬对手；能否分析失败原因，不埋怨他人；能否与他人很好地交换意见等。

多元成绩评定阶段较综合成绩评定阶段在内容上有两个变化：第一，增加了情意表现和合作精神这一维度。第二，没有对各个维度的具体的评定内容做出明确的规定，只提出了建议。

（二）对多元成绩评定阶段学生体育成绩考核的反思

多元成绩评定是体育成绩评定的一次突破，从理念上讲它更加注意学生的主体性、差异性和成绩评定的激励性。但作为新的尝试，存在着多方面值得反思的问题。

1. 评定内容选用指标混乱且操作性不强。

对学生成绩评定的四个方面中，体能的评定可根据学校和学生的实际情况选择指标，并参照《中国学生体质健康测试标准》进行评定；知识与技能的评定，有过去成熟的经验可参照，对这两方面的评定基本上能达成共识。但新增设的学习态度、情意表现与合作精神的评定，由于缺乏成功经验的借鉴，新课标对"学习态度"、"情意表现与合作精神"也没有提出具体指标和评价标准，因此在实际教学中出现了一些问题。

第一，选用评价指标混乱。有关学习态度、情意表现和合作精神的评定，新课标中只给出了建议，建议评价指标可以从几个方面去评定，至于具体指标和标准，还需要一线教师去具体确定。由于不同的教师有着不同的阅历和经验，对评定内容的理解不同，可能出现选择不同的测定指标。从目前对学习态度、情意表现与合作精神评价的研究成果来看,也证实了这一现象的存在。有的评价指标过于简单,流于形式;有的很复杂,教师工作量很大,在具体的教学实践中无法操作。

第二,评定内容指标操作性不强。从指标的具体内容来看,如"自信心"、"意志品质"、"尊重他人"、"情绪调控能力"等指标的操作性就存在着一定的问题,需要教师进一步制定具体标准,这给教师提出了更高的要求,需要教师具备较高的素养。首先,应把这些词的概念界定清楚,随后要了解这些指标所表现的从强到弱的等级分值等,这样才能确定评定的等级或分值,避免评价流于形式。此外,学习态度、情意表现和合作精神问题是一个相对个性化的问题,在班级授课制度下,人数很多,体育教师如何在保证教学的基础上来观察与测量每个学生在运动实践中表现的实际情况,这也是一个难点,也给成绩评定的操作性带来困难。虽然提出了自评、互评与教师评定相结合,但是,由于评价者偏见的影响及互动方式的不同,而往往会造成评定结果的失真。这方面的研究尚在探索之中,至今没有成功的经验可借鉴。

2. 评定内容的权重有待进一步研究。

现行《课程标准》提出了多元评价的理论,其中要求学生成绩评定内容多元化,但是在评定学生体育成绩时,对各项评定内容的权重没有明确规定。体育课成绩的评定不能以简单的成绩相加来确定,否则便不能突出学科特点,必须有主次之分。体育与健康课程是以体育与健康基础知识为主要学习内容,以身体练习为主要手段,以增进中小学生健康为主要目的的必修课程,是学校课程体系的重要组成部分,是实施素质教育和培养德智体美全面人才不可缺少的重要途径。应该紧紧围绕课程性质确定各项评定内容的权重,这也是影响评定内容可操作性的一个问题。大多数研究者认为:体育教学是要通过各种身体练习,学习和掌握体育与健康基础知识和基本技术,提高运动技能,促进学生的健康发展。所以体能、知识与技能在评价中应占主要部分。

总之,新中国成立 60 多年来,我国体育课成绩评定经历了单一成绩评定、综合成绩评定和多元成绩评定三个阶段。从成绩评定内容来看完成了四个转向,即:在评定内容上,由偏重于身体和体能方面的评价转向既关注身体和体能评价,同时也关注心理和社会适应能力方面的评价;成绩评定的重点,由注重体质教育逐步转向注重健康教育;由只关注结果评定转向既重视结果评定又重视过程评定;成绩评定内容由统一规定转向灵活动态、因地制宜。

第三节 新中国体育成绩考核方式方法演化

体育成绩考核方式方法有很多,有绝对评价和相对评价、定量评价和定性评价、过程评价和终结评价等方法,及教师对学生的评价、学生自我评价和学生间相互评价等方式。只有根据评价内容特点和学生具体情况灵活运用,才能充分发挥各种评价方式方法的优势,从而使评价客观真实,充分激发学生的学习动力。

社会主义建设时期的体育成绩考核分三个阶段:单一成绩评定阶段、综合成绩评定阶段、多元成绩评定阶段。我们以课程标准(教学大纲)中关于成绩评定方式方法的规定和建议作为主要研究对象,探讨三个阶段体育课成绩评定方式方法是如何发展变化的。

一、单一成绩评定阶段体育成绩评定方式方法

这阶段体育成绩考核主要采用统一的绝对性评价方法。绝对性评价是采用绝对性评价标准对学生进行的评价。绝对性评价标准一般是由国家制订(如《国家体育锻炼标准》)。以这种标准进行评价,可以使学生了解自己的实际水平与社会要求之间的差距。

1950 年 8 月,教育部颁布了第一部《中学暂行教学计划(草案)》、《小学体育课程暂行标准(草案)》[①]。在草案中没有规定统一的考核项目与标准,只是提出了体育成绩考核的原则(即体育成绩考核时,应注意儿童的学习态度、知识技能、健康卫生等三方面)。

受苏联准备性体育思想的影响,体育教学观从"为体育而体育"转向为增进学生健康、全面发展学生身体,为劳动生产和国防建设服务。1951 年一些城市和学校开始试行类似《准备劳动与卫国》制度的体育锻炼标准,体育锻炼标准的内容也成为当时学校体育的主要内容和形式。1954 年,在全国各地实施体育锻炼标准的基础上,国家体委制定和公布了《准备劳动与卫国》体育制度(暂行)[②],当时是用"劳卫制"的评分项目及标准来代替体育课成绩考核内容及标准。"劳卫制"规定了统一的达标项目及评分标准,在学校体育课中

---

① 李晋裕、滕子敬、李永亮主编:《学校体育史》,海口:海南出版社 2000 年版,第 18~39 页。
② 李晋裕、滕子敬、李永亮主编:《学校体育史》,海口:海南出版社 2000 年版,第 18~39 页。

确立了统一的绝对性评价标准。

为了更好地贯彻毛泽东"健康第一,学习第二"的指示精神,全面提高广大学生的健康水平,我国在全面学习苏联模式的基础上,1956 年颁布了第一部体育教学大纲。教育部制定的《中学体育教学大纲》中对体育课程学习评价标准的表述是:"体育教育的结果,应使学生掌握大纲内所规定的各项练习的知识和技能,获得身体的全面训练,并保证初中学生毕业前达到"劳动和卫国"体育制度少年级的及格标准,高中学生毕业前达到'劳动和卫国'体育制度一级的及格标准"[①]。1956 年的《中学体育教学大纲》结合"劳卫制"规定了体育成绩考核统一的项目和标准,对当时学习前苏联,统一全国的体育教学,建立教学规范起了十分重要的积极作用。体育课成绩考核采用全国统一的绝对性评价方法。

1950 年代末,新中国在政治上出现了 1957 年反右扩大化、1958 年全面"大跃进"的局面,1959 年后又连续三年自然灾害,学校体育包括体育课考核受到了很大的影响。

1957 年由于"左"的思想影响,学生和教师频繁参加劳动,导致中小学校以劳动代替体育;在大办民兵师的过程中,又有许多学校以军训代替体育,破坏了正常的体育课教学秩序,体育课考试更无从谈起。

1958 年的"大跃进"给体育课教学及考核同样带来了巨大冲击。1958 年10 月国家体委和教育部在徐州召开的全国中小学体育工作经验交流会上,总结交流各地"体育大跃进"的情况,提出:"紧跟全国工农业大跃进的形势,争取更大的跃进,年底以前,在中学实现除病残外 100％的学生分别达到'劳卫制'一级、二级、等级运动员和普通射手的标准";"在小学中实现除病残外100％的学生分别达到'劳卫制'少年级和少年级运动员的标准"。明确要求"12 月底以前,全国基本上普及'四红',在'四红'基础上培养三级运动员多面手,全面进行锻炼,进而培养二级运动员,并产生一级运动员和运动健将,为大放'卫星'打下基础。青少年是实现全面发展和培养体育运动多面手最好的对象,各省、市县要根据具体情况,统一安排,制定规划。"[②]在"左"的思想指导下,不考虑学生年龄、性别、体质的差异,普遍要求在短期内突击达到标

---

① 课程教材研究所编:《20 世纪中国中小学课程标准·教学大纲汇编·体育卷》,北京:人民教育出版社 2001 年版,第 459 页。

② 韦悫:《贯彻中央体育运动的方针,在中小学展开群众性的体育运动》,《体育文丛》1958 年第12 期。转引自李晋裕、滕子敬、李永亮主编:《学校体育史》,海口:海南出版社 2000 年版,第 58～59页。

准。当时的体育课考核仍是采取绝对性评价方法。

1959～1961 年三年自然灾害,人民生活遇到了极大的困难,学校体育教学和体育考核几乎处于瘫痪状态。

从 1960 年代初,学校体育批判了以劳代体、以军代体,逐渐恢复了学校体育的正常秩序,教育部于 1961 年制定了第二部中小学体育教学大纲。大纲对体育课程评价标准是这样表述的:"体育教学应对学生进行必要的成绩检查。但各地区、各学校的具体情况不同,很难规定适合全国统一的成绩考查项目标准。所以在这本教材中,只选择了一部分最主要的项目,建议作为考查项目,供各地区制定考查项目时参考。"[①]可以看出 1961 年大纲的学习评价标准已经考虑到了不同地区、学校的差异,较之以前有了一定程度的进步。

1978 年,中国共产党召开了第十一届三中全会,会上重新确立了马克思主义的思想、政治和组织路线,确立了解放思想、实事求是、团结一致向前看的方针,做出了把工作中心转移到社会主义现代化建设上来和实行改革开放的战略决策,使我国国民经济和各项事业都进入了良性发展的轨道。整个教育战线在思想上进行了拨乱反正。经过十年动乱,学校体育课程遭受严重破坏,学生的体质状况严重下降。加之 1977 年恢复高考,广大学生的学习积极性空前高涨,学习任务繁重,几乎没有进行体育锻炼的时间和意识,学生的健康状况很差,增强学生体质问题引起了国家和社会的普遍重视。

1978 年教育部制定并颁布了《全日制十年制小学体育教学大纲(试行草案)》和《全日制十年制学校中学体育教学大纲(试行草案)》,大纲对体育课的考核提出要求:"体育课要建立考核制度,大纲中规定的考核项目和标准,各地区的学校都应认真试行。由于各地的情况和条件不同,在试行中如不符合本地情况,可参照大纲中的项目标准,制定出本地区的考核项目和标准。"[②]1978 年的中小学两部大纲都突出地强调了要通过体育教学增强学生的体质,强调用绝对性标准来评价学生的体育课成绩。

这一阶段体育成绩考核,其特点强调了"统一性"和"采用绝对性标准评价学生"。但这种评价往往忽略学生的个体进步情况,造成体育教学的不公平现象。

---

① 课程教材研究所编:《20 世纪中国中小学课程标准·教学大纲汇编·体育卷》,北京:人民教育出版社 2001 年版,第 522 页。

② 课程教材研究所编:《20 世纪中国中小学课程标准·教学大纲汇编·体育卷》,北京:人民教育出版社 2001 年版,第 93 页。

二、综合成绩评定时期体育成绩评定方式方法

1982 年中国共产党第十二次全国代表大会在北京举行。邓小平提出了建设有中国特色社会主义的指导思想。1985 年,中共中央发布了《关于教育体制改革的决定》,提出了提高民族素质,多出人才,出好人才的指导思想,为我国教育事业的发展,制定了纲领和蓝图。同年,国家公布了《中华人民共和国义务教育法》,在我国实行九年义务教育。为配合"义务教育法"的实施,1987 年国家教育委员会颁布了《全日制小学体育教学大纲》和《全日制中学体育教学大纲》,即"过渡性大纲"。大纲规定:"体育课成绩,应按照国家教委的有关规定,作为学生升级、毕业总成绩的一部分,也是评选'三好学生'的条件之一。""体育课成绩考核的项目和标准,是根据中(小)学生体育教学的目的和任务确定的。考核的具体定量标准,是依据《中国学生体质与健康研究》的有关资料,结合《国家体育锻炼标准》,并参考了具有代表性的十余省、直辖市和自治区制定的有关体育课成绩考核标准,并尽量做到科学、合理、符合客观实际和简便易行。"[1]在这两部大纲中明确提出:"体育课成绩考核,采用结构考核,评分的内容由体育课出勤和课堂表现、体育基础知识、身体素质和运动能力、运动技能 4 部分构成。"[2]且规定了各部分所占的比重和评分标准。1987 年的中小学体育教学大纲对体育课成绩考核作了一次重大改革,变化最大的是扩展了成绩考核内容,将学生的学习态度和课堂表现及体育基础知识纳入考核内容,虽然内容增加了,但每部分内容都有着统一的评判标准,评定时没有涉及学生自身的进步状况,所以这阶段成绩考核的方法仍然体现的是绝对性评价方法。

1992 年颁布的《九年义务教育全日制初级中学体育教学大纲(试用)》以及 1996 年颁布的《全日制普通高级中学体育教学大纲(供试验用)》都沿袭了"过渡性大纲"的结构考核、综合评分的做法。

随着改革开放的深入,我国经济体制由计划经济向市场经济转型。社会的发展向教育提出新的要求,1999 年《中共中央国务院关于深化教育改革全面推进素质教育的决定》明确提出:"健康体魄是青少年为祖国和人民服务的

---

① 课程教材研究所编:《20 世纪中国中小学课程标准·教学大纲汇编·体育卷》,北京:人民教育出版社 2001 年版,第 143 页。

②. 课程教材研究所编:《20 世纪中国中小学课程标准·教学大纲汇编·体育卷》,北京:人民教育出版社 2001 年版,第 144 页。

基本前提，是中华民族旺盛生命力的体现。学校教育要树立健康第一的指导思想，切实加强体育工作，使学生掌握基本的运动技能，养成锻炼身体的良好习惯。"这一决定为我国基础教育体育课程改革指明了方向。为了适应时代的发展和贯彻落实中央的《决定》，教育部于 2000 年 12 月颁布了《九年义务教育全日制小学体育与健康教学大纲（试用修订版）》、《九年义务教育全日制初级中学体育与健康教学大纲（试用修订版）》、《全日制普通高级中学体育与健康教学大纲（试验修订版）》。三个大纲对"体育与健康"课成绩考核办法作了重大的改革。体育与健康教学大纲对体育课成绩考核的要求是："考核评定成绩的办法，主要通过教师对学生的观察、测验，并参考学生自我评价和同学间相互评价的意见，对学生进行综合评价，采用优秀、良好、及格、不及格等级评定。教学内容中，凡可进行定量测验的（主要是跑、跳、投等身体基本活动能力），应进行阶段性的测验，认真记录成绩。这些记录是判断学生身体素质和运动能力发展的依据，也是了解和评价学生身体健康状况以及身体综合素质的参考数据。强调学生自身发展和进步幅度，进行综合评价，使每个学生都能充分发挥自己的特长，补其所短，激励进步。特别要注意学生的个体差异和体弱学生的特殊情况，使每个学生都有前进的信心，每学期评定一次成绩，每学年进行一次综合等级评定。"[①]

2000 年体育与健康教学大纲对体育成绩的考核有两大变化。首先考核的形式发生了变化。以往的体育课成绩评定形式采用单一的教师评价，本次大纲的成绩考核不仅包括教师对学生进行评价，还要求学生对自己的学习情况进行评价，以及学生相互之间的评价。第二个变化是体育教学大纲作为教学指导文件首次提出了采用相对评价的建议，强调了学生自身的发展和进步幅度。以往的体育教学大纲，过分注重制定各个运动项目的统一评分标准，即绝对性标准，让所有学生去达到统一标准。而此次大纲提出了相对评价理念，对学生的学习评价既要考虑到各个学生都应达到的基本要求，同时又要考虑学生的基础与进步发展。相对评价有助于学生看到通过自己努力所取得的进步，从而建立起体育学习的自信心和自尊心。

总之，此阶段体育成绩考核方法由绝对性评价方法向相对性评价方法过渡，考核方式由教师主体向教师和学生共同主体的方向过渡。

---

① 课程教材研究所编：《20 世纪中国中小学课程标准·教学大纲汇编·体育卷》，北京：人民教育出版社 2001 年版，第 840 页。

三、多元评价时期体育成绩评定的方式方法

2001年教育部制订并颁布了《全日制义务教育　普通高级中学:体育(1~6年级)·体育与健康(7~12年级)课程标准(实验稿)》。新的课程标准对体育成绩评定的原则、方法和具体形式提出了建议。

新的课程标准对体育课成绩评定的标准提出了如下建议:体育与健康课程学习的评定应采用绝对性评价标准与相对性评价标准相结合的方法进行,如在体能成绩评定中可参照《学生体质健康标准》,结合每一位学生的基础及提高的幅度进行评定。运动技能成绩的评定,可采用定量评定与定性评定相结合的方法进行。

新的课程标准对体育成绩考核方法提出如下建议:根据学生年龄、学段特点,体育与健康课程学习成绩评定方法应有所差异。建议小学一至二年级采用评语制,小学三年级至高中三年级采用等级评定制,也可以将等级评定与评语式评定结合使用。学生体育学习成绩的评定还应重视建立学生成长记录袋,学生成长记录袋可以收录在体能和运动技能方面的发展、学生学习态度和行为变化等方面的有关资料。学生成长记录袋既有助于促进学生的自主学习,也有利于教师、家长更好地了解和指导学生的学习。

新的课程标准对成绩评定形式的建议:学生学习成绩评定不仅要有教师参与,同时也要重视学生自我评价和相互评价。学生自我评价指学生对自己的运动技能、学习态度、情意表现与合作精神等进行的综合评定。学生相互评价指学生对组内各个成员的运动技能、学习态度、情意表现与合作精神等进行的综合评定。教师评定指教师依据学生的学习目标达成度、行为表现和进步幅度等,考虑学生自我评定与组内互相评定的情况,对学生的学习成绩的四个方面进行综合评定。

把上述建议与综合成绩评定阶段的体育成绩考核要求相比,我们可以看出此阶段体育成绩评定在方式方法上的变化。

(一)倡导考核方式方法的多元化

具体表现为:第一,根据评定内容的不同采用不同的方法,如体能的评价采用绝对评价和相对评价相结合的方法。第二,可根据学生年龄、学段特点采用不同的评价方法。小学一至二年级采用评语制,小学三年级至高中三年级采用等级评定制,也可以将等级评定与评语式评定结合使用。运动技能的评定采用定性评价和定量评价相结合的方法;学习态度、情意表现与合作精

神、运动技能、体能四方面内容都可以采用学生成长记录袋的方法评定,比以往更重视过程性评价。

考核方法的多元化及加大过程性评价的力度具有重要的意义。

第一,评价方式的多元化,使学生成为成绩评定中的重要角色,体现了"以人为本"的教育理念,符合现代的教育理念。现代教育思想的重要内容就是学生主体地位的确立和主体性的发展,这是提高人的素质、培养创新能力的关键。学生作为主体的自评和互评活动,改变了学生被动接受教师评价的局面,他们自己成为学习评价的主人,他们在自评或互评的过程中,从中学会学习和思考,增强正确认识和评价自己与他人的能力,有利于主体意识的增强。让学生参与到评价中,可以减少体育教师单方面评价的片面性。由于采用学生自评和互评、教师测评相结合的方式,保证了评价结果的公正性。

第二,评价方法的多元化,能发挥评价的多种功能,从而促使教学效率的提高。以往评价方法比较单调,普遍采用的是终结性评价、定量评价和绝对性评价。这种评价原本是想让学生认识到自己的不足以及今后需要努力的方向,但是因为过于注重客观性,只采用定量性的绝对评价,虽然突出了甄别功能,却失去了反馈功能和激励功能。多元化评价既能保证成绩评定的客观性和公平性,同时又能充分发挥评价的反馈功能和激励功能,有利教学质量的提高。

（二）加大了过程性评价力度

新课标建议建立学生成长记录袋。学生成长记录袋可以收录学生在体能和运动技能方面的发展、学生学习态度和行为的变化等方面的有关资料。

成长记录袋又称"学习档案",收藏每个学生具有代表性的学习成果(作业、作品)和反思报告。最初是画家和摄影家运用这个方法汇集自己的代表作来展示其技艺和成就,后来逐渐应用于写作领域。20世纪80年代该方法在西方中小学开始使用并流行起来,档案袋评价法成为教学领域里一种有效的重要方法。

"强调学生参与,注重学生发展"是该方法的核心理念。在教学评价中,该方法不但能够记录学生的成长过程,让学生充分感受自己的成长与进步,而且也为教育工作者和学生监护人提供了丰富多样的客观评价材料,使他们更加全面、多角度地评价每一个学生。档案袋评价法改变了过去的"一卷定终身"的评定方法,强调评价与教学的有机结合,强调对学生的学习过程评价。

总之,新中国成立以来我国的体育成绩考核经历了单一成绩评定阶段、综合成绩评定阶段和多元成绩评定阶段。单一成绩评定阶段采用的评价方法是绝对评价,评价主体是教师;综合成绩评定阶段,评价方法由绝对评价向相对性评价过渡,评价主体由教师过渡到教师和学生双主体;多元成绩评定阶段,评价方法是绝对性评价与相对性评价相结合、定量评价与定性评价相结合、注重过程性评价,评定形式是学生自评、学生互评、教师评价相结合。见表5-3-1。

表5-3-1   成绩评定三阶段评价方法与评价形式比较

单一成绩评定阶段	综合成绩评定阶段	多元成绩评定阶段
1. 评价方法 绝对评价	1. 评价方法(过渡阶段) 绝对性评价向相对性评价过渡	1. 评价方法 绝对性评价与相对性评价相结合 定量评价与定性评价相结合 注重过程性评价
2. 评定形式 教师评定	2. 评定形式 教师评价向教师评价结合学生评价过渡	2. 评定形式 学生自评、学生互评、教师评价相结合

本章小结

课程评价是课程系统的重要一环,应包括体育课程设计的评价、体育课程效果的评价、体育课程建设的评价。我国百余年体育课程评价领域的研究成果主要集中在学生体育课成绩考核方面。

清朝末期和北洋军阀两个时期的体育课程标准中,对学生成绩没有统一的规定和要求,国民党统治时期的体育课程标准中才开始有了统一的规定和要求。新中国成立之后,体育课程评价得到了应有的重视,到第八轮课程改革后逐渐形成了一个研究领域,取得了相对系统的成果。如果从课程评价的系统性来分,以2001年体育与健康课标颁布为标志,百余年体育课程评价可分为单一学生成绩评定阶段和体育课程系统评价阶段。前者只注重学生成绩的评定,后者则包括学生的学习评价、教师的教学评价和课程建设评价三个方面。

国民党统治时期的学生成绩考核的指导思想是自然主义和实用主义,较为重视过程性评价。但总体上讲,此时期体育成绩考核并没有受到很大的重视,不论对成绩考核作用的认识,还是考试内容的系统性、考核方法的科学性都有待于提高。

新中国成立60多年来,体育课成绩评定经历了单一成绩评定、综合成绩评定和多元成绩评定三个阶段。

从成绩评定内容来看,新中国的学生体育成绩评定完成了四个转向。即:在评定内容上,由偏重于身体和体能方面的评价转向既关注身体和体能评价,同时也关注心理和社会适应能力方面的评价;成绩评定的重点,由注重体质教育逐步转向注重健康教育;由只关注结果评定转向既重视结果评定又重视过程评定;成绩评定内容由统一规定转向灵活动态、因地制宜。

从成绩评定的方式方法看,三个阶段呈现出不同的特点。单一成绩评定阶段采用的评价方法是绝对评价,评价主体是教师;综合成绩评定阶段,评价方法由绝对评价向相对性评价过渡,评价主体由教师过渡到教师和学生双主体;多元成绩评定阶段,评价方法是绝对性评价与相对性评价相结合、定量评价与定性评价相结合、注重过程性评价,评定形式是学生自评、学生互评、教师评价相结合。

参考文献

一、史料类

1. 课程教材研究所编:《20 世纪中国中小学课程标准·教学大纲汇编·课程(教学)计划卷》,人民教育出版社 2001 年版。

2. 课程教材研究所编:《20 世纪中国中小学课程标准·教学大纲汇编·体育卷》,人民教育出版社 2001 年版。

3.《全日制义务教育　普通高级中学:体育(1～6 年级)·体育与健康(7～12 年级)课程标准(实验稿)》,中华人民共和国教育部制订,北京师范大学出版社 2001 年版。

4.《普通高中体育与健康课程标准(实验)》,中华人民共和国教育部制订,人民教育出版社 2003 年版。

5. 宋恩荣等主编:《中华民国教育法规选编(1912～1949)》,江苏教育出版社 1990 版。

6. 陈无晖主编:《中国近代教育史资料汇编·学制演变》,上海教育出版社 1991 年版。

7.《中国近代教育史资料汇编·普通教育》,陈元晖主编、李桂林等编,上海教育出版社 1995 年版。

8. 舒新城编:《中国近代教育史资料(上中下册)》,人民教育出版社 1981 年版。

9. 陈学恂主编:《中国近代教育大事记》,上海教育出版社 1981 年版。

10. 陈学恂主编:《中国近代教育史教学参考资料》,人民教育出版社 1986 年版。

11. 中央教育科学研究所编:《中国现代教育大事记》,教育科学出版社 1988 年版。

12. 金铁宽主编:《中华人民共和国教育大事记》,山东教育出版社 1995 年版。

13.《中华人民共和国体育运动文件汇编(第一辑)》,人民体育出版社 1955 年版。

14.《中华人民共和国体育运动文件汇编(第二辑)》,人民体育出版社 1957 年版。

15.《中华人民共和国体育运动文件汇编(第三辑)》,人民体育出版社 1958 年版。

二、教育史和体育教育史著作类

1. 吕达著:《中国近代课程史论》,人民教育出版社 1994 年版。

2. 李兴华主编:《民国教育史》,上海教育出版社 1998 年版。

3. 孙培青主编:《中国教育史(修订版)》,华东师范大学出版社 2000 年版。

4. 陈景磐编:《中国近代教育史》,人民教育出版社 1983 年版。

5. 董宝良等主编:《中国近现代教育思潮与流派》,人民教育出版社 1997 年版。

6. 陈学恂主编,高奇分卷主编:《中国教育史研究·现代分卷》,华东师范大学出版社 1994 年版。

7. 李剑萍著:《中国现代教育问题史论》,人民出版社 2005 年版。

8. 李剑萍等著:《中国现代教育史——中国教育早期现代化研究》,人民教育出版社 2011 年版。

9. 李晋裕等主编:《学校体育史》,海南出版社 2000 年版。

10. 何启君等主编:《中国近代体育史》,北京体育学院出版社 1989 年版。

11. 谭华主编:《体育史》,高等教育出版社 2009 年版。

12. 成都体育学院体育史研究室编著:《中国近代体育史简编》,人民体育出版社 1981 年版。

13. 王华倬著:《中国近现代体育课程史论》,高等教育出版社 2004 年版。

14. 程文广著:《中国近现代体育思想及体育教育发展论纲》,北京体育大学出版社 2007 年版。

三、体育课程与教学研究类

1. 张洪潭著:《技术健身教学论》,华东师范大学出版社 2000 年版。

2. 季浏等编著:《体育教育展望》,华东师范大学出版社 2001 年版。

3. 季浏主编:《体育与健康课程与教学论》,浙江教育出版社 2003 年版。

4.《全日制义务教育　普通高级中学:体育(与健康)课程标准(实验稿)解读》,体育(与健康)课程标准研制组编写,湖北教育出版社 2002 年版。

5. 毛振明著:《体育教学改革新视野》,北京体育大学出版社 2004 年版。

6. 毛振明著:《体育教学科学化探索》,高等教育出版社 1999 年版。

7. 赖天德著:《学校体育改革热点探究》,北京体育大学出版社 2003 年版。

8. 曲宗湖等主编:《学校体育教学探索》,人民体育出版社 2000 年版。

9. 罗时铭著:《当代日本学校体育与社会体育研究》,北京体育大学出版社 2007 年版。

四、体育报刊类

《教育杂志》　　　　《人民教育》

《人民教育》　　　　《教育研究》

《课程·教材·教法》　《体育科学》

《体育与科学》　　　《北京体育大学学报》

《体育文化导刊》　　《体育学刊》

《中国学校体育》　　《体育教学》

《上海体育学院学报》　《中国教育报》

《人民日报》　　　　《中国体育报》

五、数据库

1. CNKI 中国期刊全文数据库。

2. 维普中文期刊全文数据库。

3. 万方中国学位论文数据库。

4. 超星数字图书馆。

后　记

　　我国古代并没有发展出类似于今天体育的事物。有人说，古代六艺教学的射、御便是体育。但多少年来，从未在古代文化中发现古代学校普遍设有射圃、弓箭库、马厩和车库，不知射、御教学如何实施。至于各种身体动作技术、技巧的表演，则属于百戏、戏乐。唯有导引是一种健身运动，相当于今日的医疗体育。我国真正意义上的体育始于近代，从引进西方的体操开始。

　　我国的体育史和相关的教科书中，一般把《奏定学堂章程》（1904 年）规定学堂开设"体操"科看成是中国近代体育课程正式开端的标志。但《奏定学堂章程》把"体操"列入课程体系，不论从思想认识上，还是实际操作上，都有一个积累的过程，这就是教会学校、洋务学堂及资产阶级维新派思想影响下的新式学校对体育课程的探索与实践。

　　我国的体育课程以 1949 年中华人民共和国成立为界，大体上可以分两个阶段。综合起来看，清朝末期到新中国成立这一历史时期体育课程可以分为清末民初时期、北洋军阀统治时期和国民党统治时期三个阶段。新中国成立以来的体育课程可以分为建国初期的体育课程、社会主义建设探索时期的体育课程、"文化大革命"时期的体育课程、拨乱反正全面恢复时期的体育课程、改革开放时期的体育课程和 21 世纪以来的体育课程六个时期。按社会发展的基本状况，六个时期的体育课程又可合并为两个时期，即建国初至"文革"时期的体育课程和 70 年代末期至今的体育课程。

　　关于中国近现代体育课程史的回顾与梳理，理论界已经做了不少工作，取得了相当的成果。这些成果大体上可以分为五类。第一类是体育史教材，如成都体育学院体育史研究室编著的《中国近代体育史简编》、何启君和胡晓风主编的《中国近代体育史》、谭华主编的《体育史》等。第二类是近现代体育史专著，如苏肖晴编著的《新民主主义体育史》、崔乐泉著的《中国近代体育史话》、李晋裕等人主编的《学校体育史》等。第三类是有关体育改革探索的著作，如毛振明和赖天德主编的"学样体育改革新视野丛书"、曲宗湖和杨文轩主编的"现代学校体育教学丛书"、毛振明著的《体育教学科学化探索》、张洪潭著的《技术健身教学论》、季浏和胡增荦编著的《体育教育展望》、体育（与健康）课程标准研制组编写的《全日制义务教育　普通高级中学：体育（与健康）课程标准（实验稿）解读》等。第四类是体育课程史论的著作，如王华倬著的《中国近现代化育课程史论》。第五类是体育理论期刊上的相关研究论文。

　　这些研究要么是断代史的研究，要么是对某一个具体问题的探讨，它对于了解我国体育课程史的发展脉络，梳理相关知识有着重要的作用。这些研究不是失之过于宏观就是失之过于微观。过于宏观，只能看到课程史的发展线索，难以对历史的发展规律进行具体的把握；过于微观，则"只见树木，不见森林"，难以从历史的高度对具体问题进行评判。如果主要研究教育现实问题或教育基本理论问题，主要探索这些问题的历史基础和演变过程，则最好以教育问题为纲目，以历史材料为基础，以时间顺序为线索，研究教育历史的发生状况和发展规律，分析其利害得失，总结其经验教训，最终把多个研究组成系列，汇集在一起，是为教育问题史。

　　本专著采用问题史的研究方法，对体育课程概念、体育课程价值取向、体育课程目标、体育课程内容和体育课程评价五个基本问题进行系统的梳理和深入研究。

　　本书研究的时限，上起清末，下迄当今，即19世纪末、20世纪初中国体育课程设立以来的百余年时间。所应用的基本史料为《20世纪中国中小学课程标准·教学大纲汇编·课程（教学）计划卷》、《20世纪中国中小学课程标准·教学大纲汇编·体育卷》、2001年6月的《基础教育课程改革纲要（试行）》、2001年的《全日制义务教育　普通高级中学：体育（1～6年级）·体育与健康（7～12年级）课程标准（试验稿）》和2003年《普通高中体育与健康课程标准（实验）》等，佐以近现代教育史、近现代体育史、学校体育史和政府有关文件等材料。对每个问题，以时间顺序为线索进行历史线条的梳理，对一些关键点进行深入挖掘，总结其经验教训，进行适度的学理分析。所使用的各种材料皆尽力以适当的方式进行说明或注释，以视对原作者劳动的尊重，如有遗漏敬请谅解。

　　本书的写作过程自始至终得到主编李剑萍先生的指导和关注，特表敬意。吕晓昌先生在初期进行了部分章节材料的收集工作，并撰写了部分章节的草稿，但由于体例原因没有收入此书，对吕先生的辛勤劳动表示谢意。

李富菊

2013 年 4 月